明清史评论

第十辑

复旦大学历史学系 主编

冯贤亮 执行主编

中西书局

图书在版编目（CIP）数据

明清史评论. 第十辑 / 复旦大学历史学系主编；冯贤亮执行主编. — 上海：中西书局，2024. 12. ISBN 978-7-5475-2335-3

Ⅰ. K248.07

中国国家版本馆CIP数据核字第202489P1M8号

明清史评论（第十辑）

复旦大学历史学系　主编　冯贤亮　执行主编

责任编辑　伍珺涵
装帧设计　梁业礼
责任印制　朱人杰

出版发行　上海世纪出版集团

　　　　　®中西书局（www.zxpress.com.cn）

地　　址　上海市闵行区号景路159弄B座（邮政编码：201101）
印　　刷　上海商务联西印刷有限公司
开　　本　700毫米×1000毫米　1/16
印　　张　27
插　　页　2
字　　数　324 000
版　　次　2024年12月第1版　2024年12月第1次印刷
书　　号　ISBN 978-7-5475-2335-3/K·484
定　　价　118.00元

本书如有质量问题，请与承印厂联系。电话：021-56044193

《明清史评论》
学术委员会和编辑委员会

目　　录

专题论文

札　记

学术动态

书　评

略论明万历年间浦阳江中下游的裁弯取直工程*

尹玲玲　　兰燕华

摘要：东部沿海呈现出曲流地貌特征的地名一般称为"汇"。"汇"具有感潮与曲流这两大特性。开"汇"是历史时期非常典型的人工干预措施，是对河流弯道实施的裁弯取直工程。明万历年间，刘光复对浦阳江中下游的四个汇成功实施了裁弯取直，实现了从南宋议开到明代实开的转折。从工程得以实施的水利社会史角度予以分析可知，中游诸暨地区与下游萧绍地区的水利形势及其立场较南宋时期发生了转变。两者之间水利矛盾趋缓的原因在于其环境背景发生了改变。

关键词：裁弯取直　开汇　浦阳江

作者简介：尹玲玲，上海师范大学历史系教授；兰燕华，上海市静安区风华初级中学西校教师。

---

* 本文系国家社会科学基金项目"浙东地区河湖水系的历史变迁研究"（19BZS109）的阶段性成果。

引　言

在坡降很小、水流平缓的平原地区很容易发育曲流，也就是说，平原地区容易出现曲率较大的弯道。曲率很大的河流弯道，水速缓慢、水流不畅，容易在夏秋洪水季节发生泛溢改道，甚至发生自然性的裁弯取直，酿成洪涝灾害。因此，需要有针对性、预见性地进行干预，采取人为裁弯取直工程。对历史时期的河流冲积平原或河谷平原上的曲流所采取的人工裁弯取直工程进行研究，既有其特定的学术价值，也具有一定的现实借鉴意义。

东部沿海呈现出曲流弯道这类地貌特征的地名一般称为"汇"。任仁发对汇的定义为："汇者，江潮与水相会之地之谓汇也。"[①]"汇"类地名在东南沿海的江浙地区具有普遍性，太湖流域尤多，如白鹤汇、顾浦汇、千墩汇、金城汇、盘龙汇、河沙汇、安亭汇。关于东部沿海水系分布中的曲流情况，学术界已有相关研究。如王建革认为，汇是指太湖地区各种吴淞江的分支河道或塘浦在感潮下的弯曲状态。[②]综合"汇"类地名的感潮与曲流这两大特性，其空间分布具有明显的地域性特点，不仅广泛出现于太湖流域，因钱塘江潮之故，在浙东地区也频繁出现。

[①] 任仁发：《稽古论》，《水利集》卷九，《四库全书存目丛书》史部第 221 册，济南：齐鲁书社，1996 年。

[②] 王建革：《"汇"与吴淞江河道及其周边塘浦（九至十六世纪）》，《历史地理》第 22 辑，上海：上海人民出版社，2007 年；《明清时期浏河地区的作物与水土环境》，《历史地理》第 23 辑，上海：上海人民出版社，2008 年；《宋元时期运河对东太湖地区地貌的影响》，复旦大学历史地理研究中心主编《谭其骧先生百年诞辰纪念文集》，上海：上海人民出版社，2012 年；《元明时期吴江运河以东的河网与地貌》，《历史地理》第 27 辑，上海：上海人民出版社，2013 年。

开"汇"是历史时期非常典型的人工干预措施，就是对河流弯道采取人为裁弯取直的工程。有关现当代的河流裁弯取直工程的水文学理论与实践方面的研究不胜枚举，但关于历史时期的专题研究则较少见。经检索可知，学界偶有关于 1949 年以前蓟运河裁弯取直工程方面的研究[①]和从制度层面切入以讨论海河流域的专题论文，所涉时段为晚近时期的民国初年。[②] 相关研究较少一方面可能因为少见历史文献中的相关记述，另一方面也可能因为历史河流地貌学的研究尚未全面进入微观层面的尺度。开"汇"往往引发不同地区之间的水利争端与矛盾冲突，可从"汇"类地名的分布与变迁看河流地貌的发育演变及其人工干预。明代万历年间刘光复治水形成了文献汇编《经野规略》，[③] 耿金的相关论著已据此对裁"汇"与中下游利益冲突作过精彩的阐释。[④] 本文拟基于此，对浦阳江中下游的人工裁弯取直工程展开更为具体的叙述和讨论，以丰富相关领域的研究。

一、刘光复开汇：裁弯取直工程

明天顺、成化年间，面对浦阳江下游诸多问题，绍兴知府彭谊、戴琥先后筑白马山闸、开凿碛堰，使浦阳江彻底改道北流，于萧山入钱塘江。浦阳江的改道使宁绍地区水利格局发生重大变化，诸暨县境的水文环境也因此发生很大改变。浦阳江改道北流缩短了入钱塘江的流

---

① 易新：《建国前蓟运河的一次裁弯取直工程》，《天津水利志通讯》1986 年第 1 期。
② 焦雨楠：《民初水政制度的近代转型：以海河裁弯取直为例》，《学术研究》2020 年第 5 期。
③ 详见裘甲民《刘光复与〈经野规略〉》，《中国水利》1989 年第 5 期。
④ 耿金：《明中后期浙东河谷平原的湖田水患与水利维持》，《中国农史》2016 年第 2 期。

程，钱塘江的潮水上涌，甚至可到达诸暨，潮水与江水在此聚集、徘徊不前，河道逐渐弯曲成汇。诸暨民众对此感触颇深，说是"碛堰不开，而山洪海潮无逆流之害；麻溪不塞，而金、婺诸洪一泄入海"，这时候"固无所为水患，亦无借于圩塘"；到了元朝至正年间，"萧山县主崔嘉纳奏塞麻溪，山洪无从泄泻"，因此明代开通碛堰，则"海潮为之逆流"，致使"泛滥桑田，万民鱼鳖"。① 随着诸暨湖泊被逐渐围垦，这种情况愈发严重，治理河道迫在眉睫。

（一）转折：从南宋议开到明代实开

南宋时期，浦阳江下游东折，经钱清江，于三江口入海。下游萧山县地形以平原为主，地势低平，水流平缓，难敌强劲的潮水，土壤返咸情况严重。中游诸暨县境内则支流较多，干支流多与山脉走向并行或切割，山溪性河流特征明显，以致"水易暴涨，复易泻涸"，引发洪涝。② 嘉泰《会稽志》中有提议开纪家汇的记述：乾道八年（1172），诸暨县上陈"开浚湖道水利"，乃"得旨浚纪家汇"。③ 但因诸暨与下游萧山之间存在巨大的矛盾冲突，④ 萧山县令张晖甚至声称"晖头可断，汇不可开"⑤，该提议最终未能实施。后来清人在评论此事时，认为浦阳江中游诸暨县境因江流淤塞不能容水，"谋水利者辄为浚江之议，其实浚江

---

① 刘光复：《经野规略》上卷《白塔湖士呈词》，冯建荣主编《绍兴水利文献丛集》下册，扬州：广陵书社，2014 年，第 520 页。
② 诸暨水利志编纂委员会：《诸暨市水利志（1988—2003）》，北京：方志出版社，2017 年，第 14 页。
③ 嘉泰《会稽志》卷一〇，李能成点校《会稽二志点校》，合肥：安徽文艺出版社，2012 年，第 181 页。
④ 耿金：《形塑地景与人文——9—20 世纪浙江宁绍平原水利研究》，北京：社会科学文献出版社，2022 年，第 156—159 页。
⑤ 万历《绍兴府志》卷三七《人物志三·汪纲》，李能成点校，宁波：宁波出版社，2012 年，第 713 页。

一举可坐言，未易起行，惟上游汇滩愈多水道迂滞愈甚，若各汇开而直之，俾水流稍速，于水利不无小补，于事亦尚易为功"①。实则此一时也，彼一时也。浦阳江改道前后，中下游之间的水文环境和地缘关系已大不相同。

明代浦阳江改道后，感潮区可上达诸暨县城。受潮水顶托，县城以下浦阳江中游的下东江、下西江这两条夹江段的河曲发育，河床曲率越来越大，河曲内部泥沙不断淤积，水流在短距离间蛇形曲流，有些河曲长达几公里乃至十几公里。因此，万历年间，刘光复治理诸暨境内河道的关键就是裁弯取直，使水流顺畅。② 明万历二十六年（1598），刘光复任诸暨知县。在其任期内，诸暨水灾频发现象明显改善。刘光复所施行的筑埂导水、蓄水，合理规划湖田开垦的方法发挥了重要作用，此外，浦阳江弯道的治理也是缓解诸暨水患的主要工程方略之一。万历三十年（1602）前后，刘光复先后对源潭、顾家、黄沙、蒋村等汇实施裁弯取直。以下详述开汇的具体时间进程。

（二）所开四汇名称及其时间进程

关于四汇裁弯取直的具体时间，《经野规略》中并无详细记载，但可据相关记述进行推断。《议督水利申文》载：万历三十一年（1603）六月，绍兴府的申文中提到"卑县（即刘光复）时常单骑亲诣各湖，朝夕督劝，圩埂比旧俱加培高厚"，又开凿西施等四汇以泄水，"即今五月初大雨经旬，各埂尚皆无恙"，自此之后"修救不懈，亦可永保无虞矣"。③

---

① 光绪《诸暨县志》卷一三《水利志》附"新江"，《中国地方志集成·浙江府县志辑》第41册，上海：上海书店，1993年，第253页。
② 耿金：《明中后期浙东河谷平原的湖田水患与水利维持》，《中国农史》2016年第2期。
③ 刘光复：《经野规略》上卷《议督水利申文》，冯建荣主编《绍兴水利文献丛集》下册，第516页。

据此可知，四汇均在该年五月之前已完成开凿，而四汇皆为刘光复任诸暨知县期间所开。刘光复，号贞一，明时江南池阳（今安徽青阳）人，万历二十六年至三十三年（1598—1605）三次连任诸暨知县。据此，四汇开凿时间可限定在这一时段内。下文进一步梳理所开四汇具体所指及其先后顺序与时间进程。

耿金曾引用上述申文述及刘光复先后开凿了西施、顾家、黄沙、蒋村等汇以泄水。[①] 然而，所开四汇的名称，《经野规略》中的相关记述有所矛盾。《经野规略》下卷首篇即为《浣江源流图》，共14幅，图中所绘的"汇"确实为4个，但其名称分别为源潭汇、顾家汇、黄沙汇和蒋村汇。与上述《议督水利申文》所记两相比较，同有顾家汇而无西施汇，另有源潭汇。事实上，西施与顾家两汇的名称可能实为一地而重出。光绪《诸暨县志》载：

> （枫桥江）北流西折过小顾家，又西流至大顾家，出四港口会下东江……江东为白塔湖，西为西施湖。隆庆骆《志》云：槃浦乡司法参军杨钦，筑围植花木于此，繁华美丽若西施，故名。旧有汇俗称顾家汇，明知县刘光复直之，《经野规略》所谓开西施之河者此也。[②]

据此段文字可知，一方面，西施湖与小顾家、大顾家等地名相邻接；另一方面，"隆庆骆《志》"直指西施湖旧有顾家汇。"隆庆骆《志》"指的是隆庆年间骆问礼所编纂的《诸暨县志》。骆问礼，诸暨枫桥人，枫桥距顾家汇不远，故骆问礼对其情况应较为了解，所记内容应较可信。因

---

① 耿金：《明中后期浙东河谷平原的湖田水患与水利维持》，《中国农史》2016年第2期。
② 光绪《诸暨县志》卷一〇《山水志》，《中国地方志集成·浙江府县志辑》第41册，第364页。

此《议督水利申文》所记四汇中同时有西施汇和顾家汇的信息可能有误。

又,《白塔湖埂闸记》载:己亥岁（1599）仲夏,刘光复曾亲自踏勘,登舟穿湖,督促培筑白塔湖堤埂,洪水来时,接壤的马塘埂倒塌,而白塔湖得以无虞,之后连年秋收有获。壬寅年（1602）"夏大雨匝月,滔天为虐,各湖遍没,而白塔独无恙",收获"早谷数十万斛",民众愈发大喜过望。在这样的对比情形与带动效应下,"各湖始悔不如白塔人之早计也",于是"俱奋励培筑,湖中长老必欲善后无患",提出多种动议,如"议广蓄泄,议导下流,议徙上流"等,都言之成理、凿凿有据。在经过充分讨论后,"于是创上新之闸,铲江中之石,开西施之河,凿蒋村之汇"。[1] 这里与开蒋村汇相提并论的"开西施之河"指的可能就是开顾家汇,说明顾家汇与蒋村汇都是在壬寅年,也就是万历三十年（1602）进行的裁弯取直。如果说上述光绪《诸暨县志》转录的隆庆骆《志》所记内容尚为外证,则《白塔湖埂闸记》中所载或可为《经野规略》同一书中的内证。西施汇与顾家汇可能即为同　处地方,只是称呼不同。

《经野规略》中关于黄沙汇与蒋村汇的记载较多,《开治河渠申文》中提到刘光复在考察时,见黄沙汇与蒋村汇迂回绕行距离长,直线距离短,在此处裁弯较为容易,水长可以杀上流,水退也可归泄,是治理河道、缓解水患最佳之处。但因蒋村汇位于诸暨县境外,民众恐生变数,提议从速治理,于是便有召集民众三千余人连夜开工,三日内将取直河道挖成的壮举。开河过程的相关记述十分形象生动,现引录如下:

> 卑县即给价买其田壹拾陆亩,比九月十五,夜已二鼓,飞票召集湖夫,诘朝趋赴者约三千余人,计人授地,亲为指督,三日而成

---

[1] 刘光复:《经野规略》正卷《白塔湖埂闸记》,冯建荣主编《绍兴水利文献丛集》下册,第537页。

巨浸，高樯大楫往返无大碍矣。①

《开治河渠申文》写于万历三十年（1602）十月，其中所记九月十五为蒋村汇裁弯开始时间，三日内裁汇取直的河身便告开成。黄沙汇，则应是在此之后开凿的，这篇申文同样提到"黄沙汇河身该田二十亩，亦本县给价买之，令上湖照田分挑，近者千余丈，远者千亩六七尺，民皆忻然认工，约十月中可就"②。由此可推知，黄沙汇裁弯取直工程乃于万历三十年十月中完成。

在《经野规略》中，刘光复也详细记录了购买用于开源潭汇的田亩，在正七都源潭"买得王宗三十四等'周'字号玖百拾柒号田拍叁分壹毫，并外江滩，听湖民开挖过水"，并注明所买地亩"价银柒钱伍分正"。③源潭汇开汇的具体时间不详，但总是在刘光复任职诸暨知县期间，也就是万历二十六年至三十一年（1598—1603）之间。

二、工程得以实施的水利社会史分析

明成化年间，知府戴琥主持开碛堰后，浦阳江下游改道完成，河道转向北流入钱塘江，延续至今。浦阳江下游河道的变迁对整个浙东地区的河湖水利体系产生了深刻影响，这一时期萧山、山阴、会稽、诸

---

① 刘光复：《经野规略》上卷《开治河渠申文》，冯建荣主编《绍兴水利文献丛集》下册，第524页。
② 刘光复：《经野规略》上卷《疏通水利条陈》，冯建荣主编《绍兴水利文献丛集》下册，第524页。
③ 刘光复：《经野规略》下卷（二）《今将本县买过陆拾贰都壹图贰堡黄沙汇开江仗田亩数开后·正七都源潭》，冯建荣主编《绍兴水利文献丛集》下册，第607页。

暨之间的水利地缘关系发生重大变化，各方对开河裁汇的态度也随之发生转变。

（一）中游诸暨的水利形势及其立场

因浦阳江改道北流入钱塘江，流程更短、更顺直，潮水更易涌入浦阳江，对江水形成顶托，浦阳江中游曲流日渐发育，排水不畅。明万历时，诸暨水患越发严重，民皆困苦，钱粮逋负。如白塔湖于春夏之交时，即"霖雨时集，各湖尚无恙而白塔人家悉沉灶产蛙矣"，只因"水所从泄，惟斗门一闸"，一遇"潮来灌闭，众潮缩不盈寸"，高上之处且"三无两登"，低下之处更是"十不九插"。① 更不用说夏秋季节雨水过于丰盈的时候了。为便于分析，现将明代浦阳江中游诸暨与下游萧山、绍兴各县的水灾情况对比列表如下：

表 1　明代浦阳江中下游及山会平原水灾情况

地点	年号	公元	水灾情况	资料来源
中游诸暨 共31次	洪武四年	1371	正月，免诸暨县水灾田租	乾隆县志
			六月，诸暨县水，漂民居	明史
	永乐二十一年	1423	癸卯，江潮至枫溪	光绪县志
	宣德一年	1427	诸暨大风，江潮至枫溪	万历志
	正统八年	1443	诸暨淫雨害稼	乾隆志
	成化七年	1471	夏秋，诸暨大雨水，害稼	万历志
	九年	1473	八月，浙江巡抚刘敷奏，诸暨被水，田亩税量所宜蠲免，从之	光绪县志
	十二年	1476	诸暨大雨，害稼	乾隆志
	十八年	1482	诸暨江潮至枫溪	万历志

---

① 刘光复：《经野规略》正卷《白塔湖埂闸记》，冯建荣主编《绍兴水利文献丛集》下册，第537页。

地点	年号	公元	水灾情况	资料来源
	弘治十七年	1504	诸暨江潮至枫溪	万历志
	正德七年	1512	秋，诸暨大雨水害稼	万历志
	嘉靖二年	1523	诸暨，水	万历志
	八年	1529	水	乾隆县志
	十年	1531	诸暨江潮至枫溪	万历志
	十三年	1534	七月溪流涨入城中平地水深一丈	乾隆县志
	十八年	1539	诸暨大水	万历志
	三十四年	1555	诸暨江潮至枫溪	万历志
	四十五年	1566	诸暨大水，漂民居	万历志
	隆庆三年	1569	以水灾免诸暨存留钱粮	乾隆县志
	四年	1570	庚午，大雨成灾	光绪县志
	万历二十年	1592	壬辰，大水	光绪县志
	二十七年	1599	次年（己亥）冯夷为虐，各湖遍没	经野规略
	二十九年	1601	辛丑，伏中霖雨十日	光绪县志
	三十年	1602	次年壬寅，夏大雨匝月，滔天为虐，各湖遍没	经野规略
	三十五年	1607	闰六月，诸暨县山出蛟洪水泛溢，溺人不可胜计	乾隆志
	三十六年	1608	雨七昼夜，诸暨大水，饥	乾隆志
	四十三年	1615	诸暨大水	乾隆志
	四十六年	1618	戊午，自二月至五月雨不止，岁饥	光绪县志
	四十七年	1619	乙未，大水，濒江民多淹死	光绪县志

续 表

地点	年号	公元	水灾情况	资料来源
	崇祯元年	1628	戊辰，七月二日、三日，大风雨，拔木扬沙。自辰至未水深十余丈，埂庐尽坏，湖乡居民溺死千余人	光绪县志
	十三年	1640	秋，大水，斗米价五钱，人食草木，见地中白土呼为观音粉争食之	光绪县志
	十四年	1641	壬午，江潮至枫溪	光绪县志
下游萧山 共 11 次	洪武二十一年	1388	萧山大风，捍海塘坏，潮抵于市	万历志
	三十二年	1399	萧山大水	万历志
	永乐元年	1403	八月，浙江赭山大风驾潮决江塘	明史
	正统五年	1440	八月，潮决萧山海塘	乾隆志
	景泰七年	1456	五月，萧山大水	万历志
	成化七年	1471	萧山风潮大作，新林塘复坏	万历志
	正德十四年	1519	萧山西江塘圮，大水	万历志
	嘉靖元年	1522	西江塘复圮	万历志
	六年	1527	六月，萧山淫雨，西江塘坏，濒塘居民咸漂没，人畜多溺死，平原皆成巨浸	万历志
	十八年	1539	萧山西江塘坏，县市可驾巨舟，大饥	万历志
	崇祯元年	1628	七月，杭、嘉、湖三府海啸，坏民居数万间，溺数万人，海宁、萧山尤甚	续文献通考
下游绍兴 共 17 次	洪武二十年	1387	会稽王家堰大风雨水暴至，死者十四五	乾隆志
	二十六年	1393	闰六月，山阴会稽大风海溢坏田庐	万历志
	景泰七年	1456	五月，会稽霪雨，伤苗。是秋，会稽复霪雨，腐禾，岁饥	万历志
	天顺四年	1460	绍兴四、五月阴雨连绵，江河泛滥，麦禾俱伤	乾隆志
	五年	1461	五月，会稽霪雨伤苗	乾隆志
	成化八年	1472	七月十七日夜，会稽大风海溢，男女死者甚众	乾隆志

续　表

地点	年号	公元	水灾情况	资料来源
	十三年	1477	夏六月，（会稽）大风海溢	万历县志
			夏六月，（山阴）大风海水溢，害稼	康熙县志
	弘治七年	1494	会稽海溢	乾隆志
	正德七年	1512	海潮溢入，坏民居，濒海男女溺死者甚众	万历县志
			飓风大作，海水涨溢，顷刻高数丈许，并海居民漂没，男女枕藉以死者万计，苗穗淹溺，岁大歉	康熙县志
	十三年	1518	会稽飓风淫雨，坏庐舍伤稼	乾隆志
	嘉靖十三年	1534	秋七月，（会稽）飓风淫雨坏庐舍，伤稼寡收	万历县志
	十八年	1539	（会稽）大水	万历县志
	万历二年	1574	（山阴）大雨平地水深丈余，稼没，岁饥	崇祯县志
	二十七年	1599	（山阴）霖雨，坏官民房舍	崇祯县志
	天启元年	1621	卧龙山发洪	会稽县志
	崇祯元年	1628	七月二十三日午后，（会稽）大风飘瓦吹倒石坊，雨三日。海水大溢街可行舟，沿海居民溺死者数万	会稽县志
			戊辰，七月二十三日午后，（山阴）大风海水大溢，街内行舟，沿海居民溺死者以万计	康熙县志
	二年	1629	八月九日，大雨水，坏田禾，民饥	会稽县志
			八月初九日，大水	康熙县志

　　资料说明：为节省篇幅，表中资料来源信息简化，具体信息如下。万历志指万历《绍兴府志》卷一三《灾祥志》；乾隆志指乾隆《绍兴府志》卷八〇《祥异》；万历县志指万历《会稽县志》卷八《户书·灾异》；崇祯县志指崇祯《山阴县志》卷五《灾祥》；乾隆县志指乾隆《诸暨县志》卷七《祥异》；康熙县志指康熙《山阴县志》卷九《灾祥志》；会稽县志指康熙《会稽县志》卷八《灾祥志》；光绪县志指光绪《诸暨县志》卷一八《灾异志》；萧山县志指民国《萧山县志》卷六《水利》；明史指《明史》卷三八《五行志·水》；续文献通考指《续文献通考》卷二一六《物异考》；经野规略指刘光复《经野规略》。

刘光复任知县时，中游诸暨县境各都纷纷上呈治水的请求。例如，绍兴府诸暨县六十八都民众王镇六、石齐四十七、陈斌四十八、郭东五十、石蒙二十等，为"裕国救民"之事，于万历二十八年（1600）九月、二十九年（1601）四月，连续两次向上呈交陈情状文。状文称：县境大侣湖的庙嘴头有"患埂一百二十余丈"，该处堤埂"内包七湖粮田一十五万"，可谓"半县民命攸关"所系，"埂坐低洼，上接金衢洪水，下受钱塘江潮"，因此"每遇洪水，冲塌如线，单薄似掌"，故而呈请照准由廉能的地方官员督率多位圩长趁农隙"固筑石矶"，以防"桑田变海，漂没民居，半县生灵尽遭鱼鳖"之患。① 这一呈词得到浙江等处承宣布政使司分守宁绍台道按察司的重视，先后获得按察司副使兼右参议张姓官员和按察司清军驿传带管屯盐水利河道副使陈姓官员的批示，要求县级地方官从速查报。

这种情况绝非孤例，类似情形也发生在其他各都。如白塔湖包括两乡六都，有"粮田四万，烟村几千"，但该区"坐七十二湖之下，内连历山马塘"，故而"地势甚洼，众流会集"，具体表现为"浣江内冲、枫川东薄，北通钱塘，一日两潮，昼夜搏激"。在白塔湖"土名上下打挂头、陡闸口"及荷花塘等地方，有"患埂七百余丈"。有隐患的"埂岸屡被冲颓，民困愁无底止"，可谓"东筑西坍，了无成日"。刘光复到任后，即"下车问俗，洞悉民瘼"，并"不辞胼胝，亲历该湖，搜剔源委"，也就是通过实地采访，了解其中弊病。刘光复完善了白塔湖区总圩长与小圩长的等级任命与组织管理制度。每"一都选立总圩长一人，五都设伍总圩长"，一总之下，则"每村每甲各立小圩长，或五人，或十人"。刘光复说服并动员民众，必须进行堤埂培筑，采取"按籍查夫，

---

① 刘光复：《经野规略》上卷《大侣湖居民呈词》，冯建荣主编《绍兴水利文献丛集》下册，第517页。

计夫授埂"的办法，酌量"田亩之高低"，根据"湖埂之患否"，确定该湖区民众堤埂修筑、培固任务的分配。任务分工明确后，于万历三十年（1602）元月"仲朔日兴工"，自动工到工程告竣，只花了一个月的时间。工程告竣后，按原分界段"勒石定界"，竖立起五都之间的分界石。湖民为感念刘光复的恩德，上书请求立碑记录其功绩，万历三十年二月，白塔湖湖域六十都等五都湖民华纲四等、儒学生员沈希尹等均连名呈词到县，希望为其立碑以垂不朽。①

山洪泛滥、潮水逆冲是万历年间诸暨的写照，湖民治水的需求强烈，而开汇有助于泄洪，是治水关键所在。在巡视江岸的过程中，刘光复勘察到黄沙汇与蒋村汇使江水壅塞，告诉湖民："从此开去，工费亦易，水长可以杀上流，水退易得归泄，治河无以易此。"②这一认识使得诸暨民众对于开汇的需求更加迫切。

（二）下游萧山、绍兴的水利形势与态度

南宋时期，浦阳江下游在三江口入海，下游受潮水顶托，感潮区域可达山阴、萧山地区。据方志资料统计，宋代下游萧山、山阴、会稽三县发生水灾共 42 次，与此相对照，中游诸暨则为 19 次。其中北宋时水灾有 5 次，南宋却多达 37 次，是北宋的 7 倍多。这与自大中祥符年间开始的鉴湖围垦导致的水域面积缩减密切相关。③与宋代时期浦阳江中下游的水灾情况相比较，明代时期中游与下游的水灾形势对比发生

---

① 刘光复：《经野规略》上卷《申覆白塔湖士民呈词申文》，冯建荣主编《绍兴水利文献丛集》下册，第 520—521 页。
② 刘光复：《经野规略》上卷《开治河渠申文》，冯建荣主编《绍兴水利文献丛集》下册，第 524 页。
③ 详见兰燕华《宋明时期浦阳江中下游水利争端研究——以刘光复开汇为例》，上海师范大学 2021 年硕士学位论文。

了明显的转变。

据表 1 统计数据可知，下游的萧山与绍兴两县发生在明代的水灾次数之和为 28 次，中游的诸暨县发生在明代的水灾次数为 31 次。也就是说，萧山、绍兴两县水灾次数加起来都比诸暨一县的少。如果以成化改道时间为界分别进行统计，这种数据对比则更为明显。浦阳江改道以后，诸暨水灾严重，与萧绍平原形成鲜明对比。自成化十八年（1482）有"江潮至枫溪"的记载开始，诸暨受灾的次数明显更多，共有 24 次，绍兴地区为 10 次，萧山为 5 次。由于文献记载的局限，不免存在遗漏，这一时期四县水灾次数绝不止以上这些，《经野规略》所记录的各都受灾情况远甚于此。但就目前所整理的数据来说，诸暨水灾的频率是绍兴的 2 倍多，是萧山的近 5 倍。且受灾情况显示，绍兴与萧山的水灾多由海塘损坏所致，诸暨更多是由洪水与潮汐造成的，两者之间的对比更加强烈。

河道曲流可以起到减缓江水流速的作用，其时浦阳江下游的曲流有纪家汇。乾道八年（1172），中游诸暨水溢，民众深受其害，诸暨向朝廷提议将纪家汇裁弯取直，开浚萧山新江以杀水势，减轻诸暨的抗洪压力，减少洪涝灾害带来的损失。[1] 纪家汇作为萧山上游水流的缓冲地带，若将其裁弯取直，则下游河道水流加大，河床可能被刷宽，在潮水顶托之下，必然泛溢两岸。正如萧山县令所言，其时该县境内浦阳江沿岸的桃源、苎萝、许贤、新义、来苏、崇化、昭明这七个乡都有被浸没的危险，山阴、会稽两县也有不利影响，因此此议遭到下游各县的极力反对。[2] 浦阳江改道后，下游不再流经萧绍平原，此时中下游的水利地缘关系主要体现在中游诸暨与下游萧山两县之间。随着水利

[1] 嘉泰《会稽志》卷一〇，李能成点校《会稽二志点校》，第 181 页。
[2] 参见耿金《明中后期浙东河谷平原的湖田水患与水利维持》，《中国农史》2016 年第 2 期。

地缘关系的变化，诸暨与山阴、会稽之间的水利矛盾渐缓，因此此二县对诸暨开汇的态度有所松弛。

蒋村汇裁弯取直任务的顺利完成是典型事例。因蒋村汇为山阴县辖地，诸暨县需先向山阴县购买田地才能进行裁弯取直，但不仅未遭到山阴县的反对，还成功将土地买入。并且，新河开通之后，旧河道将淤的百亩田地全数归于诸暨，规定"日后淤满存为本县（诸暨）学田，以赈贫生之不能葬娶者"，人地矛盾尖锐的山阴对此也并无异议。与前述南宋时期萧山县令张晖"头可断、汇不可开"言论的强硬态度相比，明万历年间处于浦阳江下游萧绍平原的萧山与绍兴二县的态度明显有所缓和。万历年间，刘光复成功在多处河道裁弯取直是矛盾缓和下的结果，包括诸暨境内的源潭汇、顾家汇、黄沙汇和山阴县境的蒋村汇。南宋时期诸暨请求开纪家汇一处便遭到强烈反对，而明万历年间却在很短的时期内便裁直四汇，可见萧山、山阴等县态度转变之大，尤其是身处下游的萧山。

三、中、下游间社会矛盾趋缓的环境背景

虽然万历年间中下游对开汇的态度与之前有所不同，却都是基于各自利益的结果。下游萧山洪灾减轻，山阴、会稽两县则脱离浦阳江不再受其影响，故态度都有所缓和；中游诸暨在潮汐的顶托作用下，洪灾连年，情况惨重，开汇呼声也日渐强烈。两者之间的对比有所强化。

（一）中游诸暨湖田开发加快导致水灾加剧

下游改道引起的中游水文环境变化直接作用于湖田，影响并改变了原本的湖田生产环境与水利格局。南宋以后，中游地区的湖田化趋势加快，一直作为官湖的泌湖也不例外，地方官员甚至将其售卖以筹措费用。此外，盗垦也越发严重，为此还出现人命官司，如"告状人马献三十，为抗杀事：郑杞三十二、杞三十九、金惠五十八违禁占泌湖无主官田荡五十亩，岁花动百。三十系官役，奉文向阻成恨。今十九谋聚，郦加六十四、陈科十六等持凶杀晕弟男献四十，马龙救，遭各杀。陈洪巽等证"①。最后，泌湖原四万亩湖域只剩下两千多亩湖荡，②其余皆被开垦为田，以致水无所归，阖邑受害。类似这样被围垦的湖泊还有很多，《浣江源流图》中，七十二湖皆为诸暨腴田，其中既有白塔湖、高湖等面积上万亩的大湖，也有潭湖、车湖等数十亩的小湖。耿金论文中对中游诸暨的湖田开发情况已有一些数据统计及案例性分析，有助于问题的提出和讨论。③为便系统、整体地看待明代中叶时期诸暨县沿江湖田的开发情况，以下分类统计大、中、小不同尺度范围的湖田数据，列表如下：

---

① 刘光复：《经野规略》上卷《五十七都居民状词》，冯建荣主编《绍兴水利文献丛集》下册，第526页。
② 刘光复：《经野规略》上卷《申详违禁插箔泌湖申文》："审得泌湖乃本县蓄水官湖，原存四万余亩，悉为势家冒佃筑埂……止余贰千陆十亩湖荡。"见冯建荣主编《绍兴水利文献丛集》下册，第527页。
③ 耿金：《明中后期浙东河谷平原的湖田水患与水利维持》，《中国农史》2016年第2期。

表2　浦阳江中游暨诸暨县沿江湖田开发的空间分布

各河段湖数/亩数	湖名及亩数	1 000 亩以下	1 000 亩至 10 000 亩	10 000 亩以上
上江 11/9 909	东岸 1/140	桥头湖 140		
	西岸 10/9 769	柘湖 480、前湖 170、上庄湖 216、下庄湖 87、竑（之）桥湖 260、道士湖 664/370，合计 6/1 877	白塘湖 1 344/2 250、官家湖 3 300、五湖 1 162/1 100、安家湖 1 180/1 100，合计 4/7 892	
双港河直下一带 6/6 150		赵郎、毛村、蒋村三湖 1 328/1 350，合计 3/1 350	关全湖 1 315/1 240、上洋湖 1 873/1 800、下洋湖 1 612/1 540，合计 3/4 800	
山后河 13/6 265	东岸 4/2 040	卸湖 350 亩、留仁荒湖 320 亩、徐家湖 200 亩，合计 3/870	西景湖 1 170 亩	
	西岸 9/4 225	金家湖 600 亩、沙塔湖 710 亩、黄家湖 590 亩、新湖 350 亩、杨家湖 290 亩、马塔湖 500 亩、月塘湖 350 亩、朱命二湖 780 亩、合家湖 55 亩，合计 9/4 225		

续　表

各河段湖数/亩数	湖名及亩数	1 000亩以下	1 000亩至10 000亩	10 000亩以上
太平桥至三港口 64/134 858	下东江 33/78 678 东岸 20/58 689	汤家湖119、巖头湖360、章家赵家湖340、寿文肆拾捌新湖450、上竹月湖790/756、中竹月湖605/550、吴墅湖300、楼家湖170、孤山湖390、新湖270、金竹塘湖300，合计11/4 094	洛星湖1 000、下竹月湖1 510/1 445、木陈湖1 540/1 470、山后湖1 860/1 760、马塘湖草湖1 040/1 000、历山湖2 880/2 700，合计7/11 184	高湖12 000/11 730、白塔31 411/31 404、合计2/43 411
	西岸 13/19 989	张家新湖650、戚家湖770、张家新湖汇湖106、东黄家湖770，合计3/1 526	戚家湖1 035/960、东横塘湖2 490/2 400、朱家湖2 240/1 480、东京塘湖3 086/1 894、泥湖1 270、霉渔湖1 070/1 000、西施湖1 275/1 200、鲁家湖2 577/2 490，合计10/18 463	
	下西江 31/56 180 东岸 10/31 152	楮木湖550、西上黄家湖410、下黄家湖650、何家湖300，合计4/1 910	西横塘湖1 587/2 961、西朱家湖2 120、西京塘湖西大兆湖1 410/1 461、西大兆湖3 430/3 380、黄潭湖1 770/1 640，合计5/11 742	大佰湖17 500/7 100

续 表

各河段湖数/亩数	湖名及亩数	1 000 亩以下	1 000 亩至 10 000 亩	10 000 亩以上
	西岸 21／25 028	邵家湖 260、新亭湖 660、黄官人湖 400、庙前湖 250、陈家湖 25、上苍湖 620、下苍湖 102、黄湖 530、鄠家湖 50、秀才湖 160、黄潭湖 48、车湖 28、张麻湖 750、连塘湖 340、合计 14／4 223	东大湖 1 223／1 140、道仕湖 1 953、象湖 1 380、贯湖 1 453／1 290、和尚湖 1 643／290、桥里湖 1 340／1 300、合计 6／9 165	朱公湖 11 640／11 260
三港口以下 16／18 478 · 东岸 8／13 248		吴湖 730、忽睹湖 460、新湖 730、合计 3／1 920	蒋湖 1 300、下湖 2 100、上金湖 1 546、下金湖 1 200／1 301、横山湖 5 081／4 900、合计 5／11 328	
三港口以下 16／18 478 · 西岸 8／5 230		浦球湖 340、南湖 270、下坂湖 50、枫山湖、吴家县湖 290、神堂湖 280、合计 6／1 230	湄池湖 1 100／1 054、江西湖 2 900、合计 2／4 000	
湖数／亩数总计	110／175 660	1 000 亩以下	1 000 至 10 000 亩	10 000 亩以上
		63／23 365	43／79 744	4／72 171

资料来源：刘光复《经野规略》下卷（一），冯建荣主编《绍兴水利文献丛集》，扬州：广陵书社，2014年，第560—565、579—598页。

说明：《浣江源流图》所载湖田数据与同书文件中湖田数据有所出入，有的出入较小，有的出入较大，如白塔湖分别记为31 411亩和31 404亩，大侣湖则分记为17 500亩和7 100亩。总体来说，图中所记数据要大，估计分别代表不同时期的数据，图中数据时间偏后，故而较大。有差异的数据在表格中同时体现，以斜杠分隔，前为文件中数据，后为图中数据，各项总计数据为综合两个数据来源并取其大者而成。另，"合计"数，斜杠前为湖数，后为亩数。

随着开发的进行，自宋至明，大量湖泊水域被开垦为田亩，以致看不出这里曾有过湖泊。湖域面积急剧缩减，蓄水功能逐渐丧失，一些小溪、河港也逐渐淤塞，以致久雨则有淹没之患，久晴则有旱暵之忧。[①]诸暨全县粮田70余万亩，山田、湖田各占一半，"山田硗瘠寡入，恒仰给于湖，湖田一不收而通邑告饥"[②]。湖田约35万亩的话，据表2可知，所开发的湖田集中分布在浦阳江中游诸暨境内上江、山后河、下东江、下西江左右两岸及双港河直下一带，据有具体湖名及其湖田亩数统计所得，总计数据为17.5万余亩，约占全县湖田亩数的一半。

明代诸暨号称七十二湖[③]，但实际上湖泊数量尚不止此，据表2可知，有名可计的已达110个。其中以1 000亩以下的小湖居多，有63个，占近六成。1 000亩至10 000亩之间的中等湖泊占约四成，且基本在一两千亩或两三千亩之间，没有5 000亩以上的。10 000亩以上的大型湖泊有4个，分别是高塔湖、白塔湖、大侣湖和朱公湖，其中尤以白塔湖湖田面积最为宽广，达30 000多亩。4个大型湖泊的湖田面积总和已接近43个中等湖泊的湖田面积。数量最多、占比最大的小型湖泊的湖田面积总和约23 300多亩，只占湖田面积的约13.3%。从空间分布上来看，下

①　徐松：《宋会要辑稿》，刘琳等点校，上海：上海古籍出版社，2014年，第6152页。
②　刘光复：《经野规略》上卷《疏通水利条陈》，冯建荣主编《绍兴水利文献丛集》下册，第506页。
③　耿金：《明中后期浙东河谷平原的湖田水患与水利维持》，《中国农史》2016年第2期。

东江东岸的湖田面积最为宽广，高塔湖和白塔湖均位于这一区域。

大量水域转变为陆域后，原先江堤等防水工程也大多被破坏，江水漫溢横流屡屡发生。正如刘光复所言："中下亦佃豪户，各争稼穑之利，不顾防川之灾，河窄如喉，受流若咽，骤霖终朝，一望成泽。当事者目击心悲，计已无之，惟叹前人之不早见耳。"原先非常宽广的泌湖，只剩下二千零六十亩，可谓"锅中底，壶身颈，既鲜厚利"，从湖域产权来说，也是"千家罟，万人渔，亦莫定主"。①

一方面，碛堰开凿后，浦阳江下游河道缩短，江潮到达的距离更远，中游诸暨也成为潮区，地方志中关于"江潮至枫溪"的记载多发生在成化后期以后（见表 1），且多出现在灾异篇当中。江潮逆流大大增加了中游水流排泄的难度，水患愈加严重，湖田淹没无收的情况时有发生。每当夏秋淫霖，山洪陡发，上游之水，建瓴直下，钱塘江又汇合徽、衢、金、严、杭五府之水，"海潮挟之以入碛堰，逆流倒行，而与浣江作难。其互相阻格，则淳潴不行，两相搏激，则横溢四出，溃堤埂，淹田禾，坏庐舍，北乡湖田尽受其害"②。明天顺以后，诸暨县洪灾加剧，形势十分严重。从表 1 可知，这一时期诸暨水灾的次数明显增加，刘光复任知县的 4 年时间里便有 3 次。每每大水，皆造成重大损失。损失之惨重，非笔墨所能记述，至中华人民共和国成立后，江潮仍是当地水患之主要症结。

事实上，诸暨境内浦阳江两岸除了上述源潭、顾家、黄沙、蒋村四汇外，下东江西岸还曾经存在郭家汇、寿家汇等汇，只是后来演化

---

① 刘光复：《经野规略》上卷《议存泌湖申文》，冯建荣主编《绍兴水利文献丛集》下册，第 514 页。
② 光绪《诸暨县志》卷一三《水利志》，《中国地方志集成·浙江府县志辑》第 41 册，第 459 页。

成了湖域，地名变成郭家汇湖、寿家汇湖。这说明郭家汇、寿家汇这两处曲流已经发生裁弯取直。由于史料并无相关记述，这两者究竟是属于自然裁弯还是人工裁弯，不得而知。寿家汇湖附近有"朱家埂外汇田"和"寿享肆拾伍汇田"，这说明部分湖域已经淤成田地，但估计为防洪须预留泄水排洪空间考虑，文件中都注明"不许加埂"。[①] 总而言之，浦阳江中游诸暨境内下东江、下西江夹江两岸的曲流发育明显，且可能已历经多次裁弯取直，其中一些曲流在取直后可能再次发育，出现曲流与牛轭湖的周期性更替与反复。

（二）下游萧绍地区因浦阳江改道而内涝减缓

明代，绍兴地方官员为解决西小江水患，主要从三个方面着手。首先便是拓宽碶堰，并筑闸坝封堵浦阳江水进入西小江，迫使浦阳江转向碶堰北流。浦阳江下游筑起麻溪坝后，江水不再经由山会平原，萧绍地区原受江水危害的区域水患压力缓解。浦阳江改道后，之前需要借"汇"为缓冲地带的下游地区借助所筑闸、坝与中游地区隔离开来，不再属于同一水系范围，下游的萧山、山阴不再受浦阳江水为害。为巩固成果，后来还在浦阳江东岸沿岸修筑海塘隔绝江水与江潮的侵扰。其后为解决西小江排水问题，绍兴太守戴琥修建了大量排水闸堰，并订立水则调控水利。最后又修筑了三江闸，将潮汐阻拦在平原之外，为萧绍地区的发展提供了良好的水文环境。

在浦阳江河道走钱清时，开汇将使萧山、山阴境内的水患压力增大，即使诸暨有开汇的愿望，也因萧山等下游地区的反对作罢。浦阳江河道不走钱清时，该区对水患的治理取得了很好的效果，文献记载：

---

① 刘光复：《经野规略》上卷《太平桥下东江西岸丈量湖埂田亩分段数开后》，冯建荣主编《绍兴水利文献丛集》下册，第586—587页。

"嗣是以后，钱清有江之名，而实则不复为江。可以引江之利，而不受其害。居民亦几忘其为三江之一也。"①平原内部闸坝的修筑也发挥了极大的作用，三江闸建成后，兼具阻咸蓄淡的功能，"自建三江闸，而山、会、萧三邑天旱无忧，殆百年矣"②。萧绍平原逐渐成为东南沿海有名的水米之乡。浦阳江改道西出钱塘江后，萧绍平原北部西小江下游两岸水患减轻，萧绍平原的水利维护，精力主要放在阻咸蓄淡的三江闸工程上。例如，康熙朝末年的三次议修三江闸，但因毛奇龄三议罢修而最终无果；作为回击，山阴、会稽则在萧山提出协修西江塘时予以拒绝。③

萧绍平原内水患得到缓解还可以从宋、明两代水灾次数的对比中得到印证。据统计，西小江水患治理之后，萧绍地区大水危害地方的次数明显减少，出现水灾也大多是海塘附近，明代萧山水灾共有 11 次，8 次都是江塘坍圮的原因，具体情况见表 1。总的来说，浦阳江流域的水利争端的空间地缘关系，由改道之前的中游诸暨与下游的萧绍之间的水利矛盾，转变为之后的萧绍平原内部的萧山与山阴、绍兴之间的水利冲突。

结　论

综上所述，开"汇"是历史时期非常典型的人工干预措施，就是对

① 全祖望：《鲒埼亭集》卷三四，上海：商务印书馆，1936 年，第 4 册，第 437 页。
② 康熙《会稽县志》卷一二《水利志・闸》，《绍兴丛书》第 7 册，北京：中华书局，2007年，第 394 页。
③ 陈涛：《明清时期萧绍平原的水利与地域社会》，上海师范大学 2018 年博士学位论文，第 30—47 页。

河流弯道采取人为裁弯取直的工程。宋明时期浦阳江中下游开汇之争实质上是利益之争，即开汇利于中游而不利于下游，因此诸暨一直谋求开汇以泄洪。南宋时期，开汇不利于下游而遭到反对。明代，萧绍平原与浦阳江分离，与诸暨不再是上下游的关系，开汇对其并不会有很大的影响，故其态度也随之缓和。宋、明时曾议开或实开各汇。南宋乾道八年（1172）曾议开纪家汇，但最终并未实施。明万历三十年（1602）前后，刘光复成功对源潭、黄沙、顾家与蒋村四汇实行裁弯取直。对这一系列得以实施的裁弯取直工程进行水利社会史分析可知，中下游之间的水利形势和立场与宋代议开纪家汇时已很不相同。中游诸暨的水利形势已十分严峻，开汇的需求非常迫切，立场非常坚定；下游萧山、绍兴的水利形势和态度与宋代议开之时相比则已有明显的缓解。中下游之间的水利矛盾和冲突有所缓和。中下游之间的社会矛盾之所以趋缓，有其特定的环境背景。中游诸暨的湖田开发加快导致水灾加剧，下游萧绍地区则因浦阳江改道而内涝减缓。

明代兵马司职能述论

吕 杨

摘要：兵马司制度起源于辽时期，金元因袭，明代兵马司制度是在元兵马司制度基础上加以损益而成。明代兵马司是两京的治安管理机构，负责维护两京社会治安。由于明中叶后，兵马司兵员均为服徭役民户，且隆庆后兵马司指挥、副指挥逐渐由科第出身的文官担任，兵马司已脱离军事系统，蜕变为民兵组织。明代巡城御史制度完善后，兵马司必须在巡城御史组织下才能执行治安司法职能，故其自身司法权微乎其微。虽然明代兵马司各项治安司法职能类似警察机构，但因其法定执法权有限，且兵员皆为服徭役或代役民户，故不能将其认定为城市警察机构。

关键词：明代 兵马司 治安管理 司法流程 警察机构

作者简介：吕杨，常州大学周有光文学院教授。

  兵马司是明代两京的治安管理机关，官修《明史·职官志》认为兵马司并非军事机关，故将其与太常寺、光禄寺等中枢机构归在一卷。明初至中叶，兵马司在建制上隶属军方，兵员最初也由都督府调拨、补给。明中叶以后，南、北两京兵马司兵员主要来自应役火甲，均为民户，不属于军方管辖。因此，明代兵马司在明初至中叶为准军事机构,至晚明时,因兵员身份变化,彻底蜕变为保安队、治安联防队性质的民兵组织。从明代兵马司的职能而言,兵马司担负"京城巡捕之职",负责"巡捕盗贼,疏理街道沟渠及囚犯、火禁之事","境内有游民、奸民则逮治。若车驾亲郊,则率夫里供事"①,"讥察奸伪。夜发巡牌,旗士领之,核城门扃鐍及夜行者"②,负责维护和管理两京社会治安。

相对其他制度史研究,学界对明代兵马司的研究关注不多。一般在研究两京基层组织、锦衣卫、两京社会秩序时,才对兵马司职能进行分析。张显清、林金树主编的《明代政治史》将五城兵马司作为两京体制的重要机构进行阐述,同时亦对兵马司管辖权、机构设置进行概述。③ 王天有《明代国家机构研究》认为,兵马司主要管理京师城内治安,而宛平、大兴二附郭县的治安职能更多需要在城外体现。④ 李小庆在其硕士论文中,对明代兵马司的管辖范围、职责、效率及与其他治安机构的分工等进行了分析,他认为,虽然"兵马司"一词首见于辽朝,但金时期应为兵马司源头。明代兵马司因为职卑权重,故权力易受高层机构侵蚀,折射出皇权在京师治理中的强势控制力。明中后期,因任务量增加,居民不愿坐铺,及兵马司自身枉法等问题,其治理能力削弱。⑤ 罗晓翔认为,因"五城兵马司既有抓捕、审讯的权力,又设有收监人犯之牢狱,其司法独立性逐渐彰显"。她认为五城兵马司是城市警察机构。⑥ 孙继民、耿洪利根据天一阁所藏明代公文纸印本《国朝

---

① 张廷玉等:《明史》卷七四《职官志三·五城兵马司》,北京:中华书局,1974年,第1814—1815页。
② 张廷玉等:《明史》卷八九《兵志一·京城巡捕》,第2289页。
③ 张显清、林金树:《明代政治史》,桂林:广西师范大学出版社,2003年。
④ 王天有:《明代国家机构研究》,北京:故宫出版社,2014年。
⑤ 李小庆:《五城兵马司与明代京师治安管理》,东北师范大学2012年硕士学位论文。
⑥ 罗晓翔:《从刘世延案看明末南京治安管理与司法制度》,《明清论丛》第12辑,北京:故宫出版社,2012年。

诸臣奏议》纸背文献，复原出明正德二年（1507）南京南城兵马司的完整呈文，并对该文献进行了深入分析和解读，认为该呈文不仅反映了兵马司呈文的标准书式，而且展现了与常见史料记载不同的兵马司官吏配置情况，还揭示了南京南城兵马司在仓场管理上的具体职能和南京巡仓御史对南京南城兵马司监管的诸多细节，为深化明代五城兵马司制度研究提供了新线索。[1] 张金奎在讨论锦衣卫维护京城治安职能时，对京师兵马司与锦衣卫的分工、管辖范围等进行了更为细致的讨论。他认为，晚明时期虽增加巡查力量，但京师治安并未好转。锦衣卫、兵马司在重压之下，为转移压力，逐渐出现了治安机构从中牟利的腐败问题，并陷入恶性循环。[2] 笔者也曾对南京兵马司职能、管辖范围及其在南京治安司法中的作用等进行分析，认为兵马司的司法权力来自都察院的巡城御史，其独立执法权甚少，且其兵员均来自应役民户，不应视为城市警察机构。[3]

综上所述，既有的相关学术成果使我们对明代兵马司的职能、管辖范围及与其他京师巡防机构的分工等问题有了一定的了解，但对于兵马司的溯源存在争议，兵马司在司法审判环节的地位、兵马司执法权等问题亦不清晰。故笔者不揣鄙陋，对明代兵马司源流、司法地位等问题再作讨论，抛砖引玉，以期加深对该问题的理解与认识。

① 孙继民、耿洪利：《明代五城兵马指挥司研究的新线索——明正德二年南京南城兵马指挥司呈文的发现及意义》，《军事历史研究》2016 年第 1 期。
② 张金奎：《锦衣卫维护京城治安职能初探》，《社会科学辑刊》2019 年第 5 期。
③ 吕杨：《晚明江南社会治安研究》，杭州：浙江大学出版社，2021 年。

一、兵马司源流考

明代兵马司负责京师治安，并非朱元璋首创。唐五代以前，皆有京师相关军政机构维护京师治安，但无兵马司称谓。清人永瑢、纪昀等认为，维护京师治安机构的渊源可溯至《周礼》中的地官司寇。两汉时，京师治安职官为长安四尉、洛阳四尉。曹魏因袭后汉四尉之制。晋则在袭曹魏的基础上，又增二尉，共六部尉。永嘉南渡后，东晋和南朝四政权皆在建康，皆设六尉。北魏亦因晋制，北齐则增为七尉。隋置坊主，后改为里司官。唐为殿中侍御史、巡使，宋为左右军巡使，辽、金为警巡院，直至元代，京师治安机构才称兵马司。[①] 需要说明的是，《钦定历代职官表》并不严谨，例如金兵马司已经初具规模，执行维护京城治安职能，但该表修撰者却视而不见，未将金兵马司纳入文献之中。而辽、金警巡院只是京城巡防机构之一，却被作者列入兵马司源流之一。而兵马司作为军政机构，最早出现于《辽史》，其职能亦为统辖东京诸州、上京一州的军务，维持域内社会秩序。因此拱卫京畿、维护京畿治安的兵马司实际上应创建于辽时期，金、元因之。兵马司之名，虽亦见诸两宋，但在两宋控制区，兵马司只是地方军事机构，而非京师治安管理机构。

（一）辽朝兵马司

《辽史》所载，兵马司创建于耶律阿保机统治时期，"乙室奥隗部，

[①] 永瑢、纪昀：《钦定历代职官表》卷二〇《五城》，《景印文渊阁四库全书》史部第601册，台北：商务印书馆，1986年，第388—398页。

神册六年，太祖以所俘奚户置。隶南府，节度使属东北路兵马司"①。
《辽史·兵卫志》再次明确东北路女直兵马司统辖乙室奥隈部军务。② "北
女直兵马司，在东京辽州置"③，统辖上京龙化州，东京辽州、祺州、韩
州、双州、银州、同州、咸州、郢州、铜州、涑州、肃州、安州等地
军务。④ 神册六年为921年，彼时中原王朝处于五代后梁时期。耶律阿
保机安置征服的乙室奥隈部使其军事归为北女直兵马司的行为，说明
神册六年之前，兵马司这一军事机构在契丹部已经存在并发挥相关职
能。因暂未见其他佐证史料，只能暂将神册六年视为兵马司创建之时。
孙继民、耿洪利认为："唐杜佑《通典》卷一四九《兵典》中已见'兵马
使'名称，可以证明唐代前期已有此职。《辽史》所见的兵马司应是承自
晚唐五代时期。"⑤ 此观点笔者不敢苟同。因为"兵马使"是官名，中古
以降，职官带"使"者甚多，如节度使、观察使、转运使等；而"兵马
司"则是机构名称，古代带"司"字的机构众多，如布政司、按察司等。
时至今日，"司"亦是机构名称，如外交部欧洲司、财政部关税司等，因
此，两者不应混淆。且未见任何史料能佐证唐代职官"兵马使"是机构
"兵马司"的官员。

从辽朝兵马司职官设置来看，兵马司为军事机构，负责上京一州、
东京所辖各州军务。然而在《辽史》中被称作兵马司的机构，除北女直
兵马司外，还有易州飞狐兵马司。易州虽为燕云十六州之一，宋辽交
战和对峙的前沿之一，但因不属于辽朝五京所辖州，非直隶地区，故

① 脱脱等：《辽史》卷三三《营卫志下·部族下》，北京：中华书局，1974年，第388页。
② 脱脱等：《辽史》卷三五《兵卫志中·众部族军》，第413页。
③ 脱脱等：《辽史》卷四六《百官志二·北面边防官》，第750页。
④ 脱脱等：《辽史》卷三七《地理志一·上京道》，第447页；卷三八《地理志二·东京
道》，第467—476页。
⑤ 孙继民、耿洪利：《明代五城兵马指挥司研究的新线索——明正德二年南京南城兵马
指挥司呈文的发现及意义》，《军事历史研究》2016年第1期，第8页。

由南面官管辖,"道宗咸雍四年改易州安抚司"①。咸雍四年为 1068 年,此时辽朝各项制度皆已完备,将易州兵马司改组为安抚司,并非因宋辽战事减少,而是因其辖区非五京直隶地区。由此可见,辽朝兵马司盖为统辖契丹"龙兴之地"上京龙化州和东京诸州军务并维护域内社会秩序而设置。

(二)两宋兵马司

关于宋兵马司创建的时间,李焘在《续资治通鉴长编》中言,仁宗时期"枢密院言河东安抚使段少连,乞罢陕西、河东钤辖等巡边名目,或欲令兵马司臣僚视兵甲城寨、经度邻界事由等,即令简径出入,不须张皇,从之"②。宝元二年,即 1039 年,彼时辽朝为兴宗统治时期。北宋是否借鉴辽朝兵马司制度,或北宋兵马司制度建于何时,囿于史料有限,无法定论,但从令兵马司臣僚巡视城寨、军队来看,彼时北宋兵马司制度已经成熟,应非仁宗时期初创。

宋兵马司管辖范围与辽朝存在差别。辽朝兵马司管辖范围主要为辽东京所辖诸州,而宋则在各地均有设立。例如元丰三年(1080),神宗亲批:"自今委中书选人知资州,管勾梓、夔两路兵马司事。"③元丰四年(1081),神宗下诏:"本路措置事稍大,奏候朝旨,如小事碍常法,许一面施行。鄜延、环庆、河东路经略司,熙河路都大经制司,措置麟府路兵马司依此。"④哲宗即位初,吕惠卿担任河东军事统帅,公然违背神宗遗诏,苏辙在弹劾吕惠卿的奏疏中亦称吕惠卿"令

---

① 脱脱等:《辽史》卷四八《百官志四·南面边防官》,第 828 页。
② 李焘:《续资治通鉴长编》卷一二四,宝元二年七月甲寅,北京:中华书局,1995 年,第 2918—2919 页。
③ 李焘:《续资治通鉴长编》卷三○三,元丰三年三月丁丑,第 7368 页。
④ 李焘:《续资治通鉴长编》卷三一五,元丰四年八月丙寅,第 7625 页。

兵马司借敕书不得侵扰之文，晓谕将佐，以款贼计"①。北宋末，针对西夏寇边，欧阳澈建议："为今之计者，莫若明诏守土之臣，使严为之备，而又专委兵马司，使修车马备器械，以图患于未然，则西戎不能入境矣。"② 在欧阳澈眼中，兵马司的主要职能似以负责战区装备、联勤保障为主。

南宋时，严州"公馆在子城东，东山下。屋颇宏壮，旧为兵马司。绍兴八年，知州董弅重加葺治，榜以今名，以待监司按临，及往来贵客憩寓"③。吴兴"路分都监厅在添差佥判厅西，旧兵马司也。兵马司在路分厅，南兵马都监寓焉"④。福州"宣和元年，臣僚有请，福州都作院额管兵士二百人，旧以本州都监管辖，随时制造，朝廷降下外路军兵，或修葺本州团结，及将下教阅军器。本作木匠，却与兵马司混同，差以防护送迎，在院不过三四十人"⑤。

综上所述，两宋时的兵马司，应为单纯的军事机构，并非如辽朝只为管理京畿地区军务而设。两宋兵马司不仅在边地、民族聚居区设立，而且在承平安定的内地各府县皆有设置。其职能单一，即统辖区域内军务，辖区内无论禁、厢、乡、蕃，皆受其节制，但宋兵马司不负责维护京畿秩序。

---

① 苏辙：《栾城集》卷三九《右司谏论时事一十五首·论吕惠卿第三状》，《景印文渊阁四库全书》集部第 1112 册，第 437 页。
② 欧阳澈：《欧阳修撰集》卷一《奏议上·上皇帝万言书》，《景印文渊阁四库全书》集部第 1136 册，第 343 页。
③ 陈公亮、刘文富：淳熙《严州图经》卷一《馆驿》，《续修四库全书》史部第 704 册，上海：上海古籍出版社，2002 年，第 12 页。
④ 谈钥：嘉泰《吴兴志》卷八《公廨》，《续修四库全书》史部第 704 册，第 112 页。
⑤ 梁克家：淳熙《三山志》卷一〇八《兵防类一·都作院指挥》，《景印文渊阁四库全书》史部第 484 册，第 277 页。

（三）金朝兵马司

金兵马司制度完全承袭辽，并未借鉴宋制，在辽兵马司制度基础上加以损益。"兵马司及它司军者曰'军职官'"[①]，虽属于军队序列，但其职能为维护京城治安。金兵马司"都指挥使一员，正五品。巡捕盗贼，提控禁夜，纠察诸博徒、屠宰牛马，总判司事。副都指挥使二员，正六品。贰使职，通判司事，分管内外，巡捕盗贼。军典十二人，掌本库名籍、差遣文簿、行署文书、巡捕等事，余军典同此。司吏一人，译人一人，公使十人。指挥使一员，从六品。钤辖四都之兵以属都指挥使，专署本指挥使事。军使一员，正七品。指挥之职，左、右什将各一人，共管一都。军典二人，营典一人，左、右承局各一人，左、右押官各一人。以上军员每百人为一指挥使，各一员分四都，每都设左右什将、承局、押官各一。若人数不及，附近相合者，并依上置。如无可相合者，三百人以上为一指挥，二百人以上止设指挥使，一百人止设军使，仍每百人以上立为一都，不及百人设什将、承局、押官各一。其指挥下军使，什将下军典、营典，各同此置。惟北京、西京止设使、副各一员"[②]。金兵马司在辽朝基础上增加礼仪职能，"诸亲王引接、引从，在都兵马司差"[③]。金世宗时期，为打击民间酿酒，金世宗"命设军百人，隶兵马司，同酒使副合千人巡察，虽权要家亦许搜索"[④]。由此可见，金朝兵马司承袭了辽朝兵马司维护京畿治安的职能，并将管辖区域缩小到京城范围。

[①] 脱脱等：《金史》卷五五《百官志一·六部》，北京：中华书局，1979年，第1230页。
[②] 脱脱等：《金史》卷五七《百官志三·诸总管府节镇兵马司》，第1234页。
[③] 脱脱等：《金史》卷四一二《仪卫志下·百官仪从》，第964页。
[④] 脱脱等：《金史》卷四九《食货志四·酒》，第1105页。

（四）元朝兵马司

金末，蒙古南下，先灭金朝，继而攻宋，控制了北方原金占地区。忽必烈夺取汗位后，除继续攻宋，亦借鉴宋、辽、金政治制度，在北方控制区开始了缓慢的制度建设。至元十六年（1279）文天祥被俘，"至燕，馆人供张甚盛，天祥不寝处，坐达旦。遂移兵马司"①。文天祥亦在《移司即事》诗序中云："自大雨后，兵马司墙壁颓落，地皆沮洳。"②说明此时元兵马司制度已经完备，且已拥有独立的监管场所。至元十八年（1281）八月，元已彻底肃清了南宋残存武装力量，其重心亦转向内政建设，在辽、金兵马司制度的基础上，进一步完善兵马司制度，明确兵马司职官品秩、架构和职能范围，规定："兵马司，秩正四品，指挥使三员，副指挥使二员，知事一员，提控案牍一员，司吏八人。""大都路兵马都指挥使司，凡二，秩正四品，掌京城盗贼奸伪鞫捕之事，都指挥使二员，副指挥使五员，知事一员，提控案牍一员，吏十四人。至元九年，改千户所为兵马司，隶大都路。而刑部尚书一员提调司事，凡刑名则隶宗正，且为宗正之属。二十九年，置都指挥等官，其后因之。一置司于北城，一置司于南城。司狱司，凡三，秩正八品，司狱一员，狱丞一员，狱典二人，掌囚系狱具之事。一置于大都路，一置于北城兵马司，通领南城兵马司狱事。皇庆元年，以两司异禁，遂分一司于南城。"③至元二十九年（1292）闰六月，元廷"升上都兵马司四品，如大都"④。元仁宗时期，"增置大都南、北两兵马司

---

① 脱脱等：《宋史》卷四一八《文天祥传》，北京：中华书局，1977年，第12539页。
② 文天祥：《文山集》卷二〇《指南后录三》，《景印文渊阁四库全书》集部第1184册，754页。
③ 宋濂等：《元史》卷九〇《百官志六·兵马司》，北京：中华书局，1976年，第2298、2301页。
④ 宋濂等：《元史》卷一七《世祖纪十四》，第363页。

指挥使，色目、汉人各两员，给分司印二"①。实现了大都城兵马司分城管理，细化了治安区域分工管理。继而在制度上明确了大都兵马司的职责、兵力配置，即"大都南、北两城兵马司，各主捕盗之任。南城三十二处，弓手一千四百名；北城一十七处，弓手七百九十五名"②。"诸南北兵马司，职在巡警非违，捕逐盗贼，辄理民讼者，禁之。诸南北兵马司，罪囚八十七以下，决遣；应刺配者，就刺配之。""诸南北兵马司，每月分番提牢，仍令提控案牍，兼掌囚禁。"③元廷为整顿吏治"申严大都总管府、兵马司、左右巡院敛民之禁"④。

在地方，岭北湖南道肃政廉访司所辖录事司，即至元十四年（1277）由宋兵马司改组。其他如衡州路录事司、郴州路录事司、全州路录事司、武冈路录事司，皆在至元十三年至十五年（1276—1278）间，由宋兵马司改组而成。⑤可见，元初已基本明确了兵马司的职能，即负责大都和上都的治安、司法事务。从刑部尚书提调兵马司事这一指挥权变化和地方兵马司被改组为录事司来看，元代兵马司已初现脱离军事系统的趋势。元成宗时，针对大都不断出现的淹狱事件，中书省认为："旧制京师州县捕盗，止从兵马司，有司不与，遂致淹滞。"⑥这说明元兵马司通过不断被赋权，已完全掌握上都、大都治安司法权，此项大权其他司法机构无法染指。

此外，元大都兵马司亦承担仪卫职责。元廷无论是进行郊祀，还是祭祀宗庙、社稷，迎香时，皆由"清道官行于仪卫之先，兵马司之兵夹

① 宋濂等：《元史》卷二一《仁宗纪三》，第586页。
② 宋濂等：《元史》卷一〇《兵志四·弓手》，第2595页。
③ 宋濂等：《元史》卷一〇三《刑法志二·职制下》，第2632、2635页。
④ 宋濂等：《元史》卷一一《世祖纪八》，第232页。
⑤ 宋濂等：《元史》卷六三《地理志六》，第1528—1531页。
⑥ 宋濂等：《元史》卷二〇《成宗纪三》，第436页。

道次之"①。此举亦承袭了金朝兵马司仪卫职能。

元末，各地反元义军蜂起，元廷为镇压义军，"至正十年十月，中书省奏：东南千里外，妖气见，合立兵马司四处，掌防御之职。遂置大名兵马司、东平兵马司、济南兵马司、徐州兵马司。每司置都指挥、指挥各二员，副指挥各四员，经历、知事、提控案牍各一员，译史各二人，司吏各十二人，奏差各八人，贴书各二十四人，忽剌罕次各三十人，司狱各一员，狱丞各一员。十一年，罢沂州分元帅府，改立兵马指挥使司。十五年十月，济宁兵马司添设副指挥二员"②。面对农民起义，兵马司亦呈现回归军事系统的趋势，其管辖范围亦从大都、上都扩展到徐州等军事要冲。其职能亦从京师治安管理转变为要塞军事指挥。

二、明代兵马司管辖范围及兵员

明兵马司始建于至正十六年（1356），为拱卫金陵，朱元璋基本承袭元制，"设都指挥、副都指挥、知事。寻改设指挥使、副指挥使，各城门设兵马"③。洪武元年（1368）年底，兵马司一度管理京城市场。太祖"诏中书省，命在京兵马指挥司并管市司。每三日一次校勘街市斛斗秤尺，稽考牙侩姓名。时，其物价在外府州各城门，兵马一体兼领市司"④。此举似可视为明政权初建，京师市场尚处于军管状态的写照。

---

① 见宋濂等《元史》卷七三《祭祀二·郊祀下》、卷七五《祭祀四·宗庙下》、卷七六《祭祀五·太社太稷》，第 1861、1868、1882 页。
② 宋濂等：《元史》卷九二《百官志八·添设兵马司》，第 2337 页。
③ 龙文彬：《明会要》卷三九《职官十一》，北京：中华书局，1956 年，第 691 页。
④ 《明太祖实录》卷三七，洪武元年十二月壬午，上海：上海书店出版社，2015 年，第 744 页。

"（洪武）五年又设兵马指挥分司于中都"，"二十三年定设五城兵马指挥司"，"永乐二年，设北京兵马指挥司"，形成了明代南北两京兵马司制。兵马司职责为："指挥巡捕盗贼，疏理街道沟渠及囚犯、火禁之事。凡京城内外各画境而分领之。境内有游民、奸民则逮治。若车驾亲郊，则率夫里供事。凡亲、郡王妃父无官者，亲王授兵马指挥，郡王授副指挥，不管事。"①显而易见，明代兵马司制度基本承袭金、元。兵马司不仅负责京城治安，同时仍具备一定仪卫职能。只是相对金、元，明兵马司又增加了安置皇亲国戚的职能。

京师兵马司管辖范围"南抵海子，北抵居庸关，西抵卢沟桥，东抵通州"②。南京"五城兵马司防捕之官，设于都城之内外"③，其管辖范围为应天府城及其周边地区，④大抵为今南京市主城区范围。不难看出，两京兵马司的管辖范围与顺天府及其附郭县宛平、大兴，应天府及其附郭县上元、江宁的治安管辖范围完全重叠。如果单纯从表面上看，两京似乎存在一个五级（上值或留守军卫、兵马司、府、县、字铺或保甲）防控的体系，然而在实际操作中，王天有认为："五城兵马指挥司掌管巡捕盗贼、疏通街道沟渠及囚犯、火禁之事，地位相当于宛、大知县，但不属于顺天府尹管理，而隶属于巡城御史。""可见京师五城之权已不属于顺天府，顺天府权力多在京师城外。"⑤京师如此，南京亦

---

① 张廷玉等：《明史》卷七四《职官志三》，第1814—1815页。因朱元璋于洪武八年罢建中都，凤阳兵马分司亦被裁撤。
② 张廷玉等：《明史》卷八九《兵志一·京城巡捕》，第2289页。
③ 闻人诠：《南畿志》卷一《总志一·南都纪》，《四库全书存目丛书》史部第190册，济南：齐鲁书社，1996年，第160页。
④ 参见施沛《南京都察院志》卷二一《职掌十四》、卷二二《职掌十五》，《四库全书存目丛书》补编第73册，济南：齐鲁书社，2001年，中城第592页、东城第606页、南城第617页、西城第625页、北城第631页。
⑤ 王天有：《明代国家机构研究》第六章《地方机构》，第234页。

然。"南京五城兵马司各司职掌巡捕及街道沟渠囚犯等事，皆与五城兵马司同。"① 无论是顺天府还是应天府，其府城内的日常治安巡防工作均由各巡城御史分管下的各城兵马司来执行，军卫只是起协防作用。如此一来，两京城内的治安管辖权由两京都察院系统掌管，两京锦衣卫及其他上值（留守）军卫则继续执行军事纠察、武装捕盗、秘密侦查任务。而顺天府和宛平、大兴二县，应天府及上元、江宁二县的治安管理职能，很大程度上要在城外实行。

从其归属看，兵马司并非由五军都督府统领，而是由都察院系统的巡城御史提调。其职官设置为每司一正、五副、一吏目，最初为正四品衙门，洪武十年（1377）降为五品。② 晚明时，南京兵马司每城职官精简为一正、一副、一吏目。③ 兵马司指挥使、副使虽然是武官，但必须听命于文职的巡城御史。就品级而言，兵马司正、副指挥使均为五品、六品的武官，而巡城御史则为七品官，如此设置亦体现明代以文制武、以小制大的制度设计理念。隆庆初，御史赵可怀建议："五城兵马司官，宜取科贡正徒，职检验死伤，理刑名盗贼，如两京知县。"④ 该建议为统治者所接受，"隆庆四年，议准五城兵马司，以科目出身有司，年壮有志者升除。其迁转视两京知县，听巡城御史考察。五年，议准兵马副指挥吏目，以在外府卫首领，州县佐贰首领，有才者升补。万历二年，题准兵马指挥缺，或以副指挥有资望者升补，或贡例监生考

---

① 申时行等：万历《明会典》卷二二五《五城兵马指挥司》，北京：中华书局，1989 年，第 1109 页。
② 同上。
③ 施沛：《南京都察院志》卷二一《职掌十四》、二二《职掌十五》，《四库全书存目丛书》补编第 73 册，中城第 593 页、东城第 606 页、南城第 617 页、西城第 625 页、北城第 632 页。
④ 张廷玉等：《明史》卷七四《职官志三》，第 1815 页。

除。副指挥吏目，仍以贡例监生考除"①。自此，兵马司指挥由武职转为文职，脱离了军队系统。

对于兵马司指挥人选，隆庆时先后任吏部尚书、内阁首辅的高拱认为："兵马司官职虽微，然巡视各城讥察奸宄，即人命强盗，皆由体勘，所系甚重。不得其人，地方实授无穷之害。若选用不慎，礼待不加，则又孰肯为之？""今后两京五城掌印兵马俱将科目出身，壮年有志行者升除，专一检验人命，管理贼盗刑名，其作揖回风与各衙门琐细之务，皆是副指挥以下奔走，掌印官不必行，其在各衙门相遇之礼，并转升之格当与两京知县相同。至于年终举劾，亦不必行。"②主张提升兵马司正官由武转文后的待遇，拓宽其转任升迁途径，以便其能安心供事。

兵马司兵员"弓兵每司额设八十名，一年更替，从在外州县佥解，兵部职方司分拨应役。凡各城坐铺火夫，除有例优免外，其余俱要编当，敢有投托内府，及在外衙门差人，或给免帖，擅入各司，分付优免，听该司连人呈送巡城御史治罪。其勇士等项正身，改调京卫充军。干碍内外官员，奏请定夺"③。说明兵马司兵员均来自应服徭役民户，京城本地火夫，非有优免者，必须优先编入兵马司服役。执行外勤任务的弓兵来自京外州县，此举既能在一定程度上避免外勤弓兵因京内"熟人社会"而偏袒熟人的事件发生，亦能保护应役弓兵，使其在退役后避免被不法人员骚扰、报复。从其兵员构成看，明初至中叶，两京兵马司兵员由五军都督府调拨，类似承担内卫职能的武装警察部队。晚

① 龙文彬：《明会要》卷三九《职官十一》，第 692 页。
② 高拱：《高文襄公集》卷一二《掌铨题稿·议处兵马正官并革曲阜世职知县管民事疏》，《四库全书存目丛书》集部 108 册，济南：齐鲁书社，1997 年，第 171 页。
③ 申时行等：万历《明会典》卷二二五《五城兵马指挥司》，第 1109 页。

明时期，两京兵马司的士卒基本来自当地火甲，由服徭役的民户充任，故就其兵员身份而言，晚明的兵马司已蜕变为治安联防队、保安队的性质，完全可以定性为民兵组织。

三、明代兵马司职能和权利

兵马司第一项职能是维护京城社会治安，处理域内各类治安、刑事案件，同时肩负押运、监管等司法职能和消防职能。主要包括："凡地方或有盗贼生发，即督领弓兵火甲人等擒捕。""凡军民人等在于街市斗殴，及奸淫赌博、撒泼抢夺，一应不务生理之徒，俱许擒拿。""凡刑部、都察院照勘、提人、检尸、追赃，分委该司承行。""凡巡城御史批发囚犯，改司取供，送法司拟罪发落。""凡各司地方堆垛发卖食盐，户部行该司官巡察有无文引、会否掣割，其有夹带兴贩，及不由崇文门放入者，捕送治罪。""凡地方军匠人等，旧例令各家俱于门前置粉壁一，而开写本家籍贯、人口、身役、营生，并写不敢窝藏逃军、逃匠、囚徒、盗贼等项，以凭挨究。""凡每月捉获囚数，各司官于御前奏知，送科。""凡夜巡，各司每日输官二员，赴尚宝司关领铜牌二面。正德五年令犯夜者照旧例，禁行时候，方许呵问擒拿，不得非时惊扰。"兵马司消防救援职能为："凡官民房舍火起，不分地方，各司督领弓兵火甲人等，俱持器具灭救火。"[1] 通过《会典》所载可知，明代兵马司的最主要职能是负责维护两京社会秩序，包括巡逻盘查，侦办各类治安、刑事案件。向其他司法机构押解、移交违法犯罪嫌疑人，打击食盐走私

---

[1] 申时行等：万历《明会典》卷二二五《五城兵马指挥司》，第 1109 页。

等违法犯罪，强化本地人口和流动人口户籍管理。弘治初，京师迷信、邪教活动猖獗，礼部批复马文升之疏，"令巡城御史及兵马司、锦衣卫逐一搜访，但有扶鸾祷圣、驱雷唤雨、捉鬼耳报，一切邪术人等及无名之人，俱限一月内尽逐出京。仍有潜住者，有司执之，治以重罪，主家及四邻，知而不举者连坐"[1]。南京都察院公布的巡缉条例中，明确要求兵马司"遏绝左道"，对于"京中师巫邪术，白莲等教，所在说法书符，惑众倡乱者"严厉打击。对于"京城大小户招集浮屠，大作佛事及迎神赛会，装演戏文之类"，亦要"一并查究不贷"。[2]兵马司又有打击邪教和意识形态违法犯罪之责。通过上述史料可知，兵马司至少在形式上，似已具备警察机构的各项职能。

成化四年（1468），因京城匪盗猖獗，明廷虽明确了锦衣卫、兵马司与京军巡捕营均有维持京城治安之责，但并未细化三者分工。然而三者属不同建制，如无明确分工，则易遇事推诿，故万历十二年（1584）明确了兵马司与巡捕营之间的分工合作，即"自卯至申，责成兵马司，属巡城御史参究。自酉至寅，责成巡捕营，属巡视科道参究。但遇失事之时，立刻申报，不许迟延隐蔽"[3]。即白天治安属兵马司负责，夜间则由巡捕营负责。虽未明确锦衣卫执勤时间，但因为锦衣卫的特殊地位和职能，窃以为锦衣卫应是作为机动力量，无论昼夜，均肩负秘密侦查重大案件之责。

正统十四年（1449），瓦剌大兵压境，京师守备空虚，兵员短缺。在危急关头，叶盛上疏，认为："在京军职官员，多有弟男子孙空闲在

---

① 余继登：《典故纪闻》卷一六，北京：中华书局，1981年，第280页。
② 施沛：《南京都察院志》卷二〇《五城职掌·巡缉九条》，《四库全书存目丛书》补编第73册，第556页。
③ 申时行等：万历《明会典》卷一三六《兵部十九·巡捕》，第697页。

家者。其中有素习弓马，志于杀贼而不得操练者；亦有懒惰好闲，甘于游荡者。一家多或五七人，少者亦不下四三人。括而尽之，可得万数。臣等切详官舍出自将家，多系应袭之数，操练乃其本等。况今声息紧急，京师守备为重，紧关用人，似此官舍，纵不能为随军赴敌之资，亦可为上城守备之用。乞敕该部通行在京各府卫所、各将军职官员之家，弟男子侄，年二十岁以上、不系残疾之人，或甥婿等项及年未及二十岁，情愿操练者，各从实开报，并行五城兵马司排门挨究，不许隐漏，捏故作弊，事发一体治罪。挨报至日，陆续送赴总督军务少保兵部尚书于谦、总兵官武清侯石亨处点选。除软弱不堪外，其余分拨队伍，另作一营，随军操练，遇警听候守城把门调用。"[1]危急存亡之秋，兵马司发挥了残存的军事职能，又承担起征兵登记任务。

兵马司第二项职能为："凡京城该管地方，街道坍塌，沟渠壅塞，及皇城周围坍损，工部都水司行委分管填垫疏通。"[2]此项职能应为兵马司杂役，盖因明代特殊制度使然，即使臣民眼中不可一世的锦衣卫，除了理诏狱之外，亦须承担城市沟渠疏通职责，更何况以徭役身份应役人员为主的兵马司。

兵马司第三项职能为光禄服劳役："凡光禄寺打扫，各司每月输三日，拨火夫三百名。"[3]主要为皇家提供力役。但在军情紧急的特定环境下，兵马司亦须与光禄寺通力合作。例如在土木之变后，瓦剌大军兵临城下，叶盛请求令"光禄寺并五城兵马司官，多方设法，将米豆炁熟，坐派军余夫甲，每日分送各营"[4]。此时兵马司在维持京师社会秩序

---

① 叶盛：《操备紧要疏》，陈子龙编《明经世文编》卷五九《叶文庄公奏疏》，北京：中华书局，1962年，第464页。
② 申时行等：万历《明会典》卷二二五《五城兵马指挥司》，第1109页。
③ 同上。
④ 叶盛：《紧急馈饷疏》，陈子龙编《明经世文编》卷五九《叶文庄公奏疏》，第459页。

的同时，还须与光禄寺配合，做好前线守城将士的后勤保障服务。

兵马司第四项职能为仪卫职能，主要包括："凡驾诣郊坛，及亲王出府之国、成婚，开设举场，修设斋醮，拨送宫人，率领火甲供事。""凡选妃，礼部仪制司行各司选报。改管地方良家女子，送诸王馆备选。"① 这项职能完全承袭自金、元兵马司的仪卫职能。

兵马司第五项职能是打击经济领域违法犯罪。例如隆庆五年（1571），京师发生了"无籍光棍号为走空之人"到各级衙门"打点诓骗人财"的案件，甚至还发生了不法人员冒充高拱亲属四处招摇撞骗、诈取钱财的案件。部分骗子最终被京师侦缉部门抓获，并移交刑部审理。高拱闻讯后，在上疏自辩的同时，请求穆宗敕令"厂卫及巡视五城御史严加缉访捉拿，务期尽绝。如歇家敢有窝藏，许两邻举首。若不举首，事发一体连坐重罪"。穆宗当即批准，下诏称："这奸徒指称诓骗，情罪可恶。着厂卫并五城御史严行访拿，务要尽绝。歇家不举者同罪，还着都察院榜示禁约。"② 从高拱的奏疏和穆宗的敕令中可以得知，部分歇家已成为不法人员聚集的窝点。官方为解决歇家窝藏问题，只能采用极端的严打、邻里举报和连坐的方式。例如早在永乐时期，虞谦就曾提出，在京师由"五城兵马司于各坊街巷，不分军民工匠，每十家编为一甲，使互相觉察出入。一家有犯，十家连坐。有能捕首，免其连坐之罪"③。然而保甲连坐的管理模式不过是"运动"型执法，雷声大、雨点小，治标不治本，一阵风过后，一切如故，并无任何长效作用。京师兵马司督编保甲的行为则可视为治安管理中的户籍管理和群防群治。

① 申时行等：万历《明会典》卷二二五《五城兵马指挥司》，第1109页。
② 高拱：《高文襄公集》卷一〇《掌铨题稿·禁奸伪以肃政体疏》，《四库全书存目丛书》集部第108册，第150页。
③ 杨士奇：《嘉议大夫大理寺卿金坛虞公谦墓碑》，焦竑编《献征录》卷六八《大理寺·卿》，《四库全书存目丛书》史部第103册，济南：齐鲁书社，1996年，第693页。

相对京师而言，南京则在制度层面规范了歇家的旅客登记行为。南京都察院规定："凡京城客店每月置店历一扇，赴各该管兵马司正官署押讫，逐日附写到店客商姓名、人数、起程月日。月终各赴所司查照。"① 南京都察院的规定，在制度层面规范了旅客登记制度。南京城内所有旅店的旅客登记册的格式必须经官方核准，且旅客信息必须填写清晰并逐月上报有关部门查验的做法，在当时的社会环境下，能够最大限度地消除治安隐患。

万历四十二年（1614），户部尚书高耀针对"供用甲丁等库岁派黄白蜡、铜漆、绢布、颜料等项钱粮俱被积年棍徒包揽为害"的积弊，建议："五城御史严禁，仍督行兵马司密加查访，凡差官解部到京，即将公文同歇家具保，赴部投下领单上纳，若潜住拾日不赴部者，参送法司，歇家问以包揽官解，治以重罪。各兵马司缉访不严，及通同容纵，查出一体坐赃参治。"② 试图使兵马司以严格的缉查和追责手段遏制歇家包揽、棍徒把控仓场事件的发生。

兵马司第六项职能是打击服饰僭越，这是在帝制时期为维护等级秩序的一项特殊赋权。早在天顺三年（1459），英宗就曾下令禁止百姓穿皮鞋，并命令"锦衣卫潜捕于路，一日得数十人，皆下狱"③。晚明时期，江南社会经济发展，南京市井繁荣，思想亦算相对开放，然而出现了南京都察院应南京礼部之请而责令"五城兵马司，但有穿戴玄黄紫衣服、玉瓶冠巾及着各样异鞋、朱红鞋，不拘诸色人等，径拿到部问罪枷示"的闹剧。南京都察院还要求兵马司在"严打"穿着、生产、销

---

① 施沛：《南京都察院志》卷二○《五城职掌》，《四库全书存目丛书》补编第 73 册，第 552 页。
② 张学颜：《万历会计录》卷三○《沿革事例》，《续修四库全书》史部第 832 册，第 526 页。
③ 《明英宗实录》卷三○八，天顺三年十月丁巳，上海：上海书店出版社，2015 年，第 6483 页。

售奇装异服者的同时，"每月朔日务要具结，赴仪制司投递备造"。①

对于兵马司的权利，万历《会典》规定："凡各司官，奉旨不许各衙门擅自拘辱，及占用弓兵、火甲，亦不许内府衙门拘要打卯，挨捕逃匠。嘉靖元年，令五城火甲人役打卯次数，照依弘治年间禁例行。若有故违及兵马司官吏依阿听从者，许巡城御史指实参奏治罪。""凡各司官员俸粮，俱于兵部带支。"这在一定程度上保护了兵马司作为执法主体的地位和执法的独立性。然而兵马司在实际执法过程中，囿于其一线执法人员皆为应役火甲，有些名不正言不顺，故治理普通百姓有余，面对势豪则无能为力。周忱曾明确指出："苏松人匠，丛聚两京。乡里之逃避粮差者，往往携其家眷，相依同住。或创造房居，或开张铺店，冒作义男女婿，代与领牌上工。在南京者，应天府不知其名，在北京者，顺天府亦无其籍。粉壁题监局之名，木牌称高手之作。一户当匠，而冒合数户者有之。一人上工，而隐蔽数人者有之。兵马司不敢问，左右邻不复疑，由是豪匠之生计日盛而南亩之农民日以衰矣。"②面对"豪匠"，兵马司外勤尚无可奈何，若面对豪强显贵，兵马司更是无计可施。天顺二年（1458）九月，兵马司指挥李惟新等二十一人，只因未带夜巡铜牌，遭言官弹劾后，"上命逮系询问，各调外任"③。成化六年（1470），因京畿地区盗贼生发，宪宗指斥五城兵马司捕盗不利，"多不称职"。兵马司指挥张宁上疏辩称："内外官家属并勇士、匠作人等往往恃势不肯坐铺，兵马、火甲为杂差所扰。如刑部检尸，锦衣卫分拨房屋，市曹决囚，南海子巡视，及神木厂、惜薪司、大慈仁寺各处

① 施沛：《南京都察院志》卷三五《公移·禁约异服异鞋札五城御史》，《四库全书存目丛书》补编第 74 册，第 277 页。
② 周忱：《与行在户部诸公书》，陈子龙编《明经世文编》卷二二《王周二公疏卷之一》，第 174 页。
③ 孙承泽：《天府广记》卷二《城坊》，《续修四库全书》史部第 729 册，第 558 页。

守门、巡场、扫除，皆有事其间。至于内官放河灯之类，往往追呼兵马，急于星火。稍不如意，辄市辱之。一日之内，奔走无时，官少事多，不得职专巡捕。乞每城增吏目一员、弓兵二十名，容令各官朔望朝参，专理巡街、巡夜。"该增兵"减负"的建议虽获宪宗批注，但宪宗仍警告兵马司官员："自今兵马职任既专，若复怠慢，必重罪不宥。"①可见，两京兵马司官员虽品秩低微，但庶务繁多，尤其身处京城，经常被高官势要呼来唤去，承担额外杂役，而本职的治安巡防等最重要职能却退居次要位置。兵马司官员在执法中稍有不慎，得罪了势要，即会遭到惩处，轻则降俸，重则罢职丢官甚至命丧诏狱。隆庆时，京师兵马司副指挥袁谦，因酒醉后"妄刑无罪"②，遭科道参劾，被降俸一级。万历时，京师潞王府校尉违法，被兵马司吏目鞭笞。潞王恶人先告状，导致该吏目被下诏狱，"掠至死，又欲绳其捕卒六七人"③，后在刑官舒化斡旋下，此事才作罢。严苛的惩罚措施虽然能最大限度地约束兵马指挥枉法处置案件的行为，但也在一定程度上限制了其执法的自主性和积极性。

诚意伯刘世延纵奴行凶，巡城御史责成兵马司对刘世延家奴实施抓捕，然而负责抓捕的弓兵竟遭刘世延家奴暴力抗法，不仅证件被抢夺，而且被打伤、扣押，幸有南京都察院和南京锦衣卫出面干涉，被殴打弓兵才获解救。④此案例亦可见锦衣卫与兵马司虽同为两京治安执法机

---

① 《明宪宗实录》卷八一，成化六年七月戊子，上海：上海书店出版社，2015 年，第 1579 页。

② 高拱：《高文襄公集》卷一七《掌铨题稿·覆巡视科道参兵马袁谦疏》，《四库全书存目丛书》集部第 108 册，第 227 页。

③ 邹德溥：《舒庄僖公化传》，焦竑编《献征录》卷七五《刑部二·尚书》，《四库全书存目丛书》史部第 102 册，第 389 页。

④ 朱吾弼：《劾狂勋杀人疏》，《皇明留台奏议》卷二〇《权奸类》，《续修四库全书》史部第 467 册，第 770—772 页。

构，但两者地位悬殊，实不啻霄壤。万历十一年（1583），京师南城巡城御史黄钟上疏称："锦衣卫与兵马司各有巡缉之责，原非以兵马司隶之锦衣卫，而使为千百户，为旗校者，皆得以奔走而奴隶之也。乞亟赐禁革，俾各循职守，毋得相侵，以兹扰害。"神宗对此说却不以为然，他给黄钟的批复认为："锦衣卫严督五城兵马昼夜巡逻等项事宜，原开载敕内，如何说职守相侵？"①皇帝对锦衣卫的偏袒彻底坐实了兵马司要受锦衣卫节制的事实。此例一开，直接导致兵马司的地位更加卑微。

四、明代兵马司执法流程

明嘉靖时期刑部郎中雷梦麟在其所著《读律琐言》中保留了三份兵马司司法文书格式：

> 参提武职官员
>
> 刑部题为某事，某司案呈。据某卫某所某官某职御到司案查。先据某城兵马司手本，开备某批申据某告为某事云等情到司，随行该兵马司，查据邻证人等结称云等因，连人解缴到司，覆审明白，仍将某发回该卫羁候。及查取职衔去后，今据前因案呈到部，看得某卫某所某官某云等情，已经该司查勘明白，事属有违，合行提问，缘系某卫军职，未敢擅便开坐，谨题请旨。
>
> 计开合行提问官几员
>
> 某系某卫某所某官

---

① 《明神宗实录》卷一八三，万历十一年六月乙卯，上海：上海书店出版社，2015年，第2572页。

行城从人

刑部某清吏为某事，除外合用手本，连人送去某城兵马司，着落官吏即差弓兵，押发犯人某作眼，认拿犯人某人到官，审实，正身差人送司施行，毋得违错。不便，先具收管，回报。须至手本者。

计送去作眼监羁候犯人某认拿犯人某

行城催提

刑部某清吏为某事，案查先据某告前事，已行该城提人，去后延今日久，不见解到，拟合行催。为此，除禀堂外，合用手本前去某城兵马司，着落当该官吏，查照先今事理，即将某等，务在日下捉获到官，差人送司，以凭施行，毋得迟误。不便。须至手本者。①

通过三份司法文书格式可见，明代关于兵马司抓捕嫌疑人、向司法机关移交的司法流程已比较完善。兵马司作为执法主体，执行抓捕、提审、押解嫌疑人等司法行为，必须凭借相关司法文书。

成化八年（1472），南京巡城御史将捕获人犯移交本院山东道，结果引发南京都察院高官不满，从该事例可以看出两京中枢机构受理都城案件的流程：

南京巡城御史郑节将犯人郭泰参送南京山东道问理，时都察院参称，北京一应大小词状例该通政司受送各衙门施行，至于等项巡视御史纵有分内当行词状，俱发该城兵马司转送刑部问理，其各衙

---

① 雷梦麟：《读律琐言·附录·行移之式》，北京：法律出版社，2000 年，第 567—578 页。

门未尝敢受片纸词讼，系是定例。今南京巡视御史各有擅受词状，
径送该道问理，未免事体不一，人难遵守，今后凡有一应词讼状，
俱由通政司受送各衙门断理，其御史照北京政体，各要本分行事，
一体遵行。①

从上面的记述可知，按照京师的案件受理流程，都城内的各类案件均
由通政司依据案件性质、情节分发到相应机构进行审理。如果巡城御
史因处理突发事件，当场抓捕现行违法犯罪人员，应由巡城御史组织
事发地的兵马司预审，再由兵马司移交刑部审理，不能由都察院系统
直接处理。之所以都察院不愿意直接受理两京治安、刑事案件，可能
是由于两京都察院事权过大，不直接受理普通治安、刑事案件既能避
擅权、越权之嫌，又能摆脱琐事困扰，减轻庶务压力。然而到了晚明，
此规已成一纸空文。"南都之事，有一至大而要者尚未裁正。盖祖宗之
法，特设三法司，凡各衙门之事，干系刑名者，即参送法司，而各衙
门不得擅自定罪。无非详刑慎狱之意。今各衙门尚参送，而巡城有事，
径发兵马司取供，此道中新例，而非祖宗之成法矣。然事关科道，谁
敢言之？"② 何良俊的意思很明确，即在最初的制度设计中，刑事案件
必须由三法司受理，而非其他军政部门，巡城御史直接帮兵马司处理
案件的行为是都察院系统不合法的"土政策"，但是由于事关科道，无
人敢指责，以致习惯成自然，不合程序的行为成了南京约定俗成的惯
例。通过该史料亦可看出，都察院的巡城御史组织兵马司审理后再移
交刑部的行为，其实就是预审形式。所谓预审，是指具有法定执法权

---

① 林希元：《同安林次崖先生文集》卷一《奏疏·陈情辩理疏》，《四库全书存目丛书》集
　部第 75 册，第 439 页。
② 何良俊：《四友斋丛说》卷一二《史八》，北京：中华书局，1959 年，第 104 页。

的案件侦办机构对抓获的嫌疑人进行讯问，根据讯问结果，按其情节轻重，决定处理方式，重者移交审判机构定罪量刑，轻微者则由法定执法机构自行处置。通俗地说，预审对于案犯是有审无判，预审机构没有定罪量刑的权力。兵马司即使进行预审，也要在巡城御史组织和参与下进行，而且"五城受理，不宜问罪，不得设罚，不得淹滞及简注刺字"①。由此可见，兵马司只是执行者，兵马指挥的自主司法权实际上微乎其微。兵马司不仅没有定罪量刑的权力和行政处罚权，甚至连刑讯的权力都没有。

万历时期，王樵在其文集中多次记述巡城御史直接受理案件再移交刑部各司审理的事例。例如万历二十年（1592）发生的朝天宫道士王清义伙同民户孔心旸、沈三等殴死窃贼贾万春案，由被害人之弟贾万钟"具告巡视张御史处"，御史派兵马司抓捕嫌疑人，进行预审后，"蒙参送四川司审检明白"，拟定罪名并量刑后，将判决结果"送南京大理寺审允"。南京广洋卫军户何应举殴打邻居陈盛致死案，由被害人之兄陈连"具告巡视李御史，参送浙江司审检明白"，也是由南京都察院的巡城御史进行预审后，由兵马司将嫌疑人移交南京刑部，由南京刑部拟定罪名并量刑后，将判决结果"送南京大理寺审允"。②所谓"参送"，即案件侦查主体（巡城御史）责成五城兵马司将预审结果（"参语"）连同案犯一同移送刑部相关司，由刑部相关司对案犯进行审判，此司法行为类似今公安机关侦查终结。是时，王樵职务为"南京刑部署部事、南京大理寺卿"，是南京最高职务的理刑官，从他对这些案件的记述来看，他并不认为巡城御史组织兵马司预审后再将案件移送刑部各司审

① 孙承泽：《天府广记》卷二《城坊》，《续修四库全书》史部第 729 册，第 561 页。
② 王樵：《方麓集》卷一《钦恤疏》，《景印文渊阁四库全书》集部第 1285 册，第 108—109 页。

理是越权违制之举，而认为巡城御史受理案件的行为是完全合理合法的司法程序。

诚意伯刘世延家仆骗女敲诈一案，其侦审流程非常清晰地反映了当时刑事案件的处理过程及兵马司发挥的作用。民户季奉被刘世延家仆绑架、敲诈后，心中不甘，去巡城御史处报案。巡城御史"准拘"。案犯鲍凤畏罪潜逃，巡城御史令西城兵马司缉捕鲍凤归案，鲍凤被西城兵马司抓获后，"林御史批仰该城，会同东、南二城掌印官查照律例，议拟参送，随该本城会东城陈兵马、南城王兵马提取徐宾等到官，会审明白，具供呈详，批城参送，前来究审"①。可见应天城内多数重大刑事案件处理流程基本是被害人家属或总甲到巡城御史处报案，巡城御史受理案件后责令属地兵马司侦办，兵马司抓获嫌疑人后由巡城御史组织兵马司相关人员进行预审，再由巡城御史根据嫌疑人情节轻重，决定是否将嫌疑人移交南京刑部审判。该司法流程与现代司法程序已经非常类似。南京刑部审判结果经南京大理寺"审允"后，即可视为审判终结，只有涉及死刑案件才报南京三法司会审复核。此处顺带补充一个案例，万历后期在宫中发生了袭击太子的梃击案，宫中值守人员将行凶嫌疑人张差抓获后，移交给巡城御史刘廷元。刘廷元在兵马司对张差进行简单预审后，连夜将其移交刑部羁押。刘廷元的行为往往被诟病为"甩锅"、推卸责任。其实，作为巡城御史，刘廷元的行为完全是按照司法程序进行的。

巡城御史组织兵马司预审后，再由兵马司将案件预审结果及嫌疑人移交刑部，此举或可理解为都察院掌握了审查起诉的权力，带有一定的检察色彩。此外，对于普通民事纠纷和情节轻微的治安案件，"听五

---

① 王樵：《方麓集》卷一《勘覆诚意伯刘世延事情疏》，《景印文渊阁四库全书》集部第1285册，第128页。

城御史受理速结，以便小民"①。由此可见，晚明都察院不仅完全拥有了刑事案件的侦办权、预审权，还获得了案件审查起诉权，同时对于普通民事纠纷、轻微治安案件有一定裁定权。兵马司仅仅是都察院管辖下的法律执行者而已。

余论：兵马司非城市警察机构

因明代兵马司是明代两京治安管理机构，其行使的治安管理、刑事侦查职能亦与当代警察机构多有类似之处，故有学者认为五城兵马司是城市警察机构，因为"五城兵马司既有抓捕、审讯的权力，又设有收监人犯之牢狱，其司法独立性逐渐彰显"②。那么五城兵马司究竟是不是明代的城市警察机构呢？我们可以通过比对现代警察职责与古代治安机构的职责进行讨论。

根据《中华人民共和国人民警察法》第二条之规定："人民警察的任务是维护国家安全，维护社会治安秩序，保护公民的人身安全、人身自由和合法财产，保护公共财产，预防、制止和惩治违法犯罪活动。"虽然明代兵马司也执行类似任务，却无法将其认定为警察机构。因为作为执法主体，明代每城兵马司的职官配置为一正、五副和一吏目，如果算上提调兵马司的巡城御史，拥有法定执法权者仅八人，下辖弓兵皆为应役人员。《中华人民共和国人民警察法》第二十六条规定了成为人民警察应具备的条件，其中第六款规定，成为警察者必须"自愿从事人民警察工作"，强调自愿原则。明代弓兵、火甲、衙役

① 孙承泽：《天府广记》卷二《城坊》，《续修四库全书》史部第 729 册，第 560 页。
② 罗晓翔：《从刘世延案看明末南京治安管理与司法制度》，《明清论丛》第 12 辑，第 194 页。

等，均属"力役"范畴，是徭役的一部分，晚明时期将徭役改为征银，不愿意服徭役者也可以拿银请人代役。"南京排门总甲火夫差役，向系私雇，各衙门飞差重冒，一遇人命火盗，代役闪躲，仍累正身，受困已极。以致本京缙绅及军民人等，屡屡揭禀，情愿比照条编事例，征钱募役。""原派甲夫本为防守地方，息盗安民。今因前累，以故将银差易力役，改正身为募用，苏军民困苦。"①可见充当弓兵、火甲在当时是苦差事，这些在兵马司等机构充当弓兵、火甲的人员，不仅工作压力大、收入微薄，而且从事此类工作多数并非自愿，多是不得已而为之的应役或代役。

至于兵马司辖区内各铺，不过是弓兵巡逻休息场所或更夫值班室，类似今社区警务室。即使是现代社会，社区警务室亦是辅警、保安、联防队员值守，更何况明代？显而易见，兵马司只能视为巡城御史掌管下的巡防机构，且其一线外勤人员构成既不是现役军人，又不是专职警务人员，完全由地方服徭役或代役人员组成。这样的人员构成，与地方民壮组织并无本质区别，不过是两京城内的民兵组织而已。即使在明代，两京兵马司既无行政处罚权，又无刑事裁定权，更非法定审判机构，兵马司的各项司法权力均由提调兵马司的巡城御史掌控。即使是入流的兵马司官员，其司法权力也是微乎其微，完全听命于提调的巡城御史。例如前引南京都察院令南京五城兵马司在缉拿到穿着奇装异服者后，必须"径拿到部问罪枷示"。显而易见，这是要求兵马司将嫌疑人送都察院审理处置，而非自己私设公堂进行讯问、处罚，因为都察院是明代三法司之一，是法定司法机构，拥有审查起诉权、刑事裁定权和行政处罚权。无论是明代皇帝，还是三法司，均未赋权

① 施沛：《南京都察院志》卷二〇《五城职掌·碑文》，《四库全书存目丛书》补编第 73 册，第 566 页。

或委托兵马司行使处罚权。在明初制度设计上，亦仅赋予兵马司抓捕、执行权，而无预审、处罚权。至于兵马司的弓兵，基层政府巡捕人员、地方总甲等，所执行的巡捕职能最多类似现代社会的辅警、保安、治安联防队的职能而已，绝不应该将其视为古代警察。

万历《明会典》载："凡南京各卫巡捕人员，弘治八年题准，若捕获强盗，止许追本犯赃仗用讯杖，并拶指常刑，及暂送兵马司收监，小事三日，大事五日，径送法司收问，并不许私置监房，滥用夹棍等刑，逼招平人，仍不许将有赃窃盗，不送法司，辗转引禀守备衙门发落，违者听南京科道指实举奏。"① 即使是留守南京正规军的巡捕武装抓获匪盗，尚且严禁私设公堂、滥用刑罚、随意留置羁押嫌疑人，更何况由火甲构成的兵马司？兵马司确实设立监狱，但其监狱不过是临时羁押留置场所。如果一定要拿兵马司的监狱和现代社会的羁押场所进行比较，那么兵马司的监狱最多算派出所的留置室而已，连看守所都算不上。从小案三日内、大案五日内移交刑部的规定可知，军方巡捕组织和兵马司根本不具备预审权力，即使案件预审，也必须由都察院系统的巡城御史组织施行，而非授权或委托军方或兵马司的总甲、火甲、铺兵进行。

综上所述，判定古代政府组织是否为警察机构，主要是看该组织的人员构成，该组织是否具备法定司法权力，对于治安案件、刑事案件是否具备预审权力。进行预审的人员必须是入流的官，而非吏或服徭役的火甲。明代两京兵马司人员由服徭役的火甲构成，既不具备法定执法权，又不具备预审权力，无法认定为警察组织。直至晚清引进近代警察制度之前，我国没有真正意义上的警察组织。近代之前的警

---

① 申时行等：万历《明会典》卷一八〇《南京刑部》，第 916 页。

察权不是集中于一个行政或司法组织中，而是被分散到各个职能部门，在司法实践中，多数时候政法不分，政府各行政机构只要有相应管辖权即可以受理案件，甚至可以进行预审，并拥有一定的处罚权和执行权。

吴桥兵变后续影响考：以个体情感与家族命运为中心

肖清和

摘要： 吴桥兵变是改变明末局势的一次重要事件，对明清易代和清初局势都产生了深远影响。已有研究成果对吴桥兵变的原因、过程及其影响都有深入研究，但较少关注兵变对个体及其家族的影响。本文试图从微观的视角，以徐从治、孙元化、朱万年、张可大、谢三宾、朱大典等人为例，分析受兵变影响的个体之情感世界及其后世家族之兴衰，从而探究兵变对个体及其家族的深远影响。

关键词： 吴桥兵变　明清易代　个体　家族

作者简介： 肖清和，北京大学哲学系长聘副教授。

引　言

吴桥兵变[①]对明末局势产生了深刻影响。陈寅恪（1890—1969）先

[①] 广义的吴桥兵变自崇祯四年闰十一月二十七日孔有德、李九成等在吴桥发生哗变开始，至崇祯六年四月十七日孔有德、耿仲明投降后金结束。其间，主要事件有吴桥哗变、登州之陷、莱州被围、登州被解、投降后金等。因此，史料中多以"登州之变""孔乱""壬申之变"等指称吴桥兵变。

生曾指出，吴桥兵变后西洋火器变成大明之"厉阶"，此"实为明清兴亡之一大关键"。^① 黄一农则对吴桥兵变进行了深入研究，不仅梳理了兵变的过程，而且分析了吴桥兵变对明清鼎革和明清天主教的影响。黄一农又以孔有德、耿仲明、尚可喜、吴三桂等辽人家族在吴桥兵变之后的崛起和兴盛、衰亡的过程，说明吴桥兵变对清初历史的影响。^②但已有成果较少关注吴桥兵变对该事件中的个体，尤其是兵变的直接参与者及其家族的影响。^③本文试图跳出宏大叙事而从微观的角度，以徐从治、孙元化、朱万年、张可大、谢三宾、朱大典等人为具体个案，深入分析受兵变影响的个体之情感世界及其家族命运。

受吴桥兵变直接影响的有山东当地的官员、叛军和朝廷中枢，如兵部、内阁等。兵变发生后，针对如何处置叛兵，当事官员、御史、给事中等分化成两派：主抚派与主剿派。主抚派由首辅周延儒，兵部熊明遇、刘宇烈、张国臣，登莱巡抚孙元化及受孙元化影响的山东巡抚余大成等人组成。主抚政策因崇祯五年（1632）七月初七日发生事变而彻底失败，主抚派成员因而受到严厉惩罚。主抚派成员被当作事件的主要责任者，需要为整个事件承担责任。主剿派主要由新任山东巡抚徐从治、登莱巡抚谢琏、莱州知府朱万年、登莱总兵张可大和山东本地的士绅、官员，以及支持他们的御史、给事中等组成。主剿派主张对叛兵予以剿灭镇压，因而在莱州被围期间坚持守城。此外，支持主剿的御史、给事中和朝野官员非常多，而支持主抚的声音相对来说就

① 陈寅恪：《柳如是别传》上册，北京：生活·读书·新知三联书店，2001年，第159页。
② 黄一农：《吴桥兵变：明清鼎革的一条重要导火线》，《清华学报》新42卷第1期，2012年，第79—133页。
③ 黄一农仅以一页的篇幅分析了吴桥兵变对王士禛家族的影响，参见黄一农《红夷大炮与明清战争》，成都：四川人民出版社，2022年，第332—333页。"知网"上有关吴桥兵变的研究成果较少，仅有三篇。

非常微小。

吴桥兵变所造成的直接后果有主剿派官员的死亡，如徐从治中炮而死，朱万年因招抚失败被杀，谢琏被李九成杀害于登州，张可大自缢于登州水城，还有众多因叛军攻城而殉难的官员、士大夫和无辜的普通百姓。对此负责的官员，如孙元化、张焘伏诛，王徵、宋光兰戍边，余大成下狱后改谪戍，刘宇烈戍边，熊明遇罢职听勘，周延儒被弹劾并最终被温体仁取代。兵变对于个体的影响不可不谓巨大。

崇祯六年（1633）四月十七日，孔有德、耿仲明率其党由盖州投降后金，至此，吴桥兵变彻底结束。四月十八日，班师，叙功。礼部尚书李康先、兵部尚书张凤翼等上疏请恤死难之人，题请对徐从治加衔卿贰、锡荫金吾；谢琏复官加衔，荫子太学；朱万年已赠奉常，仍宜荫胄。兵部议定，徐从治赠兵部尚书，荫一子锦衣卫百户世袭；谢琏复原级，仍赠兵部右侍郎，荫一子入监读书；朱万年已赠太常寺卿，仍荫一子入监读书；并对三者立祠祭祀。徐从治原配黄氏先已病逝，按理与徐从治袝葬。① 奏疏照例对徐、谢二人进行了"盖棺定论"："原任山东巡抚徐从治丽日弘猷，贯虹劲节，设奇御敌。……此烈著一时，真可风励千古。""原任登莱巡抚今赠兵部右侍郎谢琏久历屏藩，特膺节钺……贞心可揭日星。"② 此前，莱州之围解后，各官因解莱复黄之功分别得以升官，如朱大典升副都御史，仍命巡抚山东；谢三宾候京堂推用；金国奇升都督同知，荫一子锦衣千户；吴襄复原官；陈洪范升太子少保；邓玘、刘泽清、靳国臣、张韬、祖大弼、祖宽、金良栋升都督同佥有差。③ 张凤翼又对解围有功的人员进行褒奖。张凤翼的奏疏列

---

① 毛霖：《平叛记》，《殷礼在斯堂丛书》，民国十七年东方学会排印本，第 69 页 b。
② 同上，第 70 页 a。
③ 同上，第 65 页 a。

出了一连串名单（共计约 599 人），主要包括守城死难的将领如徐从治，监军的太监，帮助守城的乡绅、生员、致仕官员和力主剿灭、上疏请师的官员等。张凤翼建议对致仕官员加秩再用，如贾毓祥；在告者起用，如毕拱辰；谒选从优者，如张孔教等。[①] 七月，录平寇功，朱大典、谢三宾、陈应元、吴襄、祖大弼、祖大寿、陈洪范、邓玘、刘泽清等俱被升官；黄龙、张可大、王来聘、吴世扬等死难者俱被赠荫有差。[②]

正如学者所言，吴桥兵变后，叛军一方的孔有德、耿仲明和之后的尚可喜、金声桓登上历史舞台，而镇压一方的吴襄、吴三桂、刘泽清、刘良佐、杨御蕃等亦获利最大。对于受兵变影响最大的普通人、死难者及其家族来说，再多的褒奖与抚恤恐怕也难以填补战争带来的创伤。吴桥兵变对参与三方（即主抚派、主剿派和叛军）及其家族都产生了极为深刻的影响，从而影响到明清鼎革和清初局势。从家族的角度而言，这种影响一直都在持续。那些殉难的士大夫如徐从治、朱万年、孙元化等就变为家族或地方社会中的一个符号，成为他们精神世界中的一座丰碑，深深浸润在他们家族后裔的生命与记忆之中。

一、徐从治及其家族

徐从治是吴桥兵变中主剿派的核心人物。徐从治曾镇压过山东的白莲教起义，也参与处置遵化的士兵哗变事件，以"警敏通变"著称。[③]

① 毛霦：《平叛记》，《殷礼在斯堂丛书》，第 71 页 a。
② 同上，第 75 页 b。
③ 张廷玉等：《明史》卷二四八列传第一百三十六，二十四史简体字本，北京：中华书局，1999 年，第 4297 页。

徐从治的门生方震孺提到，徐从治本不必入莱州，因为根据崇祯帝的旨意，山东巡抚驻青州，"居中调度"。而徐从治不肯驻青州，甘愿冒着风险进入莱州，曰："吾以愧人臣畏死而哓哓自解免者！"①由此可见，徐从治的性格存在着刚烈、勇猛的特点。这种特点也使得其在镇压徐鸿儒起义时勇敢果断，"故往往灭贼"，由此而升为"右布政使，督漕江南"；后来也因为主张剿灭而与按臣不合，遂挂冠而去。②登州事变后，徐从治当即上疏力主剿灭，而且明言自己与"孔贼"势不两立，宣示自己"宁死捍贼，不敢言抚"③。据方震孺回忆，徐从治的脑袋被西洋火炮打中后，血流满面，仍大呼："我为厉鬼杀贼，尔等坚守勿怖！"④此不可不谓壮烈哉！徐从治中进士后，即任桐城令。其下门生有张秉文、倪嘉善、齐心孝、汪国士、姚孙榘、左光先、盛可藩、宋学博和方拱乾。⑤其中，左光先最为著名，以直言敢谏著称。徐从治于万历壬子年（1612）"分较南闱"，拔士十二，其中，周顺昌、朱陛宣、方震孺等三人都以忠节、耿直著称。1628 年，方震孺脱珰难，徐从治在北京与其相见，"把臂痛哭"，徐从治又引《文中子》"龄也，志而密；靖也，果而断；徽也，直而遂之"等语，与方震孺共勉。⑥由此可见，徐从治及其门生都有着勇猛、刚烈、直言敢谏等性格特点。这些特点也影响了徐从治等人在兵变时的态度及抉择。

---

① 方震孺:《明大司马肩虞徐公传》，徐从治《徐忠烈公集》卷一，《四库禁毁书丛刊补编》第 70 册，北京：北京出版社，2005 年，第 599 页。
② 张廷玉等:《明史》卷二四八列传第一百三十六，第 4297 页。
③ 方震孺:《明大司马肩虞徐公传》，徐从治《徐忠烈公集》卷一，《四库禁毁书丛刊补编》第 70 册，第 600 页。
④ 同上，第 600 页。
⑤ 方拱乾:《明大司马肩虞徐从行状》，徐从治《徐忠烈公集》卷一，《四库禁毁书丛刊补编》第 70 册，第 605 页。
⑥ 方震孺:《明大司马肩虞徐公传》，徐从治《徐忠烈公集》卷一，《四库禁毁书丛刊补编》第 70 册，第 601 页。

徐从治，字仲华，号肩虞，海盐人，万历癸卯（1603）举人，丁未（1607）进士。徐氏为海盐世家望族，始祖处仁公为宋大司寇。徐从治有兄弟三人，即徐光治、徐允治（又作元治）、徐昌治。徐从治排行第二。据说，徐从治出生那年，"太夫人夜梦神金甲执干羽舞庭中"①。《明史》则载："母梦神人舞戈于庭，寤而生。"②传记又载徐从治四岁时，海潮因为飓风而大涨，"水深岸上丈余，浸床榻，太夫人不知所措。忽大厨浮近床，见公安坐厨上，若神助"③。这些带有神话色彩的传记文字试图赋予传主徐从治与众不同的身份特征，从而为后来其行为特异提供解释。

徐从治于崇祯五年（1632）正月十二日接到余大成手札，内云：已题监军，不必候旨。徐从治于十四日从武定出发。十七日，抵达昌乐，与莱州周司理（即推官）见面。周云："贼前锋已到新城镇，今暮必到莱，莱必不守，职自潍返旆而西，而老大人其可东行乎？"而徐昌治"甚鄙之"。④当时，大多人都裹足不前，不敢入莱，而徐昌治独"冒险前进"。此时援兵甚无斗志，只与叛兵讲抚，一闻炮响辄拔营奔北。二月一日，徐从治与谢琏同时在莱州就职，并设香案发誓曰："某等受国厚恩，誓不与贼俱生。万一不济，当作厉鬼杀贼。"⑤这种发誓行为一方面体现出徐从治主剿的意志坚定，而且通过宗教的形式，将主剿的意

---

① 方拱乾：《明大司马肩虞徐从行状》，徐从治《徐忠烈公集》卷一，《四库禁毁书丛刊补编》第 70 册，第 604 页。
② 张廷玉等：《明史》卷二四八列传第一百三十六，第 4297 页。
③ 方拱乾：《明大司马肩虞徐从行状》，徐从治《徐忠烈公集》卷一，《四库禁毁书丛刊补编》第 70 册，第 605 页。
④ 徐从治：《围城日录》，《徐忠烈公集》卷二，《四库禁毁书丛刊补编》第 70 册，第 653 页。该书有清抄本，收入《山东文献集成》第 2 辑第 13 册，济南：山东大学出版社，2007 年，第 217—246 页。与前者不同，该抄本正文前的序未对"奴"等词进行处理。
⑤ 徐从治：《围城日录》，《徐忠烈公集》卷二，《四库禁毁书丛刊补编》第 70 册，第 654 页。

志贯彻到全体官兵和守城的士大夫，另一方面也反映出徐从治的个人性格：嫉恶如仇、刚烈勇猛。但是很不幸的是，最后徐从治、谢琏都因兵变而殉难。

发誓完毕，徐从治就听到了不好的消息，即杨御蕃所带领的援兵只砍伤了两个叛兵，主将不知去向，全营尽没，"无一得出"。徐从治接报之后，心情非常沉重，终夜未眠。好在第二天，杨御蕃带领部分士兵返回，徐从治"喜出望外"。莱州被围之前，人心惶惶，居民逃窜已尽，而守城的士兵更是"两昼夜粒米未进"。

二月三日，孔有德叛军开始逼近莱州城。四日，叛军开始攻城，攻城异常激烈，"填壕放炮，飞矢蚁附"，"呐喊齐上，锋不可当"。孙元化任登莱巡抚期间，采用了西洋的筑城法，对登州、莱州等城进行了加固，以便防守；[1] 同时，孙元化还积极引入了西方火炮。杨御蕃部下也有善于放火炮之人，莱州城内还贮藏着各类火药。徐从治也使用了红夷大炮防城。[2] 这是莱州城被围长达半年而没有被攻破的一个重要原因。

孔有德等叛军也装备有西洋大炮，同时受到孙元化所请澳门葡萄牙铳师的训练，因此在使用火炮方面非常有经验。二月九日，孔有德就开始在莱州城用西洋大炮"四面环攻"，而"铁子大如拳"。叛军又于城外修筑铳台，从而居高临下对莱州城进行攻击。孙元化等人曾积极推广铳台建造，亦曾协助孙承宗、袁崇焕修筑铳台。很明显，孔有德这一系列攻城之法来自孙元化。十二日，孔有德还从登州运来八门专门用于攻城的红夷大炮。红夷大炮的威力更大，"铁子大如升"，碰到任何

---

① 关于徐光启、孙元化引入西方筑城法，可参见郑诚《守围增壮——明末西洋筑城术之引进》，《自然科学史研究》2011 年第 2 期，第 129—150 页。

② 徐从治：《围城日录》，《徐忠烈公集》卷二，《四库禁毁书丛刊补编》第 70 册，第 671 页。

物体即化为齑粉，"打碎角楼，崩坏垛口，守垛立时齑粉者数人"。①

徐从治还经历着意外的死亡威胁，因为流弹无处不在。徐从治说："存亡在呼吸间。"徐从治坐在城楼内指挥，忽然一流弹打破松板的窗户，与其擦身而过，嵌入墙壁。又与张北海（即乡绅张忻）同往月城察看灌水情况，转至楼阶，忽有一弹，从其面前飞过，击至窗板。②徐从治感叹道："自古至今，未有用红夷炮攻城如此酷烈者，则皆孙火东所遗贼也。"而导致这一切的罪魁祸首就是孙元化。徐从治因战争的残酷自然而然就激发出对孙元化之恨意。徐从治谓："孙子之愚不可及也。"徐从治还对孙元化的字进行解释："火东其何解焉？详火东二字，兵犹火也。登尤东之东也。符谶已定于火东，何诛焉。"徐从治将"火东"理解为"祸东"。③

徐从治不断派人送出塘报并请求援助，可是由于朝廷剿抚意见不定，未能及时派出援兵。徐从治有诗曰："城中粮久绝，援师竟不前。抗疏报天子，抚议犹哓哓。"④"奈何肉食谋，议抚不议击。"⑤莱州城危如累卵，"援兵杳无，消耗如望眼几穿何！"⑥孔有德攻城不下，企图通过接受招抚的形式诈开城门，但被徐从治拒绝。徐从治认为叛军"殊无抚意"，认为前来讲抚的官员金一鲸是奸细。徐从治非常擅长用兵之道，善于鼓舞士气，并积极筹措军饷犒军。徐从治懂得"重赏之下必有勇

---

① 徐从治：《围城日录》，《徐忠烈公集》卷二，《四库禁毁书丛刊补编》第70册，第657页。
② 同上，第667页。
③ 徐从治：《围城日录自序》，《徐忠烈公集》卷四，《四库禁毁书丛刊补编》第70册，第706页。
④ 徐从治：《述怀》，《中国家谱资料选编·诗文卷（下）》第7册，上海：上海古籍出版社，2013年，第1455页。
⑤ 徐从治：《入莱州城被围作》，《中国家谱资料选编·诗文卷（下）》第7册，第1456页。
⑥ 徐从治：《围城日录》，《徐忠烈公集》卷二，《四库禁毁书丛刊补编》第70册，第658页。

夫"，那些来自其他地方的援兵都能为其效力。①

三月初，刘宇烈军前赞画张国臣遣人持书为孔有德求抚，徐从治拒绝。徐从治认为此是孔有德之奸计，"恨不能借尚方剑，诛此大奸细也！"②三月十九日为立夏，徐从治对景感伤，"一春来柳嫣花媚"，可是"光景尽消沉于戍楼"。至四月初，援兵仍"杳然"，徐从治"发为之白"。徐从治不得不屡出骚扰敌军，以缓解围城之急。四月十六日午时，徐从治中炮而卒。

徐从治虽叱咤疆场，却是一位性情中人。徐从治曾亲撰原配妻子行状，谓自己每增一次国恩（因而会对其原配进行追封），就增一次痛悼。徐从治与原配黄氏从小毗邻而居。小时候的徐从治体弱多病，邻居多劝黄氏不要与徐家结亲，黄氏父母有"戚容"，而黄氏自若也。与大多数妇女的命运相同，无论是徐从治读书、赶考，还是在外地为官，黄氏都是在家伺候双亲、操劳家务、抚养孩子。黄氏共为徐从治生过九个孩子，而"留者仅三"。此或许是黄氏早逝的原因之一。徐从治悲中从来，"搦管哽咽，而不知所云也"。③值得注意的是，黄氏喜好占卜。黄氏与徐家联姻也是占卜的结果，而徐从治出门在外，黄氏则"遍事祈禳，日求卜筮"。徐从治自己在围城期间亦曾祭过火神与城隍。

除此之外，徐从治家族都有佛教信仰。④徐从治曾在一篇序言中提到，其兄徐光治、其子徐同贞曾为金粟山广慧寺"各输粟饭僧"，并"罗

---

① 徐从治：《围城日录》，《徐忠烈公集》卷二，《四库禁毁书丛刊补编》第 70 册，第 663 页。
② 同上。
③ 徐从治：《先室黄夫人行状》，《徐忠烈公集》卷四，《四库禁毁书丛刊补编》第 70 册，第 703 页。
④ 如《金刚经会解了义》就由徐昌治纂，由徐从治、徐光治同订，徐升贞、徐乾贞、徐拱枢、徐颐贞、孙徐储元同校。该书收入《卐续藏经》第 39 册，台北：新文丰出版公司，1977 年，第 412 页。

拜大师，亲承棒喝"。① 密云圆悟曾驻锡此寺。通过几年的建设，徐从治认为此寺已经为海盐道场之冠，即使金陵诸刹无能逾其壮丽者。徐光治曾找"晓形家"（风水师）看过该寺，认为"兑宅不宜开震门"，遂将古山门移至艮。② 徐光治、徐同贞、徐乾贞、徐拱枢、徐升贞、徐蒙贞等均是金粟寺护法，曾请行元禅师驻锡金粟寺。③ 之后，徐光治、徐昌治、徐同贞又请行鉴禅师驻锡此寺。④

徐从治死后，山东及其家乡均建祠祭祀。康熙年间，徐从治逐渐被神化。《南窗新记》载山东肥城人刁守宗的讲述，说徐从治死后变成阎罗王。刁守宗是肥城县书役，病死数日后复活。该文对刁守宗奉命请徐从治任阎罗王的过程有所描绘。⑤ 此文由徐从治子徐复贞及孙徐拔慧收于《徐忠烈公集》中予以重刊。

徐从治的弟弟徐昌治自小佞佛，"自少至壮，日以佞佛礼僧为第一义"⑥。密云圆悟驻锡金粟寺时，徐昌治拜谒密云，被赐名"通昌"。随后，徐昌治也成为金粟寺的檀越。徐昌治的本师是费隐通容。徐昌治曾受后者之命，主持刊刻反天主教文献《圣朝破邪集》。徐昌治为护持金粟寺的地产作出了积极贡献。而金粟寺与天童寺之间有着门派之争，徐昌治也居中予以调和。徐昌治又主持刊刻了《五灯严统》二十五卷等

---

① 徐从治：《金粟山广慧寺禅堂置产序》，《徐忠烈公集》卷四，《四库禁毁书丛刊补编》第70册，第711页。
② 徐从治：《金粟山广慧寺禅堂置产序》，《徐忠烈公集》卷四，第711页；《重印金粟寺志》卷上，吴定中点校，上海：上海古籍出版社，2008年，第32页。
③《金粟寺志》，不分卷，明末清初稿本，白化文、张智主编《中国佛寺志丛刊》第79册，扬州：广陵书社，2011年，第62—63页。
④ 同上，第67页。
⑤ 刁守宗：《南窗新记》，徐从治《徐忠烈公集》卷末，《四库禁毁书丛刊补编》第70册，第729页。
⑥ 徐昌治：《无依道人录》卷上，法国国家图书馆藏，Courant编号chinois 6606，第1页b。

书。① 徐昌治可谓是一名极其虔诚的佛教徒。②

徐昌治与徐从治两人感情颇深。徐从治于崇祯初任蓟州兵备,"一病几殒",而"庸医过表致虚"。徐从治见到徐昌治后,"执手流涕,口哑不能言"。于是,两人皆"排拜祷于天",并占卜,得到结果是"七日来复,勿药有喜"。静待七日后,徐从治果愈。③崇祯五年(1632)正月,徐从治任山东巡抚。徐昌治"适取道东省"。莱州被围期间,徐昌治为了营救徐从治,"一时知有兄,不知有身;知有国,而不知有家"。徐昌治还"举向来兵家之积弊,与目前掩败之覆辙,屡屡指陈,历历证据"。徐昌治撰有揭帖,广为散发。南京礼部尚书谢陞的奏疏即由徐昌治撰写,"一字不增减,直达睿听"。④

徐从治殉难后,徐昌治护兄家眷南归,但是"每见父愁日形于面,百般承顺,终怏怏不乐"。为了让父亲欢心,徐昌治继续谋取功名。崇祯丙子(1636)十月,徐父渐减饮食,徐昌治心忧之,遂"不赴公车"。丁丑(1637)二月五日,徐父去世,徐昌治与徐光治"哀毁绝粒"。在徐昌治的推动下,徐父、祖得以入祀乡贤。⑤甲申(1644)后,徐家遭受兵燹,"资釜器用舟楫尽失一空"。避难回城后,所有东西都需购办,"一一不周"。在遭受多重变故,尤其是亲人去世、家产尽没的情况下,徐昌治转而寻求佛教的安慰,"梦然心彻宗乘",并有诗曰:"富贵非吾愿,花鸟聊适观;斗居堪容膝,种地不求宽;戴笠几忘暑,披裘可御

---

① 参见徐昌治《五灯严统序》,《卍续藏经》第 139 册,第 3 页。
② 徐昌治撰有《心经解》,由其子徐升贞、徐乾贞、徐拱枢、徐颐贞同校,载《卍续藏经》第 42 册,第 24 页。
③ 徐昌治:《无依道人录》卷下,第 23 页 a—24 页 b。
④ 同上,第 24 页 b。谢陞疏在五月,而徐从治在四月即已殉难,参见彭孙通《觐周徐公传》,《海盐丰山徐氏重修家乘》卷三,上海图书馆藏,第 19 页 a。
⑤ 徐昌治:《无依道人录》卷下,第 25 页 b。

寒；高贤时下榻，论古有余欢。"① 徐昌治有子五人，课读、婚嫁、居住
花费不少，"财用之累犹可言"，而"心情之累不可言"。② 徐昌治谓："予
苦也哉！有此身之为苦。今乐也哉！无此家之为乐。"这或许是徐昌治
在晚年全身心投入佛教的真实写照。

徐从治有一妻三妾，生子五女一，③ 原配出同贞、有贞④、益贞，侧
出济贞⑤、复贞、女一。⑥ 徐光治有子豫贞⑦；徐昌治有子五，即乾贞⑧、拱
枢、升贞⑨、蒙贞、颐贞⑩（或作顺贞）。徐同贞，字伯圜⑪，袭锦衣卫中所
戈戟司。崇祯十年（1637），升西司房理刑千户。十二年（1639），调指
挥佥事。因守城有功，升都指挥佥事。后引疾归。弘光时期，起锦衣
卫堂上佥书，加督指挥同知，与马士英不合，遂致仕，杜门谢客。⑫ 地
方官推举，俱以老病辞。⑬ 徐同贞子徐钟元，康熙八年（1669）进士。⑭

---

① 徐昌治：《无依道人录》卷下，第 26 页 b。
② 同上，第 27 页 a。
③ 实为六子，坤贞早卒，故行状中未提及。参见《海盐丰山徐氏重修家乘卷》卷一二
上，第 24 页 a。
④ 又作友贞，顺治戊子举人。参见乾隆《海盐县续图经》卷六之十一《选举三·举人》，
中国国家图书馆藏，第 1 页 b。
⑤ 传见《檇水新志》卷九《人品》，《丛书集成三编》第 82 册，台北：新文丰出版公司，
1996 年，第 130 页。有诗载《两浙輶轩录》卷二，《浙江文丛》第 39 册，杭州：浙江
古籍出版社，2012 年，第 118 页。
⑥ 方拱乾：《明大司马肩虞徐从行状》，徐从治《徐忠烈公集》卷一，《四库禁毁书丛刊补
编》第 70 册，第 612 页。
⑦ 有诗载《两浙輶轩录》卷二，《浙江文丛》第 39 册，第 114—118 页。
⑧ 传见《檇水新志》卷九《人品》，《丛书集成三编》第 82 册，第 130 页。
⑨ 徐升贞传载乾隆《海盐县续图经》卷六之二《人物篇·国朝》，第 46 页 a。
⑩ 徐颐贞，顺治监生。参见《海盐县续图经》卷六之十一《选举五·监生》，第 1 页 a。
⑪ 又作伯固，一字乾行。参见《孤本明代人物小传》第 3 册，北京：全国图书馆文献缩
微中心，2003 年，第 186 页。
⑫ 钱海岳：《南明史》卷三六，北京：中华书局，2004 年，第 6 册，第 1899 页。
⑬ 浙江省通志馆编：《重修浙江通志稿（标点本）》第 14 册，北京：方志出版社，2010
年，第 9514 页。
⑭ 徐钟元传载乾隆《海盐县续图经》卷六之二《人物篇·国朝》，第 21 页 a。

徐氏家族可谓门丁兴旺。[1]徐豫贞在一首诗中说，徐家同一年参加乡试者就超三十人。[2]徐家又与海盐另一世家彭氏[3]联姻，如徐从治子徐复贞娶彭绍贤曾孙女彭孙莹，有子徐统原、徐拔慧。[4]彭家亦是金粟寺护法，如彭孙遹[5]、徐升贞等曾于康熙十五年（1676）请水鉴海和尚驻锡金粟寺。[6]道光、咸丰年间亦有举人出仕者，如徐槐廷官潮州、黄冈同知，赠资政大夫；徐用仪，官至兵部尚书。[7]

徐从治的殉难使得海盐徐氏的名望愈加显隆。查慎行谓："乡之长老推海盐族，必曰徐氏；于徐族之望也，言忠节者必称肩虞公。"[8]徐从治的大义凛然对后世子孙也产生了影响。查慎行说："自肩虞公殉节封疆，自子侄群从，往往激烈风义，磊砢而英多。"其中以徐从治的侄子、徐昌治长子徐乾贞最为"戚党所推服"，其以"孝弟著闻非一日矣"。徐乾贞原配朱氏亦极节烈，顺治乙酉（1645）被寇执，骂贼遇害。[9]徐乾贞续娶之许氏在其死后长期奉佛，又三十年而卒。徐乾贞有子二，即储元、赓元。

① 《海盐徐氏诗》总共 10 卷，收录了海盐徐氏 157 位诗人，从一世到二十二世连绵不断。参见徐雁平编著《清代家集叙录》上册，合肥：安徽教育出版社，2017 年，第 442 页。
② 徐豫贞：《今岁秋闱吾家群从应试三十余人无一隽（疑为售：引者注）者书此示之》，《中国家谱资料选编·诗文卷（下）》第 7 册，第 1457 页。
③ 关于海盐彭家世系情况，参见潘光旦《明清两代嘉兴的望族》，《民国丛书》第 3 编第 13 册，上海：上海书店，1991 年，第 64 页。
④ 彭孙莹为女诗人，有《碧筠轩诗草》。参见施淑仪辑《清代闺阁诗人略》卷二，上海：上海书店，1987 年，第 105 页；另参见潘光旦《明清两代嘉兴的望族》，第 46 页。
⑤ 有诗载《两浙輶轩录》卷一，《浙江文丛》第 39 册，第 42—46 页。
⑥ 参见《水鉴海和尚六会录》卷四，《禅宗全书》第 69 册，北京：北京图书馆出版社，2004 年，第 359 页。
⑦ 海盐县党史地方志编纂委员会编：《海盐县志·附录》下册，杭州：浙江人民出版社，2013 年，第 1549 页。
⑧ 查慎行：《太学生候赠承德郎御六徐公墓表》，《敬业堂文集》卷下，《查慎行集》第 7 册，杭州：浙江古籍出版社，2018 年，第 109 页。
⑨ 彭孙贻：《徐烈妇朱氏诔》，《海盐丰山徐氏重修家乘》卷四，第 58 页 a—59 页 b。

查慎行与赓元交好四十年，又为儿女亲家。① 又据查慎行，鼎革之后，忠烈门人某某避难于海盐，旧交咸捷门不纳，只有徐乾贞"视畴昔有加"，而"阖门百口，资给经年，讫事定乃去"。② 此即说明徐乾贞"笃于交谊"，但也从一个侧面表明，海盐徐氏并没有受到改朝换代的影响。能够供养好友家的百口人长达半年，说明徐家在鼎革之后依然豪富。

晚清王韬（1828—1897）曾为《重刻徐忠烈公遗集》撰序。王韬谓海盐徐氏："邑中巨族也，历代多显宦，其或不仕者，亦多隐德君子，皆以文章节行称于时。"③ 王韬之所为此书写序，是受徐从治后裔徐古春的邀请。王韬谓徐古春乃其"三十年来老友"④。徐骅还编辑、刊刻了《海盐徐氏诗》十卷，其中辑录了徐从治两首诗歌。书中依然可见徐氏后人通过诗歌追忆徐从治英勇往事、表达哀思的情景。⑤ 通过重刻徐从治的文集，徐氏家族不断重复有关徐从治的历史记忆，从而突出徐氏家族的社会认知。虽然这从表面上看是为了"表彰先烈"，实际上是为了强化徐氏家族的历史形象。而徐从治殉难就成为海盐徐氏家族极为重要的历史符号。

令人唏嘘不已的是，徐从治的后裔徐用仪主张与西方讲和而被御史弹劾，又力主"奸民不可纵，外衅不可启"，当事者则指徐用仪为"奸邪"甚至"私通洋人"。光绪二十六年（1900）七月十七日，业已七十五岁、时任兵部尚书的徐用仪被处斩。二十日，两宫西狩。同年十二月

---

① 查慎行：《太学生候赠承德郎御六徐公墓表》，《敬业堂文集》卷下，《查慎行集》第 7 册，第 112 页。
② 同上，第 110 页。
③ 王韬：《重刻徐忠烈公遗集序》，《弢园文录外编》，上海：上海书店出版社，2002 年，第 223—225 页。
④ 王韬：《徐古春〈耆旧诗存〉序》，《弢园文录外编》，第 221 页。
⑤ 徐兆扈：《读先司马公传感赋》，《海盐徐氏诗》卷二，《清代家集丛刊续编》第 109 册，北京：国家图书馆出版社，2018 年，第 57 页；徐震修：《四月十六日谒先忠烈公祠》，《海盐徐氏诗》卷三，《清代家集丛刊续编》第 109 册，第 95—96 页。

二十五日，徐用仪被平反。宣统元年（1909），朝廷追谥徐用仪"忠愍"，并于京师、杭州、海盐建祠祭祀。[①] 俞樾在其所撰的墓志铭中指徐用仪"死非其罪"，"一时翕然有三忠之目"。[②] 而因时代不同，被其后人反复申诉"死非其罪"的孙元化就没有徐用仪这般好运了。

二、孙元化及其家族

兵变对孙元化及其家族的影响远超徐从治。由于受到各方面的弹劾与压力，尽管首辅周延儒和老师徐光启多方营救，孙元化还是被崇祯帝以祸乱之首的罪名于崇祯五年（1632）七月二十三日在西市口斩首，终年五十一岁，刚好比徐从治年轻十岁。与孙元化一同被处斩的还有张焘。据说，在处斩之前，传教士汤若望（Johann Adam Shall von Bell，1592—1666）曾扮成卖炭翁探监，秘密为孙元化进行终傅。[③] 孙元化好友王徵与他临终诀别，索求绝笔。孙元化谓自己入登后，"日在骇浪惊涛，游魂夜跳，万里余生，乃复入此苦海"。此乃其任登莱巡抚时期心境的真实写照。孙元化下狱后，"手受刑五次，加掠二百余"。[④] 可见其在狱中之惨状。孙元化在登州沦陷之前，将所有兵法、火炮等方面的著作付之一炬，并说："以此自累，不可复累人。"[⑤] 孙元化又谓：

---

① 徐用仪为徐从治弟徐昌治的第七代孙。参见吴树杰《海盐徐用仪家族研究》，华东师范大学 2019 年硕士学位论文。
② 俞樾：《诰授光禄大夫太子少保兵部尚书徐公墓志铭》，《海盐丰山徐氏重修家乘》卷四，第 100 页 a。
③ 参见黄一农《红夷大炮与明清战争》，第 313 页。
④ 孙元化：《与王徵交谊始末》，《王徵全集》，西安：三秦出版社，2011 年，第 422 页。
⑤ 归庄：《孙中丞传》，《江东志》卷八，《上海乡镇旧志丛书》第 14 册，上海：上海社会科学出版社，2006 年，第 161 页。

"不意一片痴肠，终成大梦。"此是其欲以所学报国却又无奈被斩之叹。

徐从治、王道纯和弹劾孙元化的御史、给事中对孙元化的评价甚低，甚至宣称孙元化通贼，或为孔有德所"拥戴"，将吴桥兵变的所有罪责全部推给孙元化。孙元化之所以受到如此负面的评价和攻击，一方面因为其确实需要承担在吴桥兵变之初决策失误的责任，另一方面恐怕与晚明的激烈党争、言路乖张密不可分，孙元化不幸被当作攻击周延儒的靶子，而其由举人破格擢为登莱巡抚也是许多人对他心存不满的原因（如张自烈）。

实际上，官方史书自古以来都在歌颂主战派，而主和派一向被当作投敌、卖国者等予以贬斥。孙元化应对吴桥兵变负责，但罪不至死。此是同情孙元化遭遇的诸多士大夫之共识。归庄对于徐从治对孙元化的攻击进行了申辩："世之论者，乃敌尝窃此（西洋大炮：引者注）以破中国，反归咎于创用西炮之人不已。"① "世乃以成败论人，何哉？"②

因此，归庄对孙元化颇多同情。归庄认为吴桥兵变是由毕家导致的，而朝廷一开始"亦以事由激变，罪不在公（孙元化），故止处公以降级，责令招抚"③。朝廷又有招抚之旨，但均为巡按王道纯所遏。孙元化被逮下狱后，因为温体仁当国，"连连密揭，遂当公辟"。行刑之日，公行过市，语人曰："我乃拮据危疆，艰难归死者。"而闻者为之挥涕。临刑之时，风雷大作，黄尘蔽日，徐光启就对首辅周延儒曰："此足明登抚真冤矣。"④ 祁彪佳亦曾记载："时地震，余不知也。……遇驾帖，意其为决孙火东也！果然矣。"⑤

归庄的描述刻画出孙元化无辜而死的形象。首先，吴桥兵变的导火

---

① 归庄：《孙中丞传》，《江东志》卷八，《上海乡镇旧志丛书》第 14 册，第 161 页。
② 同上，第 162 页。
③ 同上，第 160 页。
④ 同上，第 160 页。
⑤ 宋伯胤编著：《明泾阳王徵先生年谱（增订本）》，西安：陕西师范大学出版社，2004年，第 74 页。

索是由吴桥知县毕自寅闭门罢市引发的；其次，孔有德围莱以致后来徐从治殉难等，均是王道纯拒不执行朝廷招抚之旨所致；再次，孙元化之所以被斩首，主要原因是温体仁当国。而临刑之日的异象，无不表明孙元化乃受冤而死。归庄之所以同情孙元化，殆因其与孙致弥友善有关。

张世伟则谓吴桥兵变发生后，孙元化檄孔有德收兵，于是止兵不杀，"故青、莱得全"。而登州沦陷的原因是"登人故虐辽人，至兵临城，犹杀辽人不止"。登陷后，孙元化自刎，但被耿仲明庇护，至次日乃苏，而"贼逼公具疏，弗应"，"凡七日不入粒米，不死"。孙元化下狱后，曾被查看刎痕处深二寸许。由此可见，张世伟对孙元化亦多同情。张世伟还称赞孙元化："其言明晰如此，所长专在火器、铳台。国家若使屡实地，凭坚城以守，将百奴无奈之何？"[1]因此，实际上张世伟是为孙元化进行辩护的。张世伟还为孙元化撰写墓志铭。

张世伟，字异度，吴县人，万历壬子（1612）举人，曾与朱陛宣序朱祖文《丙寅北行日谱》。[2]而朱陛宣则为徐从治门生。同时，张世伟与新城王象春过从甚密，撰有《南吏部考功郎季木王公行状》。张世伟之所以同情孙元化，可能源自二人同年于顺天中举，同出新城王氏之门，且两人在北京多有交往。孙元化视张世伟"真兄弟不啻也！"[3]同时，张世伟又与曾举荐孙元化的侯震旸等友善。[4]

---

① 张世伟：《登抚初阳孙公墓志铭》，《自广斋集》卷一二，《四库禁毁书丛刊》集部第 162 册，北京：北京出版社，1997 年，第 371 页。
② 序载朱祖文《丙寅北行日谱》卷首，《四库全书存目丛书》史部第 128 册，济南：齐鲁书社，1995 年，第 156—159 页。
③ 张世伟：《登抚初阳孙公墓志铭》，《自广斋集》卷一二，《四库禁毁书丛刊》集部第 162 册，第 371 页。
④ 张世伟、侯震旸、周顺昌、周宗建等均是东林成员，又与周顺昌、文震孟、姚希孟、朱陛宣合称"吴中五君子"。参见张乃清《上海乡绅侯峒曾家族》，上海：学林出版社，2015 年，第 59 页。

　　孙元化有三子三女。三子为和鼎、和斗、和京。孙元化被斩对他的子女来说不啻于晴天霹雳。孙和鼎，字九实，号颍庵，孙元化长子。孙和鼎一直认为其父罪不至死，"先生痛父以忠，劳勤王事，死非其罪，比晋王哀之伤其父仪"。孙和鼎奉孙元化遗教，"以伍员为父雠君之为非，孤愤郁塞，聩眊烦冤，盖无一日释怀抱也"。换言之，孙和鼎对孙元化无辜而死始终难以释怀，郁郁寡欢，心结难解。孙和鼎将孙元化生前的著作以"出师未捷身先死，长使英雄泪满襟"为卷号分为十四卷，"纂言纪事，以类相从"。孙和鼎常年以此为事，"枯坐水亭，足不逾阈，稿凡数易，年未及耆，病辍结以死"。弥留之际，孙和鼎唤其子："不及他事，惟以先集不得行世为憾。"[1] 从中可以看到，孙元化之死对孙和鼎的打击非常大，以致其郁郁寡欢，不到七十岁就去世了，而他死之前仍以没有将孙元化的著作刻印出版为憾。孙和鼎迫切希望将孙元化的著作出版，是否是希望得到世人之理解，或为孙元化平反冤案？晚清俞樾不认可孙元化"死非其罪"的说法，但认为孙和鼎"不失为孝子"。[2]

　　"孝子"之评论掩盖了孙元化被斩给孙和鼎带来的无尽痛苦及对其人生带来的冲击。此冲击对孙和京来说更加强烈。孙和京是孙元化的幼子。孙元化被逮处斩之时，孙和京才十四岁，与兄三人赴京，解救父冤。孙和京"独因服入狱，极暗湿又溽暑，日夕起跪水窟中，吮舐血肉"；又"偕其兄叩当事者门，祈全中丞，冀得谴戍，而己可代之也"。孙和京此举无非是希望打动当局者，尤其是崇祯帝，希望他对孙元化从轻发落。此在晚明并非孤例，如方以智以血书替父申冤，感动了崇

----

① 俞樾：《荟蕞编》卷三《孙颍庵》，《俞樾全集》第25册，杭州：浙江古籍出版社，2017年，第65页。

② 同上，第66页。

祯帝，于是下旨免除一死而让方孔炤、方以智父子戴罪立功。

然而，孙和京的努力终究无用，孙元化仍被处斩，"和京号恸不欲生"。处斩之时，孙元化"头血溅地，和京舐之尽，观者流涕"。[①]已而，数千里匍匐霜露，扶枢南归。三年之内，孙和京"日夜潜然"。1635年，孙和京补博士弟子员，益致力于古经史，对天文、地舆、兵历、稼穑等靡不贯彻，常弯弓注矢曰："先公未尝误国，特人误先公尔。而国事未彰，沉冤未雪，为之子者当茹荼埋草，戮力边疆，以继前人未遂之志，不然徒为人耳。"于是，投弓慷慨，呜咽流涕。[②]1645年，嘉定被清军攻破。孙和京带着母亲沈氏、妻子高氏躲避于邻居家水池内。清军欲犯沈氏，和京乃"以身翼之"，后为清军所杀。[③]

孙和斗，字九野，孙元化第二子，孙致弥之父。1645年，弟和京死难后，和斗与兄和鼎谢去诸生，埋名著书，不涉世务。当事者推荐出仕辄不应，食贫偕隐泊如也。[④]当世人对孙元化有所讥评时，和斗则撰《国恤家冤录》，为其父孙元化申辩。[⑤]

徐从治死后，其父感叹无人继武者。后徐昌治为博其父欢心，积极赴考以求功名。孙和京也在孙元化死后感叹要继承孙元化遗志，报效朝廷。只是两人的心境颇不相同。徐昌治没有郁结在心，而孙和京则有要为父平冤之夙愿。可见两人之死对两家人的影响颇不相同。

沈卜琦，字一韩，为孙元化的妻侄，少从孙元化游，常在军幕。孙

① 光绪《嘉定县志》卷一六《宦迹》，《中国地方志集成·上海府县志辑》第8册，上海：上海书店出版社，2010年，第327页。
② 莫秉清：《孙孝子传》，《江东志》卷八，《上海乡镇旧志丛书》第14册，第169页。
③ 《江东志》卷五《人物志补遗》，《上海乡镇旧志丛书》第14册，第106页。
④ 同上，第109页。
⑤ 徐景贤：《明孙火东先生致王葵心先生手书考释（初稿）》，《徐景贤文存》，南京：江苏人民出版社，2016年，第308页。

元化被斩后，屏居村塾口，不谈时势。① 后补博士弟子员，"故家右族相延为学子所师法，然区区经生业终非其志"②。晚明时期，地方势力重新洗牌，即使如徐光启这样的大家亦难避免，"文定薨，子孙不免罹于难，一韩馆其家，不两月尽挫诸凶，徐氏帖然"③。可见，沈卜琦颇有行侠仗义之风。

潘云柱、沈履素均为孙元化的亲戚。潘云柱是孙和鼎的表姐夫，沈履素则是潘云柱的内弟。孙元化任登莱巡抚后，即召潘云柱、沈履素赴帐中。吴桥兵变后，潘"遂留登，不忍言去"。而沈履素当时在京师，听闻登变后，从海路入登。登州陷落之时，孙元化自刎，潘与沈"尚扶掖左右"。后来叛军"以兵胁从官"，潘与沈不屈，遂同时被害。

由于战争异常混乱，潘与沈死难后，其骸骨无法收而殓之，竟不得殡归。噩耗传到嘉定，孙和鼎的表姐沈氏"每恸必绝，呕血成瘵"，不到五年就去世了，年仅三十八岁，留下一儿两女，均由舅氏沈卜琦、卜玮照料。④ 孙和鼎说潘云柱可以弃城逃走，登州陷落时也可以不死，但最终选择舍生取义，足见其志之皎然不欺、卓然不苟，无负于友，无负于君。可是，潘云柱却负了自己的妻子、儿女。在生死存亡之际，潘云柱选择了大义，但是给妻子、儿女留下了永远的悲伤与遗憾。

黄一农认为孙元化和张焘被崇祯帝处死，可能导致其后人心怀怨懑，其后人遂在鼎革后投降新朝。⑤ 此判断可能不太准确。孙和京在

---

① 《江东志》卷五《人物志补遗》，《上海乡镇旧志丛书》第 14 册，第 109 页。
② 陆时隆：《沈一韩传》，《江东志》卷八，《上海乡镇旧志丛书》第 14 册，第 171 页。
③ 同上，第 172 页。
④ 孙和鼎：《都阃潘于王暨元继配两沈硕人合葬墓碣铭》，《江东志》卷一〇，《上海乡镇旧志丛书》第 14 册，第 251 页。
⑤ 黄一农：《红夷大炮与明清战争》，第 329 页。

嘉定城破时，与清军搏斗而被杀害，妻子亦同时赴难。和鼎、和斗随后隐居不出仕。直到第三代孙致弥才开始出仕，而此时已是康熙时期，距吴桥兵变已经过去了差不多四十年。而此时的孙家后人，与受到吴桥兵变摧毁严重的王家后人的心境可能不同。孙元化的部下孔有德、耿仲明、尚可喜等被封为异姓藩王，"火东公抚军时，幕下偏裨多奇士，入国朝皆以功名显"①。孙家后人与新朝廷的权贵们往来频繁。据学者考证，鼎革之后，孙和斗曾入耿藩幕僚，劝耿氏不要叛清。孙和斗子孙致弥曾受耿氏后人荐举"采诗东国，以布衣赐二品服，临轩策遣，士论荣之"②。

据孙元化外孙侯涵回忆，③在孙家未遭受变故之前，孙家可谓盛极一时，孙父、母均有封赠，孙元化升任巡抚，孙和鼎"游翔黉校，跋涉关河"。当时的孙家"门庭所遇多休祥，豫顺之气如是者有年"。谁料一时遭受变故，"颠危万端，障覆雨风，补苴敝漏，加以连遭大丧，数举嘉礼，歌哭相仍，俯仰交瘁，如是者又有年"。④

侯涵此文是为了祝贺孙和鼎妻沈氏六十大寿所作。当时虽有变故，但是孙家并未受到根本影响，加上孙元化的部下在清初又居上位，因此侯涵在文中提到："今孺人上寿，当代异姓诸王及一时将相，多通门夙契。其叔侄、昆弟，力能致巨公琬琰之辞，以为闺闱荣宠。"⑤侯涵于

---

① 张鹏翀：《序》，孙致弥《枕左堂集》卷首，《四库全书存目丛书》集部第 255 册，济南：齐鲁书社，1997 年，第 641 页。
② 同上。另参见刘耘华《依天立义：清代前中期江南文人应对天主教文化研究》，上海：上海古籍出版社，2014 年，第 8 页。
③ 或作侯玄涵，原名侯玄泓，侯岐曾子，娶孙元化女孙俨箑。参见《孤本明代人物小传》第 3 册，第 293 页。
④ 侯涵：《孙母沈孺人六十寿序》，《江东志》卷九，《上海乡镇旧志丛书》第 14 册，第 223 页。
⑤ 同上，第 225 页。

1664 年去世，此文应撰于 1664 年之前，即在三藩之乱（1673—1681）之前。当时，孙家与孙元化的将领多有往来，因而家势没有衰落。

但是，我们仍可以在孙致弥的诗歌中读出"怨情"，即如汪霦称其诗"深得小雅怨而不怒之旨"①。这或许是孙元化因吴桥兵变被斩而留给后人之伤痕。孙元化在 1631 年任登莱巡抚之前，曾撰有五言律诗《两头蛇》，道尽人生无法两全之苦。孙元化或许业已感知宦海凶险。因此，孙元化拒绝上任登莱巡抚，但是君命难违，不得不赴任。后来的经历表明"诗中自况，卒成妖谶"②。孙致弥在遭受"嘉定部费案"后，同样感受到了政治对人生的深刻影响。③孙致弥写道："每逢白露暗伤神，痛忆先公被祸辰；屈指行年同大衍，惊心纪岁又壬申；谁怜濒死非其罪，自愧偷生有此身；一事差堪见吾祖，不曾摇尾向时人。"

此处，孙致弥的怨情跃然纸上。孙元化在七月白露时节被斩，因此每到白露时，孙致弥就想到孙元化被冤而死，心中隐隐而痛、暗自神伤。写此诗的时候，孙致弥刚好五十一岁，而孙元化被斩之时也是五十一岁。虽然时过境迁，但是孙致弥仍然认为孙元化"死非其罪"。如今，又因部费案，孙致弥"几不测"，深感自己苟且偷生，没能像孙元化那样凛然大义。④

孙致弥写作此诗时在 1692 年部费案出狱之后，⑤此时，三藩之乱业已结束。耿仲明、尚可喜等家族被一扫而尽。孙家的势力一落千丈。

① 汪霦：《序》，孙致弥《杕左堂集》卷首，《四库全书存目丛书》集部第 255 册，第 640 页。
② 参见《孤本明代人物小传》第 3 册，第 33 页。
③ 王琳夫：《孙致弥生平事迹考述》，《明清文学与文献》第 10 辑，北京：社会科学文献出版社，2021 年，第 368—380 页。
④ 此诗载孙致弥《杕左堂集》卷五，《四库全书存目丛书》集部第 255 册，第 694 页；另参见吴思增《孙致弥早期诗作的情感意蕴分析》，《牡丹江师范学院学报（社科版）》2021 年第 1 期，第 50—60 页。
⑤ 部费案前后历时四年，从 1689 年至 1692 年。孙致弥本拟绞，后赎出狱。

多年前，侯涵谓孙和鼎妻沈氏的儿孙不止二十人；而此时，孙致弥则在诗中写道："清白中丞后，曾孙止十人。"孙致弥念念不忘孙元化之冤，又感到上天似乎对孙家太不公平。为什么像孙元化这样一位为国尽忠之人，其后代竟然不昌？孙致弥还勉励子辈道："勉旃无别语，祖德在安贫。"① 从此语中可以看出孙家至此已经完全没落了。

戴鉴曾有诗赠孙致弥之子孙农祥。诗云："剑阁连云入梦劳，十年重见意萧骚；破巢似我空三匝，愁鬓看君有二毛；不负家风存旧笏，得归宦海息惊涛。通门老友无多在，往事闲追首漫搔。"② 此诗应作于孙农祥辞官归乡之时（1716），此时孙致弥已经去世七年。由此诗可见孙致弥所居住的地方一片衰败。

孙元化留给孙致弥的记忆是非常深的，这在孙致弥的诗歌中处处可见，如孙致弥追忆孙元化的丰功伟绩："辽海关门百二雄，长城万里忆先公。储胥自有风云护，部曲空成带砺功。一战龙旗劳汗马，廿年贝锦怨藏弓。不堪蔓草祈连冢，况复铜驼恨未穷。"③ 在这首诗下，孙致弥自注："先中丞赞辽十载，尝擢龙文大纛，鼎革四王及黄镇南辈皆出麾下。"此注可见孙致弥对其祖孙元化的赞颂之情。孙致弥又有诗《元宵招宾臣夜话即事，同用灯字，兼寄大年》注云："是日愚兄弟议分抄先中丞遗集。"换言之，抄录孙元化的遗文是孙致弥辈最为重要的活动之一。而此种活动无疑再一次激发孙致弥辈对先祖的共同记忆。

因此，孙元化被斩就变为孙氏家族的一种符号或象征，深深地烙印在孙氏后人的灵魂深处。孙致弥的诗歌中有许多内容与孙元化有关，因此，其诗可以说一种"伤痕文学"，是对孙元化罪不至死的历史回响。

---

① 孙致弥：《杕左堂集》卷四，《四库全书存目丛书》集部第 255 册，第 685 页。
② 沈德潜：《清诗别裁》，北京：中华书局，1975 年，第 473 页。
③ 孙致弥：《杕左堂集》卷一，《四库全书存目丛书》集部第 255 册，第 643 页。

而对此时的世人来说，孙元化麾下的叛军将领摇身一变成了开国的功臣。吴秋谓："其祖中丞公，自请缨开闽，终身不忘为国丧元之志，而其下偏裨厮养皆能以其材伎勇健树勋名，而建大业。"[①]因此，由明季孔有德叛乱所带来的舆论压力似乎在孙致弥等人身上已经不复存在。但是，此种说法显然与历史事实仍有一定的出入。因为孙元化尽忠的对象是明王朝，而其麾下将领却在清朝建功立业。正如吴梅村在诗中所谓："蓬莱阁上海云黄，用火神机壁垒荒。本为流人营碣石，岂知援卒起萧墙。戈船旧恨东征将，牙纛新封右地王。辛苦中丞西市骨，空将热血洒扶桑。"[②]那么，是不是这种历史的错位使得孙致弥的诗充满了"悲伤"而"婉凄"，而读者莫不"为之黯然而销魂"呢？或许受遗民文化影响，孙致弥的诗歌当中也充满了故国之情。此亦与其追忆孙元化的悲苦历史及其心路历程相一致。对于孙致弥来说，此种情感可能比较复杂，一方面其祖孙元化忠于明王朝，却被弃尸西市口；另一方面孙元化麾下将领又成为清初藩王。如果说孙元化忠君，可是其麾下却反叛；如果说孔有德是功臣，却又与孙元化忠于明王朝相悖。或许孙致弥主要表达的是追忆先祖的丰功伟业及忠君不二，以此印证孙元化"清白中丞"之形象。

与孙元化处于敌对位置的山东王家在鼎革之后，科第上依然表现耀眼。如同孙家，王家在鼎革之际也遭受了重大变故，是继吴桥兵变之后的又一次家难。但王家因为是山东豪族，进入清初后再度崛起。王家在顺治、康熙年间出了多达九名进士，还与另一豪族毕家联

---

① 吴秋：《序》，孙致弥《枤左堂集》卷首，《四库全书存目丛书》集部第255册，第712页。
② 吴伟业：《吴梅村全集》卷六，上海：上海古籍出版社，1990年，上册，第167页。论者谓此诗是说瞿式耜，不确。孙元化曾任右佥都御史，而瞿式耜官至兵部尚书，封桂林伯。此外，孙元化在西市口被处斩。而扶桑当指登莱。

姻，进而巩固家势，使得新城王家门第再度兴盛。[①]虽然孙家也与徐家、侯家联姻，但是鼎革之际，侯家选择了抗清导致门户冷落；徐家则受到当地人欺压，还依赖沈卜琦的庇护。同一个时代里人们的不同选择最终导致了不同的人生命运，从而给整个家族也带去完全不同的影响。

同时，我们可以从地方文献中发现，当地人对徐从治、孙元化的评价不一致，如《海盐县志》《嘉兴府志》《浙江通志》等对徐从治的评价甚高，对孙元化、刘宇烈等评价则较低，《海盐县志》甚至指孙元化为周延儒之"私人"，故周延儒与熊明遇一起为孙元化谋"减死"，并为此招抚叛兵；[②]而《江东志》《嘉定县志》则为孙元化申辩，对孙元化与吴桥兵变不像《海盐县志》等那样刻意强调两者的因果关系。因此，我们可以看出地方文献对两者形象的理解不同且有意予以强化或重构。

三、朱万家族及新城王氏家族

吴桥兵变中死得最为惨烈者当为徐从治，其次是朱万年。崇祯五年（1632）七月七日，朱万年被叛军诱捕。朱万年对叛军说："执我无益，可以精骑从我呼守城者出降。"叛兵果以五百拥朱万年至城下。朱万年大呼："我已被擒，誓必死，彼精骑尽在此，可发炮急击之。毋以我为虑。"守城的杨御蕃尤不忍，朱万年复顿足大呼，叛兵怒杀之。《罪惟录》则谓其被叛军"攒槊死"。崇祯帝闻讯，追赠其为太常寺卿。莱州

---

① 黄一农：《红夷大炮与明清战争》，第 333 页。
② 光绪《海盐县志》卷一五《人物传》，中国国家图书馆藏，第 64 页 a。

人在其死难处建祠祭祀。① 顺治初，孔有德曾返登州，见朱万年殉难处有碑曰："郡侯朱公骂贼殉难处。"甚怒，欲碎碑，后令凿去"骂贼"两字而已。② 康熙时期，莱州府胶州人张谦宜曾到朱万年庙中祭拜，仰瞻遗像。莱州则因七月七日为朱万年忌日而提前一日过七夕，以表示哀敬之心。③ 乾隆时期，清廷表彰追谥"烈愍"。④

朱万年，字鹤南，贵州黎平人，据说是朱子后裔，⑤ 如今当地还流传着朱万年少年才名的传说。⑥ 朱曾撰有《秦淮竹枝》一词："个个才郎解画眉，春情摇曳隔罗帷。闲中做就相思曲，未卜相思寄与谁。"⑦ 仅读此词，还以为作者是一位多情柔弱的书生，谁知其为一位刚烈勇猛之士！

朱万年有子一，即朱位元，荫入国子监读书；兄一，即朱万化；孙四、曾孙七，皆以儒术世其家。曾孙朱毓英曾撰《莱州省祠记》。据此文，朱万年殉难时，尸首不全，朱位元年尚幼，"敛其余归葬黎平"。朱毓英的父亲每每言及朱万年殉难事，"辄潸然泪下"，曰："士君子成仁取义，垂名青史，固属快事，不获全尸归葬，为子孙者殊觉抱憾。"由此可见，朱万年殉难给后人带来了巨大的伤痛，尤其是朱万年殉难后

① 张廷玉等：《明史》卷二九○列传第一百七十八，第4981页。
② 朱溶：《忠义录》，高洪钧等整理《明清遗书五种》，北京：北京图书馆出版社，2006年，第630页。
③ 张谦宜：《朱太常死事状》，《全黔国故颂》卷一一，《黎庶昌全集》第3册，上海：上海古籍出版社，2015年，第1746页。
④ 光绪《海盐县志》载：嘉庆二年，追谥"烈愍"。参见光绪《海盐县志》卷一五《人物传》，第65页b。
⑤ 郑珍：《记朱烈愍公祖系》，《巢经巢文集校注》，北京：中央民族大学出版社，2013年，第155页。
⑥ 罗世荣：《侗都民间故事》，北京：民族出版社，2016年，第96—99页。此传说在康熙时期就已流传。参见张谦宜《朱太常死事状》，冯楠总编《贵州通志·人物志》，贵阳：贵州人民出版社，2001年，第57页。
⑦ 龚斌、范少琳编：《秦淮文学志》下册，合肥：黄山书社，2013年，第1681页。

尸体不全。朱毓英的父亲还常常以朱万年的事迹督促朱毓英"上进"，以不辱门楣。康熙甲戌（1694），无为朱氏修谱，将朱万年及其先祖纳入其中。[①] 康熙己丑（1709），胶州张稚松寄给朱毓英《表忠录》。雍正乙巳（1725），黄鸿中为朱氏家庙撰写碑文。朱氏家庙毁于兵燹，朱毓英将聚于族而创焉。因此，朱毓英前往湖南靖州见黄鸿中，并请其撰写碑文。[②] 丙午（1726）仲春，朱毓英从黎平出发，夏五月抵达无为，与无为同宗朱景贤见面，朱景贤送序；[③] 孟秋，朱毓英抵达莱州，泣拜朱万年祠。第二天为七月七日，莱州百姓毕集，"歌舞牲醴，老幼罗拜不绝"。虽然距离吴桥兵变已经过去将近一个世纪，但当地人仍然记得朱万年守城的事迹。朱毓英向当地人请教朱万年遗骨事，皆谓朱万年归葬后，当地人获得一臂，业已塑入像中。朱毓英想要携带遗骨归，但当地人不忍破坏塑像，只好作罢。[④] 很显然，朱毓英想要通过联属族谊、修建家庙的举动强化朱万年的历史形象。

这种历史形象对维护朱氏家族利益至关重要。乾隆壬申（1752），郝大成知开泰县（隶属黎平府）。当地有居民告官争夺朱万年之墓田。朱万年的子孙则将朱万年的事迹告知郝大成。郝大成实地查看，发现"荒烟蔓草，触目惊心"。郝大成立即为朱万年"树卓楔，建祠宇"，并让朱万年的后人立碑于墓上，"编公之事，表公之忠"。[⑤] 朱万年后裔朱

① 朱传：《无为朱氏家谱纪略》，《全黔国故颂》卷一一，《黎庶昌全集》第 3 册，第 1755—1756 页。
② 黄鸿中：《朱太常家庙文》，《全黔国故颂》卷一一，《黎庶昌全集》第 3 册，第 1752 页。
③ 朱景贤：《送黎平宗人归里序》，《全黔国故颂》卷一一，《黎庶昌全集》第 3 册，第 1756 页。
④ 朱毓英：《莱州省祠记》，《全黔国故颂》卷一一，《黎庶昌全集》第 3 册，第 1751—1752 页。
⑤ 郝大成：《朱太常墓志序》，《全黔国故颂》卷一一，《黎庶昌全集》第 3 册，第 1754 页。

尚英、朱俊英又重刻《表忠记》，并请开泰县训导陈文政撰序。①

　　道光时期，王玥（1791—1857）为朱万年《守御图册》题诗。王玥，字梦湘，贵阳人，道光丙戌（1826）进士，选庶吉士，授编修，后改御史，迁给事中，出为苏松太仓道。王玥的题诗描述了朱万年守莱州及殉难的经过，并贬斥了刘宇烈等人的主抚行为，讴歌了朱万年的英勇无畏。②据王玥的题诗，中湘王何腾蛟是朱万年的同里良友。同一时期，朱万年的七世孙朱晟，以朱万年《守莱图册》乞郑子尹题字。郑子尹为之以大篆书署其首，并系以诗当款识。③郑子尹（1806—1864），名珍，字子尹，号柴翁，贵州遵义人，为晚清著名诗人，与莫友芝并称"西南巨儒"。据郑珍之序，莱州朱万年祠有其守莱壁画。嘉庆时期，朱万年六世孙朱述文前往莱州省祠，莱人临摹壁画，汇成四十册。后来朱晟请郑珍题词。郑珍题词曰："我思太常公，张许同正气，大书明史传，细载稗官记。""晟也藏去慎勿疏，乃祖守莱州，生死城不失；汝今守斯图，当视乃祖守莱日。"④由此可见，朱万年成为朱家的一个符号，深深烙印在后代子孙的记忆中。朱万年后人在不同时期请名人为《守御图册》题词，无疑是在不断重复、强化朱万年的象征意义，从而巩固或强化朱氏家族的荣誉感，为朱氏家族增加一种社会资本。当地人则将朱万年、何腾蛟、董三谟合称"三忠"。同样，朱万年殉难处、读书处也成为后人凭吊先烈之"圣地"。

　　而世人对同样在兵变中遇害的谢琏的关注就远远低于朱万年。除了

① 陈文政：《表忠录序》，《全黔国故颂》卷一一，《黎庶昌全集》第3册，第1760页。
② 王玥：《题明莱州太守朱烈愍公〈守御图册〉》，《黔诗纪略后编·黔诗纪略补》第2册，贵阳：贵州人民出版社，2020年，第488—489页。
③ 龙先绪：《郑子尹交游考》，北京：中国文史出版社，2004年，第138页。
④ 郑珍：《题朱烈愍公守莱图册并序》，《郑珍巢经巢诗集校注》，贵阳：贵州人民出版社，1992年，第296—297页。

《明史》《平叛记》等资料中有所记载，并未见其后人的相关记载。除此之外，死难的还有新城知县秦三辅，训导王协中，乡绅、前保定府同知王象复，举人王与夔、张俨然等；黄县知县吴世扬、县丞张国辅等；平度州知州陈所闻，陈所闻系自缢；登州总兵张可大及其妾，张瑶及其妻女五人，等等。

因为新城是王氏家族大本营，因此孔有德陷新城后，王家受其蹂躏尤为惨烈。王象复及其子王与夔、王与慧和王与章（王象乾子）妻郭氏均被杀。王象乾家尽被灭；王象春易服走，从而死里逃生。[①]新城死难者多达421人。王象云在奏疏中称其家乡新城为叛兵攻陷，知县并其家三十余人被杀，并疏陈其屠戮肆毒之状。崇祯帝看到后也说"新城受祸最惨"。[②]

野史及学者常把吴桥兵变的导火索说成王象春家的一只鸡。王家后人如王士禛对此并无过多记载，即使在《王氏族谱》中，关于王象春兄弟五人的资料也颇为简略。[③]这是否因为影响深远的吴桥兵变与王象春有关？

比起孙致弥，王士禛的诗歌中较少看到类似的"幽忿""哀伤"之情，殆与其本身的科第、仕途颇顺有关。两人均为当时闻名天下的诗人，但或许因为历史因素的影响，两人之间的交往较为泛泛。实际上，如果没有吴桥兵变，王家与孙家可能成为世交，因为万历壬子（1612），孙

---

① 孔令涛：《明末清初王氏家族几次劫难述考》，孔繁信、邱少华主编《王渔洋研究论集》，济南：山东文艺出版社，1991年，第33页。
②《崇祯长编》卷五五，台北：台湾"中研院"历史语言研究所，1966—1977年，第3192页。
③ 孔令涛：《新城县的崇祯辛未之难》，《纪念王渔洋诞辰380周年全国学术研讨会论文集》，济南：齐鲁书社，2016年，第642页。

元化在顺天中举，其座师即为"新城王公"①（即为王象春②）。但是，吴桥兵变发生后，两家后人彼此心里有着解不开的心结。王士禛是吴桥兵变苦主之一新城王象春的侄孙（王象晋孙），曾撰诗："屠沽投闲起，巾帼负深恩。"斥责孔有德及其女孔四贞。康熙十七年（1678），孙致弥从朝鲜回国后中举。王士禛曾赋一诗送其南归，但是从诗中无法看出两人有多深交情，反而投射出王氏内心深处仍存留着吴桥兵变之阴影。③

女性往往也是战争的受害者。新城刘氏妻郝氏为叛军所获，令陪酒。郝氏怒骂道："朝廷何负汝曹，而甘作贼？吾虽女子，耻与狗鼠俱生，曷速杀我？"叛军被激怒，矐其目，又割其乳，但郝氏骂愈厉，又端其舌，郝氏以血喋贼，乃死，年仅三十二岁。观者无不掩面泣下。叛军离开新城攻潍县时，掠一名少女，企图献给敌帅，抵达帅所才发现少女已经自刺而死。④新城王天民女王氏，年仅十二岁，被贼掠胁从，女怒骂而赴火自焚死。⑤张瑶在登州沦陷时被害，其妻女四人则投井而死。⑥《山东通志》则谓，张瑶妻齐氏与四个女儿先投井，对张瑶曰："此吾母子死所也，君宜自为谋。"⑦而张可大在自缢之前，竟将其妾陈氏和所有婢女杀死。

---

① 张世伟：《自广斋集》卷一二，《四库禁毁书丛刊》集部第 162 册，第 366 页。
② 《明神宗实录》卷五〇三载："科臣李奇珍亦参顺天乡试四十七名举人张世伟，买象春俤中本房。"转引自南炳文、汤纲《明史》下册，上海：上海人民出版社，2003 年，第 777 页。可见，孙元化、张世伟中举时的房师为王象春。
③ 此处参见黄一农《红夷大炮与明清战争》，第 333 页。
④ 王渔洋：《刘烈妇郝氏传》，任继愈主编《中华传世文选·清朝文征（上）》，长春：吉林人民出版社，1998 年，第 175 页。
⑤ 邱少华：《明末清初王氏家族几次劫难述考》，孔繁信、邱少华主编《王渔洋研究论集》，第 35 页。
⑥ 张廷玉等：《明史》卷二九〇列传第一百七十八，第 4981 页。张瑶子张一渐荫为大名府通判，历长沙平阳同知、衡州知府。
⑦ 孙葆田、法伟堂纂：《山东通志》卷一七九《人物志第十一·历代列女》，上海：上海古籍出版社，1991 年，第 5174 页。

四、张可大及其家族

张可大，字观甫，号扶舆，世袭南京羽林左卫千户，万历二十九年（1601）武进士，崇祯初任登莱总兵官。叶向高曾称赞："此不特良将，且良吏也。"[①]张可大善诗，颇有儒将之风，与陈继儒等名士交善，陈称其为"廉将军"。[②]他还曾赠诗毕自严。[③]清初周亮工辑有《字触》一书，载张可大子张怡（又作张遗）占卜之事。[④]据其记载，张怡在赴登州省亲之前，"因叩休咎"，随意翻开桌上的《太平御览》一书，但翻到的是第五十二卷终；又翻一页，乃"五十三卷神仙"。后张可大果然于五十三岁殉难。[⑤]此类故事反映出登州事变所衍生的传说开始在清初民间流传，逐渐变成一种历史记忆。

此外，此类故事也反映出宿命论在明末清初士大夫之间的流行。在大变局的时代，占卜、测字、算命等今天看起来是迷信的活动，却给那时的士大夫提供了一种心理安慰，或为他们提供对未来不确定性的一种解释，从而化解他们内心的不安与恐惧。[⑥]无论是徐从治，还是孙致弥，均有类似的经历。[⑦]张可大的意外殉难，对张怡来说是难以接受

---

① 张廷玉等：《明史》卷二七〇列传第一百五十八，第 4641 页。
② 陈继儒：《陈眉公尺牍》，上海贝叶山房张氏藏板 1936 年排印本，第 178 页。
③ 时在崇祯元年，毕自严由南京户部尚书东归，同年再任北京户部尚书。为此，毕自严下属和南京士大夫赠诗送别。参见毕自寅辑《留计东归赠言》，《四库未收书辑刊》第 2 辑第 23 册，北京：北京出版社，1997 年，第 18 页。
④ 周亮工曾于崇祯庚辰（1640）知潍县。参见严有禧纂修乾隆《莱州府志》卷九，《中国地方志集成·山东府县志辑》第 44 册，南京：凤凰出版社，2010 年，第 199 页。
⑤ 周亮工：《字触》卷二，北京：民主与建设出版社，2017 年，第 107 页。
⑥ 相关研究可参见何淑宜《时代危机与个人抉择——以晚明士绅刘锡玄的宗教经验为例》，《新史学》2012 年第 2 期，第 57—106 页。
⑦ 孙致弥是一位天主教徒，但也有吉凶之兆等思想。参见刘耘华《依天立义：清代前中期江南文人应对天主教文化研究》，第 18 页。

的变故，但测字的故事似乎通过宿命论给出了一种解释。张怡又撰有笔记《醒醒和尚》一文，记载其因张可大去世，赴京"伏阙上书"，偶遇醒醒和尚并结为好友。经过了六七年后，即在 1640 年，张怡赴京再访之，未能得见。次年，大饥大疫，和尚对张怡说："此四十九日中，应酬颇繁，不能尽言。期于圆满日，约诸同志来作一夕话，后晤恐未有期也。"甲申，值大变，"同志数人无一免者"。张怡忽然明白和尚已意有所示也。不过，令张怡感到欣慰的是，这些人无一变节。①

桐城派开创者方苞曾撰有《白云先生传》，记载了张怡在明亡之后的经历。1644 年，张怡在北京被起义军俘获，"械系将肆掠"。起义军中有人觉得张怡"或义而逸之"。返回故乡江宁时，其妻早已去世。张怡只好独身一人寄居在摄山僧舍，不入城市，被乡人称为"白云先生"。由此可见，张怡以遗民身份自居。方苞的父亲时常探访张怡，并希望能抄录其著作使其流传，却被他拒绝。张怡在去世前购买了两个瓮，将自己的著作置入以陪葬。张怡病危之际，其亲友为其购买了上等棺椁。张怡闻而泣曰："昔先将军致命危城，无亲属视含殓，虽改葬，亲身之椁，弗能易也。吾忍乎？"②张怡在临死之际仍没有忘记登州殉难的张可大，一方面可以说张怡是孝子，另一方面则可看出吴桥兵变对个体的深刻影响。张可大选择了悲壮地就义，可是在张怡心里却是永远的伤痛，几乎改变了张怡一生的命运。③当然，张怡还受到改朝换代的影响。

---

① 张怡：《醒醒和尚》，《玉光剑气集》卷二六，"元明史料笔记丛刊"本，北京：中华书局，2006 年，第 929—930 页。

② 方苞：《白云先生传》，姚鼐《古文辞类纂》第 1 册，北京：西苑出版社，2003 年，第 330 页。

③ 李远达：《张怡的南京交游考证与〈玉光剑气集〉》，《燕园史学》第 12 辑，沈阳：辽宁人民出版社，2017 年，第 48 页。

据谢国桢载，孔尚任撰《桃花扇》时，曾向张怡询问侯方域遗事。张怡还著有《玉光剑气集》等书。此外，还辑有《张氏一家言》，收其祖、父遗文，并有陈济生所撰传记、许士柔所撰墓志铭，且张怡皆有手跋书于后。① 此种收集先祖遗文的行为，与孙致弥等人非常类似，寄托了对先祖的深深哀思。身为遗民的张怡，实际上在南京有着广泛的交游网络。其主要赞助人是周亮工与黄虞稷。值得注意的是，同为吴桥兵变受害者后代的王士禛曾在《香祖笔记》中记述张怡事迹及其著作。王士禛还提及"四十年前"（1664），张怡游东莱，② 而王士禛之兄西樵也在东莱，两人相见如故，"相友善"。③ 值得注意的是，张怡《玉光剑气集》中辑入了利玛窦、毕拱辰、方以智有关天文学的内容以及利玛窦、汤若望有关西洋琴、自鸣钟等方面的内容，还有李之藻、徐光启等题请由传教士改历之事。④ 方以智是著名遗民，与张怡多有交往。而毕拱辰则来自山东毕氏家族，莱州被围期间守城有功，曾被户部尚书毕自严叙功。毕拱辰与传教士的交往颇为密切。张怡还对汤若望所戴的钟表非常欣赏，自谓曾亲见之。⑤ 由此可见，张怡对西学和天主教可能没有如徐从治、徐昌治那样充满敌意。

作为殉难者后人的张怡是如何看待此次影响其命运的登州之变的呢？在《玉光剑气集》卷六中，张怡辑入了登州之变的主要事件经过。所记内容大体与《明史·张可大传》等一致。不过，张怡稍有增删。张怡

---

① 谢国桢：《江浙访书记》，《谢国桢全集》第 5 册，北京：北京出版社，2013 年，第 681—682 页。
② 张怡在《白云道者自述》中载："癸卯（1663），以饥驱，由中都入沂，……觅短辕行齐鲁道中。"参见李远达《张怡的南京交游考证与〈玉光剑气集〉》，第 49 页。
③ 王士禛：《香祖笔记》卷七，袁世硕主编《王士禛全集》第 6 册，济南：齐鲁书社，2007 年，第 4622—4623 页。
④ 参见张怡《玉光剑气集》卷三，第 102—104 页。
⑤ 张怡：《玉光剑气集》卷二九，第 1017 页。

还特别强调孙元化之所以主抚，是因为其为叛军离间计所愚。^①似可看出张怡并没有因孙元化主抚导致张可大死难而对其产生怨恨之心。另外，与《明史》谓张可大"尽斩诸婢妾"不同，张怡则谓张可大仅"杀其一妾"。而张可大弟弟张可度则谓张可大在自缢之前，杀"婢妾幼子"。^②

张可度，字屩筱，诗人。张可大自缢之前，曾"令弟可度、子鹿征奉母航海趋天津"。张可度可谓登州之变的亲历者。张怡谓："先屩老人有《登变纪略》一书，载之甚详。"^③概指张可度曾撰书讲述登州之变。崇祯十二年（1639）距登州之变、张可大死难业已七年，张可度上疏，为其兄请求谥号，并为其侄张怡请求世袭锦衣卫之职。张可度尤其表示不满的是，当时众人（如朱大典）皆认为张可大所受抚恤待遇应该与徐从治相同，实际上却存在区别对待。徐从治死在任上，而当时张可大已经升任南左府金书，已"谢事出署"。张可度提到："臣兄之子茕茕孑立至今，未荫也。""臣兄生死不愧于人，况曾掌锦衣卫多年，独不得与人同？"^④由此可见张可度对其侄子张怡的拳拳爱护之心和对张可大死后所受不公平待遇的愤懑之情。

导致吴桥兵变的一个重要人物即吴桥知县毕自寅。毕自寅也受此影响而被罢官。崇祯六年（1633）四月，广西道监察御史赵继鼎上疏要求查明"叛起吴桥，其致变知县"。此时，毕自寅已升任南京户部广东司主事。^⑤罢官后，他消极避世，在老家"构拱玉园，日啸饮其中"。但因毕家

① 张怡：《玉光剑气集》卷六，第261页。
② 张可度：《吏部历事增例监生张可度为弘敷之恩未沾乞垂察以励人心事奏本》，《中国明朝档案总汇》第32册，桂林：广西师范大学出版社，2001年，第211页。
③ 张怡：《玉光剑气集》卷六，第261页。
④ 张可度：《吏部历事增例监生张可度为弘敷之恩未沾乞垂察以励人心事奏本》，《中国明朝档案总汇》第32册，第211页。
⑤ 《吏部尚书李长庚为遵旨直陈吴桥知县毕自寅致变情由事题本》，《中国明朝档案总汇》第14册，第316页。

为当地豪族，毕自严、毕自肃等均为高官。因此，虽然毕自寅受吴桥兵变影响而被罢官，但是对毕氏家族来说影响甚微。入清后，毕氏举人以上功名者不下三十人。① 蒲松龄曾在毕家坐馆四十年，完成巨著《聊斋志异》。

五、谢三宾、朱大典与其他相关人物

吴桥兵变的直接受益者莫过于谢三宾。谢三宾，字象三，号寒翁，鄞县人。天启五年（1625）进士。兵变之际，谢三宾任陕西道御史，曾上疏弹劾山东巡抚余大成、登莱总兵张可大。兵变发生后，谢陛受徐昌治的委托上疏请师主剿，谢三宾则在疏内言："成事在人，了此不过数月。"于是在崇祯五年（1632）六月二十三日，谢三宾被擢为山东巡按，兼军前监纪。② 毕竟是战争，在赴任之前，谢三宾心存畏惧。其好友戴澳回信予以鼓励："天道最神，趋安反危，趋危反安。……薄福浅才，自然惊阻。台翁异抱间世，原非常人，岂落常调？"③

崇祯六年（1633）四月，山东平，班师，叙功，谢三宾晋为太仆寺少卿。但是，全祖望认为谢三宾"非有将才"，登莱之所以平叛，全因巡抚朱大典。全祖望提及谢三宾"犹以不得旄节怨望"，实际上，谢三宾"干没贼营金数百万"，因此，"不遭愆尤已属万幸矣"。④ 兵备宋之俊

① 参见秦海滢《明清时期的淄川毕氏家族》，《明清论丛》第10辑，北京：紫禁城出版社，2010年，第235—258页。
② 《崇祯长编》卷六〇，第3450页。
③ 戴澳：《答谢象三书》，《杜曲集》卷六，《明别集丛刊》第5辑第39册，合肥：黄山书社，2016年，第588页。
④ 全祖望：《题〈视师纪略〉》，徐兆昺《四明谈助》卷一九，宁波：宁波出版社，2003年，第629页；另载全祖望《鲒埼亭集外编》卷二九，《全祖望集汇校集注》中册，上海：上海古籍出版社，2018年，第1351页。

则弹劾谢三宾"逸贼"。

全祖望还提及，谢三宾"富既耦国，遂有以告流贼者"，其子即被毒考致死；晚年，谢三宾总仗此多金，欲以贿杀六狂生，不克，竟杀五君子。谢三宾知嘉定时，曾拜入钱谦益门下，后竟与其争柳如是，两人遂成"冒首之仇"。弘光时期，钱谦益复起，谢三宾大拜之，称"门下"如故。

因此，据全祖望的描述，谢三宾是个品行卑劣、反复无常之小人。全祖望还记载，谢三宾镇压孔有德期间，谄媚监军高潜（应为高起潜）、刘泽清。山东副使陆梦龙①"详志其丑"。谢三宾则撰《视师纪略》为自己辩解。全祖望少年时期，见到有乡贤祠中供奉谢三宾神主，愤甚，击之不碎，遂投之泮水。②可见全祖望对谢三宾的厌恶之情。全祖望对谢三宾的厌恶不仅因为其在平叛时谄媚中军、没金贪功，还因为谢三宾在鼎革之后的一系列令人不齿的行为，如其为求仕进而向当局者告密，尤令人侧目。

吴桥兵变对谢三宾来说确实是一个改变命运的契机。谢三宾升官之后，有关其分金的传言甚嚣尘上，加上丁忧，于是崇祯八年（1635）后，谢三宾就放弃了仕途，自此悠游林下，坐享多金。③虽然谢三宾的品行非常卑劣，为乡人所不齿，但其子孙却能雪其耻，以名节相砥砺，颇获乡人谅解。全祖望谓："吾乡所最不齿者，无如故太仆谢三宾，其反复无行，构杀故国忠义之士无算。三宾一子早死，顾有四孙，曰为辅、为霖、为宪、为衡，皆善读书，闻其大父之事，黯然神伤。自是

① 关于陆梦龙，参见《孤本明代人物小传》第3册，第208页。
② 全祖望：《鲒埼亭集外编》卷三〇，《全祖望集汇校集注》中册，第1365页。
③ 柴德赓：《〈鲒埼亭集〉谢三宾考》，氏著《清代学术史讲义》，北京：商务印书馆，2013年，第262页。

遇故国忠义子弟，则深墨其色，曲躬自卑，不敢均齿，以示屈抑。三宾遗金尚不赀，兄弟日以诗为事，一切不问，未及荡然，亦不以为意也。于是故国子弟，稍稍引而进之。"①

由此可见，谢三宾从登州之变所获之金，实际上对其本人来说并非一件幸事，或许是促使他在易代之际变节的重要原因之一，正如全祖望所言："此多金之为厉也！"而谢三宾之人品又影响到他的子孙，以至于其孙辈不再留心经济，且对故国子弟多加谦卑、自抑，方才得到这些遗民们的接纳。正因如此，谢三宾孙辈谢为宪晚年贫窭而寥落。《续甬上诗》云："先生（谢为宪）平日风流蕴藉，萧散自喜，晚年感怀家国，渐以蕉萃，遂成心疾。戊午之夏，忽以愤懑自裁，闻者惜之。"②换言之，自己的家族变故和明清鼎革，让晚年的谢为宪得了心病，他最终自杀身亡。此不可不谓吴桥兵变对谢三宾及其家族的深远影响。

此外，据《里中纪述》载，沈卜琦丙辰岁③曾游浙东，谢三宾赠诗一首。谢三宾在诗中写道："形影相依患难中。"④吴桥兵变时，谢三宾与沈卜琦应有所接触。乙酉（1645）之际，嘉定人避居浙东。谢三宾曾为嘉定令，嘉定人多往依之，沈卜琦亦客居在谢家。清军渡钱塘，谢三宾向沈卜琦询问方策，沈卜琦提出上、中、下三策，上策为捐躯徇

① 全祖望：《鲒埼亭集外编》卷一二《七贤传》，参见柴德赓《〈鲒埼亭集〉谢三宾考》，氏著《清代学术史讲义》，第305页。
② 柴德赓：《〈鲒埼亭集〉谢三宾考》，氏著《清代学术史讲义》，第311页。
③ 据查，沈卜琦于康熙乙巳（1665）去世，顺治、康熙无丙辰年。据陆时隆《沈一韩传》，沈卜琦赴浙东应为丙戌（1646）。参见陆时隆《沈一韩传》，沈征伥《里中纪述》第2册，《傅斯年图书馆藏未刊稿钞本》子部第16册，台北：台湾"中研院"历史语言研究所，2016年，第482页。
④ 谢三宾：《丙辰岁游浙东谢中丞三宾赠诗一首》，沈征伥《里中纪述》第2册，《傅斯年图书馆藏未刊稿钞本》子部第16册，第480页。

义，中策为扈从南行、枕戈待旦，下策为被野服、窜深山而绝迹人间世。三策均为谢所拒，他反而选择降清。沈卜琦失望后返回嘉定。①

与谢三宾比较而言，朱大典在史料中的形象就显得比较正面。朱大典，字延之，号未孩，浙江金华人。崇祯五年（1632）五月，朱大典代替殉难的徐从治成为山东巡抚；平叛孔有德之后，因功升兵部右侍郎；弘光时期，结交马士英、阮大铖，任兵部尚书。后清军入金华，朱大典拒不投降。顺治三年（1646）七月，清军攻克金华，朱大典驱女投井，与部将、子孙等环坐火药库中，引爆自焚，殉难者三十二人，而之前朱大典的儿子朱万化业已战死。乾隆时期，朱大典加谥"烈愍"。②

有论者谓谢三宾与朱大典坐而分金，或确有其事。《明史》提到朱大典"不能持廉"③。全祖望谓朱大典"自行军以来，颇不持小节"④。戴澳在信中提到有对朱大典的各种"谤蕭"。⑤张岱谓自己在淮阳，亲见朱大典之贪横，真如乳虎苍鹰。但因其殉国而死，对其评价则与谢三宾迥异。不过，张岱则认为朱大典殉难是因为"嗜名义"，此与其"嗜财贿"是一样的。⑥值得注意的是在1632年十月，病榻之上的徐光启曾上疏推荐朱大典、李天经、金声、王应遴接替他主持督修历法。⑦此或因为天启五年（1625）朱大典任福建按察副使，曾与叶向高等人一起，与传教士

---

① 陆时隆：《沈一韩传》，沈征伎《里中纪述》第 2 册，《傅斯年图书馆藏未刊稿钞本》子部第 16 册，第 482 页。
② 参见《金华市志·人物传》第 1 册，北京：方志出版社，2017 年，第 501 页。
③ 张廷玉等：《明史》卷二七六列传第一百六十四，第 4721 页。
④ 全祖望：《明文华殿大学士兵部尚书督师金华朱公事状》，《鲒埼亭集外编》卷九，《全祖望集汇校集注》上册，第 919 页。
⑤ 戴澳：《答朱未孩书三首（其三）》，《杜曲集》卷六，《明别集丛刊》第 5 辑第 39 册，第 590 页。
⑥ 参见《东南纪事·大典传》，转引自柴德赓《〈鲒埼亭集〉谢三宾考》，氏著《清代学术史讲义》，第 274 页。
⑦ 徐光启：《治历缘起》卷五，长沙：湖南科学技术出版社，2017 年，第 292 页。

艾儒略有所交往，"或谊笃金兰，或横经北面"①。除了艾儒略之外，朱大典还与卫匡国、潘国光等有交往。朱大典在金华抗清时，天主教徒祝石及其门生姜韬亦有参与。与传教士交往的经历，使得朱大典对西学有所了解甚至精通。②

此外，受吴桥兵变影响的还有王道纯。根据归庄的说法，孔有德复叛和吴桥兵变扩大化的一个重要因素就是王道纯藏匿诏书，并派兵攻打叛兵，致使叛兵军心不稳、再次哗变。③据《明史》，王道纯从一开始就是坚定的主剿派。余大成、孙元化要求招抚，王道纯坚拒，"抗疏力争"。孔有德派人求抚，王道纯"焚书斩使"。此或许是归庄将吴桥兵变扩大化归结于王道纯之主要因由。兵变平定后，王道纯不仅不在叙功之列，反而被革职，理由是"溺职"。这里面涉及政治斗争。刘宇烈下狱后，引王道纯"分过"。王道纯则上疏辩驳，然后又上疏弹劾熊明遇、张国臣交通误国十罪，语侵周延儒。疏未下，周延儒泄之张国臣。因此，张国臣反击王道纯，亦弹劾王道纯十罪。④御史王象云上疏为王道纯鸣不平，⑤兵科给事中冯可宾亦上疏请求崇祯帝收回旨意，但均被崇祯帝拒绝。⑥可见，不少人颇为同情王道纯。李自成攻入陕西后，王道

---

① 林金水：《艾儒略与明末福州共学书院》，《福建与中西文化交流史论》第一章，北京：海洋出版社，2015年，第6页。朱大典与潘国光有所交往，曾致潘国光"於穆正宗"牌匾。参见《敬一堂志》，《徐家汇藏书楼明清天主教文献续编》第13册，台北：利氏学社，2013年，第562页。

② 祝石为浙江兰溪人，师从朱大典，为天主教徒遗民。参见陈拓《奉耶遗民考：冯文昌、祝石的人际网络与书籍世界》，《香港大学中文学报》2023年第1卷第2期，第25—55页。

③ 光绪《嘉定县志》亦云："东抚余大成已具题，得旨，令元化带罪招抚，而巡按王道纯匿诏不颁，兵复乱。"参见光绪《嘉定县志》卷一六《宦迹》，《中国地方志集成・上海府县志辑》第8册，第327页。

④ 张廷玉等：《明史》卷二六四列传第一百五十二，第4566页。

⑤ 《崇祯长编》卷六五，第3793页。

⑥ 《崇祯长编》卷六六，第3806页。

纯抗节死。

另一个受兵变影响而被罢官的是时任兵部侍郎的刘宇烈和兵部尚书熊明遇。刘宇烈以"视事无功"而被谪戍成都，熊明遇则被解任听勘，后以原职致仕。主抚彻底失败后（即七月七日朱万年死难），弹劾刘宇烈、熊明遇（和周延儒）的奏疏如同雪片般飞到京师，甚至还有人主张将两人处斩（如王万象）。在有关徐从治、朱万年、谢琏等人的传记中，刘宇烈被描绘成误国欺君、庸缩怠弛之小人，以至于《明史》无传。刘宇烈弟刘宇亮，万历四十七年（1619）进士，屡迁吏部右侍郎，官至礼部尚书，与薛国观同入阁，为首辅。刘宇亮的历史形象亦不佳，《明史》谓其守城"皆苟且卒事"；督师时，闻清兵将至，"相顾无人色"。[1] 但刘宇烈曾对朱大典有知遇之恩。时刘宇烈任兰溪知县，朱大典为里中鸣不平事，长吏恨之，"中以所行不端，几斥"，刘宇烈独知之，曰："此郎岳岳，非池中物。"并力调护之，得免。[2] 因此，为刘宇烈进行辩护的《东事纪略》的作者可能是朱大典的友人。[3]

与刘宇烈同时被谪戍的还有余大成。吴桥兵变时，余大成任山东巡抚，兵败后唯诵佛经，被时人戏称为"白莲督院"。余大成与袁崇焕相友善，曾劝袁崇焕召回祖大寿。吴桥兵变后，余大成不过罚俸，但温体仁因"憾其为焕不平，恐后雪焕事"，遂将其谪戍电白。余大成于崇祯乙亥（1635）至戍所，与袁崇焕弟袁崇煜相见，将其之前收集的袁崇焕奏疏付之，并撰《剖肝录》附于后。余大成佞佛，罢官后更加热衷佛

---

① 张廷玉等：《明史》卷二五三列传第一百四十一，第 4370 页。
② 全祖望：《明文华殿大学士兵部尚书督师金华朱公事状》，《鲒埼亭集外编》卷九，《全祖望集汇校集注》上册，第 918 页。
③ 黄一农认为是徐从治的后人，如徐同贞，参见黄一农《红夷大炮与明清战争》，第 286 页。

096 / 明清史评论 · 第十辑

事。1635 年，余大成、黄端伯请圆信（1571—1647）于径山寺。①1638 年，余大成请圆澄（1561—1626）法嗣明方驻福州怡山。② 晚年又与黄端伯辈结社，究禅学。余大成师从曹洞宗博山无异元来，法名道裕。1640 年，余大成自粤放还，作《龙湫残梦》等，侈谈佛法。③

受刘宇烈招抚政策影响，推官屈宜扬多次往返莱城与敌营。早在崇祯三年（1630）七月，屈宜扬曾因恢复四城被叙功候升时加一级，赍银十两，兵部赞其"蚤发逆谋，足觇胆略"④。主剿派则认为屈宜扬业已从贼、通贼，或认贼作子，又有人认为熊明遇、刘宇烈、屈宜扬"朋比为奸"。实际上，屈宜扬只不过是代替刘宇烈出面与孔有德讲抚而已。但是，孔有德利用了刘宇烈等人急切求抚之心，蒙蔽了屈宜扬，使其确信无疑。于是，屈宜扬入莱城，云孔有德真心求抚。崇祯五年（1632）七月七日，朱万年、谢琏出城招抚。结果，朱万年被杀，谢琏等人被执，招抚彻底失败。屈宜扬本人亦身被二刃，坠其一靴，跣足奔入莱城。⑤ 七月二十四日，屈宜扬死于城隍庙。据《平叛记》，屈宜扬自七日奔入莱城后，即闭城隍庙中，绝其饮食，至以手掬雨水杂衣絮咽之，至是死。⑥ 换言之，屈宜扬是被愤怒的莱州人饿死的。⑦《明实录》则谓屈宜扬在事变后"自经"。

① 《历代金粟高僧传录》，吴定中整理、点校《金粟寺史料：五种》，上海：上海古籍出版社，2008 年，第 15、16、24 页。
② 兰惠英：《古代福建佛教的海洋传播》，福州：福建教育出版社，2018 年，第 198 页。
③ 张慧剑编著：《明清江苏文人年表》，上海：上海古籍出版社，1986 年，第 553 页。
④ 《职方清吏司为滦遵诸城一举克复奖赏文武各官事手本》，《中国明朝档案总汇》第 8 册，第 120 页。
⑤ 毛霦：《平叛记》，《殷礼在斯堂丛书》，第 53 页 b。
⑥ 同上，第 57 页 b。
⑦ 张谦宜：《朱太常死事状》，冯楠总编《贵州通志·人物志》，第 1748 页。《平叛记》作者毛霦认为屈宜扬死得不冤，因为屈宜扬事先提醒了刘宇烈，刘宇烈才没有亲自出面招抚，导致朱万年死难。

　　此外，受吴桥兵变影响而被谪戍的还有王徵与宋光兰。王徵在孙元化手下任职的时候业已六十。1632年二月，王徵等被逮，遂上疏解释登州之变的原因。王徵解释其主要原因在于辽东兵与本地人之间的矛盾："无奈村屯激杀辽人于外，外党愈繁；登城杀辽人于内，内变忽作。"王徵被叛兵俘获，"不肯加害，且令兵士卫守"。孙元化至登州时，登州已失，遂自刎仆地等。① 据此可见，王徵似为自己和孙元化申辩。同年七月，王徵被戍边，但遇赦归里。在之后的岁月里，似乎看不到吴桥兵变对其有影响。对王徵及其家族影响最大的莫过于甲申之变。时王徵七十四岁，拒不受李自成征召，绝粒而死。王徵之殉节遂成为当地和王氏家族中一个非常重要的事件。② 在王徵后世子孙的文献中，几乎看不到登州之变的内容，只会突出其在甲申时之殉节。③ 当然，此种历史记忆并非随意，而是有所挑选的。因为对王徵家族来说，王徵虽不用为登州之变承担主要责任，但毕竟不像甲申殉节那么高尚。宋光兰，字孚斯，号绮石，莆田人，万历三十四年（1606）举人，四十四年（1616）进士，官至山东按察司副使，曾捐金助建莆田开福寺大雄宝殿，著有《丹心编》。登州陷落时，叛兵执宋光兰，因其自叙清操而释。除了《江阴县志》《兴化府志》之外，较少见到有关宋光兰的资料。吴桥兵变后，宋光兰似乎从历史中消失了。

　　另外，《蓬莱县志》载登州卫千户蒋承光年七十致仕居家，登州沦

---

① 王徵：《恳祈炤察登州兵变前后事情揭帖》，《王徵全集》，第100页。
② 如王徵曾孙王承烈在被雍正帝引见的时候，讲述王徵在甲申之际的殉节行为，并请求追赠。参见冯尔康《清代人物传记史料研究》，天津：天津教育出版社，2005年，第379页。
③ 如王承烈为其父撰行述，只提及王徵抗节；王承烈父王瑱亦谓"我家世传忠孝"。参见王承烈《鲁也府君行述》，《泾献文存》卷一二，1925年排印本，第32页a、34页b。

陷时，骂贼被害。①贡生蒋时行入贼营责以大义遇害；②蒋康国出战后自缢；蒋承光妻陆氏见夫殉难后，亦骂贼遇害。莱州处士赵士喆日究心当世务，莱围期间，赵士喆终于有用武之地，"夜见中丞徐公"，"备陈守事"。而杨御蕃则以兄事之。事平后，叙功，冠诸生。甲申后，隐居不入市。③贾毓祥在莱州被围期间与知府朱万年计议守城之策，上疏请援，④并留城分隅以守，后劝朱万年不要赴敌营，未果。围解后，贾毓祥被推荐起复再用，鼎革后不出仕。掖县人张忻在莱州被围期间，捐数千金，几乎散尽家产；⑤事平后，官复原职。张忻撰有《归围日记》述莱围之事，李继贞序之。⑥张忻与其子张端降闯后又降清，官至兵部左侍郎。⑦莱阳张宏德"两预守城，捐金出粟，增堞浚濠，募敢死士，制械缮甲，条画有方。与邑尹同捍御，城赖以安"⑧。掖县人刘重庆多次上疏请援，兵部熊明遇主抚，刘重庆主剿，"力争不得，遂一愤而死"⑨。平度人窦启先，诸生，壬申登变，人皆逃，窦独倡义，与州牧谋守城，

① 蔡永华、张一渐等修：康熙《蓬莱县志》卷五，中国国家图书馆藏，第 21 页 b。

② 张廷玉等：《明史》卷二九〇列传第一百七十八，第 4981 页。

③ 宋琏：《赵士喆传》，《中国家谱资料选编·传记卷》，上海：上海古籍出版社，2013 年，第 358—359 页；另参严有禧纂修乾隆《莱州府志》卷一一，《中国地方志集成·山东府县志辑》第 44 册，第 237 页。

④ 贾毓祥：《公乞急救莱城疏》，《平度县志》第二十九编，山东省出版管理处，1987 年，第 785—786 页。

⑤ 严有禧纂修：乾隆《莱州府志》卷一〇，《中国地方志集成·山东府县志辑》第 44 册，第 221 页。

⑥ 参见《归围日记》。另参白寿彝《明末两回教史家——詹应鹏与张忻》，龚书铎主编《中国史学史论》，后收入《白寿彝文集》第 5 卷，开封：河南大学出版社，2008 年，第 186 页。

⑦ 张忻为穆斯林，著有《清真教考》等书，见《掖县志》，参金宜久主编《伊斯兰教辞典》，上海：上海辞书出版社，1997 年，第 475 页。

⑧ 张忻：《张明府宏德墓志铭》，民国《莱阳县志（点注版）》第 4 辑，民国二十四年续修本，长春：吉林出版集团，2014 年，第 117 页。

⑨ 严有禧纂修：乾隆《莱州府志》卷一〇，《中国地方志集成·山东府县志辑》第 44 册，第 219 页。

城陷与妻同殉难。①

结　语

　　莱州被围期间，先后奉旨援助的将领主要有杨御蕃、王洪、刘国柱、彭有谟、邓玘、刘泽清、陈洪范等。但这些援兵要么迟疑不战、望风而逃，要么就为叛军所败，因此，崇祯五年（1632）六月，也就是莱州被围四个月后，户部右侍郎刘重庆、四川道御史王万象等上疏请关宁兵。兵部在李继贞等人的推动下，同意派关宁兵援助。六月九日，崇祯帝以太监高起潜为监军，以总兵金国奇，副将靳国臣、刘邦域，参将祖大弼、祖宽、张韬，并原任总兵吴襄、吴三桂等统关宁兵援助莱州。这些将领中，除了望风而逃的王洪、刘国柱被"革职提问"之外，均在事平后受到奖赏，如杨御蕃升登莱总兵官加都督同知，彭有谟升参将，祖大弼授都督佥事，陈洪范、邓玘、刘泽清等俱升爵荫子。② 其中，出身不明的刘泽清借此获得与将门子杨御蕃相同的资格，成为其后跃上政治舞台的资本。③ 而本已削职的吴襄不仅官复原职，且被授都督同知，荫一子锦衣卫百户世袭。除此之外，援兵的派出将领如昌平

---

① 严有禧纂修：乾隆《莱州府志》卷一一，《中国地方志集成·山东府县志辑》第44册，第229页。
② 但据严有禧，杨御蕃、彭有谟叙功之后，"罚遽及之"，杨御蕃后被下狱，彭有谟亦被劾削职。参见严有禧《书毛荆石平叛记后》，严有禧纂修乾隆《莱州府志》卷一四，《中国地方志集成·山东府县志辑》第44册，第356页；另参见黄一农《红夷大炮与明清战争》，第277页。
③ 杨海英：《刘泽清史事再考》，中国社会科学院历史研究所清史研究室编《清史论丛》2009年号，北京：中国广播电视出版社，2008年，第101页。

练兵侯恂、通州练兵范景文、顺抚张鹏云、保抚丁魁楚等均有升赏。①
当然，朱大典、谢三宾是首先被叙功的人员。

平叛吴桥兵变是这些人物在易代之际的一个高光时刻。随后，他们
在政治舞台上逐渐登场，最后以不同的方式谢幕。吴桥兵变不过是他们宦
海生涯中的一个插曲，而对有些人而言，却是改变自己乃至家族命运的
重大事件。还有家族因为此次兵变和随后到来的易代战争，先后遭受两
次家难，从此一蹶不振，如孙元化家族、张可大家族、朱万年家族；而有
些家族却由于是当地豪族，尽管遭受诸多变故，依然重振旗鼓、再复兴
盛，如王象春家族、毕自寅家族。可是，对大部分在兵变中受难的老百姓
来说，兵变无疑让他们遭受了无尽的痛苦，他们付出了前所未有的沉重代
价甚至生命，"有居民男女数十万杀劫淫污，备极惨酷"②。但是他们没有得
到任何回报，而那些平叛的将领却得以加官进爵，甚至借机为熟人冒功，
如刘重庆为同族人刘允浩、③毕自严为同族人毕拱辰请功，戴澳请求谢三
宾为其亲属请功，④等等。⑤戴澳甚至说："二东多事，天所以启英雄也。"⑥

在吴桥兵变之后，我们在官方和民间文献中很少看到相关反思，只
会看到对主抚官员的怨恨与责骂，但是最为重要的是士兵为什么哗变
及如何防止哗变，而对此的分析文字却付之阙如。对某些官员和将领
来说，镇压兵变、起义或许是自己出人头地、名垂青史的机会，但是
对当地的老百姓来说不啻于灭顶之灾。我们在相关文献中依稀可见士

① 毛霦：《平叛记》，《殷礼在斯堂丛书》，第 75 页 a。
② 同上，第 5 页 a。
③ 黄一农：《红夷大炮与明清战争》，第 276 页。
④ 戴澳：《与谢象三书》，《杜曲集》卷六，《明别集丛刊》第 5 辑第 39 册，第 590 页。
⑤ 戴澳提醒朱大典："山左诸公有谓一二守莱乡绅宜见叙，及偶遗之耶？抑别有说
耶？"参见戴澳《答朱未孩书三首（其二）》，《杜曲集》卷六，《明别集丛刊》第 5 辑第
39 册，第 589 页。
⑥ 戴澳：《答谢象三书》，《杜曲集》卷六，《明别集丛刊》第 5 辑第 39 册，第 588 页。

兵哗变的原因，大多是缺饷，而缺饷的原因是官员腐败、克扣军饷；哗变的另一个原因是士兵受到歧视与虐待。有文献记载，山东王氏豪族倚仗家族势力，对孔有德的士兵不屑一顾，"蔑武弁如粪土，喝逼无状不可堪"①。那些起义的农民本身就是饥民，"饥民蚁附而起"，"饥民相聚为盗"；"岁饥民荒，流亡相继"；除此之外，就是饥兵，"饥民与饥兵相半"。那些奉命镇压的士兵在冒着生命危险的情况下去镇压饥民，事后因缺饷而两手空空回到家中，却看到父母、妻子"受饿垂毙"。在士兵"父母妻子俱已饿死"又"枵腹出征"的情况下，谁能保持军心稳定而不发生哗变？那么，饷银似乎是问题的根本。封建王朝末期，统治越来越腐朽，财富越多，而百姓越来越穷，因为积累的财富流向了统治阶层。谢三宾、朱大典坐而分金，谢三宾通过吴桥兵变而富可敌国；"奉化钱粮共二万余，戴氏（戴澳）居其半"②；毕自严起家白屋，居官四十载后，"共得地一千余顷"③。李自成攻破北京后，内府还有银三千七百万两、金一百五十万两，而那些声称没钱的文武大臣被拷打之后纷纷拿钱换命。④

崇祯五年（1632）二月，孔有德叛兵围莱州并四出抢掠，"百里之内，房屋尽为烧毁，男妇皆为杀掠矣"⑤。十月，翰林院简讨杨观光因侍养回籍，目睹了吴桥兵变给山东百姓带来的深重灾难："自登兵造逆，

---

① 张谦宜：《朱太常死事状》，冯楠总编《贵州通志·人物志》，第56页。
② 戴澳曾任顺天府丞，虽然官职不大，可是在其老家奉化，戴家就占据了近一半的钱粮。胡梦泰知奉化时，戴澳之子拒不输赋，被胡梦泰法办，他竟跑到北京，要求戴澳诬告、弹劾胡梦泰。参见《明史·胡梦泰传》，文秉《烈皇小识（外一种）》卷七，"明代野史丛书"本，北京：北京古籍出版社，2002年，第233—234页。
③ 毕自严：《白阳老人书》，《毕氏进士》下册，济南：山东人民出版社，2013年，第759页。
④ 秦晖：《鼎革之际：明清交替史文集》，太原：山西人民出版社，2019年，第346页。
⑤ 毛霦：《平叛记》，《殷礼在斯堂丛书》，第12页a。

全齐骚动。贼之所陷，固父子不完；兵之所经，亦室家难保。其在莱州而东，残破几三百里，杀人盈十余万，最惨则蓬莱、黄县，次即招远、平度以及莱阳，虽且守且战，城赖以完，然郭外人民已死伤过半矣。即其余未被兵之州县，凡连登、莱二府者，转输供亿千难万难亦千苦万苦，臣不能一一绘而状之。至若莱城之外，二百里血染黄埃；莱城之内，五六月巷堆白骨，闻之皆为泪下，见之能不心摧？"①《登州府志》则谓："登州荼毒年余，贼所至屠戮，村落为墟，城市荡然无复曩时之盛。"②

最后对本文进行总结。本文以徐从治、孙元化、朱万年、张可大、谢三宾、朱大典等为例，具体分析了吴桥兵变对兵变参与者个体及其家族的影响。吴桥兵变对这些人及其家族都产生了极其深远的影响。徐从治、朱万年成为各自家族的一种符号，成为他们家族的荣誉与势力的"文化资本"（cultural capital），为他们的后世子孙提供了某种"庇佑"。而孙元化、张可大则未能有如此幸运：孙氏家族在遭受大起大落后，很快衰落；张可大子张怡则无嗣。对谢三宾、朱大典来说，两人通过镇压叛兵，不仅加官进爵，而且坐而分金。尽管如此，两人在甲申之际做出了不同选择，从而再次对各自家族产生了不同影响。谢三宾在易代之际的告密行为尤为世人所不齿，而朱大典则以举家殉节赢得后世称赞。发生于晚明时期的一场兵变，对参与者及其家族产生了深远影响。而处于变革时代的人们，无不被历史洪流裹挟，他们的选择决定了自己和家族的命运，同时也决定了其在后世人们心中的形象及评价。

---

① 《崇祯长编》卷六四，第 3731 页。
② 光绪《增修登州府志》卷一三《兵事》，《中国地方志集成·山东府县志辑》第 48 册，第 141 页。

魏校《大学指归》撰作背景析说[*]

何威萱

摘要： 魏校（子才、庄渠，1483—1543）是王阳明（名守仁，1472—1529）早期的论敌之一，对阳明学的形成有着重要影响。目前学界对魏校的认识多来自《明儒学案》，但其实他晚年所著之《大学指归》更能系统地展现其理学核心思想，本文即针对其撰作动机进行探析。简言之，魏校认为圣人之道在于六《经》，由于可与圣心相通之六书、古文中断于李斯以小篆统一文字，因此他希望借由正六书、正古文以正六《经》，而《大学指归》便是其正六《经》的首项成果。这种主张与做法或许有与时人竞逐《大学》文本话语权的意图，但宋代以降六书学兴起的时代背景和嘉靖前期官方鼓励借古文正六《经》的意向，也应一并纳入考虑。

关键词： 魏校 《大学》 古文 六书

作者简介： 何威萱，台湾元智大学中国语文学系教授。

---

* 本文初稿、修订稿曾分别宣读于中国明史学会主办之"2023 明文化国际学术论坛"（北京：十三陵）和中国社会科学院古代史研究所、中山大学历史学系主办之"中国社会科学论坛（2023 年・史学）"（广州：中山大学）。本文为台湾地区"国科会"专题研究计划"正德初年的南京讲学圈——以魏校为中心的研究"（MOST 111-2628-H-155-002-MY3）之阶段性研究成果。

前 言

过去研究阳明（王守仁，1472—1529）心学，除了细腻地剖析其"致良知"学说的义理思想，相关讲学活动及其社会影响亦是焦点所在。这些都是围绕着成熟、定型的阳明学而产生的研究成果。近来学者更将目光转向阳明学的形成过程，意识到阳明学的出现不只是顺着明初以后重视"心"的思潮而水到渠成，更是在与同时代学者互动、竞争之下逐步修正、成长，其中王阳明早年最重要的"对手"之一，即出身昆山的学者魏校（子才、庄渠，1483—1543），正德初年，他们在南京进行的学术论战，对阳明学的形成有着重要影响。①

目前学界有关魏校的专论并不多见，大部分对他的理解都来自黄宗羲（梨洲，1610—1695）《明儒学案》。黄宗羲将魏校归入"崇仁学案"，视为胡居仁（敬斋，1434—1484）之学的流衍，并指出其学问宗旨为"天根之学"；书中收录的魏校文字，除论学书信外，亦选录《体仁说》《复余子积论性书》两篇较完整的文章。②这些信息构成我们对魏校思想的基本认识。③

然而，作为魏校学案选文主体的《体仁说》《复余子积论性书》，其

---

① 参杨正显《觉世之道：王阳明良知说的形成》，北京：北京师范大学出版社，2015 年，第 77—96 页；朱湘钰《王门中的游离者——黄绾学思历程及其定位》，《中央大学人文学报》2013 年第 55 期，第 122—126 页；刘勇《从门人到批判者：明儒王道与阳明学之疏离》，《台大文史哲学报》第 90 期，2018 年，第 90—93 页；何威萱《程敏政〈道一编〉与王阳明〈朱子晚年定论〉关系考辨》，《思想史》2019 年第 9 期，第 470—474 页；林展《罗钦顺与学友对阳明学的批判及其时代意涵》，香港理工大学 2020 年博士学位论文，第 59 页；束景南《阳明大传："心"的救赎之路》，上海：复旦大学出版社，2020 年，第 704—736 页。
② 见黄宗羲《明儒学案》卷一《崇仁学案一》，北京：中华书局，2008 年，第 14 页；卷三《崇仁学案三 · 恭简魏庄渠先生校》，第 48—59 页。
③ 如清末浙江慈溪的地方学者王家振（艖莲，1843—？），虽然有意通读魏校著作，但苦于不得其文集、语录，遂只能透过《明儒学案》来认识魏校。见王家振《西江文稿》卷一九《书庄渠遗书后》，《晚清四部丛刊》第 8 编第 114 册，台中：文听阁图书公司，2012 年，第 517—518 页。

实都是他比较早的作品。《体仁说》撰于正德末年至嘉靖初年，王道（纯甫、顺渠，1487—1547）和黄佐（才伯、泰泉，1490—1566）透露，魏校嘉靖元年（1522）任广东提学时，已"拳拳以体仁之说风示后进"，"著《体仁说》，令学者内省气象"；① 魏校的同年崔铣（子钟、后渠，1478—1541）后来得阅《体仁说》，赞赏不已，不但为之题词，更试图用作教材"命诸生各录而诵焉"②；但魏校不以为然，他对崔铣说："《体仁》旧说，当时虽颇知鞭辟近里，尚涉想像，日用间缺却行着习察实功，立本处未能致一，不免更端。"③ 可见魏校虽然极为重视体仁工夫，但《体仁说》所言未必均为定论，且其更看重如何实践。④ 至于《复余子积论性书》，不但该文写作时间更早，⑤ 且文中诸多论点，日后亦被魏

---

① 黄佐纂：嘉靖《广东通志》卷五〇《列传》，广州：广东省地方史志办公室，1997年，第1291页；王诒·《王文定公遗书》卷六《答魏庄渠·又》，明万历三十七年朱延禧南京刊本，台湾图书馆藏，第6页下。虽然魏校已在广东持《体仁说》教人，但不知是否曾刊印出来。据嘉靖三年（1524）免官返回家乡河南安阳的崔铣所述，"赵藩主"曾梓行《体仁说》。赵藩主即受封于河南彰德府的赵王，按时间点推估，应为具有文人气质的赵康王朱厚煜（1498—1560），他之所以能获得魏校的著作并予以刊行，殆因魏校曾于嘉靖六年（1527）任河南按察司副使，掌理学政，可能也在当地推行《体仁说》。由此可推知，《体仁说》最迟于嘉靖六年前后即有定稿梓行。见崔铣《洹词》卷五《题庄渠体仁说》，《景印文渊阁四库全书》第1267册，台北：台湾商务印书馆，1983年，第481页；张廷玉等《明史》卷一一八《诸王三》，北京：中华书局，2008年缩印本，第3621页；《明世宗实录》卷九八，嘉靖六年十月辛亥，台北：台湾"中研院"历史语言研究所，1984年缩印本（以下《明实录》均系此版），第1797页；李光助《崔铣年谱新编》，兰州大学2008年硕士学位论文，第39页。
② 崔铣：《洹词》卷五《题庄渠体仁说》，《景印文渊阁四库全书》第1267册，第481页。
③ 魏校：《庄渠先生遗书》卷一一《与崔子钟·别纸》，明嘉靖四十二年苏州知府王道行刊本，台湾图书馆藏，第18页下—19页上。
④ 魏校尝以体仁工夫勉励挚友胡世宁（永清、静庵，1469—1530），但他更希望知道胡氏"别后得力处何如"，"别后能接续否"。见魏校《庄渠先生遗书》卷一一《复邵思抑·六》，第13页上；魏校《庄渠先生遗书》卷一三《复余子积论性书·二》，第25页下。
⑤ 信中提到胡世宁当时正身陷诏狱，查胡氏正德十年（1515）四月下狱，十一年（1516）七月贬辽左，故此信当撰于正德十至十一年。见魏校《庄渠先生遗书》卷一三《复余子积论性书》，第21页下；《明武宗实录》卷一二三，正德十年四月丙辰，第2477页；《明武宗实录》卷一三九，正德十一年七月癸巳，第2739页。

校视为"蚤年未定之论"①。是以若顺着《明儒学案》选文的脉络来认识魏校，未必能真切反映其学理。

有鉴于此，笔者拟将焦点移至魏校另一本较受忽略的专著《大学指归》，以完善吾人对魏校的认识。《大学指归》成书于嘉靖二十一年（1542），来年魏校去世，②此书是其晚年最终的定见；该书围绕《大学》字句检讨发挥，能够系统地展现魏校核心的理学思想，并与朱子（名熹，1130—1200）、王阳明二家相参较。当前学界对《大学指归》已有所触及，但这些既有研究对该书的思想体系并未有太多着墨，对于魏校撰作此书的动机，也存在深化的空间。限于篇幅，笔者拟分成两篇论文处理相关问题：本文着重探讨魏校对《大学》的定位及其撰作《大学指归》的背景与动机；③至于《大学指归》的义理思想，将另辟一文详论之。④

---

① 魏校：《庄渠先生遗书》卷一六《理气说》，第11页下。魏校文集最末收有《性说》《心说》《理气说》三文，但他对门人毛希秉说："此吾蚤年未定之论。"戒其外传。查《复余子积论性书》，其中许多重要论点如"理在天地间本非别一物，只就气中该得如此便是理""理气元不相离，理浑沦只是一个，气亦浑沦，本只一个，……混沌之时，理气同是一个""人身浑是一团气，……心本属火，……乃精英中之最精英者，故健顺五常之德咸备""论性有二：其一以性与情对言，……其一以性与习对言"云云，都见诸被魏校否定的《理气说》等三文。见魏校《庄渠先生遗书》卷一三《复余子积论性书》，第11页上—18页下；卷一六《性说》《心说》《理气说》，第1页上—11页下。

② 王廷（南岷，1504—1591）在该书序文中说："嘉靖壬寅（二十一年，1542）夏，庄渠魏先生《大学指归》成。"见王廷《大学指归叙》，魏校《大学指归》，《四库全书存目丛书》经部第156册，济南：齐鲁书社，1997年，第542页。

③ 就这方面而言，早期日本学者水野实曾初步分析《大学指归》的文本结构，刘勇也从学术竞争的角度，对此书有较深入的探讨。见［日］水野实《魏庄渠の〈大学指归〉について》，《东洋の思想と宗教》第4号，1987年，第79—99页；刘勇《变动不居的经典：明代〈大学〉改本研究》，北京：生活・读书・新知三联书店，2016年，第60—82页。水野实的引文、断句错误不少，如"减天理穷人欲"（第81页，应为"灭天理"）、"曾子岂为训诂乃以亲得于夫子者指授与。人、大学之功"（第85页，应为"指授与人"）、"惟朕小子、其亲遂"（第90页，应为"其亲逆"），均有错误。

④ 见何威萱《魏校〈大学指归〉的思想体系》，《当代儒学研究》第37期，2024年12月（已通过审查，即将刊登）。

一、魏校的学术观及其对《大学》的定位

虽然《明儒学案》选录了《体仁说》《复余子积论性书》，并强调魏校与胡居仁的学术渊源，但他与胡居仁、吴与弼等人用力于心性之学的形象不同。观其著作，除《大学指归》，尚有《周礼沿革传》《春秋经事》《经世策》诸书，可见魏校治学范畴宏大，除了钻研理学，亦颇措意于经学，路数反而近似其同年湛若水（甘泉，1466—1560）。[1] 因此我们不宜只从心性义理的角度来认识《大学指归》，而应兼及经学的视角，更宏观地探究他对《大学》的理解与定位。

首先，魏校认为六《经》是"圣人亲所删定"的"传道之书"，[2] 理论上若能在此用功，圣学可蹈，王道可达。但就现实情况而言，六《经》并非入手的最佳选择，因为"古一宇宙也，今 宇宙也，自秦限之"[3]。他提醒学者应当注意秦代对这些经典带来的冲击，一方面秦火造成上古典籍传播的中断，[4] 另一方面还存在文字改易的问题：

> 嗟！周之衰，天王之弗考文也久矣。秦以凶德闰位，强取文字而同之，乃后世惟李斯是师，先秦古文则既阙有间矣，其别出者多列国未同之书。……矧秦之斯，彼何人兮，而其心乃敢曰："古亦莫予若矣？"兹其万恶之根矣！大篆之变而为小篆也，斯实纷更

---

① 湛氏撰有《二礼经传测》《春秋正传》《圣学格物通》等书。
② 魏校：《庄渠先生遗书》卷六《礼记纂言序》，第4页下；卷六《朱氏遗书序》，第5页下。
③ 魏校：《庄渠先生遗书》卷六《周礼沿革传序》，第1页下。
④ "六《经》圣人亲所删定，秦人燔之，《礼》《乐》二籍俄空焉。"见魏校《庄渠先生遗书》卷六《礼记纂言序》，第4页下。关于"秦火"造成的学术断层和由之衍生的学者焦虑心态，参林启屏《儒学的第一次挫折：以"焚书坑儒"为讨论中心》，氏著《从古典到正典：中国古代儒学意识之形成》，台北：台湾大学出版中心，2013年，第342—360页。

之，文字则大备矣，混沌之凿也亦多矣。①

他认为由李斯主导的统一文字行动，其戕害不下于秦火，因为这导致了先秦古文的衰亡。魏校所云与许慎（58—148）《说文解字序》相去不远，②但他更进一步指出，这不只是单纯的书写系统切换而已，还斩断了我们与上古圣人之间仅存的沟通渠道：

> 文者非他也，心之画也，所以体天地万物之撰也，古文先得我心之所同然耳。心之所同然者何也？天然而然也，心学而明也，贯若一矣。古人之心学大以密，仓颉之作六书也，犹之伏羲之作八卦也，若剖混沌而开之，其道易简，愚夫愚妇可使与知，不知不足以言道；乃其精蕴，则有学士大夫不及尽知者，是故传久则易以讹。有王者作，议礼、制度而考文，心法同也。③

> 古人天然之妙，悉从广大胸中流出，传久而讹。六王毕，四海一，李斯适当同文之任，乃以小智穿凿，妄改古文，此与荡灭先王法度同一轨辙也。④

魏校认为，文字的构形（包括由此体现的字义）不是出于后天的规范或

① 魏校：《庄渠先生遗书》卷六《六书精蕴序》，第 2 页下—3 页下。
② 许慎也认为古文亡于秦，但除了李斯以小篆统一文字和"秦烧灭经书、涤除旧典"（许慎认为六《经》原以古文写成）的戕害之外，当时"隶书以趣约易"亦是一大要因，而魏校并未论及后者的影响。见许慎著、段玉裁注《说文解字注》卷一五《叙》，台北：艺文印书馆，1999 年，第 765 页。
③ 魏校：《庄渠先生遗书》卷六《六书精蕴序》，第 2 页下—3 页上。
④ 魏校：《庄渠先生遗书》卷四《答胡孝思》，第 32 页下；卷一一《复胡郡守孝思·二》，第 33 页上—下。

约定，而是有其应然的正确性，与其指涉的对象本质之间存在一种超越时空的对应关系，仓颉创立的六书和古文体系便是基于古今一如的心，先于众人体察天地万物并洞见其本质而创造，能最精准体现这种正确性。因此六书及古文就像伏羲八卦一般，是一套完整的文化符码，顺此可以沟通古今，认识万物，直体圣心。① 魏校并不否认文字在流传过程中会有讹变，但他认为解决方案应是由统治者以大公之心"考文"，② 在考订文字将之导回正途之余，更循此上探圣人心法。然而，李斯在以小篆统一文字时，非但对此并未留意，反而以一己私意妄改字形结构，③ 使其无法体现圣人造字深意，造成古今沟通渠道的断裂，此举实在罪无可逭。可见自秦代以降，六《经》不但内容有所缺损，文字亦无法上通古圣贤之心画，须加以辨正方能真得其意，先王之心术法度也才得以重见天日。④

---

① 许慎已将伏羲、仓颉对举，魏校所论可能曾受其启发，但许慎并未将古文六书与古今同然之心相贯通。见许慎著、段玉裁注《说文解字注》卷一五《叙》，第 761 页。自许慎始，古代学者多视古文为五帝三王时的文字，连段玉裁（1735—1815）亦持同样观点，直到清末，陈介祺（1813—1884）、吴大澂（1835—1902）等人才将古文定位为战国文字。见张富海《汉人所谓古文之研究（修订版）》，上海：中西书局，2023 年，第 2—4 页。

② "非天子，不议礼，不制度，不考文。"见朱熹《四书章句集注·中庸章句》，台北：大安出版社，2015 年，第 48 页。

③ 魏校认为，这不只是李斯个人的问题，而是整个秦代都充满"私"与"苟"的特质："古一宇宙也，今一宇宙也，自秦限之。圣人至公，秦以其私；圣人大明，秦以其苟。"见魏校《庄渠先生遗书》卷六《周礼沿革传序》，第 1 页下—2 页上。又，魏校之所以断定李斯"小智穿凿，妄改古文"，并非根据某种文字学理论，主要还是自己研习小篆与古文的主观经验："字莫备于小篆，昔尝读之，每觉其未安，自思古人若如此，岂不自然，何故却如此？蓄疑不敢发。后忽见古文，乃与吾意暗合，又有旧时思量未到，忽见古文，豁然开我心。见得既多，乃敢说李斯是小智穿凿。"见同书卷四《答陈元诚·别纸》，第 42 页下—43 页上。

④ 这是就文本的样态而言。魏校于他处还提到了六《经》的另一种断裂："训诂、辞章"与"明道、践履"。他说："六《经》，传道之书也。训诂而已耳，汉儒之所以陋也；辞章而已耳，唐儒之所以衰也；迪知允蹈，充之为圣学焉，达之为王道焉，宋儒之所以盛也。六《经》至朱子而大明，世之学者，咸知诵法朱子。虽然，其讲明也过多，其践履也过少，后儒之所以支离也。"见魏校《庄渠先生遗书》卷六《朱氏遗书序》，第 5 页下；卷一一《与余子积·别纸》，第 8 页上。

其次，虽然六《经》是"圣人亲所删定"的"传道之书"，但撇开秦代造成的学术断层问题，其部分内容原本就与身心工夫不全相契，例如《易》与《春秋》固然蕴藏精义，却是圣人借外在的象数、事迹言说道理之书，或过于葛藤缴绕，晦涩难明，非寻常之人能轻易通解、体悟。①故魏校以为，若欲直接切合身心修养，使人人可顺之涵泳，当先自《四书》入手：

> 若欲切己为学，莫若先取《四书》循序读之，不待考索，不费说辞，句句切于日用。反复讽诵，身心便觉肃然；涵泳思惟，义理源源自见，意味深长。此于高明变化气质、涵养德性之功，当大有助。②

可见《四书》虽然后起，但就个人变化气质、涵养德性的实效而言，其重要性反居六《经》之上，故论及为学次第时，《四书》当居优先之序。③尽管如此，《四书》也存在先天缺陷，问题出在《大学》《中庸》的源头——《礼记》的驳杂：

> 六《经》圣人亲所删定，秦人燔之,《礼》《乐》二籍俄空焉。世惟《周官》《仪礼》厪存，而学官罕所传习。汉儒所补戴《记》，列于

---

① "《易》《春秋》非不切己，但此乃圣人妙用，深奥精微，觉得于今日身心大段阔远。况象数失传，事迹难信，大费考索辞说。""校昔治五《经》，惟《春秋》《易》致力为多，赖天之灵，偶有所见，而又得之弗完，体之未合，恒用歉然。"见魏校《庄渠先生遗书》卷三《与胡永清》，第 25 页下；卷一一《与唐应德·二》，第 29 页上。

② 魏校：《庄渠先生遗书》卷三《与胡永清》，第 25 页上一下。

③ 以上魏校对《易》《春秋》《四书》的性质和为学次第等的看法，系敷衍朱子所论而来，朱子之意畅见于《朱子语类·易三》，特别是"人自有合读底书"条。见黎靖德编《朱子语类》卷六七《易三·纲领下》，北京：中华书局，2004 年，第 1657—1663 页。

五《经》，纯驳班如也，注疏又颇傅以纬学，经世之谊郁而未彰。①

《礼》经秦火，本已严重受创；汉儒纂辑之《礼记》固可为"《周官》《仪礼》之翼"②，内容却又纯驳不一。由于《礼记》横跨六《经》《四书》两大领域，具有双重属性，因此在诸经之中最需要重新检讨。

基于上述理由，魏校展开了他宏大的计划——克服并超越秦代造成的断层，直探上古圣人心意。具体方法是着手编纂《周礼沿革传》和《六书精蕴》二书：

> 承问作《六书精蕴》之故。吾昔著《周礼沿革传》，今复著此，二书一辙：六典坏于秦，后世不能行，则惟以秦为师；六书变于秦，后世不能知，则惟以秦为师。若能得古人之心法，而会天地之纯，视无道秦岂直醯鸡而已？③

为了挽救被秦朝摧残的"六典"和"六书"，魏校先是撰作《周礼沿革传》，以期考求上古圣人"醇乎天心"以"代天而立"的礼典制度，"推古可行于今"；④接着复撰《六书精蕴》，以期重建沟通上古圣人心法的渠道，俾"古道可还"。⑤相较之下，其于《六书精蕴》用力更深（《周礼沿革传》未完成，仅写就天、地、春三官），他逐一考订、辨正重要文字的字形，企图将秦代以来受到李斯小智穿凿、已无法上通圣人心法的小篆（包含随后的隶、楷二体），导正回最接近古文六书的样态：

---

① 魏校：《庄渠先生遗书》卷六《礼记纂言序》，第 4 页下。
② 同上。
③ 魏校：《庄渠先生遗书》卷一二《复喻吴江·二》，第 16 下—17 页上。
④ 魏校：《庄渠先生遗书》卷六《周礼沿革传序》，第 1 页上—2 页上。
⑤ 魏校：《庄渠先生遗书》卷六《六书精蕴序》，4 页上。

> 校生千载之后，悼斯文之久湮，欲请于上，因古文是正小篆之
> 讹，择于小篆可者尚补古文之阙。多病未遑，则为之赞发大义，以
> 阐心法。学者毋滞于书，而博之天地万物；毋徒求之天地万物，而
> 反求诸心。天机之不器于物也，古犹今也。……天王而考文也，亦
> 惟祖颉而参诸籀，若盘盂书定而一之。斯篆可者取之，其不可者厘
> 正之，恶而知其美，旷若天地之无容心焉。①

应当注意，魏校并非直接释证出土文物或古器物上的古文，而是在综
合现存各种文字（包括他最诋斥的李斯小篆）的基础上，以"我心"加
以判断发挥，②这种做法自然招致精通小学与考据的清代学者抨击。③但
撇开文字学的理论与方法不谈，魏校此举的最终目的实为借之辨正六

---

① 魏校：《庄渠先生遗书》卷六《六书精蕴序》，第 3 页下—4 页上。
② "古文者，其心大以密。故凡学问之功，经纶之法，造化之秘，触处自然发出来，非
　吾强说，吾但识得，与他发挥，或因而附己意耳。……就象形论，须会之以神，毋
　泥其形，乃得天然之真；稽实待虚，以此言《易》已落第二义以后，六书亦不如此。"
　见魏校《庄渠先生遗书》卷四《答陈元诚·别纸》，第 43 页上。
③ 如四库馆臣便批评魏校《六书精蕴》"欲以古篆改小篆。而所列古篆，又多杜撰，尤
　为纰缪"，"最穿凿"，"矫诬尤甚"，"名曰复古，实则师心，其说恐不可训也"；纪昀
　（1724—1805）也讥评该书"杜撰支离，自我作古"；晚近的胡朴安（1878—1947）更
　指责其"师心伪造"。见永瑢等编《四库全书总目》卷一七一《集部·别集类》《庄渠
　遗书》十二卷"条，北京：中华书局，2003 年，第 1500 页；卷八七《史部·目录类》
　"《读书敏求记》四卷"条，第 745 页；卷四三《经部·小学类》"《六书溯源》十二卷"
　条，第 372 页；卷四三《经部·小学类存目》"《六书精蕴》六卷《音释》一卷"条，第
　373 页。又参见纪昀《纪晓岚文集》卷八《六书分类序》，石家庄：河北教育出版社，
　1995 年，第 160 页；胡朴安《中国文字学史》，台北：台湾商务印书馆，1992 年，第
　248 页。我们可以比较陈介祺的观念：陈氏也主张古文字"大小皆是古人一心所出"，
　然若欲"求古人文字之真"，则唯有在"此传世之千百器"中精研之，"舍此别无可规"。
　王懿荣（1845—1900）也认为，要能精通小学，最终一定要精通钟鼎古文，而"通
　钟鼎古文则非见真古器文字不可，舍古器固无他属"。见陈介祺《簠斋尺牍》，《石刻
　史料新编》第 4 辑第 10 册，台北：新文丰出版公司，2006 年，第 65、37 页；王懿
　荣《王懿荣致陈介祺·七》，《王懿荣往还书札（外三种）》，南京：凤凰出版社，2021
　年，第 14 页。

《经》：

> 愚意欲考定六《经》，一复古文之旧。①

六《经》既系"圣人亲所删定"的"传道之书"，倘能复原成原始的古文，自能更加贴近圣人本意。因此在完成《六书精蕴》之后，他立即在此基础上付诸行动，开始"考定六《经》"；而由于《礼记》在诸经中特殊的双重属性，因此源自《礼记》并同时位列《四书》之首的《大学》，自然成为"考定六《经》"的首要目标：

> 《精蕴》作后，吾将正六《经》，今已正《大学》矣。②

其实魏校原本希望一并处理同样源自《礼记》的《中庸》，惟现实中尚无力完成。③ 但无论如何，《大学》系其"考定六《经》"的初次具体尝试，而最终成果即是《大学指归》一书，故《大学指归》应被视为魏校复古文以正六《经》计划中的一环。④ 而魏校在撰毕《六书精蕴》后，优先选择以《大学》作为其正六《经》行动的初试啼声，也反映了《大学》在其心目中占据着重要地位。⑤

---

① 魏校：《庄渠先生遗书》卷四《答胡孝思》，第 32 页下。
② 魏校：《庄渠先生遗书》卷一二《复喻吴江·二》，第 17 页上。
③ 魏校：《庄渠先生遗书》卷一二《答王民熙》，第 5 页上。
④ 今所见《大学指归》一书分为三部分：卷一为《大学》全文的"古文"样貌，以魏校在《六书精蕴》中"复原"的"古文"呈现；卷二为魏校对《大学》的逐段解释；书末则附《大学考异》，以文字学的观点考订异文。
⑤ 魏校晚年如是肯定《大学》在身心修养方面的价值："吾年且老，修持不勤，……近体《大学》，从原头做功，觉得圣人指示发端处与收功处极是端的，前此枉自沉埋，甚欲与同志者共之。"见魏校《庄渠先生遗书》卷一二《与周士淹·四》，第 27 页下。

二、时代背景与其他可能的动机

　　关于魏校《大学指归》，尚有一事应予辨明。过去学者论及此书，或从明代《大学》文本竞争的角度切入，认为由于魏校留意并投身正德末年由王阳明、湛若水等人发起的《大学》文本竞争活动，遂逐渐摸索出一条"从古文字到古文本"的新思路。亦即魏校是有意与王、湛等人竞逐《大学》的话语权，并因此最终找到一种超越考订《大学》版本的方法，以复原古文字的方式重新建立一份《大学》的古文本，擎起其《大学》论述的权威性，而《六书精蕴》和《大学指归》便是此竞争活动下的产物。[1] 笔者以为，这种可能性固然存在，但其实魏校早在撰于正德十至十一年的《复余子积论性书》中，即以六书理论探讨"性"字的两种意义（会意、假借），据此反驳余佑（子积、切斋，1465—1528）《性书》中对"性即理"的否定，[2] 这比王阳明公开刊刻并大力宣传《大学古本》还早两三年；[3] 非徒然也，若将"从古文字到古文本"的思路及《六书精蕴》和《大学指归》的撰作仅视为为了与王、湛等人争夺《大学》话语权而创发，恐怕将忽略更大的时代背景。

　　盖自宋代郑樵（1104—1162）以降，学者开始跳脱《说文》，从"六书"的角度重新检视古文字，甚至提出关于字形、字义的新见。因此宋末以迄明末，出现了如戴侗（1200—1285）《六书故》、周伯琦（1289—1369）《六书正讹》、杨桓（1234—1299）《六书统》、赵古则（1351—

---

① 参刘勇《变动不居的经典：明代〈大学〉改本研究》，第 60—82、106—110 页。
② 见魏校《庄渠先生遗书》卷一三《复余子积论性书》，第 16 页上—17 页下。笔者另撰有《从〈复余子积论性书〉看魏校"私淑于胡敬斋"的问题》（未刊），专论余佑与魏校之龃龉。
③ 参刘勇《变动不居的经典：明代〈大学〉改本研究》，第 24—26 页。

1395)《六书本义》、赵宧光（1559—1625）《六书长笺》等大量著作，这些都是此新式学风下的产物，而文字学家也已留意到了魏校的《六书精蕴》并将之视为这股六书学风潮的重要成果之一。[①]因此魏校研究六书并非特出之孤例。

更有甚者认为，魏校辨正古文以正六《经》也与郑樵开启的新思路有关。郑樵之所以重视六书的研究，是因为他认为六书是通向六《经》的敲门砖：

> 《经》术之不明，由小学之不振。小学之不振，由六书之无传。圣人之道，惟借六《经》。六《经》之作，惟借文言。文言之本，在于六书。六书不分，何以见义？……后之学者，六书不明，篆籀罔措，而欲通《经》，难矣哉！[②]

郑樵认为，既然六《经》系由文字书写，唯有辨明六书，才有可能真正通读诸经，故其又云："六书明则六《经》如指诸掌。"[③]不过郑樵虽主张六《经》待通晓六书而后明，也认为秦代对上古文字有所戕害，[④]但他强调的只是对六书法则的研习和精通，并未因而要求恢复"古文"。其后的戴侗、周伯琦大致上也持如是论调，尤其是戴侗，他不但开始六书

---

① 见沈兼士《影印元至治本郑樵六书略序》，《沈兼士学术论文集》，北京：中华书局，2004年，第331页；胡奇光《中国小学史》，上海：上海人民出版社，2005年，第185—189页。
② 郑樵：《通志二十略》之《六书略·六书序》，北京：中华书局，1995年，第233—234页。
③ 郑樵：《通志二十略》之《六书略·假借》，第319页；另参陈梅香《郑樵小学观探析》，《成大中文学报》2008年第21期，第52—55页。
④ "观诸国殊文，则知三代之时，诸国之书，有同有异，各随所习而安，不可强之使同。秦人无知，欲使天下好恶趋避尽绚于我，易天下之心而同吾之心，易天下之面而同吾之面。"见郑樵《通志二十略》之《六书略·殊文总论》，第339页。

的系统性研究并以之建构一套文字孳乳演化的子母体系，更声称"六书苟通，由是而往，天下之书不待注疏，皆可读也"，"凡天地万物之载具于书，能治六书者，其知所以治天地万物矣"，[①]愈加放大了六书的功用。而自明初起，陆续可看到进一步要求借古文以明六《经》的论述，例如明初的梁潜（1366—1418）称：

> 孔子之书六《经》，左氏之述《春秋传》，皆以古文，本之仓颉以来文、武、周公之旧，故其字未尝简。於乎！不本之六《经》之备，而专从秦之省改，斯无足怪者；许氏之为《说文》，本之斯之省改，而不知有文、武、周公、孔子六《经》之旧，抑又何也？……抑有能扩而充之，以臻极其体用之全者乎？[②]

这里已明确将六《经》定位为未受秦代小篆影响的古文文献，并隐约希望能予以恢复。其后岳正（1420—1474）的观点更为直接："……古文为之几泯，其仅存者，又重之以后世之误，……夫六《经》，古文也，古文不明，六《经》乌乎明哉？"[③]欲明六《经》，不止需要通晓六书的造字体系，更必须考订古文。魏校所云种种，显然承袭此脉络并有所发挥。

最值得注意的是嘉靖十四年（1535）会试第三场策问题，竟然也提出相关问题要求考生回答：

---

① 戴侗：《六书通释》，氏著《六书故》，上海：上海社会科学院出版社，2006年影印本，第18、12页；另参党怀兴《宋元明六书学研究》，北京：中国社会科学出版社，2003年，第45—46页。
② 梁潜：《泊庵先生文集》卷一六《跋篆书千文后》，《北京图书馆古籍珍本丛刊》第100册，北京：书目文献出版社，1988年，第551页。
③ 岳正：《类博稿》卷四《送杨孟平序》，明嘉靖八年任庆云襄阳刊本，台湾图书馆藏，第1页上。

问：六《经》万古帝王经世之典，孔子删述赞定，垂法立
教，不可尚已。顾其书独厄于秦，特出于汉，壁传口授，古文仅
见。……夫古文之文失传久矣，……议者谓今字学日趋简便，必欲
修苍颉之法，以还其初，而不知其可还否也？有志好古者，固不得
而默焉矣。①

从考题末段"议者谓今字学日趋简便，必欲修苍颉之法，以还其初"可
知，倡议钻研古文六书以明六《经》似乎在当时已成为一种主流意见，
并引起官方重视，因此会试才会要求考生畅言己见。当年被选为最佳
范文并获刊于《会试录》者，为薛应旂（方山，1500—1574）的答卷。
薛氏首先承认文字屡经讹变，"古文失传久矣"②，对于研读六《经》势必
造成影响。但他将问题切成两个面向来谈，就现实层面而言，他认为
要求全盘恢复古文是不切实际的：

夫古文变隶，纷然殽乱，后转为楷，讹舛滋多。且楷书传习既
久，夫人乐趋简便，兹欲修苍颉之法以复古文之旧，愚恐业经者不
以为艰深，则以为奇怪，必至如司马氏所谓"幼童而守一艺，白首
而后能言，安所故习，毁所不见"，能不"终以自蔽"乎？③

---

① 张璧等编：《嘉靖十四年会试录》，《傅斯年图书馆藏古籍珍本丛刊》第4册，台北：
台湾"中研院"历史语言研究所，2021年，第170—172页。
② 同上，第305页。
③ 同上，第306—307页。按："司马氏所谓幼童而守一艺"云云，实出自《汉书》："故
幼童而守一艺，白首而后能言；安其所习，毁所不见，终以自蔽。此学者之大患
也。"非司马迁语。也有可能薛氏误与司马谈《论六家要旨》"夫儒者以六艺为法。六
艺经传以千万数，累世不能通其学，当年不能究其礼，故曰'博而寡要，劳而少
功'"相淆。见班固《汉书》卷三〇《艺文志》，北京：中华书局，2008年缩印本，第
1723页；司马迁《史记》卷一三〇《太史公自序》，北京：中华书局，2008年缩印本，
第3290页。

对一般不熟悉古文的学子来说，恢复古文反而带来更多学习上的困难与紊乱，倒不如仍旧以"今六《经》之文"读之，如此或许还比较能接近六《经》所载之道。①但对统治阶层来说，恢复古文却是不可逭逃的责任与权力：

> 虽然，是固考文者之责也。……惟我明天子赫然中兴，好文崇古，是诚千载一时也。诚使上之人奉宣教令，标示本原，……字画为正体是崇，而破形背式者弗齿，则人皆因《经》以求道，书必援古以证今，而字学可正矣。字学正，则《经》术不患其不明矣；《经》术明，则道德不患其不一矣。②

考定古文当由上而下地推行，并且不只是单纯切换文字系统，也不只是顺之探明《经》义，更重要的是能进而实现"道德一而风俗同"的教化，如此则"先王同文之风，于今日实有望焉"。③这其实是以更严肃的眼光看待恢复古文的必要性，将辨正古文以正六《经》的成果赋予超越纯学术研究的更高地位。

薛应旂的答卷愈益加强了六书、古文与六《经》之间的联系，以及据此正六《经》所带来的意义，而此文见录为范文，透露这样的观点深获嘉靖十四年考官们的肯定，符合眼下官方的立场。观魏校《六书精蕴序》，其撰作《六书精蕴》的目的正好与之契合：

---

① 见张璧等编《嘉靖十四年会试录》，《傅斯年图书馆藏古籍珍本丛刊》第4册，第307页。
② 同上，第307—308页。
③ 同上，第308页。艾尔曼（Benjamin A. Elman）已留意并征引薛氏此文，但他主要是为了论证明代科考中的考据学元素，并与清代比较异同。参 Benjamin A. Elman, *A Cultural History of Civil Examinations in Late Imperial China*, Berkeley and Los Angeles: University of California Press, 2000, pp. 455–457。

> 嗟！周之衰，天王之弗考文也久矣！……有王者作，议礼、制
> 度而考文，心法同也。……校生千载之后，悼斯文之久湮，欲请于
> 上，因古文是正小篆之讹，择于小篆可者尚补古文之阙。……①

魏校承认且肯定官方的"考文"之责，并希望其研究成果能获得官方青
睐而推行，完全合乎嘉靖十四年会试试题与范文的期盼，考虑到《六书
精蕴》的撰作时间（较嘉靖十九年［1540］稍早），②很难不把此书与当时
官方的立场相联系。也就是说，如果魏校接连撰著《六书精蕴》和《大
学指归》果真出于某些现实目的，与其认为只是为了在正德末年以降各
种《大学》文本竞争活动中另辟蹊径，不如认为他是敏锐洞察了重要的
官方学术脉动，故以《六书精蕴》抢占话语先机，而《大学指归》则是他
"考定六《经》，一复古文之旧"的首项具体成果。当然，我们不能排除
魏校同时有参与《大学》文本竞争的意图，毕竟他在《六书精蕴》中也讨
论了《大学》的义理问题；③但若置诸上述背景加以理解，则《六书精蕴》
和《大学指归》更可能与明代以后以六书、古文明六《经》的意识和嘉靖
十四年以后官方的态度息息相关，某种程度上，或许也反映了魏校争
取政治资本的尝试。

---

① 魏校：《庄渠先生遗书》卷六《六书精蕴序》，第2页下—4页上。
② 《六书精蕴》书末收有陆鳌（伯载、弘斋，1490—1563）的序和从子魏希明的跋，二
文都撰于嘉靖十九年。从魏希明跋文中可知，《六书精蕴》成书后，先是在诸弟子门
人之间传抄了一段时间，其后才获得魏校首肯梓行，故《六书精蕴》的成书可能在嘉
靖十七八年。见陆鳌《六书精蕴后叙》、魏希明跋，魏校《六书精蕴》，《四库全书存目
丛书》经部第189册，第321—325页。
③ "《大学》指授'知止'，此是千圣渊源。……校作《六书精蕴》，于此有相发明者。"见
魏校《庄渠先生遗书》卷四《答甘钦采》，第36页上。

结　论

在过去的明代思想史研究中，魏校未曾占有一席之地。但随着王阳明早年学思与交游情况不断被放大，魏校身上的镁光灯也逐渐多了起来。固然黄宗羲《明儒学案》已初步整理了魏校的重要文字，但这些文字多来自较早的《体仁说》和《复余子积论性书》，无法反映其系统性的定见。因此，笔者选择魏校去世前一年著成的《大学指归》，以期能更深入地了解魏校的理念与识见，而本文则是针对《大学指归》撰作背景的初步研究成果。

综上所论，我们可以从《大学指归》看到魏校《大学》体系的特点：魏校是以经学的维度来看待学术史的发展与《大学》的地位。他认为圣人之道在于六《经》，由于可与圣心相通之六书、古文中断于李斯以小篆统一文字，因此他希望借由正六书、正古文以正六《经》，而在完成《六书经蕴》后，正六《经》的首项成果便是《大学指归》。这样的主张与做法或许有与时人竞逐《大学》文本话语权的意图，但更不能忽视宋代以降六书学兴起的时代背景和嘉靖前期官方鼓励借古文正六《经》的意向。《六书经蕴》和《大学指归》的撰作或许也蕴藏某些政治目的。

另一方面，魏校的目的是"考定六《经》，一复古文之旧"，越过秦代造成的断裂以直通"古之宇宙也"。但他的"复古文之旧"，重点不在考定字义，而更多是恢复其古文字形，如《大学指归》将《大学》全文的"古文"样貌置诸卷首，系以魏校在《六书精蕴》中"复原"的"古文"呈现。换言之，魏校主要着眼的是文本的视觉呈现效果，背后的逻辑应当是：当我们阅读着字字都可直接上体圣人心术的"古文"《大学》文本，自然就能启动心中的联结，作出正确阐释。这虽然也是以小学明六《经》，却与清儒所谓"故训明则古经明，古经明则贤人圣人之理义明，而我心之所同然者，乃因之而明"① 的思路明显不同，这是我们在研究魏校《六书经蕴》和《大学指归》时应当注意的。

---

① 戴震：《戴震文集》卷一一《题惠定宇先生授经图》，北京：中华书局，2006 年，第168 页。

杀机伏于所爱

——明清"惜嫁溺女"问题探析 *

张志军

摘要： 明清时代的知识精英以社会教化和改良风俗的方式延续着削减女性财产继承权的使命。方志编纂者普遍认为厚奁风气是惜嫁溺女问题的主要原因，并确信厚嫁不已，则溺女不止。官绅们为此详细地规定了嫁妆的等级，引导着薄奁甚至无奁的风气改良运动，鼓励父母以削减女性财产继承权为补偿，换得女婴的生命权。知识精英希望借助这场风俗改良运动改变因厚奁而引发的"女尊男卑"现象，恢复儒家理想中男尊女卑的婚姻家庭秩序。惜嫁溺女的背后，隐藏着女儿拥有家庭财产继承权的事实。

关键词： 明清时期　厚奁　惜嫁溺女　女性财产继承权

作者简介： 张志军，江南大学历史研究院副教授。

---

* 本研究系国家社科基金项目"清代嫁卖的社会运作与法律应对"（24CZS059）、中央高校基本科研业务费专项资金资助项目"清代嫁卖研究"（Z202421518059912）阶段性成果之一。

引　言

父母之爱子，可谓计深谋远。[①] 但这种长远谋划的爱，有时也伴随着浓重的杀机。明清时期的地方知识精英在解释相沿成习的溺婴现象时曾这样总结："夫溺子女者，非恶之也，爱之也。爱之欲其生，而计其后而无以为之生，故于其甫堕地，遂一决而不顾。"[②] 在他们看来，溺毙子女的父母正是出于对子女日后生计的长远谋划，才做出生子不举的决定。父系社会中的不举子行为往往会根据性别进行筛选，"产男则相贺，产女则杀之"[③]，所以又多表现为溺女。[④] 在有关溺女原因的总结中，"以惜嫁溺女"[⑤] 这种因为父母珍惜嫁妆而溺女的说法流传甚广。

嫁妆与溺女之间的相关性自门阀氏族解体、科举制兴盛以后逐渐增强。唐宋以降，伴随着阶层流动性的增强，姻亲网络在保障社会身份地位方面所起的作用越来越重要，嫁妆也随之水涨船高。[⑥] 明清时期，

---

① 司马迁：《史记》卷四三《赵世家》，北京：中华书局，1982 年，第 1823 页。

② 光绪《永嘉县志》卷三五《庶政志·育婴志·创建育婴堂碑记》，《中国地方志集成·浙江府具志辑》第 60 册，上海：上海书店，1993 年，第 899 页 b。

③ 韩非著、梁启雄解：《韩子浅解》第四十六篇《六反》，北京：中华书局，2009 年，第 429 页。

④ 明清文献中多以溺女代称生女不举，本文沿用了这种表达习惯，文章中出现的不举女方式并非都是水溺。有关不举子方式的讨论可参见刘静贞《不举子——宋人的生育问题》，台北：稻乡出版社，1998 年，第 10—12 页。

⑤ 康熙《高淳县志》卷之四《风俗》，南京：凤凰出版社，2016 年，第 28 页。

⑥ 参见张邦炜《试论宋代"婚姻不问阀阅"》，《历史研究》1985 年第 6 期；Patricia Buckley Ebrey, "Shifts in Marriage Finance from the Sixth to the Thirteenth Century", in Watson, Rubie S., and Patricia Buckley Ebrey, eds., *Marriage and Inequality in Chinese Society*, Berkeley, Los Angeles and London: University of California Press, 1991, pp. 97–132；宋东侠《宋代厚嫁述论》，《兰州大学学报》2003 年第 2 期；［美］伊佩霞《内闱：宋代的婚姻和妇女生活》，胡志宏译，南京：江苏人民出版社，2004 年，第 88—91 页；宋立中《论明清江南婚嫁论财风尚及其成因》，《江海学刊》2005 年第 2 期；［日］胜山稔《聘财の高额化に关する考察——高额聘财の推移から见る（转下页）

商品经济发达，社会上崇尚奢靡，厚娶、厚嫁之风盛行；[①]与此同时，溺女之风则是屡禁不止，这就为以教化社会为目标的方志编纂者及地方官员等知识精英阐释和引导"惜嫁溺女"提供了绝佳的舞台。

这一时期的文人通常会在作品中淡化妆奁的家族联姻色彩，重点表达嫁妆源自父母对女儿的珍爱，突出因爱赠奁与惜嫁溺女的因果关联，使其间的悲剧色彩更为浓烈：

> 呜呼！玉怜膝下，珠辞掌中，爱女之情，至无已也。厚聘重奁，盛饰丽采，本以伸其无已之情，而其流之害反至于溺女。则是杀机伏于所爱，而自爱其女，乃所以教人杀女也。[②]

这些话表达了知识精英反对厚奁和溺女的态度。在他们看来，重奁之情源自爱女之心，但厚奁所带来的经济负担反而会导致溺女行为的发生。父母们"不忍于俭其妆，而忍于戕其命"[③]，是所谓杀机伏于所爱。

然而，妆奁完备，自可谓爱之深也；甫生而杀之，却已是恨之极也。自言爱之深，下手却又恨之极，其中的事实逻辑果真如知识精英

（接上页）婚姻をめぐる社会》，《中国宋～明代における婚姻の学际的研究》，仙台：东北大学出版会，2007 年；毛立平《清代的嫁妆研究》，北京：中国人民大学出版社，2007 年；高楠《宋元婚姻财产问题初探——以聘财与奁产为中心》，《中国经济史研究》2012 年第 1 期；薛菁、郭翠梅《明清福州地区婚姻论财风尚之成因探析》，《闽江学院学报》2012 年第 1 期；孙玉荣《论唐代社会变革期的"财婚"》，《华中科技大学学报（社会科学版）》2013 年第 4 期。

① 有关明清奢侈的研究极为丰富，相关评述可参见林丽月《世变与秩序：明代社会风尚相关研究述评》，《明代研究通讯》2001 年第 4 期；钞晓鸿《近二十年来有关明清"奢靡"之风研究述评》，《中国史研究动态》2001 年第 10 期；常建华《旧领域与新视野：从风俗论看明清社会史研究》，《中国社会历史评论》2011 年第 12 期。

② 贺贻孙：《水田居文集》卷三《序·女编序》，《四库全书存目丛书》集部第 208 册，济南：齐鲁书社，1997 年，第 107 页 d—c。

③ 民国《宁国县志》卷四《政治志下·风俗》，《中国地方志集成·安徽府县志辑》第 54 册，南京：江苏古籍出版社，1998 年，第 118 页 b。

们所表述的因惜嫁而溺女这般简明清晰吗？只言妆奁出自父母对女儿爱的表达，却避而不谈陪嫁同时是女性主要的财产继承方式，[①] 这其中又是否别有用意？

以往的研究已经注意到，因奁费高、遣嫁困难而溺女是明清文献中经常提到的溺女原因之一；富裕人家往往会通过溺女来避免妆奁出赠带来的财产分割，以此维持经济地位和社会地位；同时，不可避免地，惜嫁溺女的形成受到性别偏好和生存环境的影响；而男性文人将溺女归因于厚奁，则暗示了他们对社会地位变动可能受女性财富影响的深层焦虑。[②]

妆奁不仅是父母爱女儿的表达，更是女性继承家庭财产的主要方式。或言杀子因，"生女奁分赀"[③]，明清时期的知识精英们在改良溺女风

---

① 关于嫁妆是否属于财产继承的话题，向来都是学界讨论的焦点。相关研究最早可以追溯到日本学者仁井田陞和滋贺秀三对宋代"女得男之半"的不同解释，近年来伊佩霞等学者的研究已经基本肯定了嫁妆是女儿继承家庭财产的一种方式。相关述评可参见柳立言《宋代分产法"在室女得男之半"新探》，《宋代的家庭和法律》法律篇，上海：上海古籍出版社，2008年，第408—494页；毛立平《"财"与"德"的纠葛——近年美国学界关于中国妇女嫁妆研究的焦点与趋向》，《中国社会历史评论》第10卷，天津：天津古籍出版社，2009年，第390—396页。

② 参见 Anne Behnke Kinney, "Infanticide and Dowry in Ming and Early Qing China", *Chinese Views of Childhood*, Honolulu: University of Hawai'i Press, 1995, pp. 193–218；常建华《清代溺婴问题新探》，李中清等主编《婚姻、家庭与人口行为》，北京：北京大学出版社，1999年，第197—218页；常建华《明代溺婴问题初探》，《中国社会历史评论》第4卷，北京：商务印书馆，2002年，第121—136页；林丽月《风俗与罪愆：明代的溺女记叙与文化意涵》，游鉴明主编《无声之声：近代中国的妇女、国家与社会（1600—1950）》，台北：台湾"中研院"近代史研究所，2003年，第124页；肖倩《清代江西溺女风俗中的"奢嫁"问题》，《江南大学学报（人文社会科学版）》2005年第4期；王美英《明清时期长江中游地区的溺女问题初探》，《武汉大学学报（人文科学版）》2006年第6期；宋德剑《清前期赣南客家婚嫁习俗中的"薄聘厚奁"之风——以〈绅士条议婚嫁刊约〉为中心的研究》，《农业考古》2012年第3期；柏桦、周囿杉《明清溺毙子女现象分析》，《苏州大学学报（法学版）》2014年第2期；[日] 小川快之、赵晶《清代江西、福建的"溺女"习俗与法——以与"厚嫁""童养媳"等习俗的关系为中心》，《法律史译评》2017年第1期。

③ 刘子翚：《谕俗十二首》，吴之振、吕留良、吴自牧选，管庭芬、蒋光煦补《宋诗钞·宋诗钞初集》，北京：中华书局，1986年，第1516页。

俗中推行的薄奁乃至无奁"良俗"与宋元以降法律排斥女性财产继承权的诉求不谋而合。[1] 倘若从女性财产继承权的角度切入,再来看待地方精英"因虑嫁女鬻产,故邑多溺女"[2] 的论调和薄奁风气所带来的最终成效,或许还能品辨出不同的感触。

本文拟在前贤研究的基础上,以明清时期丰富的传世文献为支撑,进一步思考知识精英对惜嫁溺女因果关系的形塑与传播,官绅基于"惟痛节其送女之费则女可蕃"[3] 的考虑推行薄奁风气改良运动,其初衷与结果之间是否背离,薄奁运动对女性财产继承权的影响等问题,期待能够发掘出明清时代惜嫁溺女议题的不同面向。

一、奁产所有权的变化

明清方志普遍认为的"溺女由于婚姻之论财"[4] 因果推论,通常都包含了"民间嫁女多尚厚奁,厚奁有损家资,于是溺女"的三段论推理。因此,"止溺女当严婚嫁过奢之戒"[5] 成为公认的最佳解决路径,想要戒除溺女

---

① 有关历史上妇女财产继承权的变化问题,学界尚未有定论。本文倾向于认为,宋元以后的律法有着逐渐限制女性继承财产和加强夫族对嫁妆合法性支配的取向。相关研究可参见金眉《宋代奁产的法律分析》,《政法论坛》2012 卷第 6 期;李永伟《传统中国出嫁女奁田权益实现模式及启示》,范忠信主编《法治中国化研究》第 1 辑,北京:中国政法大学出版社,2013 年,第 65—85 页;[美]柏清韵《宋元时代的妇女、财产及儒家应对》,刘晓、薛京王译,北京:中国社会科学出版社,2020 年,尤其是第四章"家族财产与女儿的继承"和"结论"两节,第 145—153、196 页。

② 李德骞:《士庶婚丧遵制正俗议》,葍士浚辑《皇朝经世文续编》卷六一《礼政十二·正俗》,沈云龙主编《近代中国史料丛刊》第75辑,台北:文海出版社,1966年,第1549页。

③ 唐顺之:《荆川集》卷一〇《松阳知县胡君墓志铭》,《景印文渊阁四库全书》第1276册,台北:台湾商务印书馆,1986年,第416页c。

④ 康熙《永州府志》卷二《舆地志·风土》,北京:书目文献出版社,1992年,第58页c。

⑤ 汤来贺:《内省斋文集》卷二六《书·柬朱澹子侍御》,《四库全书存目丛书》集部第199册,第532页a。

风俗，必须黜奢崇俭，节俭婚礼，最重要的是以薄奁甚至无奁取代厚奁。

明清时期的地方文献曾有记载，时人不论贫富皆视妆奁之丰俭为门户之荣辱，[①]以无厚奁为耻。[②]有些区域即便不流行财婚，也会在妆奁方面极尽奢华，[③]此外更有不收聘财，反以银币馈送的礼节。[④]父母为女儿置办嫁奁时，大大小小的日用品都要备齐，[⑤]所费不赀。富者营奁，仅头面首饰一项就须费银两三百两，普通的中产之家亦会准备五六斤陪嫁，送嫁之日盛于漆盒，华妆载道，炫耀路人。[⑥]这种风气之下，如果有人想要效仿东晋吴隐之牵犬嫁女，以薄奁送嫁，必定要遭人耻笑。[⑦]愚氓庶民愧羡之余，也开始模仿仕宦富家的嫁娶模式，尽量为女儿准备足够丰厚的嫁妆。[⑧]

不过，厚嫁风气其实也与男方对嫁奁的过度追求有关。凡有女子遣嫁，夫家必计厚奁，[⑨]若妆奁稍薄，男方必要借口耻笑，[⑩]求娶议婚时不尚女德而尚厚奁之事时有发生：

---

① 光绪《繁峙县志》卷一《地理志·风土》，《中国地方志集成·山西府县志辑》第15册，南京：凤凰出版社，2005年，第224页d。
② 民国《宁国县志》卷四《政治志下·风俗》，《中国地方志集成·安徽府县志辑》第54册，第118页b。
③ 嘉靖《雄乘》下卷《礼制》第六，《天一阁藏明代方志选刊》第7册，上海：上海古籍书店，1981年，第5页b—6页a。
④ 乾隆《诸暨县志》卷九《风俗》，李培主编《天春园藏善本方志选编》第67册，北京：学苑出版社，2009年，第538页。
⑤ 民国《慈利县志》卷一七《风俗》，民国十二年铅印本，复旦大学古籍部藏，第3页a。
⑥ 同治《海丰县志续编》不分卷《疆域·风俗》，《中国地方志集成·广东府县志辑》第28册，上海：上海书店出版社，2003年，第691页c—692页b。
⑦ 贺贻孙：《水田居文集》卷三《序·女编序》，《四库全书存目丛书》集部第208册，第107页d。
⑧ 李春暄：《劝行育女示》，道光《宝庆府志》卷五九《形胜记一·福德育婴堂》，《湖湘文库》甲编第313册，长沙：岳麓书社，2009年，第901页d。
⑨ 蒋溥：《戒溺女示》，嘉庆《桂东县志》卷一七《艺文志·告示》，《中国人民大学图书馆藏稀见方志丛刊》第34辑，北京：国家图书馆出版社，2011年，第132页。
⑩ 嘉庆《桂阳县志》卷三《风土志·婚礼》，《北京大学图书馆藏稀见方志丛刊》第267册，北京：国家图书馆出版社，2013年，第144页。

> 近日恶婆贪婿，行礼下财，一切都从鄙吝。过门之后，从来定礼、节礼、衣物，概向新妇找寻。嫁装不厚不多，又将新妇作践。女一过门，岁月追节，日时供馈，稍不遂意，或不许往来，或时常打骂，有致令病死者，有致令自尽者。[①]

嫁女之家，每受男家一次礼，必有馈偿，[②]但恶婆贪婿还是会在婚后要求新妇填补议婚时的种种花销。男方聘礼一切从简，却又要求新妇带来的嫁妆既厚又多，不可谓不贪鄙。

男家之所以敢于索重奁而不顾，除了商品经济发达带来的奢靡冲击外，更重要的时代背景是明清法律赋予夫家占有妇女奁产的合法权利。受宋元以降法律变革的影响，妇女在财产继承关系中逐渐边缘化。[③]妇女对妆奁的绝对处分权在明清时期发生了新的变化。明清法律将嫁妆的归属权模糊处理，孀妇自愿改嫁，翁姑人等主婚受财，[④]夫家财产及原有妆奁并听前夫之家为主。[⑤]一旦孀妇同意改嫁，夫家便自动获取嫁卖该名妇女的合法权利，同时，亡夫的财产和妇女原有的妆奁也要归夫家支配，而妇女本人极有可能会失去支配原有嫁妆的合法性。可以

---

① 吕坤：《实政录》卷三《民务・恶风当戒者十》，《北京图书馆古籍珍本丛刊》第48册，北京：书目文献出版社，1997年，第102页a—d。
② 民国《嘉禾县图志》卷九《礼俗篇第四中・通俗冠昏丧祭》，《中国方志丛书》华中地方第314号，台北：成文出版社，1975年，第498页。
③ 宋元以来的律法有着逐渐限制女性继承财产的取向，但这并不意味着法律实践完美地践行了该原则，近年有关新史料的发掘已经证实明清社会中女性财产权利呈现出较为复杂的情形。相关研究参见毛立平《清代妇女嫁妆支配权的考察》，《史学月刊》2006年第6期；阿风《明清时代妇女的地位与权利——以明清契约文书、诉讼档案为中心》，北京：社会科学文献出版社，2009年。
④ 光绪《钦定大清会典事例》卷七五六，《续修四库全书》第809册，上海：上海古籍出版社，2001年，第335—336页。
⑤ 应槚辑：嘉靖《大明律释义》卷六，北京：书目文献出版社，2013年，第69页。

说，明清时期的法律倾向把女性的人身支配权与财产所有权都赠予其夫家。在这样的法律氛围影响下，厚奁风俗无疑是使嫁女者俨同遭遇盗劫，而娶媳者如获珍财。①

在法律不再明确保护女儿是嫁奁的唯一合法拥有者时，父母陪嫁之前就要做好失却这些财物的打算。这也是女方视办奁如偿债，而男方又乐于娶到厚奁之妇的法律根源。在这一点上，明清时期的知识精英也看得很清楚，"呜呼！嫁奁，他人之物，得巳［己］者也"②，嫁奁是一个早晚都要离开的他人之物。教化者希望父母能够早日认清事实，尽早接受嫁资一旦送出去就很难收回来的处境。这一切正如 Anne 所总结的那样，明清时期的嫁奁更像是家庭的一项消费型支出，而不再是保险型存储——财产的所有权在婚姻缔结时就已悄然变更。③

在女性可能因为婚姻变故而失去妆奁的所有权和支配权，奁产也可能因此不会再回到娘家，同时这份出自娘家的财产将出大族优先享有继承权的法律背景下，我们再来看待地方精英"因虑嫁女鬻产，故邑多溺女"的论调，④ 或许能发掘出历史更深处的幽暗面。

二、惜嫁溺女的因果建构

惜嫁溺女的因果建构起源于宋代，并在明清发展到顶峰，一些官绅

---

① 蒋溥：《戒溺女示》，嘉庆《桂东县志》卷一七《艺文志·告示》，《中国人民大学图书馆藏稀见方志丛刊》第 34 辑，第 132 页。

② 嘉靖《浦江志略》卷二《风俗·多溺女》，《天一阁藏明代方志选刊》第 19 册，第 4 页 a。

③ 参见 Anne Behnke Kinney, "Infanticide and Dowry in Ming and Early Qing China", *Chinese Views of Childhood*, pp. 193–218.

④ 李德骞：《士庶婚丧遵制正俗议》，莒士浚辑《皇朝经世文续编》卷六一《礼政十二·正俗》，沈云龙主编《近代中国史料丛刊》第 75 辑，第 1549 页。

对嫁妆会导致溺女这件事也曾提出过合理的质疑。比如乾隆《广德直隶州志》的编纂者就认为溺女的首要原因是性别偏好，不是嫁妆和财产问题，破产营奁之事，古早之世容或有之，今时询之州人，"大半觊望生男者为之，未必预为奁饰计"①。但不论如何，检查明清时期有关溺女的文献记载，因惜嫁而溺女仍然是影响相当广泛的一种因果推论。

明清时期流行着一种叫"破产营奁"的表达，讲的是变卖家产以使女儿奁产丰厚的风气。破产营奁往往使中人之家资产荡尽，富室自此举步维艰，②贫家亦从此深陷债务泥淖。③其俗遣嫁竞侈费，往往破家，④常有嫁女之家为博得晒妆时众人艳羡的顷刻之欢，而耗尽数载经营之力。⑤每嫁一女，费用常至数百千，⑥中人之户百般竭蹶，⑦不得不倾资变产以营奁饰。⑧变产不足，只好以田园牛羊折充赔奁，⑨至有因营奁饰而废尽田地家产者。⑩中人之下，贫士因为自耻其固陋，亦勉强称贷以饰

① 乾隆《广德直隶州志》卷五《风俗》，《故宫博物院藏稀见方志丛刊》第 27 册，北京：故宫出版社，2013 年，第 355 页 b。

② 万历《龙游县志》卷五《风俗》，《原国立北平图书馆甲库善本丛书》第 374 册，北京：国家图书馆出版社，2013 年，第 924 页 c。

③ 刘沄：《禁溺女示》，同治《桂阳县志》卷一八《风土志》，《中国地方志集成·湖南府县志辑》第 29 册，南京：江苏古籍出版社，2002 年，第 293 页 c。

④ 乾隆《莱州府志》卷一〇《人物·傅宸楹》，《中国地方志集成·山东府县志辑》第 44 册，南京：凤凰出版社，2004 年，第 224 页 c。

⑤ 同治《醴陵县志》卷一《舆地志·风俗》，清同治九年刻本，复旦大学古籍部藏，第 32 页 b。

⑥ 民国《铜山县志》卷五〇《人物传·万崇德》，《中国地方志集成·江苏府县志辑》第 62 册，南京：江苏古籍出版社，1991 年，第 381 页 d。

⑦ 蒋溥：《戒溺女示》，嘉庆《桂东县志》卷一七《艺文志·告示》，《中国人民大学图书馆藏稀见方志丛刊》第 34 辑，第 132 页。

⑧ 道光《宝庆府志》末卷中，《湖湘文库》甲编第 313 册，第 2056 页 b。

⑨ 民国《南丰县志》卷一《疆域志上·风俗》，《中国地方志集成·江西府县志辑》第 58 册，上海：上海书店，1993 年，第 53 页 d。

⑩ 乾隆《广德直隶州志》卷五《风俗》，《故宫博物院藏稀见方志丛刊》第 27 册，第 178 页。

虚仪，^①往往典卖田宅也无法偿清负债。^②甚至于婚礼时男家花烛满堂，女家却呼索盈门、不得安宁。时人所谓"每婚一男嫁一女，必破中家之产"^③看来并非虚指。

这还远远不够，母家对出嫁女的经济支出并没有因为婚礼的完成而终结。^④女一出嫁，母家便要为之受累终身。各类时节娘家送给出嫁女儿的馈送需要十分丰厚。按照榕城的风俗，出嫁女在结婚的第二年端午前归宁，"谓之讨夏衣，豪侈之家并及香囊纨扇，费复不赀"^⑤。母家的礼物不可简陋，否则也会遭到男家的不满，^⑥作践新妇，轻则不许往来，重则时常打骂。然而即便年年携筐筐馈送，有时也很难填满男家口腹之溪壑。

前有夫家斤斤诛求于厚奁，营厚奁势必破家，后有嫁一女则时节馈送无算，以至于终身受累，时人自然视生女为家道败落的有力征兆，将为女儿出嫁所准备的簪珥首饰喻为破家之利斧，^⑦故生育之家，产女即溺毙。^⑧地方知识精英也因此有嫁女花费过多，则贫家不肯育女，^⑨其

① 王岱：《内省斋文集》卷一九《家礼酌宜序》，《四库全书存目丛书》集部第 199 册，第 442 页 a。
② 陈盛韶：《问俗录》卷二《古田县·水溺》，北京：书目文献出版社，1983 年，第 69 页。
③ 贺贻孙：《水田居文集》卷三《序·女编序》，《四库全书存目丛书》集部第 208 册，第 107 页 d。
④ 杨垣：《绅士条议婚嫁刊约》，杨锌纂《南安府志补正》卷八《艺文·约》，《中国方志丛书》华中地方第 269 号，台北：成文出版社，1975 年，第 665 页。
⑤ 董平章：《秦川焚余草》卷四《榕城端午竹枝词》，《续修四库全书》第 1537 册，第 170 页 a。
⑥ 嘉庆《桂阳县志》卷三《风土志·婚礼》，《北京大学图书馆藏稀见方志丛刊》第 267 册，第 144 页。
⑦ 李际期：《详禁溺女文行》，光绪《开化县志》卷一一《艺文志一·公移》，黄灵庚、诸葛慧艳主编《衢州文献集成》第 81 册，北京：国家图书馆出版社，2015 年，第 183 页。
⑧ 民国《厦门市志》卷二一《育婴堂·蔡琛普济堂碑记》，《中国地方志集成·福建府县志辑》第 3 册，上海：上海书店出版社，2000 年，第 428 页 d。
⑨ 道光《永州府志》卷五《风俗志上》，《中国方志丛书》华中地方第 298 号，台北：成文出版社，1976 年，第 332 页 b。

或索重奁而酿成溺女之风，[①] 太劳则富者亦溺矣，[②] 以及每为家计累，故多溺女的感慨，开始将财婚，尤其是重奁的风气当作溺女的根源反复论述。

方志编纂者笔下常常会出现"婚计资送，多溺女"[③] 的表达。在他们看来，重奁正是溺女风俗形成的直接原因。士人们理所当然地认为结婚是女性人生中的必经之路，[④] 眼前甫生之女婴日后也一定要嫁人，故于其初生，即已虑及日后之遣嫁，[⑤] 忧异日之赠奁。[⑥] 其时遣嫁竞侈费，嫁女计厚奁，厚奁又费资财，以到富室破产，中产之下皆破家，[⑦] 育女势必会损失惨重；若以薄奁嫁女，则乡邻嗤笑鄙夷，[⑧] 女儿日后也必定心生怨憎。[⑨]

① 同治《沅陵县志》卷三七《风俗志》，清同治十二年刻本，复旦大学古籍部藏，第 5 页 b。
② 民国《荣河县志》卷八《略四·风俗》，《中国地方志集成·山西府县志辑》第 69 册，第 208 页 d。
③ 道光《浮梁县志》卷二《沿革·风俗》，《中国地方志集成·江西府县志辑》第 7 册，第 31 页 d。
④ 大略来看，尽管有相当部分的女性成功规避了婚姻生活，但明清时期的主流观念仍然是鼓励女性追求婚姻，相关研究可参见 Susan Mann, "Grooming a Daughter for Marriage: Brides and Wives in the Mid-Ch'ing Period", in Watson, Rubie S., and Patricia Buckley Ebrey, eds., *Marriage and Inequality in Chinese Society*, pp. 204–230；［美］萧凤霞《妇女何在？——抗婚和华南地域文化的再思考》，《中国社会科学季刊》（香港）1996 年总第 14 期；简美玲、刘涂中《坐家、菜姑、自梳女：人观、女性结群与中国南方婚后双居的区域性初探》，张江华、张佩国主编《区域文化与地方社会"区域社会与文化类型"国际学术研讨会论文集》，上海：学林出版社，2011 年，第 343—367 页；康志杰《基督的新娘——中国天主教贞女研究》，北京：中国社会科学出版社，2013 年；乔玉红《明清岭南"自梳"与"不落家"风俗的再思考》，《中华文化论坛》2015 年第 10 期；［美］卢苇菁《矢志不渝：明清时期的贞女现象》，秦立彦译，南京：江苏人民出版社，2016 年。
⑤ 彭崧毓：《求是斋文存》卷上《说·推广救溺女说》，《清代诗文集汇编》第 614 册，上海：上海古籍出版社，2010 年，第 467 页 b。
⑥ 嘉庆《泾县志》卷一《沿革·风俗》，《中国地方志集成·安徽府县志辑》第 46 册，第 24 页 b。
⑦ 乾隆《莱州府志》卷一〇《人物·傅宸楹》，《中国地方志集成·山东府县志辑》第 44 册，第 224 页 c。
⑧ 仲振覆：《戒溺女焚殇文》，咸丰《兴宁县志》卷四《艺文志》，《中国地方志集成·广东府县志辑》第 23 册，第 544 页 c。
⑨ 孙谋：《育婴会记》，同治《丰城县志》卷二六《艺文志三·文类》，《中国地方志集成·江西府县志辑》第 44 册，第 688 页 a。

与其因女长成不能厚嫁而遭众人取笑侮辱，^①枉费养女哺乳之辛劳，不若及早忍心下手，省却纠缠，^②如此也可避免女儿长大赔奁资也。^③土庶之家遂视嫁女为畏途，以养女为累赘，^④往往产女即溺之，^⑤生女皆不举。

自婚嫁竞尚华侈，而溺女之风遂盛，^⑥明清时期的许多地方文献里都有着因惜嫁而溺女的记述。山西省的妇女不习操作，嫁娶又责厚奁，该省贫民视养女为赔累。^⑦江西素有溺女恶俗，即便小康之家，也会因为担心嫁女滋累家境，甫经产育，旋即溺毙。^⑧浙东也有畏惧嫁奁过侈，生女类不举的风俗。^⑨杭州府因为嫁女破产，百姓之家多不举女。^⑩绍兴府议婚论财，嫁率破家，乃至生女辄溺之。^⑪严州府论财索奁，因嫁破产，遂有背盟之风，有溺女之俗。^⑫温、台、处三府人民所产女子，因虑日后婚嫁之费，往往被溺死。^⑬黄岩县富室嫁女多盛铄，力不及者，

---

① 嘉靖《浦江志略》卷二《风俗·多溺女》，《天一阁藏明代方志选刊》第19册，第4页a。
② 盛民誉：《禁溺女示》，嘉庆《桂阳县志》卷三《风土志》，《北京大学图书馆藏稀见方志丛刊》第267册，第151页。
③ 光绪《桐乡县志》卷二《疆域志下·风俗》，《中国地方志集成·浙江府县志辑》第23册，第120页a。
④ 刘沄：《禁溺女示》，同治《桂阳县志》卷一八《风土志》，《中国地方志集成·湖南府县志辑》第29册，第293页c。
⑤ 民国《平阳县志》卷二〇《风土志二·溺女》，民国间刻本，复旦大学古籍部藏，第8页a。
⑥ 同治《南浔镇志》志二三《风俗》，清同治二年刻本，复旦大学古籍部藏，第4页a。
⑦ 朱寿朋编：《光绪朝东华录》，光绪四年十一月，张静庐等校点，北京：中华书局，1953年，第1册，第669页。
⑧ 欧阳永琦：《请定例禁疏》，罗振玉辑《皇清奏议》卷五九，《续修四库全书》第473册，第504页d。
⑨ 《明武宗实录》卷一三三，正德九年六月戊午。
⑩ 雍正《浙江通志》卷一五七《名宦十二·胡云》，《景印文渊阁四库全书》第523册，第250页a。
⑪ 万历《绍兴府志》卷一二《风俗志》，《原国立北平图书馆甲库善本丛书》第369册，第1296页b。
⑫ 万历《续修严州府志》卷二《方舆志二·风俗》，《四库全书存目丛书》史部第209册，济南：齐鲁书社，1997年，第287页c。
⑬ 《明宪宗实录》卷二六四，成化二十一年四月己未。

辄溺女不举。[1]分水县嫁女奁赠尚厚，有因而生女不举者。[2]湖南绥宁县也是由于民众为了节约日后的遣嫁费用才形成了溺女习俗。[3]大量的文献认为，重奁是酿成溺女之风的根源，[4]并认为殷实人家如果不在嫁奁上斗富，就不会为女受累。[5]总而言之，士人们断定，正是重奁风俗导致溺女悲剧的发生。

虽然地方教化者反复强调，溺女恶俗的根源乃是父母对于嫁奁的吝惜，人命至重，父子至亲，今则以婚嫁之累戕。[6]之所以会发生溺毙亲女之事，是由于浮靡之风导致的厚奁习气使得女方难于遣嫁。[7]但其实他们心里也很清楚，惜嫁溺女的表达不过是障眼法，许多人溺女的原因并不是他们所宣扬的虑其日后嫁奁之累。[8]毕竟，上等之家贴钱嫁女，中等之家将女嫁女，[9]贫穷人家只好卖儿卖女，不同的家庭会有不同的婚姻策略。声言因惜嫁而溺女之人，所面临的主要困境可能并不是嫁女分财：

谩言养女必赔钱，须识荆钗当玉钿。

① 万历《黄岩县志》卷二《舆地志下·三贤令生祠·附金府尹立敬记》，《天一阁藏明代方志选刊》第 18 册，第 18 页 b。
② 光绪《分水县志》卷一《疆域·风俗》，《中国地方志集成·浙江府县志辑》第 27 册，第 44 页 c。
③ 程际泰：《禁民溺女示》，乾隆《绥宁县志》卷二一《惠政》，《故宫博物院藏稀见方志丛刊》第 91 册，第 228 页。
④ 乾隆《乾州志》卷二《风俗志》，黄秀文、吴平主编《华东师范大学图书馆藏稀见方志丛刊》第 12 册，北京：北京图书馆出版社，2005 年，第 158 页。
⑤ 乾隆《平江县志》卷终《附考·严禁溺女示》，《中国地方志集成·湖南府县志辑》第 8 册，第 217 页 d。
⑥ 《明宪宗实录》卷二六四，成化二十一年四月己未。
⑦ 《清德宗实录》卷六九，光绪四年二月庚戌。
⑧ 朱椿：《管见十二则》，戴肇辰辑《学仕录》卷七，《四库未收书辑刊》第 2 辑第 26 册，北京：北京出版社，2000 年，第 571 页 a。
⑨ 民国《凌云县志》第三篇《社会》，《中国方志丛书》华南地方第 202 号，台北：成文出版社，1973 年，第 75 页。

若果倾家因嫁女，如何无女更无田？①

那些从来不会为女儿准备丰厚嫁奁又声言溺女是为了避免陪嫁破财的人家，到头来既没有田产家财，也没有留下女儿的性命，何其讽刺。

地方知识精英也愿意承认，溺女的首要原因是性别偏好，不是嫁妆和财产问题。民间婚姻，男家责妆，女家责财，②财婚所要求的不只是重奁厚嫁，还有重财厚聘。既然生女须嫁奁，无则取怨于人，③假设为妆奁之故而溺女的逻辑成立，"然则生男，何不曰人欲索聘而不举也"④。财婚既然是双方的，为何不见父母因为聘礼而溺男婴呢？况且破产营奁之事，古早之世容或有之，如今早已不需要担忧嫁奁之累，⑤大多数人溺女都是为了能早日诞下男婴。

明知性别偏好才是溺女的根源，知识精英们却又不厌其烦地反复论述着厚奁会导致溺女，引导和传播着惜嫁、溺女之间的因果关联，不可谓不令人匪夷所思。种种迹象表明，虽然地方知识精英一直在为惜嫁溺女问题发声，但他们所真正关心的其实是社会身份、地位和阶层如何保持和传递。士人阶层其实是在借惜嫁溺女的话题表达对社会流动的焦虑：在他们看来，阶层地位的提升和巩固途径应该由男性的"学

---

① 夏修篁：《劝戒溺女诗十首》，同治《进贤县志》卷三《建置·公所》，《中国地方志集成·江西府县志辑》第59册，第284页d。
② 万历《江都县志》卷七《提封志·谣俗》，《四库全书存目丛书》史部第202册，第81页d。
③ 黄鸣珂：《禁溺告示》，同治《南安府志》卷三二《新造录》，《中国地方志集成·江西府县志辑》第85册，第251页c。
④ 杨之徐：《白堠风俗论》，乾隆《潮州府志》卷四〇《艺文上·论》，《中国地方志集成·广东府县志辑》第24册，第994页c。
⑤ 朱椿：《管见十二则》，戴肇辰辑《学仕录》卷七，《四库未收书辑刊》第2辑第26册，第571页a。

而优则仕"来主导,而不应凭借女性的嫁妆财产来获取。[①] 这种焦虑,又与儒家礼教排斥妇人保有私财的理想和游牧民族重聘礼而轻嫁妆的习惯不谋而合,共同致力于缩减女性的私人财产。[②] 宋元时代用法律的形式将财产继承人名单上的女性一一隐没以后,明清则进一步以社会教化和改良风俗的面孔继续传承着这个使命,并选择从建构嫁奁与溺女之间的因果关系入手,逐渐削减女性的财产继承权。

三、薄奁以救女的推广

知识精英们首先从道德的高度出发,谴责婚姻论财以致父母甘于溺女而不悔,为抨击厚奁做准备。溺女由于婚姻之论财,去害者务绝其源;[③] 论财之风既殄,溺女之惨自不忍为焉。[④] 所以,止溺女当教以婚嫁之宜,[⑤] 严婚嫁过奢之戒。[⑥] 只有晓谕溺女必予严惩,归娶务从俭约,才能正其本原,挽薄俗收羁穷。[⑦] 以程朱理学为宗的骆问礼则从儒家仁爱的角度,破除了"惜嫁溺女也是一种父母之爱"的谎言。他认为惜嫁溺女所表达的父母之爱,是一种不仁之举,不能称为爱。他主张嫁妆应

---

① 参见 Anne Behnke Kinney, "Infanticide and Dowry in Ming and Early Qing China", *Chinese Views of Childhood*, pp. 193 – 218。
② 参见[美]柏清韵《宋元时代的妇女、财产及儒家应对》,尤其"对婚内私人财产权的抵制"一节,第 96—111 页。
③ 康熙《永州府志》卷二《舆地志•风土》,第 58 页 c。
④ 嘉靖《太平县志》卷五《职官下•职掌•乡约》,《天一阁藏明代方志选刊》第 17 册,第 3 页 a。
⑤ 何乔远纂:《闽书》卷一一一《英旧志•丘山》,《原国立北平图书馆甲库善本丛书》第 379 册,第 2944 页 b。
⑥ 汤来贺:《内省斋文集》卷二二《书•柬朱澹子侍御》,《四库全书存目丛书》集部第 199 册,第 532 页 a。
⑦ 昆冈等修:《清会典事例》卷二六九"养幼孤",北京:中华书局,1991 年,第 72 页。

当称家有无，需要符合制度要求，"必曰某物某物出何典耶"①，所以父母们与其虑厚嫁而溺女，不如育女而薄嫁，这才是符合儒家伦理要求的爱女行为。

地方知识精英把改良社会秩序的愿望倾注于戒奢从简的宏大诉求：令民崇节检，聘娶俱毋过求，②约定奁聘礼，③令嫁娶称其家，不得过度，④希望能借着溺女的引子，使民各安其位，不僭越，不过度追求阶层跨越。嫁娶必止从侈，溺女恶习可不禁自息矣，⑤但议论的重心显然不在财礼，而在嫁妆。改革溺女风俗并不需要限制彩礼数额，只需要停止女家单方面的嫁奁过费。地方官号召抵制婚嫁习俗中越级的奢侈，恢复理想中的礼制，为裁婚礼而申厉禁，⑥使丧葬婚嫁之礼一从俭约，⑦令溺女习俗为之一变的德政，其实都是从节制嫁奁入手，从汰装奁之费、革纷华之用开始。⑧

接卜来，知识精英们又通过阐述薄奁存女的观点，补全了惜嫁溺女的完整逻辑链。既然民众会因惜嫁而溺女，那么不索厚奁之地必然鲜

① 骆问礼：《续羊枣集》附之下《大人一指》，《续修四库全书》第 1127 册，第 382 页 c。
② 万历《义乌县志》卷五《经制考·礼仪》，黄灵庚、陶诚华主编《重修金华丛书》第 73 册，上海：上海古籍出版社，2013 年，第 63 页 d。
③ 光绪《茂名县志》卷六《人物志第五之中·列传·李一迪》，《中国地方志集成·广东府县志辑》第 37 册，第 231 页 b。
④ 民国《铜山县志》卷五〇《人物传·万崇德》，《中国地方志集成·江苏府县志辑》第 62 册，第 381 页 d。
⑤ 邓瑶：《书李寅庵大令育婴堂碑记》，莒士浚辑《皇朝经世文续编》卷二七《户政四·养民》，沈云龙主编《近代中国史料丛刊》第 75 辑，第 719 页。
⑥ 康熙《徽州府志》卷一四《宦业传·叶时新》，《中国方志丛书》华中地方第 237 号，台北：成文出版社，1975 年，第 1879 页。
⑦ 雍正《浙江通志》卷一四九《名宦四·杜潾传》，《景印文渊阁四库全书》第 523 册，第 64 页 b。
⑧ 吕柟：《泾野先生文集》卷七《序七·赠静庵袁公诏改北少司徒序》，《续修四库全书》第 1337 册，第 625 页 d。

溺女之风。① 于是许多文献又再三强调，厚奁流行度较低的地方，富者嫁女不过分追求营奁，所以生女易举，鲜少溺女者；② 贫啬者采用不备妆奁亦不取聘财的变通之法，故迩来贫者也绝少溺女。③ 如果富家置奁所费不溢百金，中人之家一袄一裙而已，④ 生女之家必不再为女儿的嫁妆发愁，本地溺女之风气必将止息。

在铺垫完惜嫁溺女和薄奁存女之间的因果关系之后，知识精英们理所当然地提出推行薄奁以戒溺女的办法。他们认为，既然生女之家主要是因为厚奁而溺女，为今之计，唯有崇尚简朴，嫁称其家，视其家之贫富，备奁资之薄厚，方能遏止溺女恶习。⑤ 换句话说，地方教化者鼓励父母们以削减女儿的继承财产为补偿，换取女婴的存活。

为了借助惜嫁溺女的推论继续缩减女性的财产继承权，知识精英们首先引经据典，充分论证了嫁资的不必要性。奁赠乃外观之耀，六礼所不详，因奁而杀女，无异于因噎废食，⑥ 因忧虑妆奁倾资便忍心生女不举者，所思所想实在过于迂鄙。⑦ 更何况，与其虑厚奁而置之死，何不薄奁而随其生，⑧ 如果父母担忧日后嫁女陪奁过重，因此将女婴置于

① 嘉庆《龙山县志》卷七《风俗》，《稀见中国地方志汇刊》第41册，北京：中国书店，1992年，第140页d。
② 同治《饶州府志》卷三《地舆志三·风俗》，《中国地方志集成·江西府县志辑》第29册，第125页c。
③ 同治《安远县志》卷一之八《风俗》，《中国地方志集成·江西府县志辑》第77册，第392页b。
④ 光绪《五台新志》卷二《风俗》，《中国地方志集成·山西府县志辑》第14册，第81页d。
⑤ 同治《龙山县志》卷一一《风俗》，《中国方志丛书》华中地方第284号，台北：成文出版社，1975年，第410页。
⑥ 仲振覆：《戒溺女焚殇文》，咸丰《兴宁县志》卷四《艺文志》，《中国地方志集成·广东府县志辑》第23册，第544页c。
⑦ 万历《仙居县志》卷一二《诗文·五禁》，李镜渠编《仙居丛书》第7册，杭州：浙江人民美术出版社，2013年，第1735页。
⑧ 刘沄：《禁溺女示》，同治《桂阳县志》卷一八，《中国地方志集成·湖南府县志辑》第29册，第293页。

死地，不妨考虑减少女儿的妆奁。为制奁之艰，而甘为杀女之事，不如存女，并以无奁遣之；[①] 与其忍心害理置初生之女婴惨死于须臾，不如令女得全生，并以布裙荆钗送嫁。[②] 在减少嫁妆才能够为女子带来活命之恩的逻辑推导下，即便无奁陪嫁，其中的意义也远远大于倾家置办的重奁。

知识精英们又试图从父子天伦、骨肉至亲的角度去劝谕人们嫁女须从薄奁，并进一步论证了推广薄奁还能拯救时代风气的观念。晚明以降，风俗日下，举国若狂，社会秩序面临着巨大冲击，世人的情感体验也逐渐挣脱了传统的亲情范畴，甚至反情惑志。[③] 贺贻孙曾将子孙生女与家人生婢、牛马产育对比，发现世人的态度大不相同：时人偶见家人子生婢，就喜不自胜；遇牛马生牝牸，又尽心侍奉；独至生女，则妊妇悄心，阿翁攒眉，呱声未绝，已付波臣，竟忍心溺杀亲女，而独慈于婢及牛马。[④] 患婚嫁之费而至于溺女不举，是不慈也；[⑤] 因惜嫁而溺女，是重资财而轻骨肉，大非礼之义也。欲已是风，唯有节婚嫁之仪，裁减妆奁之资，"夫与其欲从厚而杀之，不如姑从薄而生之"[⑥]，如此才能使贫者无惮于育女，父子骨肉不致相残，而弄瓦之庆亦可比于家

① 同治《雩都县志》卷五《田赋志·风俗论》，《中国地方志集成·江西府县志辑》第 76 册，第 108 页 a。
② 郎廷极：《禁溺女檄》，同治《广信府志》卷二之二《建置·寺观·育婴堂》，《中国地方志集成·江西府县志辑》第 20 册，第 187 页 b。
③ 有关晚明以降社会秩序变动的研究，可参见［日］森正夫、王翔《由地方志所见明末社会秩序的变动》，《琼州大学学报》1998 年第 2 期；［日］岸本美绪《明清交替と江南社会：17 世纪中国の秩序问题》，东京：东京大学出版会，1999 年；［日］山本英史编《中国近世の规范と秩序》，东京：东洋文库，2014 年。
④ 贺贻孙：《水田居文集》卷三《序·女编序》，《四库全书存目丛书》集部第 208 册，第 107 页 d。
⑤ 罗惇衍：《请崇俭禁奢疏》，仇江选注，岭南文库编辑委员会、广东中华民族文化促进会编《岭南历代文选》，广州：广东人民出版社，1993 年，第 421 页。
⑥ 沈长卿：《沈氏弋说》卷五《戒溺女说》，《续修四库全书》第 1131 册，第 269 页 d。

人子生婢、牛马生牝牯之欢也。

地方教化者还宣导将财礼备为嫁妆的办法，富者听其自行贴补，贫者不至铺张浪费，①如此则父母可无惜嫁溺女之先忧。如果还是担心日后因为嫁女赔钱，"襁抱出门为人妇，舅姑犹可作爷娘"②，童养婚也能打消父母的顾虑。贫家子嗣多而娶妻困难者，必然愿意抱养幼女为媳，③或血盆抱养，或数岁过门，两家礼物均颇为简易。④童养之法不仅减少了双方花销，送女抱养之家，一女也可得数金，⑤贫家利于得资，故溺女为少。⑥更有换亲之法，既无财礼之苛求，又无妆奁之浪费，更为便宜。⑦

知识精英们希望此后嫁女应当称家有无，量力装送，⑧根据家庭情况治办不同水准的妆奁，不要过分追求厚奁。⑨嗣后育女之家应当妥善保全，不可溺害，只要教育好女儿，使其明白敬顺无违的道理，这便是父母送给女儿最好的嫁妆。⑩若虑嫁资难措，荆钗裙布亦可成礼，⑪随

① 彭崧毓：《求是斋文存》卷上《说·推广救溺女说》，《清代诗文集汇编》第 614 册，第 467 页 a。
② 鄢韶成：《戒溺女歌》，民国《闽清县志》卷五《惠政志·育婴堂》，《中国地方志集成·福建府县志辑》第 19 册，第 448 页 b。
③ 道光《永安县续志》卷九《风俗志》，《中国地方志集成·福建府县志辑》第 39 册，第 364 页 b。
④ 嘉庆《桂阳县志》卷三《风土志·婚礼》，《北京大学图书馆藏稀见方志丛刊》第 267 册，第 144 页。
⑤ 道光《宝庆府志》末卷中，《湖湘文库》甲编第 313 册，第 2056 页 b。
⑥ 凌燽：《西江视臬纪事续补》卷四《条教·禁瑞金溺女恶习》，《续修四库全书》第 882 册，第 152 页 b。
⑦ 黄鸣珂：《禁溺告示》，同治《南安府志》卷三二《新造录》，《中国地方志集成·江西府县志辑》第 85 册，第 252 页 a。
⑧ 民国《龙游县志初稿》不分卷《名宦传·卢灿》，黄灵庚、诸葛慧艳主编《衢州文献集成》第 48 册，第 196 页。
⑨ 光绪《嘉兴府志》卷三四《风俗》，《中国地方志集成·浙江府县志辑》第 12 册，第 816 页 a。
⑩ 光绪《漳州府志》卷四九《记遗中》，《中国地方志集成·福建府县志辑》第 29 册，第 1181 页 d。
⑪ 裘伯玉：《严禁溺女示》，民国《东莞县志》卷一九《建置略四·育婴堂》，《中国地方志集成·广东府县志辑》第 19 册，第 165 页 c。

缘皆可出嫁。^①薄奁既能使婚嫁清贫愿易偿，^②又能让贫家有女莫愁难遣嫁，^③更能改善因财婚和溺女引发的性别失衡问题，二十年后，以土著之女，配土著之男，^④男女皆得其所。^⑤

地方官也在竭力推广薄奁风气，教导民众嫁女不必准备妆奁。^⑥他们首先从道德的角度教育民众，母子一体而分，不可因惜嫁而杀之，因为婚费可薄也，而毒不可逞也；^⑦珍惜财富不轻易分家析产本来是一种美好的品德，但如果因此溺女就变成道德败坏。^⑧接着告诫母家治奁毋夸多，毋斗巧，省便成俗，^⑨严禁厚嫁及溺女者，^⑩同时规定夫家不得厚责妆资。^⑪并主动与民约法：限定送嫁礼节的等级，使其资送仪节有差；^⑫约定嫁奁的额度，酌中设额，明其数，与土民相遵；^⑬详细规定嫁

① 程际泰：《禁民溺女示》，乾隆《绥宁县志》卷二〇《惠政》，《故宫博物院藏稀见方志丛刊》第 91 册，第 228 页。
② 徐谦：《劝戒溺女诗十二首·劝贫家》，同治《广丰县志》卷九之十七《艺文诗·七律》，《中国地方志集成·江西府县志辑》第 26 册，第 522 页 a。
③ 施闰章：《戒溺女歌》，陈梦雷《古今图书集成·家范典》卷五四《女子部艺文一》，北京：中华书局，1986 年，第 39072 页。
④ 光绪《广德州志》卷五二《谕禁·禁溺女》，《中国地方志集成·福建府县志辑》第 42 册，第 766 页 b。
⑤ 嘉靖《建平县志》卷七《艺林志·诗·溺女歌》，《天一阁藏明代方志选刊》第 26 册，第 2 页 b。
⑥ 黄鸣珂：《禁溺告示》，同治《南安府志》卷三二《新造录》，《中国地方志集成·江西府县志辑》第 85 册，第 251 页 c。
⑦ 李贵纂：《嘉靖丰乘》卷三《山川志·风俗志》，《天一阁藏明代方志选刊续编》第 42 册，上海：上海古籍书店，1990 年，第 169 页。
⑧ 许瑶光：《雪门诗草》卷一一《上元初集·咏女婴》，《清代诗文集汇编》第 667 册，第 637 页 b。
⑨ 杨垣：《绅士条议婚嫁刊约》，杨锦纂《南安府志补正》卷八《艺文·约》，《中国方志丛书》华中地方第 269 号，第 663 页。
⑩ 万斯同：《明史》卷三九一《循吏传下·曹祥》，上海：上海古籍出版社，2008 年，第 221 页。
⑪ 刘宗周：《人谱类记》卷下《陈毅轩》，《景印文渊阁四库全书》第 717 册，第 255 页 d。
⑫ 林焜熿、台湾银行经济研究室编：《金门志》卷一〇《人物传（二）·宦绩·陈如松》，台北：台湾省文献委员会，1993 年，第 257 页。
⑬ 李际期：《详禁溺女文行》，光绪《开化县志》卷一一《艺文志一·公移》，黄灵庚、诸葛慧艳主编《衢州文献集成》第 81 册，第 183 页。

奁的内容，上户三箱三被，中户二箱二被，下户不拘。[1] 并戒嫁女家毋过费，[2] 如有过若干者，重坐之。[3]

只是无奁薄嫁似乎还不够，想要根除溺女风俗，官绅们仍需想办法杜绝女儿继承财产的途径。古田有富家图省嫁奁，将幼女送人童养，不想女甫长成，知生父母，即逃归哭泣，许以盛奁，肯为某家妇，不许则誓不为某家妇。[4] 女既长成，就有获得妆奁和继承财产的权利，若吝啬于目前之妆奁，他日女儿长成，必然前来陈诉，[5] 有争分家产的祸端。于是当地人引以为戒，溺女不停。

这提醒着我们，惜嫁溺女的表达中始终隐藏着对女儿继承家产的防备。为了解决这个隐患，治理者大多双管齐下，既裁嫁资，又罪争产。长乐知县傅宸楗的做法比较隐晦，他选取了《家礼》的婚仪部分，约举数条，榜于通衢，有争妆奁者，罪之，自然是杜绝了类似古田县富家女儿争嫁奁的情况。[6] 湖南巡抚冯钤则更直白地提出，女儿长大出嫁之时，不许重奁陪赠，父母故后，所生之女，更不得争分遗念田产。[7] 官绅们宣扬称，这种做法既能挽救女婴的无辜性命，又能帮助父母节约财产，但其实他们还有一层不可言说的醉翁之意，那就是将堵在女性面前的财产继承大门关得再严实一些。

---

① 李春暄：《劝行育女示》，道光《宝庆府志》卷五九《形胜记一·福德育婴堂》，《湖湘文库》甲编第 313 册，第 901 页 d。
②《畿辅通志》卷二一八《列传二十六·袁宗儒》，《续修四库全书》第 638 册，第 48 页 a。
③ 雍正《浙江通志》卷一五七《名宦十二·胡云》，《景印文渊阁四库全书》第 523 册，第 250 页 a。
④ 陈盛韶：《问俗录》卷二《古田县·水溺》，第 70 页。
⑤ 袁采：《袁氏世范》，上海：上海人民出版社，2017 年，第 42 页。
⑥ 乾隆《莱州府志》卷一〇《人物·傅宸楗》，《中国地方志集成·山东府县志辑》第 44 册，第 224 页 c。
⑦ 冯钤：《禁溺女示》，嘉庆《桂东县志》卷一七《艺文志·告示》，《中国人民大学图书馆藏稀见方志丛刊》第 34 辑，第 130—131 页。

结 论

　　知识精英对惜嫁溺女因果关系的建构与宣扬，明显是出于缩减女性财产继承权的目的。但明清法律已经不像前代那样明确规定财产分配中的嫁奁份额，女儿承受财产的情况也只可能发生在户绝家庭，成文法几乎不支持女儿拥有财产继承权。[①] 又何必多此一举，步步紧逼，继续扼杀女性的继承权于摇篮？

　　最大的可能也许是，明清的女性仍然拥有着相当程度的家庭财产继承权。也就是说，尽管明清的法律表达尽力在遏制女性财产继承权，但社会习惯恐怕并非如此。民间天然存在着一套不同于法律表达的财产继承模式，这套模式承认和鼓励女儿财产继承人的身份，并不因文人的臧否而改变。从地方知识精英处处提防的态度也可以推测，明清女儿继承的份额可能要远远超出此前律法习惯规定的"在室女得男之半"，即家财的三分之一给女儿，三分之二给儿子。这才是士人们无法容忍并持续发声的原因。

　　有关明清女儿继承份额的猜测，可以在部分官员的传记里寻到一些蛛丝马迹。嘉靖年间，徽州休宁月潭举人朱存莹出任金华县知县，"邑俗女与子均分财产"[②]。从这条史料可知，在金华县，女儿与儿子均分家产，女儿可以继承家产的二分之一。而根据朱存莹推行的"及嫁不准分财"[③] 也能看出，金华县已婚的女儿们拥有一半家产的继承权。与金华

---

① 参见［日］滋贺秀三《中国家族法原理》，张建国、李力译，北京：商务印书馆，2016 年，尤其"未婚女子"一节，第 448—464 页。
② 朱承铎编纂：《新安月潭朱氏族谱》卷之九，1931 年木活字本，上海图书馆藏，第 39 页。
③ 道光《休宁县志》卷一三《人物·宦业》，《中国地方志集成·安徽府县志辑》第 52 册，第 301 页 b。

相距不远的衢州府，在官员传记中出现了同样的记载。山东朝城进士岳万阶曾于万历年间担任衢州知府，在职期间曾严惩溺女风俗，在总结当地溺女原因时，留下了"衢俗薄恶，嫁女奁必半产"[①]的记载。这似乎暗示衢州的女儿们能通过赠奁的方式获得家产的一半。类似的析产份额还出现在弘治进士郑铭的传记中，郑铭出守袁州，本地嫁女率倾资产之半，故生女多不举。[②]袁州女儿所继承的份额正是二分之一。金华县、衢州府、袁州府相距不远，此三地女儿的财产继承份额不仅不是"适宜的、少额的"，反而远远高于"女合男之半"。文献中的"嫁女奁甚丰，或损其家之半"[③]，或许并不是一种文学夸张，而是当时女性拥有一半财产继承权的真实写照。

囿于资料有限，有关子女均分家财等民间习惯的流行程度问题，暂且留待以后解决。但从知县对女性继承权的打压和后来地方文献编纂者的态度中能够窥视：男性知识精英们对女性继承家财的习俗不甚满意。官绅们借着劝诫溺女的旗号，反对的很可能是厚嫁所隐藏的女儿继承大量家庭财富的事实。也正因如此，"嫁分三等"的风俗改良运动才有可能奏效。[④]令稍富者嫁女无得过百缗，次富无得过二百缗，极富亦不过三百缗；与一半家财相比，这几百缗确实是些小妆奁，于家计亦无损。[⑤]当嫁资以定额，而不再以家产的份额来划拨时，女性也就进一

① 康熙《朝城志》卷之九《艺文志·布政岳万阶墓志铭》，《故宫珍本丛刊》第86册，海口：海南出版社，2001年，第169页。
② 道光《新会县志》卷八《人物上·郑铭》，《中国地方志集成·广东府县志辑》第33册，第304页a。
③ 钱澄之：《田间文集》卷二六《建宁风俗纪》，《续修四库全书》第1401册，第284页d。
④ 邓瑶：《书李寅庵大令育婴堂碑记》，葛士濬辑《皇朝经世文续编》卷二七《户政四·养民》，沈云龙主编《近代中国史料丛刊》第75辑，第719页。
⑤ 李宗羲：《开县李尚书（宗羲）政书》卷五《四禁告示》，台北：文海出版社，1970年，第282页。

步丧失了继承家产的权利，"有数子之家止畜一女者"，借口杀数女为一女之嫁资，谓多一女则荡产。[①]到最后，这种定额的嫁资也会以各种名目削减。倘一女五十金，即有二女胡不分以与之，即再三四女胡不再分以与之，[②]暗示父母可以再次压缩女儿们的财产继承金额，以此来节约嫁女之费。

知识精英推广薄奁和童养无奁的风俗改良举措，除了削弱女性财产继承权外，也希望减少女性因厚奁而骄其夫的现象。[③]俗谚"养女攀高门，养儿就地滚"[④]，所表达的并不是重女轻男，而是"嫁女必求胜吾家，则女之事人也恭，娶妇必不若吾家，则妇之执礼也"[⑤]。女方收纳的彩礼多而所出的妆奁少，夫家自然贱及新妇，遂致女无颜色，耻及父母。[⑥]如此一来，便可借助夫妇双方的经济地位差距使女子不得不始终处于事人者的卑位。拥有着相对独立厚奁财产的妻子们，莫不轻其夫而傲其舅姑，养成骄妒之性。[⑦]这种"女尊男卑"的大妻相处模式，自然会挑战儒家理想中的家庭秩序。知识精英们自然期望借助薄奁风气的推行，使女性重新回到相对卑下的位置。

总的来看，人们之所以认同和选择惜嫁作为溺女之借口，也正是因为嫁妆在民俗习惯方面有着根深蒂固的传统，即便是贫家，也会尽量

---

① 金星徽同安人：《上两台风俗书》，乾隆《海澄县志》卷二一《艺文志·书》，《中国地方志集成·福建府县志辑》第 30 册，第 657 页 b。
② 乾隆《诸暨县志》卷九《风俗·政教附·明知县刘光复谕禁四条》，李培主编《天春园藏善本方志选编》第 67 册，第 566 页。
③ 王应电：《周礼传》卷二下，《景印文渊阁四库全书》第 96 册，第 104 页 b。
④ 民国《慈利县志》卷一七《风俗》，第 3 页 a。
⑤ 参见郑玉道撰、彭仲刚续、应俊辑补《琴堂谕俗编》卷上，楼含松主编《中国历代家训集成·宋元编》第 2 册，杭州：浙江古籍出版社，2017 年，第 1154 页。
⑥ 民国《长乐县志》卷一七《惠政·育婴堂》，《中国地方志集成·福建府县志辑》第 21 册，第 289 页 d。
⑦ 司马光：《司马氏书仪》卷三《婚仪上》，《丛书集成初编》本，北京：中华书局，1985 年，第 29 页。

去附和这项传统。因此，知识精英们从惜嫁溺女入手，以限制厚奁为由，进而限制女性财产继承权的运作是相当巧妙的。但效果却是可以再讨论的，明初以至民国，"民间嫁女，丰于妆奁"①，女儿继承家庭财产的传统习惯似乎仍具有相当的生命力。

从学理上讲，主体论和受害者论分别阐述了惜嫁溺女问题的两个不同面向。主体论可以层次分明地解释女儿争产、争奁等极具能动性的行为，受害者论也能清晰地反映出溺女风俗中女性受压迫的形象，两者在具体的问题研究中往往相辅相成、缺一不可。但需要注意的是，这两种范式的选择和应用通常是建立在知识精英的文本书写之上的。②读者看到并总结出来的场景，往往都源自知识精英们建构并希望读者意识到的表象，是"洞壁上火光投射出的影子"③，这使妇女史的研究更具复杂性。在解读墙上的皮影戏之余，那些坐在篝火旁用惜嫁溺女的因果构建来表演的知识精英，他们的意图和目的以及表演所达成的效果，同样也是值得关注和追问的议题。

① 民国《衢县志》卷八《风俗志·礼仪》，黄灵庚、诸葛慧艳主编《衢州文献集成》第 42 册，第 352 页。
② 参见定宜庄《妇女史与社会性别史研究的史料问题》，《历史研究》2002 年第 6 期；高世瑜《妇女史研究的瓶颈——关于史料鉴别问题》，《中华女子学院学报》2011 年第 4 期。
③ 有关洞穴火光的比喻，可参见［古希腊］柏拉图《理想国》第 7 卷，郭斌和、张竹明译，北京：商务印书馆，1986 年，第 272—280 页。

从工商碑刻看明清江南商业网络[*]

钱 晟

摘要： 学界关于江南工商业碑刻的研究，目前止步于以牙行为代表的中介业商人在维护商业秩序上的贡献及其业内经营结构的变化等方面，并未进一步探究牙商群体与民间运输团体、流通妨害集团的互动情况。事实上，牙行群体虽然能通过垄断维护商业秩序，但作用有限，仅能涵盖货物流通较发达、资本较雄厚的行业；而且，因垄断对市场经济的发展带来不利影响。而市场上贸易规模较小的行业，其商业秩序的管理也同样离不开政府强力的矫正干预。此外，规模越小的商人，抵抗风险的能力越差，一旦社会动荡、经济停摆，或者国家的赋税过重就会引发破产失业风潮。这些失业者容易向社会底层滑落，与治安妨害群体结合在一起形成阻碍流通的"次生灾害"，让市场秩序的维护变得更为棘手复杂。

关键词： 牙行 货物流通 工商碑刻 斛手 白拉集团

作者简介： 钱晟，上海财经大学人文学院讲师。

---

* 本文为国家社科基金重大项目"唐宋以来太湖平原的环境变化与治理研究"（24&ZD272），上海市浦江人才计划项目"明清江南商业网络研究"（21PJC055）的阶段性成果。

明清江南工商碑刻是确立业内行规、宣传官府政策的重要物件，包含了当地社会经济物流相关的关键信息。国内学界从 20 世纪 90 年代开始就利用 50 年代以来陆续整理出版的数部工商碑刻集[①]和 80 年代以来的布业[②]、棉纺业[③]研究积累，分析商事法与民间同业组织（行业）自治之间的关系[④]，并逐渐认识到牙行在市场秩序保护方面的重要作用[⑤]，进而从国家对民间商业秩序、经济活动的管理[⑥]以及民间自发形成的规章制度[⑦]两个方面对碑刻文献中的牙行加以论述。国外则数日本学界的研究最具借鉴价值，其从 60 年代开始的江南农村手工业经营样态分析[⑧]和底层劳动者生活动向研究[⑨]，在 80 年代开始结合"地域社会论"[⑩]分析

① 宋元强：《研究明清社会经济史的重要碑刻资料》，《历史研究》1982 年第 4 期，等等。
② 陈忠平：《明清时期江南市镇的布号与布庄》，《江淮论坛》1986 年第 5 期。
③ 范金民：《清代江南丝绸的国内贸易》，《清史研究》1992 年第 2 期；李斌：《从碑刻资料看清代的假冒商标》，《东南文化》1994 年第 3 期。
④ 邱澎生：《十八、十九世纪苏州城的新兴工商业团体》，台北：台湾大学出版中心，1990 年；彭南生：《行会制度的近代命运》，北京：人民出版社，2003 年；彭南生：《近代江南地区工商业会馆、公所碑刻述论》，《安徽史学》2005 年第 3 期。
⑤ 孙丽娟：《清代商业社会的规则与秩序——从碑刻资料解读清代中国商事习惯法》，北京：中国社会科学出版社，2005 年，第 157—172 页。
⑥ 王日根：《清代江南地方官府对商业秩序的整治——以碑刻资料为中心的考察》，《厦门大学学报（哲学社会科学版）》2007 年第 2 期；安涛：《从〈上海碑刻资料选辑〉看明清时期国家在地方经济生活中的作用》，《兰州学刊》2007 年第 3 期；彭南生：《晚清地方官对民间经济活动的管理——以近代江南地区的碑刻资料为分析基础》，《安徽史学》2010 年第 2 期；等等。
⑦ 唐力行：《明清以来苏州的社会生活与社会管理——从苏州碑刻的分类说起》，《上海师范大学学报（哲学社会科学版）》2009 年第 3 期；李雪梅：《工商行业规范与清代非正式法——以会馆碑刻为中心的考察》，《西北政法大学学报（法律科学版）》2010 年第 6 期；许檀：《商人会馆碑刻资料及其价值》，《天津师范大学学报（社会科学版）》2013 年第 3 期。
⑧ ［日］横山英：《清代における踹布业の经营形态（上·下）》，《东洋史研究》第 19 卷第 3、4 号，1960、1961 年；［日］寺田隆信：《苏州踹布业の经营形态》，《东北大学文学部研究年报》第 18 号，1968 年。
⑨ 参照［日］中村治兵卫《清代都市のかごかき人夫の斗争——丧葬礼と扛夫、吹手をめぐって》，《中央大学アジア史研究》第 1 号，1977 年。
⑩ 地域社会论由森正夫等学者率先应用于明清史研究，受该方法影响，日本学界的牙行研究开始关注国家政策与货物流通、市场构造的关系，形成了站在全（转下页）

框架，从无赖等暴力集团着手，分析底层民众的社会关系网络，^①进而从 90 年代开始通过碑文解析社会变动下丝织业内部牙商群体的经营分化现象。^②

如上所述，学界早在 20 世纪 90 年代就开始关注江南工商碑文中的牙行情况，但着眼点始终聚焦牙行在维护商业秩序上的贡献及其业内经营结构的变化等方面，并未深入探究牙商群体在江南各地市场中与民间运输团体、暴力集团的互动情况。而解明牙行在民间货物流通体系中的具体样态，对江南地区传统水陆路运输结构的厘清，乃至现今"长三角一体化规划"文化内涵的发掘都有着巨大价值。在这样的问题意识下，本文以牙行等中介业为中心收集整理江南工商碑刻资料，系统考察各业牙行与民间物流体系的交互情况。在此基础上解明两个问题：各行货物的物流结构有着怎样的特点？在社会变动下，牙行与无赖等集团有着怎样的互动？通过对上述问题的解答，还原明清江南商业运输网络整体样貌。

一、碑刻资料整理

本文收集整理的碑文主要来自以下四部公开出版的碑刻资料集：

（接上页）国市场的角度探讨近世国家与中介业关系的新视野。参阅钱晟《日本学界"牙行"研究述评》，《中国史研究动态》2020 年第 3 期。

① ［日］上田信：《明末清初、江南の都市の〈无赖〉をめぐる社会关系——打行と脚夫》，《史学杂志》第 90 编第 11 号，1981 年，第 1（1619）—11（1629）页。

② ［日］山本进：《明末清初江南の牙行と国家》，《名古屋大学东洋史研究报告》第 21 号，1997 年。

表 1　碑刻集一览 [①]

作者	碑刻集名	出版社、时间	碑文数
江苏省博物馆	江苏省明清以来碑刻资料选集	生活・读书・新知三联书店，1959	543
上海博物馆图书资料室	上海碑刻资料选辑	上海人民出版社，1980	245
苏州历史博物馆、江苏师范学院历史系、南京大学明清史研究室	明清苏州工商业碑刻集	江苏人民出版社，1981	258
王国平、唐力行	明清以来苏州社会史碑刻集	苏州大学出版社，1998	500

其中，《江苏省明清以来碑刻资料选集》与《明清苏州工商业碑刻集》中牙行相关碑刻资料最多，包含江苏省境内苏州府、松江府、常州府内各县的多数碑刻，且有不少内容在两本资料集中皆有收录。与此相比，《明清以来苏州社会史碑刻集》的碑刻较少，但有效补充了前两部碑刻集中的遗漏。《上海碑刻资料选辑》收录的碑刻则限定在现代上海市行政区划内，由于该资料集对碑刻的收集详尽，以至于在后来新出版的《嘉定碑刻集》(张建华、陶继明编，上海：上海古籍出版社，2012年，共列碑文 973 件) 中再无工商碑文新增。

本文从上述碑刻集中共整理碑文 21 件，主要都与牙行在当地物流体系下的发展状况相关，其中内容还可细分为行业的内部经营结构及外部市场环境两部分。从内部来讲，一行货物的体积、品质、价格等特征直接影响到业内的运输体系与牙商之间的关系，这一点在粮食、木料、布料等行的相关碑刻中都有具体反映。而在一行之外，尚有一批为市场内全体行业提供运输服务的水、陆路运输团体，他们时常产生运输集团间

① 各碑刻集介绍可参阅彭南生《近代江南地区工商业会馆、公所碑刻述论》，《安徽史学》2005 年第 3 期。

的冲突，由此引起碑文中记载的流通妨害。外部市场环境则发生了国家经济体系和民间经济体系之间的冲突及政治剧变引发的社会动荡，前者的冲突主要是指漕运系统对民间运输的资源挤占，后者则是太平天国运动引发的社会变动。特别是后者，使得市场上内生的无赖等暴力集团在行为模式上发生改变，同时还在行业内部激起牙商在复业时的经营分化。

此外，综合碑文来看，对江南货物流通造成影响的因素主要有以下五点。1. 业内运输模式：在"生产者·生产地—客商·运输路线—铺户·消费地"组成的一行业内物流结构中，货物的特性、商人资本的大小直接决定货物的运输模式与效益。2. 市场秩序：在各业之上，市场整体的产业样貌与秩序形成当地特有的商业习俗和惯例，对商品的流通造成正面或负面的效益加成。3. 漕运系统：在囊括商民一切生计需求的民间经济体系之外，尚有以漕运系统为代表的国家经济体系存在，它主要以资源挤占的方式压缩民间运输系统，造成负面影响。4. 无赖等集团：市场内生的无赖集团也是劳动力的灵活补充，根据雇主的要求及市场秩序的好坏促进或妨害货物流通。5. 社会变动：由天灾人祸引发的社会动荡，主要对物流产生负面影响。它们的关系如下图所示：

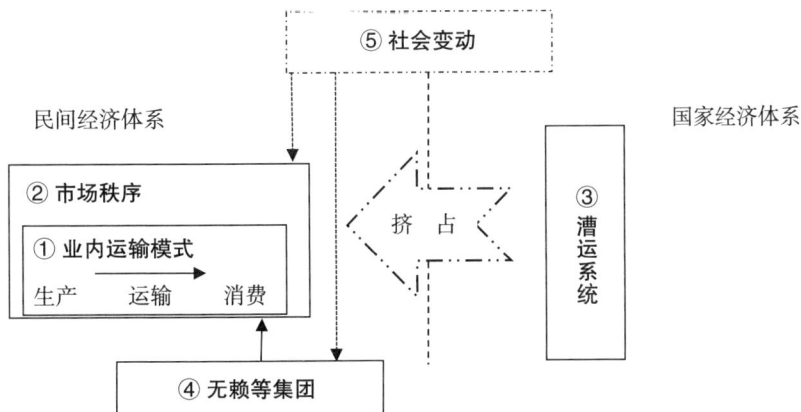

图 1　影响货物流通的五要素示意图

本文将以上述五个因素为线索，对碑刻资料中牙行的记载进行分析，以厘清江南地区的货物流通结构。

表 2　明清牙行与江南物流结构相关碑刻表

编号	碑刻名	立碑时期	碑刻资料出处
1	苏州府永禁南濠牙户截抢商民客货碑记	天启七年九月	《江苏省明清以来碑刻资料选集》113；《明清苏州工商业碑刻集》157
2	苏州府严禁关棍假冒盘诘拦诈南货土产货船碑	顺治七年五月	《明清苏州工商业碑刻集》158
3	长洲县严禁占泊齐门两汇扰害木商碑	康熙元年十一月	《明清苏州工商业碑刻集》70
4	奉宪严禁斛脚多勒陋弊碑记	康熙二十一年八月	《江苏省明清以来碑刻资料选集》154；《明清苏州工商业碑刻集》151
5	苏州府规定采买架木桩木皇木地区办法碑	康熙二十二年八月	《江苏省明清以来碑刻资料选集》56；《明清苏州工商业碑刻集》73
6	常熟县禁派木竹商行物料碑	康熙二十二年十二月	《明清苏州工商业碑刻集》72
7	嘉定县为禁光棍串通兵书扰累铺户告示碑	康熙二十四年五月	《上海碑刻资料选辑》43
8	金匮县规定瓜果蔬菜牙行不许增添凡外来客贩及本地耕种之家成船装载者听其投牙发卖碑	雍正九年八月	《江苏省明清以来碑刻资料选集》303
9	长洲县规定漕船到苏受兑停泊地点毋许越界滋扰商民碑	乾隆三年四月	《江苏省明清以来碑刻资料选集》59
10	金匮县规定脚夫为商人转运商货自行雇唤禁止把持争夺碑	乾隆二十七年十二月	《江苏省明清以来碑刻资料选集》306
11	长洲县永革木簰小甲滋事需索碑	乾隆四十六年三月	《明清苏州工商业碑刻集》76
12	元长吴三县永禁封捉煤炭树柴船只碑	嘉庆十四年四月	《明清苏州工商业碑刻集》175

续　表

编号	碑刻名	立碑时期	碑刻资料出处
13	元长吴三县永禁诈索商船碑	嘉庆十五年七月	《明清苏州工商业碑刻集》258
14	苏州府示谕枫桥米市斛力碑	嘉庆十七年十二月	《明清以来苏州社会史碑刻集》437
15	吴县严禁盘户脚夫霸持地段滋扰米行挑送石碑	道光二十二年十一月二十二日	《明清苏州工商业碑刻集》153
16	苏州府规定回空漕船停泊枫桥镇碑	道光十三年八月	《江苏省明清以来碑刻资料选集》156
17	长元吴三县苏城厘捐局为丝业拟订经伙经纪章程请予立案晓谕各丝经牙行遵守碑记	同治十年十一月十九日	《江苏省明清以来碑刻资料选集》20；《明清苏州工商业碑刻集》25
18	长元吴三县为丝业议呈经纪取保条约丝经牙行经伙经纪务各遵守晓谕碑记	同治十年十二月二十六日	《江苏省明清以来碑刻资料选集》21；《明清苏州工商业碑刻集》26
19	上海县为禁止靛业串骗白拉及私相授受告示碑	同治十二年三月	《上海碑刻资料选辑》175
20	长元吴三县为南枣公所永禁白拉兜扰废帖顶充碑	光绪二十三年十二月十六日	《江苏省明清以来碑刻资料选集》116；《明清苏州工商业碑刻集》167
21	豆米杂粮业声叙公所缘由重整规条碑	民国八年十一月	《明清苏州工商业碑刻集》156

注：碑名为各碑刻集编者自行添加，在有数个碑名的情况下，按《江苏省明清以来碑刻资料选集》《上海碑刻资料选辑》《明清苏州工商业碑刻集》《清代工商业碑文集粹》《明清以来苏州社会史碑刻集》的顺序选用名称；各碑刻集下数字表示其在书中的目录编号。

二、行业内部的运输结构

记载行业内部运输结构的碑文主要集中在粮食、木料、布料三个行业，这与江南当时的产业特点密切相关。众所周知，江南地区在明清时期已经升级为木棉、麻织物、制丝物（桑叶）、丝织品等原料的栽培生产地，[①] 其超高密度的人口产生的粮食需求必须通过进口来满足。在这样的背景下，湖北、湖南、江西等当时的粮食出口地与江南之间形成了重要的粮食运输路线。嘉庆十五年碑刻《元长吴三县永禁诈索商船碑》[②] 就记载来自湖南、湖北的楚商"或自船自本，贩米苏买，或揽写客载运货来苏"，称"苏省之流通，全赖楚船之转运"，足见楚米客商在省际粮食运输贸易中利润丰厚，已经组建起了自己的船运团队来提高运输效益，这也从侧面反映出江南对湖广地区庞大而稳定的粮食需求。

粮食的输入不止助长了米商在水运方面的运输垄断，更在陆运方面促成了粮食搬运业相关的名称特化。如嘉庆十七年碑刻《苏州府示谕枫桥米市斛力碑》[③] 中记载楚米客商给"斛手"支付"斛费"的情况，称"在楚写船之时，已将斛力米五合交付舟人代给"，并强调对苏州官府"改给银八厘"的新规并不知情，苏州府于是出榜告示："仰枫镇各省米客及船户、牙、斛人等知悉，嗣后在楚写船，不得再将斛费交付舟人代给，应听米客自行将银发给斛手，不得从中影射弊混。""斛"是计量米谷的容积单位，"斛手"也可引申为计量米谷容积的人夫之意。[④] 从其特征来看，似乎很容易与牙行联想到一起，[⑤] 但毕竟斛手的主职是商品的称量，与以中介斡旋为主的牙行有明显的区别。此外在薪资待遇上两

① 如碑刻《官用布匹委官办解禁扰布行告示碑》中记载："财赋至东南，称最重矣。民生其间，秉耒力穑，复有本业以佐菑畬之穷者，吴、阊、嘉、湖赖有蚕桑，松郡则赖有布。"（《上海碑刻资料选辑》，第88—89页）
② 《明清苏州工商业碑刻集》第258号碑文，第389页。
③ 《明清以来苏州社会史碑刻集》第437号碑文，第599—600页。
④ 参阅[日]斯波义信《中国社会经济史用语解》，东京：东洋文库，2012年，第16页。
⑤ 目前只有近代史研究中有相关探讨，参阅屈胜飞《政府公权力与行业利益的博弈——以南京斛行制度改革为中心的考察（1928—1936）》，《中国社会经济史研究》2017年第1期。

者同样区别甚大，举例来说，已知牙行的酬金（牙用）一般为货物交易价格的 1%—5%，以嘉庆时期米价每石白银 2 两 1 钱[1]来估算，则牙用为每石 2 分 1 厘（0.021 两）至 1 钱 5 厘（0.105 两）之间；但同时期的斛手酬金（斛费）则是每石白银 8 厘（0.008 两），可见与牙用金额出入较大。而与脚夫的酬金（脚价）相比较，如康熙二十一年碑刻《奉宪严禁斛脚多勒陋弊碑记》[2]记载："山塘一带脚夫即敢违禁，多勒斛用，深为不法。……为此示谕各米铺户人等，……脚夫循照旧例，仍许每石斛用银七厘。"可知脚夫的脚价为每石 7 厘，与斛手的酬金十分接近，加之脚价还有"斛用""脚力"[3]等别称，与"斛力"也十分类似，由此可以推断斛手是以搬运、称量粮食为主业的脚夫之专称，由于搬运货物的固定而产生了工作内容与称谓上的特化。

表 3　斛手与脚夫的比较

名称	别称	酬金	酬金别称	酬金价格（每石）
斛手	斛力	斛费	斛力米	银 8 厘（0.008 两）
脚夫	脚力	脚价	斛用	银 7 厘（0.007 两）

　　粮食业在牙行的主导下还建立起了行业内部的陆运团队。如道光二十二年碑刻《吴县严禁盘户脚夫霸持地段滋扰米行挑送石碑》[4]就记载了汪永吉米行的内部搬运团队与外部脚夫集团的关系，称"凡遇代客经销、送店米石，皆由本行工人挑运"，但由于这种行为侵占了米行外一般脚夫团体的利益，所以还需"贴给盘户每石两文"以获取他们的默许，

① 参阅［日］彭信威《中国货币史》，上海：上海人民出版社，1958 年，第 602 页。
② 参阅康熙二十一年碑刻《奉宪严禁斛脚多勒陋弊碑记》，《江苏省明清以来碑刻资料选集》第 154 号碑文，第 241—242 页。
③ ［日］斯波义信：《中国社会经济史用语解》，第 237 页。
④ 《明清苏州工商业碑刻集》第 153 号碑文，第 234 页。

通过这样的利益让渡，牙行得以自建运输团队，达到独占粮食运输利润的目的。

综上所见，粮食行由于货物流通量庞大且稳定，业内得以积累足够的资本完成运输团队建设。在水运方面，楚米客商通过积累的财富购买船只，打造自己的水运团队，由此独占省际运输所获得的利润；陆运方面，由于粮食搬运规模的庞大，从业者得以形成固定的搬运路径，由此产生"斛手"这样的名称特化，使之与市面上一般的脚夫区分开来。米业内部的牙行，也通过利润的部分让渡，得以在业内组建自己的陆运团队，完成对粮食搬运业务的利润独占，以此避免了可能发生的运输问题，保障业内货物运输的井然有序。

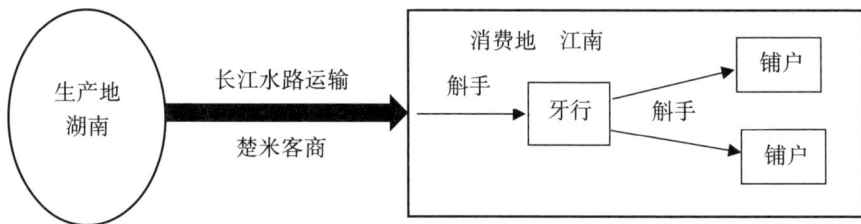

图 2　明清江南粮食流通示意图

木料则是传统社会国计民生中不可或缺的建材，上至国家宫殿陵墓、战舰沙船、河工架木，下至民间房屋家具、社庙戏台、葬礼木棺，无不需要。其运输主要由徽商主导，形成了浙西地区生产木料，通过新安江、富春江水域运往江南三角洲的贸易路线。① 木料虽然有着与粮食不遑多让的运输体量，但木行内部并没有像粮食行那样形成独自的运输团队。或许是因为当地的生态"僻处海隅，素无崇山峻岭，不产木

---

① 张海鹏：《徽商研究》，合肥：安徽人民出版社，2010 年；王振忠：《明清徽商与长江流域的木材贸易》，《地方文化研究》2021 年第 9 期。

竹"，"木植时有时无"，^① 加之与漕运体系共用运输路线造成木料流通时常受阻（后述），木行最终放弃了粮食行那样的运输团队组建模式，主要通过雇佣船夫进行运输。如乾隆四十六年碑刻《长洲县永革木簰小甲滋事需索碑》^② 所载："木系簰夫撑运……出木应即着簰夫扎筏。"可见木行主要通过雇募市场上的簰筏人夫组建临时的运输团队。木行为了应对官府差务雇募簰夫时，通过牙商联络其"簰夫之头"召集"簰夫运送"，其运费则是以"于牙用内酌给饭食"来完成。不过和其他行业相比，木料的运输量仍然庞大，可以保证运输中货物种类的单一性。此外，因货物在体积、特征上的独特性，运输船型以簰筏为主，船夫也因此被特称为"簰夫"，呈现出运输者的称谓特化。

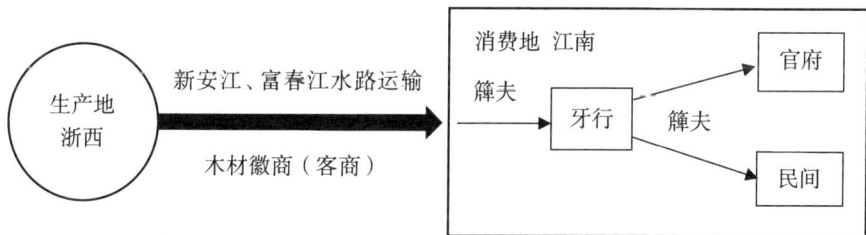

图 3　明清江南木料流通示意图

布料作为江南的出口产品，其运输需求也十分旺盛。如隶属嘉定县的娄塘一镇"虽系弹丸，而所产木棉布匹倍于他镇，所以客商麟集，号为花布码头。往来贸易，岁必万余，装载船只，动以百计"^③。不过相较于粮食和木料这两类货物，布料的运输既无业内商人组建团队，也未出现船型等方面的特殊要求，其特点主要体现在由埠头管理水运船

---

① 《常熟县禁派木竹商行物料碑》，《明清苏州工商业碑刻集》第 72 号碑文，第 111 页。
② 《明清苏州工商业碑刻集》第 76 号碑文，第 119—120 页。
③ 《上海碑刻资料选辑》第 43 号碑文，第 96 页。

户这一方面。埠头不同于牙行这样的货物交易中介商,主要为货物提供运输人力的中介调度服务,且被官府作为一种徭役来管理。[①] 如康熙二十四年碑刻《嘉定县为禁光棍串通兵书扰累铺户告示碑》[②]记载:"娄塘一镇,……埠头一役,向于(本)地船户……之中,挨轮充任,扣除舡用每两三分,以供官府出入雇舡之用。"该惯例自明代万历年间出现,原本令船户自己选出埠头征收船用,用以应对官府的公差雇船,[③]埠头也因此获得管辖当地船户的权力,在公务之余组织船户运输布料等货物。布料运输没有出现布商或牙行主导的运输团队组建,这或许是水运团队因在埠头的管制下获得公权力的背书,阻止了商业资本对运输利益的觊觎,形成对布料运输的强势垄断。而没有产生运输者或运输船只的名称特化则是布料运输远较粮食、木材来得简便的缘故,由此可见,在资本外,货物的客观特性也关乎运输团队的组建问题。

三、行业外部的民间经济体系

粮食、木料、布料等产业因为巨大的货物流通量,形成了行业内部商人与牙行较为紧密的联系,而在这些产业之外的大量小规模行业中,牙行与客商则呈现出紧张、对立的态势。如天启七年碑刻《苏州府永禁

---

① 参阅钱晟《明代江南的埠头与牙行》,《历史教学问题》2020 年第 5 期。
②《上海碑刻资料选辑》第 43 号碑文,第 96—98 页。
③ 如万历《上海县志》的《埠头》中记载:"先年点市居富民为埠头,供上司按临,□公差船只,民甚苦之。万历十一年本府同知郝字掌县事,谓本县南北运粮长及各处客商雇船,牙钱入于私埠,而官埠独受船祸。乃令傍浦有力者为之,而给执照,听取牙钱补公差船费,相沿至今。"(北平图书馆善本,日本东北大学东洋史研究室私制,第6—7页)

南濠牙户截抢商民客货碑记》[①]记载："明等揭本贩卖海蜇鱼鳖等货，奉例报关输税……南濠牙户，先遣健仆使船纠集……党棍，预计屯扎中途湖口，一遇海味，揽船……哨党蜂拥，丛打乱抢……致使异乡孤客素手空回……自今以后，凡客货商船，任其自投，仍然……本客并地方报实，定以抢夺之条重惩，绝不轻贷尔。"可见海蜇鱼鳖等海味土产行业中，由于交易体量不足，业内牙行经营严重内卷，到了需要纠集党棍等无赖集团在途中争抢客源的地步。这些无赖集团在争抢中势必将客商洗劫一空，造成阻碍商业正常流通的治安问题。

在蔬菜瓜果等小规模市场上，牙行的经营还受到来自国家层面的严格把控。如雍正九年碑刻《金匮县规定瓜果蔬菜牙行不许增添凡外来客贩及本地耕种之家成船装载者听其投牙发卖碑》[②]记载："查无锡、金匮二县，旧开小菜行……先据金匮县详请追销旧帖，禁格行市……奉批司查议……小菜微物，无用牙人……将额税令别行顶补……将二帖缴销。"该规定出自雍正年间朝廷对牙帖的管理强化。由于牙税收入逐渐成为地方官府的重要财源，官府颁发牙帖的数量逐年递增，到了清朝中期已远超各地市场的实际需要，形成了悬浮在市场上的庞大"食利集团"；他们通过在交易的各种环节抽分利润，或设置高额的牙用以维持生计，由此造成业内商人不堪重负，市场萧条。有鉴于此，雍正四年，朝廷将牙帖的发行权收归布政使司，杜绝了地方官府的肆意增设；[③]在此基础上将多余的牙行关停，由此解决牙行泛滥造成的市场困顿。碑文还记载："嗣后……凡外来客商，及本地借种之家，成船装载者，听

---

① 《江苏省明清以来碑刻资料选集》第 113 号碑文，第 186—187 页。
② 《江苏省明清以来碑刻资料选集》第 303 号碑文，第 522—523 页。
③ 光绪《清会典》卷五三《户部·课程五·杂赋》："（雍正四年）又覆准，嗣后各省牙帖，一例由藩司钤盖印信颁发。不许州县滥给滋弊。"（台北：中文书局，1963 年）

其投牙发卖。至本地邻近种植蔬菜，肩挑背负，沿街叫卖，一概不得拉入业内喝价取用。"可见在流通规模小、货物种类杂、经营利润低的行业中，国家并不欢迎牙行，会出于保护商贩的目的对牙行加以遏制。

从市场的整体生态来看，流通规模较小的货物无法独占船只等运输工具，牙商也不可能组建固定、专属的运输团队，因此在市场上还形成了一批为诸行各业共享的运输团体，他们的出现虽为小量货物的运输带来便利，但在缺乏官府与业内牙行约束的情况下容易产生运输团体间的冲突。如乾隆二十七年碑刻《金匮县规定脚夫为商人转运商货自行雇唤禁止把持争夺碑》[④]记载："缘金邑一切牙行……到行……动斛，以及盘斛归栈，向系脚夫承值……斛之后发付各铺，历雇驳船户装载扛送，往例相沿如是。"但是到了雍正七年时，发生了"脚夫赵国贞等，违例搀夺"的情况，后"经前升县王乔往查，令各牙行公议，任循旧例，各按生业，给有旧照"，这才实现了市场秩序三十余年的安定。而到了乾隆二十三年，这种安定状态再次被打破，发生了"脚夫吉永祥等具控驳船户强夺扛抬"，及之后的乾隆二十六年船户"周文龙等赴该县典史，具控脚夫赵洪元等违禁夺业"等情况。可见在各业之外的整个市场上，牙行虽然可以通过"公议"对陆运脚夫与水运驳船户进行约束，但其影响力会随着时间的推移而减弱，并不能完全遏制水运团体与陆运团体之间的冲突，最后还需要官府再立碑示禁才能解决运输团体之间的矛盾。碑文之后内容规定，"需用夫舡，悉听牙行自行雇唤"，此后腌腊、鱼蜇、桃枣、糖笋等项货物的运输，按"上秤、盘廒、归栈，系属脚夫承值"，"货发各铺"则"雇用驳舡户，近则扛运，远则载送"，由此划定了陆运团体和水运团体在运输路线上的职能分担，解决了冲突隐患。

---

④《江苏省明清以来碑刻资料选集》第 306 号碑文，第 527—528 页。

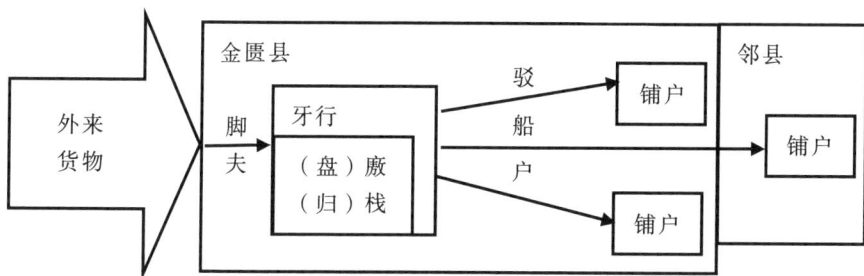

图 4　明清江南各行外部货物流通示意图

四、漕运系统对民间运输的影响

民间运输时常遭受来自漕运系统的挤占和冲突，这主要发生在船只停泊点、水运路线、运输人员三个方面。

船只停泊点的冲突发生在水上运输枢纽的苏州城附近，当时的苏州作为全国物资的流通转输中心，交通区位优势明显，是调控南北物资的重要场所。[1]康熙元年碑刻《长洲县严禁占泊齐门两汇扰害木商碑》[2]记载："齐门一带，向为木商贸易之所，故两汇俱有牙行，簰筏咸集于斯。其娄门以至北濠，则漕艘昔日停舶处也。"但因漕运中的船旗、船舵等人役"挽踞"齐门占用运木簰筏，"商牙连名控宪"，遂引来所辖官府的居间调停。从中可以看到康熙年间以漕运为代表的官营运输系统向木行这类民间运输系统的侵夺趋向。虽然在官府的干预下，这种趋向得到纠正，但到了乾隆年间又故态萌发，如乾隆三年碑刻《长洲县规定漕船到苏受兑停泊地点毋许越界滋扰商民碑》[3]记载，漕运船只"混

---

① 范金民、罗晓翔：《明清苏州经济中心地位略论》，《史学集刊》2021 年第 3 期。
②《明清苏州工商业碑刻集》第 70 号碑文，第 108—109 页。
③《江苏省明清以来碑刻资料选集》第 59 号碑文，第 98—100 页。

泊齐门东西两汇木簰，民居致罹火烛"，迫使官府不得不立碑再次重申"嗣后漕船到苏受兑，务遵宪批，恪守旧例，停泊娄门、象门塘、坝基桥及北濠旷阔地方，毋许停泊东西两汇木簰及民居稠密之处"。这种屡禁不止的情况显示出漕运系统在面对民间运输团体时的强势姿态。

此外须指出的是，战舰修造之外的架木、桩木、皇木等木料的采买运输优先级远低于漕运，如康熙二十二年碑刻《苏州府规定采买架木桩木皇木地区办法碑》①记载："据齐门、枫桥木牙褚共调等禀，为木植时有时无，转运济南极苦……缘苏郡抵镇四百余里，俱系运河，纵有小贩小商，其木原由省滩照税均差，然后零星分发，必待粮艘运完。乘隙而入者，百无一二。"可见在和漕运船只共用一条水运路线时，木料运输屡遭挤占，致使货物的流通受限，这一点即便是在公务的木料运输中也无法幸免，加之苏州府当地产木时断时续，官府认识到"所以木植时有时无，非比江宁数省所聚，四时常足，易于采办者也。更兼粮船春夏赴北，秋冬回南，四时阻塞，非比江宁，滨近大江，便于解运者也"，即认为木料采买放在江宁府更为适合，遂"复加酌议，嗣后采买架木，一循往例，在江宁承办"，由此规避了木行商人与漕运系统的部分冲突。此外，有鉴于"河工桩木倘采购数多，除江宁办解之外，查京口地处滨江，簰筏停泊亦多，分认三分之一协办济工"。只有皇木的采买"在省镇两滩查选足数"，在"设有不敷"时，再令"苏常各府搜查有合适者，尽数协济"。可见地方官府还会任意改变物料征收地点以最大化地满足自己的货物征收目标，并征用市场上的簰筏优先完成自己的政治任务，这些举措无不损害了木行商人的利益，影响商业的正常运营。

---

① 《江苏省明清以来碑刻资料选集》第 56 号碑文，第 90—92 页。

运输人员的冲突则反映出漕运系统在运营过程中对民间运输不可避免的利益侵夺。如嘉庆十四年碑刻《元长吴三县永禁封捉煤炭树柴船只碑》[1] 中，炭船小甲沈宏源控诉了运输船只被漕运的兵粮埠头等差役封捉征用的情况。官府遂告示称："仰县立遵来文查明，将前拟……碑摹送府查考，一面先行严谕兵粮埠头，不得再将此等不堪驳粮船只封捉滋扰。"随后还立碑告示长安堰附近属于民间运输系统的煤炭树柴船户、商牙、小甲和属于漕运系统的江苏、浙江漕运船帮运丁舵水人等："自示之后，尔等江、浙各帮漕船过境，过浅起驳，务即遵照宪饬，自投兵粮户，如有差役埠伙，借驳粮为名，混行封捉前项煤炭树柴船只滋扰，许商牙船户指禀本三县，以凭立提究革。"原本煤炭树柴的运输船只在官府看来并不适合漕粮运输，差役埠伙等漕粮运输人役之所以会将之强行征用，是通过这种方式勒索商民达到敛财的目的。虽然这种目的并非漕运制度的设计初衷，但在财政预算无法满足薪资发放的前提下，加之国家缺乏对漕运差役的有效监管手段，他们这种获取经济补偿的行为无法被根除。

五、无赖等集团的性质变化

各类无赖集团本质上是失去土地等生产资料、没有技能等生产手段的无产者，他们在市场良性运转的前提下，有时会受商人雇佣担任临时的保镖、打手、搬运人夫等，[2] 其灵活就业的特性使之成为前近代商

---

[1]《明清苏州工商业碑刻集》第 175 号碑文，第 265—266 页。
[2] 参阅［日］上田信《明末清初、江南の都市の〈无赖〉をめぐる社会关系——打行と脚夫》，《史学杂志》第 90 编第 11 号，1981 年，第 1（1619）—11（1629）页。

业结构中不可忽略的人力补充。然而一旦国家对市场监管失灵，或者因突发情况导致社会动荡，其作为暴力集团的属性也会凸显，成为扰乱市场秩序、妨碍货物正常流通的重要因素。

首先是无赖团伙会冒充税关等衙门的胥吏敲诈往来客商。如顺治七年碑刻《苏州府严禁关棍假冒盘诘拦诈南货土产货船碑》①中，柴、炭、纸、油商人称苏州附近"宝带、五龙、木渎等桥，官塘孔道、葑、盘、娄、齐等门"，有无赖敲诈过路商民，"诈足即放，坏法乱纪"，巡按苏松等处监察御史进一步调查发现，这些无赖不是单纯的暴力抢劫集团，而是充当"关棍假冒盘诘"，而且"不独南货土产，即乡农柴米"亦遭拦诈。这些无赖冒充官府胥吏的行为，使其抢夺的本质更难以被识破。他们深谙"苏州诸港，在在通舟"，有"遣部役以稽越漏"的规定，在官府与民众之间利用信息差"敢称港役"，以巡缉的名义敲诈商民，侵夺商民的利益。最后官府立石规定："船……作奸串纠，地棍借称盘诘，拦截抢诈……许地方商民诸色人等协拿解府……轻则……刺配，重则以抢劫论罪。"可见这些无赖通过伪装成胥吏等公务人员危害治安，破坏商业流通的环境。

早期的无赖集团还会勾结胥吏创设征税款项，逼迫客商就范。如康熙二十一年碑刻《禁革芦姜鲜笋关税示碑》②记载："姜、笋二物，产自吴江，至常一水之隔，其道并不由关，原无稽税之例。因昔年由地棍纠串关蠹，作俑坐收，春则笋税，秋则姜税，假公苟炙，为害日酷。"在官府看来，"常熟一邑僻处海隅，地非冲要，从无远商巨艘往来，而民间日用油糖杂货，俱从苏郡擤贩，税过之物，向遭关蠹港差越界冒巡恣扰，内地土产农船小民受害已极"，遂在碑刻中对此种弊害加以

---

① 《明清苏州工商业碑刻集》第 158 号碑文，第 241—243 页。
② 《江苏省明清以来碑刻资料选集》第 342 号碑文，第 610—612 页。

取缔。

到了清代中期，特别是经历了太平天国运动以后，大量牙商因破产倒闭离开了原来的营生场所，成了徘徊在行业周边的待业人员。为了维持生计，他们大量加入当地市场的无赖集团，进一步阻碍了行业的复兴。如同治十二年碑刻《上海县为禁止靛业串骗白拉及私相授受告示碑》记载，靛业内"迩有业中玩伙停歇，在外成群，遇有号客靛货，勾串买主，诳骗他客，冒称行伙，竟敢白拉兜揽，直面交易，私相授受，从中抽用，以致生理速渐清寥，贻害非轻"。在布绢织染相关的靛业中，这些牙商主动关闭了自己的店铺，在行外冒充行伙，像白拉一样招揽客商，斡旋交易，抽取牙用，导致正常开店的牙商生意惨淡。该碑文虽然以负面的形象描绘了这些停业的牙商，但之所以会出现大量牙商主动关闭店铺的现象，与太平天国运动被镇压后，地方督抚为筹措军饷及行政费用大量开设牙厘局，向商民过度收税有关。[①]这导致一些盈利微薄的牙商只能放弃官牙身份以规避沉重的捐税负担。而他们大量加入白拉这样的无赖集团，使得白拉的性质也发生转变，从以往掠夺客商财货的暴力诈骗集团，变成掌握中介斡旋技能的"私牙"，这种私牙的业务能力不逊于仍在开店的官牙，又可避免捐税之苦，自然令利益至上的牙商趋之若鹜，进一步加剧了市场上正规牙行（官牙）的歇业风潮。而市面上坚持开店营业的官牙"虽蒙牙帖，委查难绝，一经发觉，该顽伙远扬无踪"，对加入白拉集团的私牙团伙束手无策。尽管这一问题引起了官府的重视并立碑示禁，但牙商主动放弃官牙身份与白拉集团勾结在一起的现象却在江南各地市场上遍地开花。后来的同治

① 详细可参阅［日］山本进《清代江南の牙行》，《东洋学报》第74卷第1、2号，1993年；［日］山本进《清代の杂税と牙行》，《名古屋大学东洋史研究报告》第28号，2004年。

《茜泾记略·风俗》记载：

> 今则不然，游手、白拉丛集于此。即乡民偶携鱼蔬等物入市，群不逞要诸路，曰总成某店，横主价值，勒索转贩。物价自此而日昂，刁伪从兹而起。

这些白拉已经通过中介技能积累财富，开设店铺，并像正规市场上的牙行一样"横主价值"，导致物价的上升与货物品质的下降。到了光绪年间，私牙白拉更是造成市场上各业官许牙行的大面积倒闭。光绪二十三年碑刻《长元吴三县为南枣公所永禁白拉兜扰废帖顶充碑》①记载："苏省阊、胥两门，夙称万商云集，客货到埠，均投行出售。近来客货日稀，行铺有闭无开，推原其故，皆由白拉私相兜揽。且有行面久闭，隐匿废帖，蒙混招揽，吞用偷捐，弊窦百出，而牙等山北水果、地杂等行为尤甚。缘所进南枣等货，大都产自南路，葑、盘等门是其必由之路。该处白拉最多，沿途兜揽，以致投行日少。牙等领帖开行纳税，取用为养赡之资。似此白拉日盛，若不设法禁止，非但有妨生业，抑且攸关厘饷。"可见，虽然市面上开店领帖的正规牙行还在勉力维持，并以厘饷捐输的征收危机向官府晓以利害，但在当时，清廷的统治基础或已因甲午战争等政治失败发生动摇，地方官府对地方市场的管控有心无力，所以并不能有效遏制牙行脱离官府监管而加入白拉集团成为私牙的情况。此外，这些私牙"废帖蒙充"的行为也让一般商民难以将他们和正规牙行区分开来，这在清末成为江南各地市场中的痼疾，正规商行百业萧条也严重影响到国家的商税征收。该情况如民

---

① 《江苏省明清以来碑刻资料选集》第 116 号碑文，第 189—190 页。

国八年碑刻《豆米杂粮业声叙公所缘由重整规条碑》①所述"白拉名目，不论何业，均有此名称"，成为一直沿袭到民国时期的现象。

综上所述，市面上的无赖集团在不同时代妨害商业流通的方式发生了大幅变化。起先他们与关税衙门下辖的胥吏等集团勾结在一起，通过假冒巡缉港役或创设税目抢夺、勒索商民，到了清代中期太平天国运动结束以后，随着大量失业牙商加入名为白拉的无赖集团，该集团的流通妨害形式从暴力抢夺、敲诈勒索转为中介斡旋，成为扰乱市场正常秩序的更为棘手的"次生灾害"。

六、社会变动对中介业的影响

这方面情况具体记录在丝织业碑文中。相较于其他行业，丝织业从生产到经销都有更精细复杂的产业分工，由此孕育出高度金融化的现货远期交易系统和周密的行业规章制度，也成为学界考察中国前近代社会有无资本主义萌芽的重要焦点。②但因为清代中期太平天国运动的爆发，这种先进的商业制度遭受巨大的冲击，同治十年碑刻《长元吴三县苏城厘捐局为丝业拟订经伙经纪章程请予立案晓谕各丝经牙行遵守碑记》③记载，苏州城丝业公所各丝经行、丝行商人"缘因遭兵失散，现际升平，复归故业，而获利艰难。旧章既无可遵守，行业遂难期振兴"。这样的情况一直延续到同治九年，部分丝行率先复业，引领业界"先议

---

① 《明清苏州工商业碑刻集》第 156 号碑文，第 237—239 页。
② 赵丹彤、赵红艳、李斌：《清代长三角地区丝织业行会社会功能研究》，《丝绸》2019 年第 9 期。
③ 《江苏省明清以来碑刻资料选集》第 20 号碑文，第 30 页。

整顿行业规条，同业乐于遵循"。但振兴丝织行的计划并非一帆风顺，因为当时的市面上出现了"白拉拦截，蠹害无穷，复有失业徒伙，尽被笼络，比党街衢，敢干禁例"的情况。这些白拉团伙自战乱伊始便徘徊在丝织行的运输路径上，抢夺货物，造成物流堵塞，一些因此失去客源和资产的行内失业者还加入他们的团伙，使危害进一步扩大。在这样的情势下，官府在外部的市场环境中努力加大对这类无赖集团的惩治力度，已率先复业的业内牙行也积极谋求经营改革，为尚不具备独立复业条件的牙行提供"行业伙纪"的工作岗位，如史料记载："今议行业伙纪，分别收用，标为经伙、经纪名目，其经伙在行帮理，经纪在外招揽，俾各资其糊口，而于同类可无伤气谊。"这些被牙行吸收的牙人分为在行内辅助中介斡旋的"经伙"和在行外招揽中介生意的"经纪"两类，由此为不具备独立开业资质的牙商提供经营保障。同治十年碑刻《长元吴三县为丝业议呈经纪取保条约丝经牙行经伙经纪务各遵守晓谕碑记》①中还对此进行了详细的记载，称："前经禀陈，收用外行经纪条内，专为行少人多不敷资生而设，定期一年，今择于同治十一年二月二十八日为收用经纪之始，于十二年正月二十八日为止。后如有外行，虽识丝经，概置不行。"在这样的条件设置下，率先复业的牙行获得巨大的优势，因为丝行"恐投来经纪，不尽良善，倘在外设法奸骗，以及昧吞逃逸，违章犯科，情难预料"，因此要求"欲作经纪，无拘本业外行，投来者，所报必取信实可靠，得知经纪深情。在本业中手续，愿为出保者，应照所定保式，填名画押，然后给秤生理"。这一要求看似合理，却也为已复业牙行的垄断经营埋下伏笔。即怎样的人算"信实可靠"？且在已复业牙商中有无"愿为出保者"？在这两个条件的制

---

① 《江苏省明清以来碑刻资料选集》第 21 号碑文，第 31—32 页。

约下，那些原本的业内竞争者若没有及时复业将面临命运多舛的境地，已复业的牙行可以将待复业牙行的担保人当作"半为游手，视保为细故，假名旧交，硬作甘保，不遂滋衅"的秩序破坏者来对待，从而达到打压竞争对手、垄断市场的目的。

综上所述，经纪与经伙的设置解决了大量牙商的复业问题，特别是经纪，虽然没有独立开业资格，需要挂靠在领牙帖、交牙税的正式牙行下才能经营，但因为有牙行与保人担保，其地位还是获得了国家的承认，由此最大化地保障了牙商的生计需求，推进了丝织行的振兴发展，减少了失业牙商发生阶级滑落，与白拉集团融为一体的情况。不过这样的措施也容易造成部分牙行对丝织业的垄断，而且该规章制度也并未在丝织业以外的行业中推广，无法阻止白拉集团对整个市场的侵蚀，显示出适用范围的局限性。

结　语

通过以上考察，对于本文所设两个问题可以作如下回答：

物流的结构特点根据行业的不同，呈现出明显差异。如粮食行，由于货物体积大、物资流通稳定，搬运人夫出现了"斛手"这样的名称特化，且业内商人积累了足够的资本用来完成运输渠道垄断；在粮食的进口运输中，客商组建水运船队；在粮食的消费市场内部，牙行组建陆运团队，以此独占运输利润。木行则由于受到地理环境和漕运系统两方面因素制约，并未完成运输渠道的垄断，只能靠牙行的雇佣组建临时运输团队。不过因为木料的特殊性，运输船只出现船型特化，且运输人夫也出现了"簰夫"这样的特称。布行虽然货物流通量十分可观，但并未出现商人组建运输团队的情况，也未发生相关名称的特化，其货物运输主要由埠头负责。埠头的主要职能是为官府提供运输服务，国家也因此将埠头当作徭役来管理。货物流通规模较小的各类行业则在市场上共享运输团体，各业牙行对他们的约束力较弱，容易发生运输团体之间的摩擦。此外，民间的运输体系还面临与漕运系统在停泊点、运输路线、运输工具等方面的冲突，总体上呈现被国家经济体系挤占资源的弱势姿态。

社会变动对牙行与无赖集团的影响主要和太平天国运动引起的商业秩序重建有关。白拉等无赖集团于战乱后吸收了从正规市场逃逸出来的大量牙商，使得扰乱市场秩序的方式变得更为隐秘而专业，最终成为市场上无法根除的顽疾。在丝织行内部，战乱后率先复业的牙行主导了行规改革，通过"经伙""经纪"等职位的设置降低了牙商的复业条件，加速了丝行的复兴。

在笔者看来，前近代江南地区的商业充斥着个人行为与国家制度的复杂互动，为保持这种互动的良性运转，国家必须快速解决破坏市场秩序的各种麻烦，维持民生的安定和财政的平衡。

清代前中期上海船商的社会网络、
身份认同与城市空间营造

王　健

摘要：清代前中期，随着上海城市商业的恢复与发展，本地船商家族渐次崛起，他们积极参与上海县城公共事务，进而通过学缘、婚姻等各种方式构建起自身的社会网络，与士绅构成牢固的利益共同体。在此过程中，借助船商所提供的资本，上海邑城的人文景观得以成型，构成船商家族的生活世界。作为本地绅商的代表，上海船商身段灵活，亦商亦儒，既认同士人的生活意趣，又不以科举为唯一出路，但在面对外邑客商时则极为强调"土客之分"，显示出其保守的一面。

关键词：清代前中期　上海　船商　社会网络　身份认同

作者简介：王健，上海社会科学院研究员。

关于清代上海的船商，相关学者已多有论述，其中松浦章对于清代上海的沙船业撰有专著，挖掘出了很多珍稀的资料；范金民也关注过清代上海的航业和航商，对于上海船商与饼豆业、钱业、报关业之间的关系有过十分细致的分析；而易惠莉和刘锦则专门对清代上海主要的沙船商人及其家族进行过考察；美国学者林达·约翰逊在讨论清代上海城市时也涉及沙船业相关内容。[①] 但总体而言，关于船商崛起后对上海城市社会发展的影响及其背后所反映的船商群体的自我认同等问题尚有进一步探讨的空间，本文拟对此展开论述。

一、清代前中期上海城市商业力量的嬗递

明清鼎革后，直到康熙中期，随着三藩之乱的渐次平定，上海城市社会逐渐进入恢复期。但是城市社会经济的恢复显然是一个比较漫长的时期，虽然其间在康熙二十四年有江海大关之设，到了康熙三十九年，姚廷遴在《历年记》中曾经说："洋货、闽广货物俱在上海发客，小东门外竟为大码头，此又市面之一变也。"[②] 但很显然，当时的商业活动在区域上主要集中于小东门外，而且由于清代前期北洋沙船收口于浏河，因此浏河的地位仍然高于上海，所以往来经商者中也鲜有大商巨贾，对上海城市社会的影响亦是有限。

比如康熙年间，地方官员汲汲于水利等城市基础设施的修复和清理，但是这些水利修浚活动基本都由朝廷发帑，地方官员捐廉倡修，[③]

---

① 参见［日］松浦章《清代上海沙船航运业史研究》，杨蕾、王亦铮、董科译，南京：江苏人民出版社，2012 年；范金民《清代前期上海的航业航商》，《安徽史学》2011 年第 2 期；范金民《清代中期上海成为航运业中心之原因探讨》，《安徽史学》2013 年第 1 期；易惠莉《从沙船业主到官绅和文化人——近代上海本邑绅商家族史衍变的个案研究》，《学术月刊》2005 年第 4 期；刘锦《上海船商：19 世纪家族史》，华东师范大学 2013 年博士学位论文；［美］林达·约翰逊《上海：一个正在崛起的江南港口城市，1683—1840》，［美］林达·约翰逊主编《帝国晚期的江南城市》，成一农译，上海：上海人民出版社，2005 年；等等。

② 姚廷遴：《历年记》，上海人民出版社编《清代日记汇抄》，上海：上海人民出版社，1982 年，第 167 页。

③ 比如规模较大的康熙十年左右由巡抚都御史马祜主持的吴淞江疏浚工程便是由清廷发帑的，上海城内薛家浜在康熙二十三年由时任知县史彩捐资重浚；（转下页）

绝少见到商人的身影。显见当时上海城内的商业活动是极不活跃的，或者说初历鼎革，商人的力量是比较微弱的。

这一点在康熙三十六年的《重修邑庙碑记》中也可以观察到。根据该碑记的记载，该次捐修城隍庙者人数众多，但是其中比较明确具有商人身份者却甚少，而且所捐钱物也甚为有限，兹罗列如下：

"……宁寿堂吴助米二石……洋商吴公□助银十两……信商郭泰元，助钱三千；信商潘志忠，助银二两五钱五分……布船冯君彩捐钱五百银五钱、成字号钱六百三十二银一钱"，另外还有小东门码头上众信捐助砖灰肩木等项。①

但到了康熙后期，这样的情况逐渐发生了变化，一批商贾家族逐渐开始崛起并且慢慢介入上海城市社会的建设过程。

比较早的是李士达家族。据嘉庆《上海县志》载，"李士达，字天英，号鹤洲"，其父名长禄，"为贾楚越间，家日以饶……尤喜济物，多阴德"，士达承其志，"建育婴堂，施棺药，给狱囚絮米，岁如常，康熙四十七年助赈。雍正十年水溢，捞浮尸瘗之。岁除，微行委巷间，察突无烟者，辄投银门隙中，终不自言"。②

再如凌元芳，"字麟芷，号直斋"，"家贫，弃举业，以懋迁起家"，康熙四十三年，"山左大饥，元芳以巨舰载米至胶州，散给饥户，不索值，一舰立尽"。其子凌康，"年十八试不售，喟然曰：学者以治生为

（接上页）另外康熙三十二年，官方曾经疏浚连接松江府城和上海县城的水路要道肇家浜，但"缘工役偷惰，河泥堆积近岸，一经霖雨，立时冲下"，因此疏浚后不到一年便重又阻塞，所谓"工役偷惰"似乎也隐隐透露出了浚河经费不足的问题。参见乾隆《上海县志》卷二《水利》。

① 康熙三十六年《重修邑庙碑记》，上海博物馆图书资料室编《上海碑刻资料选辑》，上海：上海人民出版社，1980 年。

② 嘉庆《上海县志》卷一四《志人物·独行》。

急，忍独劳我父耶？遂弃帖括，代父往来齐楚燕赵间"。①

法华李氏家族亦以经商起家："李泓，字韬文，秉性诚笃，重然诺，贾吴闿，有同贾者遗银裹，泓捡得，而其人已死，访其子还之。"②

乾隆五十四年举人陈昇，其先人"有两世还秦中布商金事"，这显然也是一个从清初就开始经营商业的家族，后来陈昇曾于嘉庆九年（甲子）与创上海同仁堂。③

这些商人家族经过一两代人的经营，逐渐在上海的地方事务中拥有了话语权。比如康熙四十九年，李士达便与上海大姓曹氏家族④的曹炳曾、曹培廉、曹培年共同出资设立了清代上海首家慈善设施——育婴堂。⑤康熙四十七年大水，李士达亦与曹炳曾、陆瀛耸等人捐米赈粥，"饥民相聚数千，感泣而去"；雍正十年秋大水，"李士达、曹培廉、曹培年等捐资捞埋施粥"。⑥

能够与海上巨族曹氏平起平坐，共同合作，可见康熙后期至雍正年间的李氏家族在上海城内已经拥有了相当的地位，上海"邑中诸义举，大率倡自李氏"。而以经商起家的李泓家族同样"嗜行善，每岁饥，必发粟赈，世世一辙"，每有捐米赈饥，施粥育婴诸事。⑦

值得进一步考察的还有以上这些家族的商业经营内容，其中凌氏家族是比较明确的，凌元芳所从事的应该是长程粮食贸易，其身份为米商无疑。而另外几位中，李士达父李长禄"为贾吴越间"，李泓"贾吴

---

① 乾隆《上海县志》卷一四《志人物・独行》。
② 嘉庆《上海县志》卷一四《志人物・独行》。
③ 同治《上海县志》卷二一《人物四・国朝下》。
④ 关于清代上海曹氏的历史，可参见［日］佐藤仁史《清朝中期江南的一宗族与区域社会——以上海曹氏为例的个案研究》，《学术月刊》1996 年第 4 期。
⑤ 嘉庆《上海县志》卷七《施善诸堂附》。
⑥ 乾隆《上海县志》卷五《荒政》。
⑦ 嘉庆《上海县志》卷一四《志人物・独行》。

闻"，陈昇之先世则与秦中布商联系密切，所以这些家族所从事的应该
也就是晚明以降江南地区传统的米粮、棉布贸易。事实上鼎革后，不
仅仅在上海县城，在江南的其他区域，最先得到恢复的应该也是米棉
贸易。

直到乾隆年间，上海布商的势力仍然是不容小觑的。比如乾隆
四十九年，上海布业公所新建城隍庙西园湖心亭，并议列规条，由陆
锡熊为之作记。据碑记所言，湖心亭的建设由"祝君韫晖、张君辅臣、
孙君学裘、梅君树瞻相与输家财"，而布业公所的日常开支亦由众商捐
资，其中张辅臣捐银九百五十两，祝韫晖捐银六百零二两，孙学裘捐
银伍百十四两，梅树瞻捐银五百十二两，[1] 分列前四位，可见这四人为
当时布业巨擘。

二、船商的崛起及其对上海城市公共事务的参与

不过，已有的相关研究已经表明，正是在乾隆后期，特别是到乾隆
四十四、四十五年间，刘河口陡起拦门沙，淤塞日甚，商船难以进港，
刘河镇遂逐渐走向衰落，即所谓"河道淤塞，商贾云散"。关于这一过
程，道光《刘河镇记略》中有非常详细的描述。[2]

伴随着刘河的衰落，大型沙船很难收口刘河，因此苏北、胶东和
关东豆船纷纷改泊上海，形成了商船都从吴淞口进出的情形，从而也

---

[1]《新建上海城隍庙西园湖心亭记碑》《湖心亭议列规条碑》（乾隆四十九年），上海博物
　馆图书资料室编《上海碑刻资料选辑》，第 22、252 页。
[2] 关于刘河镇衰落与上海港兴起之间的关系，张忠民《清前期上海港发展演变新探》
　（《中国经济史研究》1987 年第 3 期）一文中已有比较精辟的研究，对下文相关论述
　多有启发。

给上海沙船业的发展带来了新的机遇。一批上海本地的船商开始崛起，其经营规模日渐扩大，实力也越来越雄厚，船商遂逐渐成为上海地方的一支重要力量。乾隆二十九年，商船会馆也得以重新修葺。朱之淇、朱之灏兄弟则是乾隆年间上海船商的典型。

据嘉庆《上海县志》载："朱之淇，字泉左，号箓溪；弟之灏，字苍岩，号栖谷"，"之淇兄弟少贫，以懋迁起家"。① 朱氏家族由此成为上海地区较早的沙船家族，其家族成员凭借雄厚的财力开始积极参与上海邑城的建设。

目前所见朱氏家族参与上海城市公共事务最早是在乾隆二十年，当年上海"禾稼不登，饥民遍野"，朱之淇、朱之灏与上海士绅各捐米石助赈。次年大疫，"枕尸遍积，槽不暇给"，朱之淇又施棺千计以助埋葬。②

乾隆三十二年，上海知县于方柱、张世友相继承上官命改建学宫，朱之淇、朱之灏与李士达子李宗袁、凌康之子凌存淳、李泓之孙李焕以及上海曹氏家族的曹锡棠等共同捐资助建。朱氏兄弟更是"独出己资至千数百金"，独力修建邑学尊经阁、敬一亭。③

乾隆三十五年，苏松太道杨魁捐修上海申江书院，并将其改名为敬业书院，朱之灏又与李宗袁、凌存淳、曹锡棠等以田捐助。④

乾隆三十九年，朱之灏与从子朱朝栋出资增建上海育婴堂屋宇，并与李士达子李宗袁、凌康之子凌存淳、李泓之孙李焕等人倡捐义会，"积六年余数资以千计，存库生息"⑤。

乾隆四十年，朱之灏又与李宗袁、凌存淳、李焕等人共同捐浚上海

① 乾隆《上海县志》卷一四《志人物·独行》。
② 乾隆《上海县志》卷五《荒政》。
③ 劳宗发《重建学宫记》、韩锡胙《敬一亭记略》，乾隆《上海县志》卷七《学校》。
④ 乾隆《上海县志》卷七《学校》。
⑤ 嘉庆《上海县志》卷七《施善诸堂附》。

内城河流。①

乾隆四十八年，朱朝栋与李宗袁等同任育婴堂司事。②

乾隆四十八年，育婴堂董事"议以育婴余资赡给贫老，朱之淇首捐银三千两"③。

乾隆四十八年，苏松太道盛保疏通肇家浜、薛家浜、方浜等上海城内河道，朱之淇之子朱朝源与城内士绅等共与其事。④

值得注意的是，随着以朱氏为代表的船商的崛起，以李士达家族为代表的传统的米业、布业商人相对有所衰落，船商可谓一枝独秀，部分史料透露出了一些端倪。

比如由李氏家族和曹氏家族创建的慈善机构育婴堂在乾隆后期便发生了经营不继的情形，李氏后人李宗袁在乾隆三十九年的《育婴堂征信录》序言中坦承当时正是因为"同里朱公倡捐义会告成"，所以育婴堂才岁有常息，得以维持，此外"增建堂屋，重焕旧规"亦有赖"苍岩朱公贤阮独立捐助"。⑤在乾隆四十八年的育婴堂董事名录中，代表朱氏家族的朱朝栋的排名已经仅次于李宗袁。⑥乾隆四十八年，育婴堂司岁倡议以"存公余息赡给贫苦老人，是年值堂中婴多，所费不支，仅赡数人"，于是邑中诸绅纷纷捐资助成其事，其中朱之淇捐纹银三千两，而李宗袁家族所捐仅有四百两。⑦

此外，上海城内同善堂始建于乾隆十年，但一直处于经费不敷的状态，乾隆年间每岁由董事李宗袁等人"劝捐以给用"；但到嘉庆末年，

---

① 乾隆《上海县志》卷二《水利》。
② 嘉庆《上海县志》卷七《施善诸堂附》。
③ 同上。
④ 乾隆《上海县志》卷二《水利·肇嘉浜》。
⑤ 李宗袁：《育婴堂征信录》序，乾隆《上海县志》卷七《官署》。
⑥ 乾隆《上海县志》卷七《官署》。
⑦ 同上。

已经难以为继，"撤不行，堂屋亦废置"，[①]这显然与以李氏为代表的传统绅商力量的衰退有关。

三、嘉道间的船商及其社会网络

嘉道年间的上海船商继续在上海地方公共事务中发挥着十分重要的作用。如道光二年，"有大风自西来"，上海学宫当其冲，"两庑毁，殿堂暨群祀祠讲舍各有损"，来自朱氏家族的朱增沂与族中父老共同出资万金加以修复。[②]

道光九年，上海地方绅商共同出资捐助乡试宾兴、会试计偕经费，一共捐得三千六百千文，其中朱增沂前后独捐一千八百千，郁彭年捐四百二十千，王文瑞捐一百四十千。[③]

道光十六年，上海县城隍庙戏台遇火焚毁，众商捐资重建，共用去足钱四千三百七十七千九百六十文，其中泰半为当时上海四大沙船家族所捐，分别为朱和盛号捐足钱一千千文，郁森盛号捐足钱七百千文，沈生义、沈德记号捐足钱五百千文，王利川、王公和、王如川号捐足钱五百千文。[④]充分反映了当时处于鼎盛期的上海沙船商人的实力。

随着经济实力的提升，船商家族也通过各种方式逐渐在上海地方构筑起一个涵盖官、绅、商的社会网络。以下我们主要以清代上海王氏家族为例加以说明。

---

① 同治《上海县志》卷七《官署》。
② 李林松：《重修学记略》（道光二年），同治《上海县志》卷九《学校》。
③ 同治《上海县志》卷九《学校·附乡试宾兴会试计偕经费》。
④ 《重建上海县城隍神庙戏台碑》（道光十七年），上海博物馆图书资料室编《上海碑刻资料选辑》，第 28 页。

　　上海王氏家族从事沙船业最早始于乾隆末年的王文瑞、王文源弟兄，至嘉庆年间，其家业愈大，逐渐成为上海沙船业巨擘，并且与上海官、绅各界建立起广泛的联系。

　　据《王氏族谱》记载，王文瑞发家后十分重视子弟教育，其独子王寿康七岁入塾，"年十三从宝山钟霖溥先生读书于南关杨氏，盛寒暑无稍间"；嘉庆十九年（甲戌），苏州蒋超曾掌教上海敬业书院，文瑞又命寿康从之游；嘉庆二十一年，蒋超曾至山东任官，寿康"又从宝山侯季华先生游，旋因侯先生病，复受业于吴门石琢堂（即石蕴玉）先生"；嘉庆二十四年，再执贽于同里举人杨城书门下。道光三年大水，寿康奉父命赍银助赈于川沙，"熊司马民怀先生见而异之，遂招列门墙"，示其以经世之学，当时主讲敬业书院者为松江倪奋香，他以理学名海内，寿康"从之，反复讨论，订正异同"，倪奋香刊《惠翰草存》时亦将寿康所著书刻入。道光九年，昆明陆梦坡"观察海上，振兴士习，诗文外设立字课"，王寿康亦深受其赏识，并执弟子礼。

　　此外，王寿康还善于结交当时名士，"先后称知己者如嘉兴沈鼎甫侍郎、嘉善黄霁青太守、婺源齐梅麓太守、宝山金补之大令、青浦陆莱庄太守、华亭朱甲山太守、昆山潘恕斋解元、长洲江铁君明经、吴县李子仙孝廉、嘉善郁彝斋大令、元和姜笠人上舍、海宁徐寿鱼明经、嘉善周花农明经、宝山沈二瞻茂才、沈少由学正、沈梦塘孝廉、六合沈云洲茂才、娄县改七芗布衣，皆以文章学术相切磋"。①

　　关于这些地方士人与王氏家族的互动，王寿康晚年自订诗文集《自鸣稿》和王寿康之子王庆勋所辑《可作集》中都有非常生动而细致的描述。比如嘉庆甲戌年（嘉庆十九年）进士张惇训便与王寿康交从甚密，

①《二如府君行述》，咸丰十一年重修《上海王氏家谱》（奉思堂版）卷二《世传》。

在京为官时，常贻书于王寿康，"每有买宅卜邻之语"①。

与本地官绅互通婚姻也是王氏家族编织社会网络的另一种方式。

王文瑞之子王寿康"原娶施氏耆士讳正一公女，继娶徐氏原任四川建昌兵备道讳长发公孙女，国学生考取内廷三馆誊录讳钟杰公女，今娶葛氏耆士讳杏林公女，副沈氏。女一，适国学生杨名宗梓子国学生议叙八品职衔名立仁"②。

王寿康有五子四女，"长庆勋，……娶甘氏，嘉定候选县丞讳肇锡公女；次庆均，廪贡生，先聘同邑诸生议叙府同知朱名增沂女，未婚，殇，……娶李氏，同邑国学生讳钟濂公女；三庆昌，娶黄氏，嘉定附贡生讳汝翼公女；四庆栞，附贡生……娶张氏，嘉定附贡生讳家震公女；五庆谋，……先聘同邑道光甲午科举人拣选知县林讳曜公女，未婚卒，今娶李氏宝山国学生议叙布政司理问衔讳如经公女。女四，长宝淳，适同邑候选同知沈名大本公子议叙八品衔讳维楫；次琇淳，适同邑候选通判陈讳仁瑜公子议叙八品衔名义塈；三慧淳，未字；四珮淳，适嘉定候选太常寺博士李名思齐公子议叙八品衔名绍杰。"③

王庆勋有四子，分别为惟贤、惟梅、惟和、惟亮，其中"惟贤，监生，分发浙江试用县丞，娶陈氏，嘉定议叙布政司理问讳怀熙女；惟梅，业儒，聘元和同知衔浙江金华府通判祝名师绅女；惟和，业儒，聘贵州赐进士出身浙江盐运使司杨名裕深女"④。

---

① 王寿康：《自鸣稿》卷下《感逝诗》。另，道光七年《重建青龙禅院记碑》便是张惇训撰文、王寿康书丹，由二人合作完成的。

②《例授文林郎钦给七品职衔显考辑庭府君行述》，咸丰十一年重修《上海王氏家谱》卷二《世传》。

③ 咸丰十一年重修《上海王氏家谱》卷二《世传》第六世。史料可见王寿康姻亲均为上海本地大族，比如甘氏为嘉定南翔望族，朱增沂、沈大本则同为沙船巨族。

④ 另一沙船家族朱氏亦如此，比如朱增沂便是当时上海县名举人杨城书之婿，（转下页）

可见学缘与婚姻是王氏家族建立社会网络的两种主要手段。除此以外，王寿康等人亦不断通过诗文雅集等形式加强与地方士绅之间的联系。道光十二年，王寿康"得隙地于城东偏"，建立宗祠三楹，又于其旁辟地建省园，"集邑士人会文"，并且凭借自身经济实力，使其成为继李氏吾园①后当时上海地方士人雅集的重要场所之一。王寿康、王庆勋父子"实司供张，兴之所至，间挥一二艺"。②

从王寿康《自鸣稿》及王庆勋《诒安堂稿》等所见，当时在上海城内，以南园、省园等为中心，王氏家族与地方士人之间的交流极为频繁，经常诗歌互答，流连于城内各处园林、寺观、书院之间，构筑起了一个地方文化空间。

特别值得注意的是，在建立宗祠的同时，王寿康又请当时上海地区的著名画师改琦根据其祖母张太宜人事迹，绘制《节孝事实图》十二帧，摹本上石，嵌于祠壁，并且广邀文人士绅为之题跋，成为当时海上文坛之一大盛事。③此外，王寿康还曾经绘王辑庭孝行事迹八图，王春泉、王辑庭《池塘话雨图》，等等，遍征士人题咏，这些活动加强了王氏家族与地方士人网络的联系，更进一步树立了家族崇儒的形象。

（接上页）杨城书著《莳古斋辑著》（收入王寿康辑《诒安堂所刻书十种》，清刻本）便是由朱曾沂、金树渊、王寿康共同校定的。

① 吾园为嘉庆间李筠嘉所筑，一度为上海县城内绅商活动的中心之一，李筠嘉曾编有《香雪集》（清同治元年刻本），汇集了上海地方绅商在吾园内集会时的诗歌唱和之作。不过，到了道光年间，吾园已经衰落，时人对此多有惋叹，比如王庆勋在当时便作有《吾园》一诗："云阶月地好帘栊，十载韶光迥不同，流水小桥依旧碧，斜阳画阁可怜红，岑楼犹矗群花里，曲伍难寻乱草中，白雪久经传雅调，青琴还愧和难工。"（王庆勋：《诒安堂初稿》卷一，清咸丰刻本。）

② 王师曾纂修：《续修王氏家谱》卷一，民国十三年铅印本。

③ 咸丰十一年重修《王氏家谱》卷六《世章》。

四、清代前中期上海城市空间营造与船商的身份意识

已有研究表明，从清代前中期一直到开埠前后，上海县城内部存在着空间发展上的不平衡。大致而言，小东门内外由于江海关的设立，在康熙年间就已经快速发展起来，"竟为大码头"；而县城西北却始终发展滞后，直到开埠初年仍然是"卑湿之区，溪涧纵横，一至夏季，芦草丛生，田间丘墓累累"。[①] 与东南和西北不同，上海县城的中心地带仍然是较为传统的县城布局，唯一比较引人注目的是豫园城隍庙，大量的商业公所陆续设置其间，成为当时上海市廛繁荣的表征之一。

这种城市空间布局不平衡的背后，自然是不同人群的分异。大致而言，鸦片战争前的上海，东门附近多为外埠商人聚居之地，尤其是闽粤大商"多在东关外"，同时依附这些大商人的闽粤游民亦多群聚于"东关外羊毛弄左右"，商业的繁荣还带动了烟、赌诸业的发达，所以该区域"赌馆、烟舍鳞次栉比"。[②]

另外，清代前期，设立于上海县城外东南隅的会馆组织共有 9 处，分别是关山东公所、徽宁会馆、泉漳会馆、潮州会馆、浙宁会馆、祝其会馆、建汀会馆、潮惠会馆和江西会馆等。[③]

至于县城西北部，则多为贫民"食力者"的居所。道光年间《沪城岁事衢歌》说："底事炎凉总不齐，与君呜咽话城西。如何冷灶生尘釜，好向何人诉侧凄。"张春华为其所加按语中就说："西北半菜圃耳，不能食

---

① 岑德彰编译：《上海租界略史》，上海：大东书局，1931 年，第 2 页。
② 王韬：《瀛壖杂志》卷一，沈恒春、杨其民标点，上海：上海人民出版社，1989 年。
③ 参见上海博物馆图书资料室编《上海碑刻资料选辑》所录相关碑刻。

力者每艰于举火。"①

总体而言，随着清代上海城市商业的发展，到开埠前，上海城内的外来移民越来越多，所谓"土著不过十之四五"②，而"土著之为商贾者不过十之二三"③。嘉庆《上海县志》也说上海县城"坊厢间客土杂居，岁时祈报，启雀角之讼"④。作为土著的代表，当时的上海船商及与之关系密切的本土士绅对此多有不满，认为"黄浦市廛商舶五方杂处，奸邪混迹其中"⑤，因此极为强调土客之分。

比如蕊珠书院是道光年间上海县城两大书院之一，始建于道光九年，根据王韬在《瀛壖杂志》中的说法，当"书院之初设也，董其事者，为邑中某孝廉，倡言系本城绅商捐资，外邑人不得阑入，令著为令甲。试于院者，悉沪城士族，即选敬业书院诸生三十六人月课于此，取十八人为登瀛上舍"⑥。结合其他资料，此处所言"某孝廉"即指与上海沙船商人有着密切关系的本地举人金树涛，他同时也曾经理过商船会馆庶务。蕊珠书院为"合邑绅商所建"，所以在某种意义上，金氏关于"外邑人不得阑入"蕊珠书院的说法应该代表了城内绅商，特别是船商的态度。

道光十八年，上海城隍庙戏台遭祝融之灾，阖城绅商捐资重建，其中朱、王、郁、沈四大沙船家族捐助了大部分的资金，相关情况上文已有论及。可相比照的是，道光二十六年，城隍庙三圣阁重建时，亦有不少商人捐款，其中却并未见到有沙船商人资助，其背后或许亦隐

① 张春华：《沪城岁事衢歌》，顾炳权编《上海历代竹枝词》，上海：上海书店出版社，2001年，第126页。
② 乔重禧：《送温露皋明府卓异入都序》，《柿泽亭文集》（不分卷）第1册，清稿本，上海图书馆藏。
③ 张春华：《沪城岁事衢歌》，顾炳权编《上海历代竹枝词》，第126页。
④ 嘉庆《上海县志》卷一《风俗》。
⑤ 乔重禧：《送陆梦坡观察映奎还云南序》，《柿泽亭文集》第1册。
⑥ 王韬《瀛壖杂志》卷二。

藏着船商区别于其他商人的自我认同。①

乾隆年间，上海众商贾醵资以贱价购得豫园，归为邑庙西园，"分地修葺，为各业公所"，后"游人日盛，园中竞设店铺，竟成市集"，人流杂沓。王寿康等认为其过于嘈杂，失去了园林意趣，这显然已经完全偏向士大夫的趣味。②

道光末年，王寿康目睹上海邑城"闽粤党日众，土人之游惰者附之"的情形，忧心忡忡，"常平之积蓄，乡约之规劝，良法也。遂采吕氏乡约、王孟箕宗约会规而益之积谷诸说保甲事例，设卡房议集为一册，会月吉散给乡社，冀有以补救"。③

上海本土船商的身份认同还突出体现在商船会馆的组织上。与其他会馆不同，商船会馆在清代中期以后所延请的主理馆务者多为当地士绅名流。

根据光绪十八年的《重修上海商船会馆碑》记载，上海商船会馆始建于康熙年间，至嘉庆十九年，"锡金同人铸钟鼎，崇明同人建两面看楼，后于道光二十四年，众号商建造拜厅、钟鼓楼及后厅内台等所，盖极缔造之巨观矣"。会馆"初延石琢堂先生主理馆务，厥后递请张兰亭、陆春晖、沈雒宜、吴沐庄、金侍香、周心宇、金梅岑、沈晓沧、江馨山、沈庆甫、郁正卿、朱佩韩、潘子楼诸君"。④

考察这些主理馆务者的身份，从石韫玉开始，其中很多都是地方士人乃至退职官员，他们被延揽主理商船会馆显然不是偶然，这正表明

---

① 这种土客之争的意识在一些碑刻资料中也有表现，比如嘉庆八年的《上海县为箩夫扛夫议定脚价订立界址告示碑》中就明确说："外来流民，不得夥入扛帮。"（上海博物馆图书资料室编：《上海碑刻资料选辑》，第 76 页。）
② 毛祥麟：《对山书屋墨余录》卷八，清同治九年刻本。
③《二如府君行述》，咸丰十一年重修《上海王氏家谱》卷二《世传》。
④《重修上海商船会馆碑》（光绪十八年），上海博物馆图书资料室编《上海碑刻资料选辑》，第 196 页。

了船商与地方官绅之间的密切关系，这也就使得清代上海商船会馆的性质与同时期的其他会馆有着明显的不同，其实也便是船商自我身份认同的一种折射。

余　论

鸦片战争中，当英军逼近上海之际，上海知县刘光斗于"城内外每铺设立木栅，城中每铺设有段董巡查，而以大董八人总其事。并立总局于朱氏春泽堂"。道光二十二年五月初五，刘光斗"设席春泽堂朱氏总局，请各大小董谕令守城之策"，当时城中大董有八人，分别为"瞿应绍（字子冶，廪生捐训导，加捐五品顶戴）、曹洪集（号灌春，附监生，议叙八品衔）、金树涛（号梅岑，举人）、沈希辙（号少由，举人，六品衔，宝山人）、朱增慎（号谨堂，五品衔）、朱增惠（号春坪，七品京衔）、郁松年（号泰峰，廪生，八品衔）、徐渭仁（监生）"。[1]

考察以上八人的履历，或者本身就出生于船商家族，如朱增惠、郁松年；或者便是与船商有着千丝万缕联系的地方士绅。因此当时的上海城市社会中实际上形成了绅商共治的格局。

商绅之间通过各种方式构成牢固的利益共同体，士绅通过担任商船会馆的经理、敬业书院的山长，从而分润于船商，以致当时"在沪掌教者素称优缺"[2]；而船商的捐纳保举乃至家人旌表等也需要得到地方士人的支持，其子弟的科举教育更是需要船商融入地方士人的文化圈。

---

[1] 参见乔重禧《夷难日记》，上海历史研究所编《鸦片战争末期英军在长江下游的侵略罪行》，上海：上海人民出版社，1958年，第315页。
[2] 王韬《瀛壖杂志》卷三。

通过船商们所提供的资本，清代上海绅商不断地捐修学宫、书院，建造祠堂、园林，经营地方慈善设施，等等，从而共同构造了上海邑城的人文景观，也构成了他们的生活世界，形塑了他们的身份认同。至少在鸦片战争以前，他们是上海城市的代表。

最后还有一个值得注意的问题，那就是嘉道以后上海商业的繁荣与地方科举之间的关系。王韬曾经注意到嘉道以后上海科举人物日衰的情形："沪中人物，盛于乾隆时，如陆耳山、赵璞函、褚文渊、张策时、曹锡宝，皆名重当世。后稍凌替，然未尝无人，但不能与先辈抗衡耳。江翼云明经师尝谓予曰：沪虽偏隅，耆硕素来不少。文章如陆公之校理秘书，节操如曹公之疏劾权豪，死事如赵公之临难不避。以一邑人材，与海内并驱，可云盛矣。顾自嘉、道间，已云中弱，至今益不自振，可称绝无仅有矣。盛极而衰，其势然也。"①

何炳棣先生也曾认为清代松江、上海地区的科举状况之所以逊于周边，其中的重要原因是乾嘉以后，随着上海成为全国最大的港口，大部分人力资源都被转投入经济领域。②

对于商人子弟而言，尽管由商而仕是一个普遍的现象，商而为儒，亦往往有着偏向于士人的生活意趣；但从另一方面看，对经历了商海洗礼的他们来说，科举始终只是个人出路之一。如道光年间王寿康之子王庆勋屡试科举不第，王寿康亦坦然待之，以为"科举得失岂遽分贵贱哉！"他本人也对经世之学十分感兴趣，曾经从徐光启后人处访得《农政全书》全稿，并出资"重梓以行世"。③

而当时的上海县学、书院中应该充斥着商人子弟，所以所谓学风的

---

① 王韬《瀛壖杂志》卷三。
② 何炳棣：《明清社会史论》，徐泓译，台北：联经出版有限公司，2013 年，第 24—25 页。
③ 《二如府君行述》，咸丰十一年重修《上海王氏家谱》卷二《世传》。

不醇也就是不可避免的了，乃至在道光年间，上海"士之勤占毕者多不谙六书，偏旁点画往往错谬"①。咸丰六年，小刀会事平，上海县学得以移地重建，护理苏松太道蓝蔚雯作《移建上海县学记》，他在文中就曾感慨说："所谓无学，非必学校废也。诵章句，课文字，而内不能修身，外不能镇俗，其尤浮薄者，至与商贾竞淫侈，乃匪之人耳。而目之者，因乘间求餍其欲，此世变之所以亟也。"②

---

① 乔重禧：《送陆梦坡观察映奎还云南序》，《柿泽亭文集》第 1 册。
② 蓝蔚雯：《移建上海县学记》(咸丰六年)，同治《上海县志》卷九《学校》。

清代前中期河工物料的派买与应对：
以丰县免料纠纷为中心

董　赟

摘要：河工治理以物料为先，物料派买对地方产生了深远的影响。康熙年间，徐州府丰县士民通过捐置柳园的方式免除办料。然而，在物料转变、黄河河道变迁并频繁决口的背景下，丰县在雍正、乾隆间四次被派料。丰县士民为维护地方利益，反复利用丰县不应办料的客观事实以及以往的免料案据呈请免料，知县也多能代表地方利益，与知府、管河道、河道总督等官员进行交涉。免除派料的案据是否可据取决于派料官员的态度，是地方士民、知县、知府以及河道官员之间互相博弈的结果。清代黄河频繁决口、大工耗费日益增多与地方提供的物料数量不足、类型不符之间的矛盾是丰县等近河州县被反复派料的根本原因。

关键词：清代　物料派买　免料　丰县

作者简介：董赟，清华大学历史系硕士研究生。

　　河工治理以物料为重，河工物料的研究有利于厘清河政管理、河工经费的使用以及地方社会的反应等重要问题。关于物料的早期研究集中于物料类型、物料用途、物料采办方式的讨论，多是静态的考察，且主要从物质角度进行讨论。[①] 近来对物料的研究多关注物料使用的变迁，李德楠对治河材料的演变过程及其时空特征进行了详细讨论；[②] 高元杰从环境史的角度讨论了清代河工物料大规模使用秫秸后，对农业种植结构和民间燃料供给的长期影响；[③] 刘文远则对河南岁料帮价的产生与演变以及民间与官方的反应等问题进行了考察，[④] 揭示了河工物料加价与帮价给民间带来的巨大经济负担。

整体上，学界对于作为治河之要的物料的研究还存在一些不足。限于史料，对于民间如何应对繁重且难以避免的物料派买，研究者多简单列举方志中的百姓苦状以及由此引发的呈控和斗争，但关于物料采买过程中民众的反应及其所采取的策略，研究还相对较少。本文利用乾隆《丰县志》中记载的"免料始末"诉讼史料，以丰县为例，将河工物料置于采买的历史情景中进行讨论，试图厘清民间和官府对此的反应。

① 岑仲勉：《黄河变迁史》，北京：中华书局，2004 年；徐福龄、胡一三：《黄河埽工与堵口》，北京：中国水利电力出版社，1989 年；李德楠：《清代河工物料的采办及其社会影响》，《中州学刊》2010 年第 5 期。
② 李德楠：《工程、环境、社会：明清黄运地区的河工及其影响研究》，复旦大学 2008 年博士学位论文；《试论明清时期河工用料的时空演变——以黄运地区的软料为中心》，《聊城大学学报》2008 年第 6 期；《治黄材料的历史演变及其社会响应》，中国地理学会黄河分会、青海省地理学会"黄河流域资源环境与生态文明建设学术研讨会"交流材料，2011 年，第 102—108 页。
③ 高元杰：《环境史视野下清代河工用秸影响研究》，《史学月刊》2019 年第 2 期。
④ 刘文远：《清代豫省河工帮价探源》，杨学新、郑清坡主编《海河流域灾害、环境与社会变迁——中国灾害防御协会灾害史专业委员会第十二届年会论文集》，保定：河北大学出版社，2018 年，第 191—208 页；《从河工加价摊征看清代加赋的正当化困境》，《中国经济史研究》2022 年第 2 期。

一、捐地与请命——丰县的"免料始末"

方志中对民间采买河工物料的负担多有记载，比如道光《武陟县志》记载："秸料每岁多至千余万斤，小民困于刍茭之役，无安居之乐。"①但多限于派买和运输中的弊端，民众只是物料派买中的受害者。乾隆二十四年（1759），知县卢世昌主持修成乾隆《丰县志》16卷，卷五《赋役类》中的"免料始末"详细记载了康熙至乾隆年间，当地士民在物料派买的制度框架下捐置柳园、呈请免料，并在后续派料时反复援引旧案，维护地方利益的过程，为我们重新认识物料派买中民众的角色提供了宝贵材料。②

（一）关于河工物料

河工治理以预备料物为先，清代河工广泛使用的物料主要有柳梢、芦苇、草柴、秫秸、砖石等。清代前期使用的柳梢是从民间采伐而来的民柳，康熙之后广泛设置柳园，普设河兵和堡夫等经理柳园滩地、栽植杨柳以供应河工，是为"官柳"。道光以后则多用砖石，主要采自石场或批量向民间砖窑购买。这些物料只需官方发银进行日常管理和

---

① 道光《武陟县志》卷一四《河防志》，清道光九年刻本，第2页。
② 本文"免料始末"的情节主要来自乾隆《丰县志》卷五《赋役类》，直接引用原文时具体标注页数。乾隆以后尚有道光三年知县德丰重刊本、光绪二十年知县姚鸿杰主持修撰的光绪《丰县志》16卷，但"免料始末"的内容均与乾隆同。本文使用的顺治《丰县志》为清顺治十三年刊本，藏于日本国立公文书馆内阁文库；乾隆《丰县志》为清道光三年德丰补刻本，见北京大学图书馆编《北京大学图书馆藏稀见方志丛刊》第118—119册，北京：国家图书馆出版社，2013年；光绪《丰县志》为清光绪二十年刊本，见《中国地方志集成·江苏府县志辑》第65册，南京：江苏古籍出版社，1991年。

集中采买，并不过多牵涉民众。康熙至嘉庆期间所需物料则主要为芦苇和秸秆，这些物料难以集中向商人购买，只能分散向民户派买，也即发生了李德楠所指出的"治河材料社会化"的过程。[1]因此，这一时期的物料派买与更多的百姓发生联系，成为沿河地方的沉重负担，对于官府和民间来说，如何获得足够的此类物料和如何应对繁重的派料是十分重要的问题。

清代河工办料依靠富户和地保等民间力量，地方大户和地保以"易知单"在地买料并运送至县，管河厅主要负责委员协同地方官总办其料并进行监督。依靠民间力量既是官府资源动员能力的局限所致，也是为了避免差役扰民。但是，派料负担过重固然与胥役有关，但更主要的原因还是物料的固定例价过低，大工等特殊情况下的协济需求又太频繁。不仅官府所依赖的地保、粮头等职役本就有扰民等弊端，强行将任务派发给庄头和富户也可能造成新的问题。既然只要办料，弊端就很难避免，地方只能尽可能地从一开始就避免办料，即以地方为整体通过各种方式寻求免料。

秸料等大宗用料本就是民间日用之物，用于河工派料势必影响百姓的生活，学界讨论已经涉及办料对民间环境、种植结构的长期影响。有关丰县的"免料始末"，李德楠对《丰县志》的讨论中有所涉及，但其重点是讨论办料对秫秸种植结构的影响，并未关注当地绅民的具体反应与应对策略。[2]

---

[1] 治河材料的演变与"治河材料社会化"的概念，参见前引李德楠《治黄材料的历史演变及其社会响应》。

[2] 李德楠：《黄河治理与作物种植结构的变化——以光绪〈丰县志〉所载"免料始末"为中心》，《中国农史》2013 年第 2 期。

（二）关于免料始末

丰县所属的徐州初为直隶州，雍正十一年（1733）升州为府，下辖一州七县，即邳州和铜山、萧、砀山、宿迁、丰、沛、睢宁七县。正德二年（1507）黄河东徙，汇入丰县北的泡河，临河的丰县有了筑堤办料的需要，此后黄河多次南徙，逐渐远离丰县，但丰县一直办料并延续至清初。丰县士民自言为弹丸小邑，动辄派办的数百万物料为数不少，且黄河南徙之后丰县离河百里，并无舟楫可通，物料的运输也是沉重负担。

由于派料之艰，康熙十八年（1679），丰县士民捐置公田入官置办柳园，呈请知县孙毓璘详请以官柳园的方式替代办料。士民踊跃输钱，于五沟、华山等处买地共六十三顷余，[1] 由官府招纳佃户种植柳树、积蓄草料，以备岁修之用，每年额外出柳橛三千根以为修园之用，相应土地的税粮则摊入全县各户完纳，而丰县永免派办。由于与沿河州县历来派料的惯例不同，丰县的呈书三上三返，知县孙毓璘亲赴河道总督靳辅处泣诉情形，靳辅才题请定案，永免办料。

康熙年间普设柳园、使用官柳之后，沿河州县捐置柳园的情况比较普遍，比如康熙《睢宁县志》载，顺康年间管河主簿宋文耀"管河七载，监筑堤防，开凿引河，捐植柳园，历有成绩"[2]。丰县捐置柳园也是在这一背景下展开，按理来说，丰县捐置柳园之后应当再无派料之忧，但是从雍正八年（1730）开始，丰县被多次派料。雍正八年八月，东河总

---

① 五沟、华山均为丰县村集："五沟"当为"午沟集"，在县南五十里，为河滩地；华山里为丰县十九里之一，位于县东南，东临沛县，东南临铜山县，华山集具体在县东南三十里。参见光绪《丰县志》卷一六《建置》。另外，据顺治《丰县志》卷四《田赋》载："境内东南一带如华山、万安、留顺、艾村诸里虽列在熟田，大抵其地皆沙土薄地，收获无几。"可与后文丰县与砀山县互控中丰县的免料理由相对应，即此两处地方虽然略近于河，但属于捐植柳园的河滩地，而非需要河工保护的民地。
② 康熙《睢宁县志》卷五《名宦》，清康熙五十七年刻本，第20页。

督嵇曾筠发银两千两饬令丰县办料。突然派料已属不合，所派的芦苇、苘麻和秫秸也非丰县出产，因此士民孙汝轼等向知县王锡呈请免派。王锡申详河督嵇曾筠，将料银解归徐属河厅自行购办。

第一次派料被顺利免除，却为再次派料开了先例。雍正十一年（1733）九月二十日，河道总督嵇曾筠再次发银一千两令丰县办料。知县魏升叙起初照数查收，但是九月三十日，绅士方文炳、沙元贤等请求查案恩免派料，以避免"地仍在官，差仍在民"的情况。魏升叙据情详明淮徐道吕维炳和河道总督嵇曾筠，十月二十七日，嵇曾筠再次将银两解交徐属河厅另行购办。连续两次强派引起了丰县士民的担忧，参与呈请的丰县庠生沙元贤将始末刻于碑上，"以垂不朽，亦使后之人处兹乐土，毋忘沐恩之所自也"[1]，希望不再发生强行派料之事。

然而，一旦发生决口大工，派料还是不可避免。乾隆七年（1742），石林决口，丰县与砀山县等通行采买秸料，丰县不得已暂办一次，赴萧、砀等地高价采买。石林就在丰县附近，此次办料实属无奈。但是，乾隆九年（1744），河道总督白钟山令地方官采买铜沛厅、丰萧砀厅二厅秸料四百万束，丰县士民再次请免派办。这次呈请遭到邻县砀山的阻挠，乾隆十年（1745），砀邑士民李振等以办工偏累等情到徐州府呈控，主张此次决口的石林、双庙属于丰县，且丰县也是滨河之县，应与砀山一同办料。砀山取得了暂时的成功，乾隆十一年（1746）七月，徐州府知府定长议定丰县每年办预备秸料银两千两，经淮徐道高晋改议为四千两，并经新任河道总督顾琮正式饬派。

丰县士民史以张等人遂直接具禀河道总督。乾隆十二年（1747）四月十六日，新任河道总督周学健令徐州府负责此案，徐州府知府定

---

[1] 乾隆《丰县志》卷一二《艺文类》，第60页。

长要求丰县交代始末。丰县知县曾昌龄随即主张丰县的行粮底册上载有柳园，"名号坐落，班班可考"，康熙年间捐置柳园确有其事。针对砀山县的说法，曾昌龄指出，丰县南隅虽微近于河，但只是用于种植柳树的河滩地，而非民地。且石林、双庙两汛实际上位于铜山县等地方。由此，曾昌龄认为，根据部议不得重派之语，已经捐置柳园的丰县不合再办料。徐州知府定长也认可丰县的说法，于乾隆十二年六月二十三日向河道总督呈文，认为虽然捐地之说因历年久远无可考稽，但丰县所送碑摹可作为证据。对于砀山县的呈控，定长也给出了初步的处理意见，主张将最开始议定的丰县料银两千两摊派给铜、萧、砀三县，如有大工再让丰县协济。

与徐州府的支持态度不同，河道总督周学健的态度十分谨慎。乾隆十二年（1747）七月初七日，周学健批复：

> 据详，丰邑历年不办稭料，乾隆七年石林口决，虽曾采办，乃大工紧急之际，不可与常年同论，且捐地之说，所送碑摹尚属可据，请免其承办等语。但所议常年预备稭料酌派铜、萧、砀三县之处是否可行，仰准徐河道会同淮徐海道确查妥议详夺。毋违，缴。[①]

周学健没有直接同意丰县和徐州府的呈请，只是对知府定长的处理意见有异议。不久，两道会详回文称"似应俯如该府所请"，但是乾隆十二年（1747）九月初七日，周学健的批文中依然坚持自己的态度：

> 查丰邑捐地免办，事远年湮，虽有碑摹，究无案据。且铜、丰

---

① 乾隆《丰县志》卷五《赋役类》附"免料始末"，第8页。

二厅既令地方官办料交工，凡属滨河州县均应分买，庶为公平。乾隆十年砀邑士民具呈公办，丰县亦经分派办交在案。若令全免，是否不致偏枯，或因丰邑离工稍远，产秸稀少，酌量少买。事关工需，必斟酌万妥，方可永远遵行，仰再悉心妥议，详报查夺。毋违。①

周学健此次批文不仅怀疑了丰县提交的碑摹证据，而且具体指出全部免除丰县料物有失公平。丰县提交的碑摹当为前述雍正十一年（1733）所刻的"免料碑记"，详细记录了丰县的办料之艰，以及捐置柳园并两次成功免料的过程，配合柳园的行粮底册应当是可以证明免料之事的。但是相对于碑刻，周学健更关注的是"案据"，即先后题请的案卷，由于相隔多年，这一证据也确实不足。周学健从砀山等县的角度出发，希望派买更加公平；而对于丰县民众来说，既承担柳园又派买料物显然也有失公平。

乾隆十二年（1747）十月初七日，丰县收到批文后，补充说明雍正年间两次发丰北厅另办秸料也有案卷可以证明，明确提出希望"无分岁修抢修一切工需，概邀免办"。这一次，徐州府和淮徐河道依然同意免其派办。乾隆十三年（1748）正月二十七日，周学健最终批复：

> 仰即饬照前府所议，常年免其派办，如遇紧急要工，需料浩繁，仍酌发一体办交，俾工务民情两俱称便可也。此缴。②

第三次免料历经波折，周学健最终同意了免除丰县的岁修抢修派料，但依然坚持如遇紧急大工，仍然需要协济。

---

① 乾隆《丰县志》卷五《赋役类》附"免料始末"，第10页。
② 同上，第14页。

乾隆二十年（1755），河道总督富勒赫又突然派发料银两千两，令丰县办次年之料，时任知县宿生澍"坚拒之，终不应"①。新任知县卢世昌到任后传地保庄头等领价购料，但因"阖邑闻之，惊惶控告"，卢世昌代为申详至徐州府，不料被知府陈焱驳斥。淮徐河道孙廷钺和河宪富勒赫都以丰县并未遭灾，令其勉力承办。乾隆二十一年（1756），因孙家集大工紧急，丰县又被派料十万束。卢世昌查阅相关卷宗，力陈丰县呈请免料"非因购料之难，实因挽运之艰"，丰县虽曰滨河，其实离河六十余里，只能用车运料，官价银不过四钱五分，远远低于办料所需。

呈请尚未获准，乾隆二十二年（1757），因铜沛厅、丰北厅各工需料紧急，丰县又被派办稭料二十五万束。丰县士民史以张和知县卢世昌先后恳请免办，知府刘璞于乾隆二十二年七月十三日查阅卷宗碑摹之后，主张以乾隆十二年（1747）周学健的做法为据，丰县只需办好已派二十一年（1756）未完之料，之后续派稭料即请邀恩免办。江南河道总督白钟山、副总河嵇璜随即也同意如此，丰县第四次援引旧案得以免料。

二、派料与免料——纠纷的发生与应对

以上介绍了丰县免料纠纷的始末，在捐置柳园得以免料之后，丰县并未一劳永逸免除这项负担，仍然先后四次被派办料，以致产生延续近百年的免料纠纷。为何丰县会被反复派料，又何以能够多次成功免料？以下对这些问题进行讨论。

---

① 宿生澍拒绝派料并未见于"免料始末"，此处根据宿生澍宦绩增添。参见乾隆《丰县志》卷四《职官类·宦绩》，第 10 页。

（一）为何反复派料——丰县免料的局限性

事实上，丰县四次被河道总督派料的直接动机均不一样。第一次派料是丰县长时间未办料，案卷不清所致。雍正八年（1730）四月，嵇曾筠以河东河道总督改署江南河道总督，六月才正式到任南河。然而六月底，邳宿之间的黄、运两河与骆马湖水势大涨。[①]为了平稳水势，避免秋汛大水，嵇曾筠此时派料至各县并不奇怪。雍正八年八月将丰县也纳入派料范围，当是不熟悉丰县的捐园免料情形所致。在知县申详之后，嵇曾筠很干脆地同意了丰县的免料。

第二次派料则是因为河道总督嵇曾筠试图重新将丰县纳入派料范围。雍正十年（1732）十一月，嵇曾筠奏请南河仿照河南的稽查物料之法，于霜降之后储备次年工料，并著为定例。[②]丰县第二次派料的时间明确记载为雍正十一年（1733）九月二十日，正值霜降，这一时间前后，南河较为安澜。丰县被派的两千两稭料很可能即为次年岁修工料，嵇曾筠应当是试图借厘定办料章程之机，在执行新办料定例的第一年落实其所主张的"沿河州县原有承办料物之责"[③]。不过，对于丰县来说，此次派料是针对平常的岁修而言，一旦答应，后患无穷，因此依然进行申详。由于雍正八年（1730）免料的案卷尚在，嵇曾筠也同意了此次免料。

第三次派料中，乾隆七年（1742）石林口大工的紧急派料是工次附近的丰县必须承担的，乾隆十年（1745）的派料则是河工物料转变背景下办交秫稭的无奈之举。南河总督白钟山于乾隆八年（1743）二月奏

---

① 参见吏部尚书总督江南河道提督军务嵇曾筠《奏报邳宿湖河水势异涨情形》（雍正八年七月三日），《宫中档奏折》，台北故宫博物院藏，编号：故宫 017295。本文所引用的台北故宫博物院藏档案，参见台北故宫博物院"清代档案检索系统"：https://qingarchives.npm.edu.tw/index.php?act=Archive。

② 参见布政使学习河务富勒赫《奏为据实密陈河工情形折》（乾隆十八年七月八日），《宫中档奏折》，编号：故宫 029859。

③ 乾隆《丰县志》卷五《赋役类》附"免料始末"，第3页。

请将苇荡右营的一百零五万束苇柴分派徐属州县运用，由此，徐属州县可以少办秫秸。① 乾隆九年（1744）八月，白钟山又奏称江南河工各厅多用苇柴，只有徐属丰砀、铜沛二厅地产秫秸，因此专办秫秸交工，但是"向来印官、河厅分办，推诿迟延"，因此"应令该管河道查明工程险易、需用多寡，于每年七月酌定银数，分给各县印官承办"。② 可见此时徐属各县存在秸料不足且办料中印官、河官互相推诿的弊端，白钟山一面调取苇荡营的苇柴使用，一面专责印官负责办理秸料。此时秫秸逐渐代替芦苇成为主要河工物料，徐属地方仅有丰砀、铜沛二厅产秫秸，丰县因此被派。

第四次派料其实包含三个派料原因。乾隆二十年（1755），丰县先是被河道总督富勒赫派办次年的预备物料。乾隆十八年（1753）十月，富勒赫奏估南河岁抢各工银两和物料，被乾隆皇帝批示淮扬一带州县因铜山漫决大多遭灾，所需的物料要从无灾州县广为购备。③ 乾隆皇帝批示在前，富勒赫因此将其他州县应当承担的次年岁抢修物料派给未遭灾的丰县，以保证办足物料。乾隆二十一年（1756），丰县被派孙家集大工的协济秸料十万束，与乾隆七年（1742）石林口大工类似，情势紧急必须承办。乾隆二十二年（1757），又因铜沛厅和丰北厅需料紧急被派秸料二十五万束。乾隆二十一年十月底，孙家集工程合龙，东河总督白钟山奏报除河南、山东协济物料外，铜沛、萧砀二厅此前所贮物料也全部运至孙工使用。④ 因此，乾隆二十二年派给丰县的二十五万

---

① 《清高宗实录》卷一八五，乾隆八年二月甲寅，北京：中华书局，1987 年影印本，第 11 册，第 392 页。
② 《清高宗实录》卷二二三，乾隆九年八月辛未，第 11 册，第 881 页。
③ 《清高宗实录》卷四四八，乾隆十八年十月乙未，第 14 册，第 841 页。
④ 参见署理江南河道总督刘统勋、河东河道总督白钟山《奏报孙家集工程合龙日期并用银数目备料情形折》（乾隆二十一年十月二十九日），《宫中档奏折》，编号：故宫 038941。

束稽料，是为补还二厅此前所用。乾隆二十二年正月，白钟山以总河调补南河总督，嵇璜以副总河协助料理南河河务。副总河嵇璜乃雍正年间两次免除丰县派料的南河总督嵇曾筠之子，此次免料能够顺利通过，或许与此有关。

河道总督的派料动机不一，但是丰县能够反复出现在河督的派料范围内，说明丰县在康熙年间的免料之举存在局限性。

首先是捐置柳园这一行为本身的局限。雍乾之间，官柳园所植柳树由于管理不善，柳梢供应逐渐不足，加之河工用料逐渐增多，芦苇和秸秆被纳入用料范围。由于芦苇和秸秆来源广、出料快，很快就成为河工的主要用料。雍正二年（1724），河南布政使田文镜奏请在河南、山东河段使用秸料作埽；雍正三年（1725），总河齐苏勒也指出："若柳不敷用，势必以苇代之。"①秸秆与芦苇就渐渐成为河工的主要用料。当然，柳梢的作用仍旧不可替代，雍正十年（1732）时，嵇曾筠仍在奏请将河堤内外的官柳地由堡夫就近领种，堡夫可收取籽粒作为工本，官府也可获得柳树与稽草以资工用。②虽然此时期丰县两次派料都指明是秋稽，但是嵇曾筠顺利答应免料即意味着丰县所捐柳梢尚勘工用。但是，乾隆中期以后新派稽料和芦苇在所难免，③丰县的两次免料也更加艰难。

其次与黄河河道之频繁变迁密不可分。丰县办料始于黄河北徙，此后黄河虽然南徙而丰县办料依旧，因此有捐柳之事。曾经滨河的丰县往往被视为沿河州县，时不时出现在分派物料的名单之中，也因此引

---

① 相关演变可参见前述李德楠的相关研究。
② 参见吏部尚书总督江南河道提督军务嵇曾筠《奏请垦版柳地以裕工料折》（雍正十年四月二十四日），《宫中档奏折》，编号：故宫 015894。
③ 对应的是，柳树的地位逐渐下降，比如乾隆二十年富勒赫奏请停止江南地方官民捐栽柳杨之例。参见署理河道总督富勒赫《奏江省地方请停官民捐栽柳杨之列以杜冒滥以收实效事折》（乾隆二十年正月四日），《宫中档奏折》，编号：故宫 034129。

起邻县的不满和呈控。雍正年间，嵇曾筠两次派料时均主张"沿河州县原有承办料物之责"，即将丰县视为沿河州县。而丰县则并未自视为沿河州县，士民呈请中一方面强调已经捐园置柳，另一方面反复申辩丰县"离河遥远，四面不通河道"，算不上沿河。乾隆十年（1745）丰县与砀山县的呈控中曾就丰县是否沿河进行争论，虽然丰县所谓"砀临河近，丰离河远"，发生险工的石林、双庙实际上属于铜山地界，但是丰县南境有一段滨河之地是无可争议的。由于"沿河"的模糊性，丰县的第三次免料风波牵涉他县，持续多年才最终结束。

最后，以上两个因素产生作用的制度基础在于河工物料的派买本就因工而设，具有很强的偶然性。不同于载入赋籍的正供，河工有常年进行的岁修、抢修和偶尔进行的大工之别，所需物料的急迫性也有所区别。丰县捐置柳园时明言"以备岁修之用"，大工等特殊情况并未包含在内。在乾隆七年（1742）石林口大工、乾隆二十一年（1756）孙家集大工等情况下，丰县即使免料也需要勉强承办。此外，碰到乾隆二十年至二十三年（1755—1758）连年水灾这样的情况，[1] 原本负责供料的砀、萧等邑难以出料，已经捐地植柳的丰县也难以置身事外。面对日益频繁的大工，即使免去丰县的岁修用料，丰县也始终需要在大工时加以协济，以保证大工用料。康熙年间丰县捐置柳园免料虽经题请定案，但终究没有形成例文，缺乏可以直接援引的效力，一旦事远年湮，曾经的定案难免成为可怀疑的对象。缺乏长久效力的免料之案在紧急需料的大工面前，显然并不能发挥出应有的作用。

---

① 光绪《丰县志》卷一四《纪事·灾祥》记载："乾隆二十年、二十一年、二十二年连被水灾，贺堌、永安、丁兰等里，因沛湖涨溢，漂没庐舍，兼大疫时行诏大赈。二十三年，蝗过境，秫豆大收，价值之贱，为数十年所未有。"

（二）绅民呈请与知县申详——地方的免料策略

丰县固然被反复派料，但也每次都成功实现免料，免料过程中，地方绅民的呈请和知县的代为申详尤为重要。地方公事中，先由绅民进行呈请，再由知县以此为据向上申详是十分常见的模式，赋役、行政区划调整等案件的研究中多有涉及。比如明末徽州府的丝绢纷争中，各县知县均有提交绅民联名上呈的申文，夫马进详细列举了"城都里排""乡宦""举监""坊都军民匠籍"等联名上呈的身份，这些乡宦生员开列自己的真名实姓，以此展示纷争作为"公事"的特点。[1] 再如胡恒对清代山西清源等县裁撤过程的考察，士民赴县呈控、拦舆递呈甚至直接京控，呈文同样成为知县申详的重要依据。[2]

丰县的免料中，雍正八年（1730），士民孙汝轼、史维岐、史维裴、金嗣珩、方文蔚等主动向知县王锡呈请；雍正十一年（1733），绅士方文炳、张秉衡、沙元贤、孙学涛、高元璠、史宽标等向知县魏升叙呈请；乾隆九年（1744），士民向知县徐国璟呈请；乾隆十一年（1746），士民史以张、孙恒、谢煐、谢国栋、苏自牧、史鹏翼、高元璠等直接具禀河道总督；乾隆二十年（1755），士民史以张、渠瑾、方文炎、宁焕等则是向徐州府呈请。不论绅民的呈请是否出于本意，丰县历次免料均有士民前仆后继，确实十分难得。

这种面对公事时的热情早在清初即有迹可循。顺治十二年（1655），萧县以本县粮重却一直在代丰县纳粮为词，与丰县兴讼，丰县生员张型等人随即呈词知县阎昭，力陈丰、萧二县之异，请求照旧制征收。此次讼案中，知县阎昭言丰县士民"辩说蜂起而为士为民，皆负绝不相下之气；笔舌蠢动而无贤无愚，咸抱效死乎受之谋"，极力支持丰县士民，请求淮徐

---

① ［日］夫马进：《试论明末徽州府的丝绢分担纷争》，《中国史研究》2000 年第 2 期。
② 胡恒：《关于清代县的裁撤的考察——以山西四县为中心》，《清史研究》2011 年第 2 期。

兵备道金事胡廷佐"速赐批明，令仍旧贯，以为丰人立命，以免萧人妄想"。① 最终经准徐道批准结案。丰县士民对地方公事的热忱可见一斑。

丰县历次免料中，率先呈请的地方绅民具体身份如何？以下是部分可查的绅民身份：

表 1　丰县历次免料部分绅民身份简表 ②

参与免料的绅民	身份
顺治十二年 张型	顺治十五年贡生，巢县训导
雍正八年 张汝轼	雍正九年贡生
雍正八年 史维岐	贡生，性好施，乾隆《丰县志》卷九《人物类·列传》有传，亦见乾隆《徐州府志》卷二〇《人物志》
雍正八年 金嗣珩	雍正十一年贡生
雍正八年 方文蔚	乾隆二年保举优贡，乾隆十年任山阳训导，其父方尚健乾隆《丰县志》卷一一《人物类·流寓》有传
雍正十一年 方文炳	康熙五十三年乡试解元，原籍徽州，方文蔚之兄
雍正十一年 张秉衡	雍正七年举人，亦见乾隆《徐州府志》卷二〇《人物志》
雍正十一年 沙元贤	邑庠生，免料之后特刻免料碑记
乾隆十一年 史鹏翼	举孝廉，遇公事毫不吝惜，乾隆《丰县志》卷九《人物类·列传》有传，史维岐之子
雍正十一年、乾隆十一年 高元璠	国学生，乾隆《丰县志》卷九《人物类·列传》有传
乾隆十一年、乾隆二十年 史以张	乾隆十六年贡生，史鹏翼族弟

---

① 顺治《丰县志》卷四《赋役·办粮呈词》，第 16—21 页。
② 本表大部分人物信息来源于乾隆《丰县志》卷七《选举类》、卷九《人物类·列传》和卷一一《人物类·流寓》，部分人物亦见于乾隆《徐州府志》，表中已注明。

　　上表有几个值得注意的地方。第一，参与免料的绅民多为本地举人、贡生，可见免料呈词确实能够代表地方的"公意"。第二，参与免料的绅民之间多有联系。一方面，同一位绅士可能连续参与相隔不远的两次免料。比如高元璠先后参与雍正十一年（1733）、乾隆十二年（1747）的免料，史以张前后参与乾隆年间的两次免料。另一方面，免料的绅士之间也存在亲缘关系，比如原籍徽州的方尚健，其"品端行谨，笃学不倦，且善于启迪，游其门者多知名士"。方尚健所生三子中，方文蔚和方文炳分别参与了雍正年间的两次免料，乾隆《丰县志》中称："本朝来，丰邑鲜有发料者，而文炳辄能领解大省，论者未尝不称尚健之家学为独深云。"① 初次参与免料的史维岐与乾隆十一年（1746）的史鹏翼为父子关系，乾隆年间发挥重要作用的史以张又是史鹏翼的族弟。

　　免料纠纷延续多年，知县又频繁迁调，新任知县很难了解丰县的免料缘由。地方绅士通过参与多次免料或绅士家族内部的代际传承，可以弥补这一缺陷。可以发现，每两次相邻的免料纠纷均有熟悉以往免料情形的地方绅士参与。他们不仅可以帮助交涉免料事宜，其本身也能成为既往免料的人证，提高免料成功的可能性。

　　当然，即使是参与修志的地方绅士，在免料呈控中的角色也不应过高估计。士民的呈文往往只是免料纠纷的开始，或者在交涉陷入僵局时再次代表地方向上级施压，很少能够直接成功。士民呈文的作用主要是代表地方公意，成为知县向上交涉的依据。知县在免料纠纷中的作用同样突出，丰县历任知县代表士民呈请，反复交涉，比如王锡因极力陈请而被挂吏议，② 卢世昌"披沥上陈，为民乞命，请至再三，致

----
① 乾隆《丰县志》卷——《人物类·流寓》，第3—4页。
② 乾隆《丰县志》卷四《职官类·宦绩》，第11页。

干宪怒"①，不惜触怒上司也要坚持免料。参与免料的康熙年间知县孙毓璘，雍正年间知县王锡、魏升叙，乾隆年间知县曾昌龄、宿生澍、卢世昌，等等，均被列为名宦，②也说明了知县在其中发挥的作用。

有趣的是，方志似乎以免料是否成功作为知县是否纳入名宦的依据。乾隆年间第一次免料中，乾隆十年（1745）砀县攀控后，丰县先被派料，此时的知县刘履乾"深恐两邑争较，贻误工需，谆谆教谕小民勉强承办"③，丰县士民不得已高价赴他县采买，赔累甚多。刘履乾是所有参与派料纠纷的知县中唯一没有被列入"名宦传"的人，与其他知县相比，刘履乾实际上并没有坚决呈请免料，而是让丰县士民承担了派料之累。这一负面例子也说明，在当时的丰县，地方士民与前任知县的所为给新任知县在处理物料派买时带来了巨大的压力。

就丰县而言，绅民与知县的呈请固然有维护地方利益的现实考量，但也可能包含对声名的考虑。成功免料的绅民、知县多能被列入传中，甚至修于乾隆七年（1742）的《徐州府志》先乾隆《丰县志》一步记载了史维岐参与免料之事。这既说明丰县的免料公案已经闻于府志，也可能促使绅民、知县们为了声名而奋力参与免料。绅士之间通过亲身参与或代际传递而延续免料的动力，知县之间也受缚于以往知县的免料政绩，很难接受派料。地方的舆论、方志的书写都倾向于那些为了丰县免料而前后奔走的"乡贤"和"循吏"，这也是丰县历次成功免料的巨大历史惯性。

其他被派料的州县似乎更能说明知县在其中的作用。如道光《尉氏

---

① 光绪《丰县志》卷四《职官类·宦绩》，第11页。
② 乾隆《丰县志》卷四《职官类·宦绩》。由于乾隆《丰县志》为卢世昌修撰，其本人并未入传，宦绩见光绪《丰县志》卷四《职官类·宦绩》，第11页。
③ 乾隆《丰县志》卷五《赋役类》附"免料始末"，第14页。

县志》记载的那样，嘉庆十一年（1806）兰、仪二工中，尉氏被派料约值五千金，知县汪景焯"念民贫不堪，自办自解，而民不闻"①，偶尔的办料被知县妥善处理，并未给尉氏民众带来烦恼，自然不需要民众进行呈请。当然，免料成功多系于知县，并不意味着知县的个人努力一定能够成功。乾隆二十三年（1758），黄河在武陟县决口，因此派料至修武县，时任知县常建运上书云"所产秔稻不足自给，焉有余珠及工"，结果直接被劾而去。② 有时甚至稍微延缓办料也不被允许，刘大绅乾隆末任山东新城知县时，新城被派料三百万，刘大绅因此时正妨碍秋收，上书请求稍微宽限，但未被允许，并被要求一旦逾时就另外遣员办料，地方绅民不得已争先输纳，以避免刘大绅离职。③ 地方官请求宽免办料失败可能更符合河工用料的紧迫现实，也说明免料成功还存在士民呈请、知县申详之外的其他因素。

（三）"究无案据"还是"历有案据"——丰县免料依据的效力

在丰县免料纠纷的参与者中，河道总督是派料的发起人，地方绅民与知县则是免料的发起人，前文已经讨论了两者的派料动机及免料策略。然而，派料的具体实施、免料的成功与否系于丰县知县的上级，即徐州府知府、淮徐河道、江南河道总督三方的意见。从丰县的例子来看，同样的免料依据却被不同的河督评价为"究无案据"和"历有案据"。客观的免料依据固然是呈词的重点，如何看待这些依据可能更加重要：

---

① 道光《尉氏县志》卷七《职官表·列传》，清道光十一年刻本，第38页。
② 道光《修武县志》卷七《秩官考》，清道光二十年刻本，第28页。
③ 民国《新纂云南通志》卷一九七《列传九》，1949年铅印本，第13页。

表 2　丰县"免料始末"相关呈词的免料依据与处理意见

呈词或详文	免料依据	处理意见
1. 雍正八年士民孙汝轼等呈为备陈情由叩天转详恤灾安民事（知县王锡转详河道总督）	捐园免料已有定案；离河遥远，不通河道；水灾异常；不产物料	河道总督嵇曾筠：同意，由徐属厅另行购办
2. 雍正十一年九月三十日绅士方文炳等呈为吁恳详宪查案恩免重办以豁民累事（知县魏升叙据情详明淮徐河道、河道总督）	五十余年从无办料；雍正八年免办"金批煌煌，在案炳据"；宪檄内开不许重复购买①	河道总督嵇曾筠：同意，沿河州县原有呈办料物之责，由徐属厅另行购办
3. 乾隆十一年七月士民史以张等禀为吁恩免派稭料急救重累以昭平允以彰画一事（知县刘履乾代为转详）	雍正免料"有案可稽"；乾隆七年办料是权宜之计；有行粮底册、祖传家账可据；滨河但并非民地；部议不得重派	河道总督顾琮：批徐州府查案速报
4. 乾隆十二年五月知县曾昌龄为吁恩免派稭料急救重累以昭平允以彰画一事（确查回报徐州府定长）	丰境并无尺寸河地；雍正免料碑案可据；乾隆七年采买"其苦万状"；丰民殷实之家甚少；恐赔误河工	徐州知府定长：支持免料，稭料银派铜、萧、砀三县，丰县紧急要工再协济
5. 乾隆十二年六月二十三日知府定长为恩办稭料急救重累以昭平允以彰画一事	雍正年间"两次发银饬办，旋即掣回，俱有案卷可据"，所送碑墓"亦属可据"	河道总督周学健：由淮徐河道、淮徐海道详议另派铜、萧、砀三县是否可行
6. 乾隆十二年八月二十日两道会详稿	雍正年间"掣回银两另办在案"；乾隆十年砀邑呈控后派料丰县"详办有案"；现有碑墓	河道总督周学健："虽有碑墓，究无案据"；"滨河州县均应分买，庶为公平"；要求再议
7. 乾隆十二年十一月知县曾昌龄为恳恩免派等事（确查回报徐州府钱、淮徐河道定长）	原卷遗失，但有粮册、碑墓可据；柳椽至今由河衙征收；雍正免料"卷案炳证"；管河主簿移驻铜山说明丰县并不滨河	徐州知府钱：应免其承办

① 其后历次免料依据区别不大，故相同者不再复录，仅记录不同之处。

续　表

呈词或详文	免料依据	处理意见
8. 乾隆十二年十二月十四日知府钱覆详稿	既非滨河州县，又非产料之区	淮徐道定长：同意，应免其派办
9. 乾隆十二年十二月二十九日淮徐河道定长详稿	钱粮征收就是确据，不必借碑摹为据；雍正撤回另办在案	河道总督周学健：照前府所议
10. 乾隆二十二年知县卢世昌禀文	孙家集大工与丙子年稽料都未能办完；请援"素未办料之例"	徐州知府刘瑛：请照前例免办
11. 乾隆二十二年七月十三日知府刘瑛详文	雍正以前无案卷可查；雍正、乾隆年间免办在案；离河遥远等为实在情形	两道会详：同意免办 河宪白钟山、嵇璜：历有案据，同意免办

历次详文中的免料依据大致可分为以下几种：第一，丰县办料之艰，比如离河遥远、遭遇水灾、地不产料以及赴他县买料赔累更多等；第二，丰县并不滨河，不用办料，包括强调离河远近、是否有滨河民地以及管河主簿的驻地；第三，康熙间捐园免料的事实，主要是相关的行粮底册和祖传家账；第四，既往成功免料的事实，比如免料的案卷和碑摹；第五，外在的政治压力，比如引用部议不得重派之语。客观来说，这些免料依据多是可以确查的事实，按理来说不会导致河督的不同判断。但是，每次派料动机不一，免料的阻力也不同，不同的官员的态度就决定了这些免料依据的效力。

丰县的事例中，第三次免料最为复杂，以下即以此次免料为例，讨论不同官员对待免料依据的态度及原因。相关官员中，先后任徐州府知府、淮徐河道的定长和江南河道总督周学健的态度转变最为关键。乾隆十一年（1746）七月，知府定长议派丰县料银两千两。但乾隆十二年（1747）四月，周学健批示定长处理此案，定长转而支持免除丰县的派料。反观周学健，始终坚持派料给丰县，历经多次呈文，乾隆十三年（1748）正月才最终同意免料。

周学健，南昌府新建县人，雍正元年（1723）进士，以庶吉士、翰林院编修出身，雍正十三年（1735）提督福建学政，此后任侍读学士、少詹事、内阁学士，又兼任或专任礼部、刑部等部侍郎。乾隆七年（1742）三月，周学健以钦差刑部侍郎前往江南淮徐等处办理水灾赈务。①周学健办理赈务使地方"始不至于失所"；七月，江南再次遭灾，周学健再次被派往办理赈恤水利。②乾隆八年，周学健出任福建巡抚，直至乾隆十一年（1746）九月，江南河道总督员缺，周学健补授南河总督，并于次年三月正式到任。

周学健到任时正值河工伏秋二汛，乾隆帝认为"周学健办事，不患其因循而患其太急，不患其畏怯而患其太猛……今观近日所奏数折，仍未免喜于兴作而议论亦复纷烦"，因此以熟练河务的大学士高斌会同办理防汛事宜，希望周学健能够"虚衷审慎，一切与高斌详晰熟筹，俟洞悉原委，徐图绩效，以称委任"。③由此观之，周学健固然有办理江南河务的经验，但终究缺乏河官经历，乾隆八年（1743）以后又一直任福建巡抚，并不能很好办理南河事务。

周学健被批饬"虚衷审慎"后不久，正逢丰县三次申文免料。一方面，办足料物是河督的基本职责，初来乍到的河督周学健自是不希望免除徐州府和淮徐道已经派给丰县的料物，给自己徒增烦恼。另一方面，乾隆皇帝的告诫犹在耳畔，不作更张、维持派料是周学健更为妥当的选择。因此，笔者认为，周学健两次拒绝免料更多出于自身的考虑，丰县的免料依据反而是次要的。

———

① 《清高宗实录》卷一六二，乾隆七年三月庚午，第11册，第42页。
② 《清高宗实录》卷一七一，乾隆七年七月癸未，第11册，第174页。
③ 《清高宗实录》卷二八九，乾隆十二年四月丁亥，第12册，第787页。

那么，为何周学健最终还是同意了免料呢？从案件的发展来看，与另一关键人物——定长相关。乾隆十三年（1748）闰七月，江苏巡抚安宁奏称，周学健在孝贤皇后身死二十七日后就违例剃头，所属文武官弁均已剃头，"内止有淮徐道定长一人遵奉法度"①。周学健作为封疆大吏，剃头之后多方掩饰，九卿科道官员又均未奏闻，乾隆帝因此大怒，将周学健发往直隶修理城工，效力赎罪。其后，又查得周学健在南河总督任内营私贪贿，最终赐其自尽。周学健的结局令人唏嘘，但是定长是属员中唯一没有违制剃头之人，表现十分突出。

乾隆九年（1744）八月，原徐州知府庄亨阳补授淮徐海道，内阁侍读出身且京察一等的定长得以补授徐州知府。乾隆十三年（1748）闰七月周学健案发时，定长已经升任淮徐道，并且很快补授山东按察使，乾隆十四年（1749）三月又补授陕西布政使，此后频繁转任安徽、广西、贵州等处巡抚，仕途畅通。南河其他属员均与周学健保持步调一致，在满汉大员均违例剃头的背景下，定长的表现更显得难能可贵。

定长在周学健两次明确表示反对免料的情形下，依然坚持选择支持丰县，在孝贤皇后身死之后没有仿照其他河员行事，此案过后，其仕途的通达自然顺理成章。从剃头案中其他河员的行为可以合理推测，若没有定长的坚定支持和合理的解决方案，丰县的此次免料很可能会以周学健的拒绝告终。

更耐人寻味的是，定长在纠纷中官职的转换同样至关重要。乾隆十二年（1747）四月十六日，周学健批示定长处理此案；六月二十三

---

① 《清高宗实录》卷三二一，乾隆十三年闰七月戊辰，第 13 册，第 275 页。乾隆十三年剃头案的相关研究，可参见王志强《乾隆十三年剃发案的身体政治史探究》，《甘肃社会科学》2011 年第 3 期；杨立民《乾隆十三年国服期剃发案的政治性及其法律困境》，《文史博览》2016 年第 2 期。

日，定长还以知府的身份向已经到任的周学健呈文；而九月十七日周
学健批示两道详文，第二次拒绝丰县免料之时，定长已经以淮徐河道
的身份收此回批，并发信牌给新任徐州知府钱。[①] 可见，定长在乾隆
十二年六月至九月间已经升任淮徐河道。

参看表 2 中第五至第九条这几份详文，定长在知府任上时言丰县案
卷和碑摹均可据，在河道总督周学健拒绝后，两道的会详稿不仅不再
明言案卷是否可据，还特地提及乾隆十年（1745）丰县被派料也有案可
查。既然成功免料的经历可以成为下一次免料的依据，那么成功派料
的经历也可以成为继续派料的依据，周学健也确实在两道会详后继续
拒绝免料。直到十二月，定长以淮徐道的身份详称柳园的行粮就是依
据，甚至不用查看碑摹，进一步否定了之前两道和河督的质疑，周学
健才最终同意了免料。

由此，免料依据是否有效似乎不全在于案卷、碑摹的真实性，处理
免料的官员的态度也是重要原因。定长的态度或出于其身份，作为内阁
侍读出身的满人，他不必像剃头案中的其他河员那样迎合周学健，自然
在免料事宜中有更强的自主性。当然不论是定长的自主性，还是河督最
终改变意见的可能性，都取决于派料的紧急性，下节即对此进行讨论。

三、大工的派累：近河州县的派料背景

丰县以外的其他州县是否存在类似的派料与免料问题？存在这类纠

---

① 查同治《徐州府志》，定长之后的徐州知府为乾隆十三年到任的金秉祚，并不见姓钱
者。很可能定长于乾隆十二年九月至十一月间任淮徐道，知府缺即由钱临时补任，
不久金秉祚正式任徐州知府，因此钱并未被列入职官表。

纷的州县有何特点？这些都需要回到大工派料的具体情境中进行讨论。有清一代，黄河频繁决口，相应的大工也接连举行，相较于依靠物料储备制度进行的岁修与抢修，大工所需物料多需临时由他处协济或向州县摊派。根据殷继龙的统计，清初的黄河决口频率高于此后，但是清初的决口烈度较小，加之康熙、雍正二朝对河道大力整治，大工的耗费并不多，[①] 相应的物料压力也较小。乾隆七年（1742）以后，黄河决口次数虽然不及清前期，但是决口的规模和耗费却大为增加，筹集大工所需物料的压力也日趋增大。近河州县的派料与免料即发生于这一历史情境之中。

（一）丰县之外——免料纠纷的时空分布

沿河州县多多少少都面临类似的问题，因此呈控免料也并非丰县独有，笔者所见尚有新郑、定陶、鄢陵、密县等处，见下表：

表 3　方志所见州县呈请免料、均料简表

地点		时间	免料概况	出处
江苏	徐州府丰县	雍正八年—乾隆二十二年	捐置柳园免料，因大工和他县披灾派料，士民呈请、知县转详得以四次维护旧案	光绪《丰县志》卷五《赋役类·免料始末》
山东	曹州府城武县	康熙九年	水决曹县牛市屯，城武按亩派柳多于他县，知县请求均派	道光《城武县志》卷一一《艺文志中》
	曹州府定陶县	乾隆四一五年	历来免料，因抢修协办，士民呈诉知府、巡抚请求免办	乾隆《定陶县志》卷八《杂稽·免黄河夫料始末》

---

① 参见殷继龙《清代黄河大工研究》，吉林大学 2022 年博士学位论文。该文具体讨论了大工的时间、空间分布，大工中的奏报、人员调派与奖惩、堵合和善后方法，经费来源与使用等问题，但对于本文讨论的大工引起的派料范围扩展及民间的因应问题并未关注。

续 表

地点		时间	免料概况	出处
河南	济宁直隶州	乾隆四十九年	稽料并非发银采买，而是分派民纳，绅士请求查禁，知州禀揭存案，河道总督勒石禁派稽料	道光《济宁直隶州志》卷九《艺文志》
	开封府新郑县	乾隆二十八—二十九年	巡抚题请免料，因大工与预备工料协办，士民呈诉河道、知县转详以维护旧案	乾隆《新郑县志》卷九《赋役·河工》
	开封府鄢陵县	乾隆二十八—三十年	历来免料，因预备工料协办，士民两次呈诉知府、知县转详以维护旧案	道光《鄢陵县志》卷八《政典志·徭役》
	开封府密县	乾隆二十六—二十七年	历来免料，因大工善后和抢修协办，知县主动拒绝派办，士民两次具呈以维护旧案	嘉庆《密县志》卷一〇《田赋志·稽料》
	怀庆府武陟县、河内县	光绪九年	河北道将沁河堤工料麻等项从民间按亩摊捐改为官督绅办，由司库拨发岁修银两，民间免料	民国《续武陟县志》卷七《河防志》
直隶	大名府东明县、长垣县	康熙九年	水决曹县牛市屯，东明、长垣士民呈请，知县代为转详，免派一半	咸丰《大名府志》卷二二《艺文》
	顺德府平乡县	康熙三十一年	派柳枝万担，知县亲诣上官请免	乾隆《新会县志》卷九《人物》

办料州县众多，从表3中所列的情况看，为什么是这些地区在这一时期发生了免料纠纷呢？背后正是大工等特殊情况导致的派料。

首先，从时间上来看，这些纠纷的发生大多与大工相近。顺康雍期间，黄河大工规模并不大，由于清廷的投入和靳辅等河臣的治理，黄河相对安澜，河工耗费也不多。但是，此时期的免料纠纷也与大工相关，康熙九年（1670）曹县牛市屯决口，直隶大名府东明县、长垣县以及山东曹州府城武县均发生免料纠纷。此时期有以捐置柳园免去办料的空间，官方经费能够应对大工的花费，因此除非像徐州那样从雍正八年（1730）开始连年水灾，一般情况下不会在办料范围之外协办派料。

乾隆以后，大工接连兴举，免料纠纷更加频繁。乾隆四年（1739）曹县赵家集大工，邻县定陶因此发生免料纠纷；乾隆七年（1742）石林口大工耗银近二十四万两，丰县被要求协办物料；乾隆二十六年（1761）开封府中牟县杨桥大工更是形势复杂，造成开封府下新郑、鄢陵、密县三县的免料风波。嘉道以后，治河态势更加糜烂，但是一方面河工所需物料的转变减少了稭料的需求，另一方面，历经雍乾时期的免料纠纷，多数容易被派料的区域已经得到了各种形式的免料保证，因此相关记载反而较少。至于康熙三十一年（1692）顺德府平乡县、乾隆四十九年（1784）济宁以及光绪九年（1883）怀庆府的免料背景则稍有不同，或出于官员个人的主动呈请以减少地方负担，或出于派纳方式弊端下地方官员的主动变革。

其次，从地域上来看，这些呈控大多发生在邻近黄河但不濒临黄河的州县。丰县仅有南侧一小部分位于黄河北岸，紧邻直接沿河的砀山与萧县；山东曹州府定陶县恰恰位于沿河的曹县、单县之北；河南开封府所属的密县、新郑、鄢陵三县均位于开封府西南，同样没有直接沿河。何以免料发生在这些区域，并不是说其他县属派办压力不大，而是由于诸如开封府祥符、中牟诸县本就沿河且大工频繁，免料基本上是不可能的。乾隆《中牟县志》言："夫料桩橛类，皆取办于民，民之糊口维艰，逋赋而逃，率此之由。康熙十二年，佟大中丞尝抗章力请发帑金募夫买料，一出官办，奄奄余黎，借以少苏。"[①]如中牟这样的沿河州县，办料同样负担沉重，但是佟凤彩的题奏只是将料物纳入官银购买，并不可能免除。

---

① 乾隆《中牟县志》卷一《舆地志·河渠》，清乾隆十九年刻本，第19页。

（二）大工的派料模式——以乾隆二十一年孙家集大工为例

事实上，派及远河州县确实是无奈之举，例如，乾隆二十一年（1756）孙家集大工所需料物甚多，当年闰九月二十六日，南河总督富勒赫咨会山东、河南抚臣代办秫秸两千五百万斤。经东河总督白钟山提议，山东协济的秸料一百万束（每束合十斤）于曹单、曹仪二厅挪用，河南协济秸料一百五十万束则于仪考、商虞二厅挪用，以移缓就急。[①]十月八日，山东巡抚爱必达遂令山东就近州县协济秸料：

> 接准江南河臣富勒赫来咨，照依乾隆十八年张工办料之例，令山东就近州县代办秸料一百万束，并代雇船只，协同江省委员攒运赴工。臣即飞行藩司分饬办运，嗣据布政使阿尔泰奏详称，本年沿河州县多被水灾，产秸无几，议于滋阳、寿张、阳谷、汶上、东平、东阿、聊城、菏泽、曹、单、定陶等州县分头采办等情。当批如详分饬办运，并令移委兖沂曹道九成运河道蔡学顾上紧督催在案。臣复虑饬办州县内多不近黄河之处，未免办运维艰，因与河东河臣白钟山再四筹商，查有曹仪、曹单二厅发办乾隆丁丑年岁抢秫秸八百万斤，计八十万束，可以移缓就急，先行借拨以济江省急工。其不敷秸料二百万斤，严饬近河州县攒办速运，以足一百万束之数。其借拨两厅秸料仍饬岁内赶办交还。[②]

此次大工，山东需协济秸料一千万斤。初次议派的十一个州县，

① 河东河道总督白钟山：《奏报办运孙家集工程所需料物情形折》（乾隆二十一年十月十一日），《宫中档奏折》，编号：故宫 038770。
② 山东巡抚爱必达：《奏报办运堵筑江省孙家集工程所需物料情形折》（乾隆二十一年十月八日），《宫中档奏折》，编号：故宫 038759。

曹、单二县临河，本就办理物料；菏泽、定陶二县虽不沿河，但同属曹州府；其余州县则属兖州、东昌、泰安三府，均为运河沿岸州县。可见，多数州县都不是办料章程中应当派料之地，但又与河工有所联系。派料也并非可以无限制扩展至通省州县，需要州县有可以派料的依据，或同属办料之府，或位于运河沿岸。

根据爱必达的设想，可以先移用曹仪、曹单二厅的岁抢秫稭八百万斤，如此山东近河州县只需办料两百万斤，负担大为减小。然而，十一月十一日的奏报中，移用与派办的比例又发生了改变：

> 兹据布政使阿尔泰详称，遵于曹仪、曹单二厅发办乾隆丁丑年岁抢稭料内酌借三十万束，并饬曹、单、菏泽、定陶四县于沿河水次采办稭料五十三万束，共计八十三万束，俱由黄河运送。又于滨临运河之邹、滕、峄二县及附近之宁阳、滋阳二县共采办稭料一十七万束，系由韩庄用车陆运。统计东省代办秫稭一百万束，自十月初七、初十等起，至十月二十七八日等止，业经全数起运赴工等情详报到。臣除饬掣取工所批收报查，并将借拨曹仪、曹单二厅稭料三十万束飞饬附近州县务于岁内赶办运还外，合将东省代办孙工稭料一百万束全数起运原有恭折奏闻，仰祈皇上睿鉴，谨奏。[1]

二厅挪用的稭料从八十万束变为三十万束，或许是二厅料物本就未办足，抑或需要留存部分使用。这也意味着州县所派物料从二十万束增加为七十万束，所派州县亦有不同。曹、单依然办料，同府的菏泽、定陶承担的物料也很多，其余五个县均在兖州府境内，相较于前次议

---

① 新授江南河道总督山东巡抚爱必达：《奏报山东省代办孙家集堵筑工程之稭料全数起运折》（乾隆二十一年十一月十一日），《宫中档奏折》，编号：故宫 039024。

派的范围而言，更加靠近大工所在的徐州府。第一次议派是以山东协济江南的思路进行，所派遍及多府。第二次议派似乎是以靠近工次为原则，曹州府所属四县、兖州府所属四县均与徐州接壤，运输物料更为便捷、迅速。我们也能发现，如前所述，沿河的曹、单等县始终在派料区域内，其他州县则有调整的空间，临近工次的州县确实更容易被派料。

河南的协济情况又如何呢？根据河南巡抚图尔炳阿十月十二日的奏覆：

> 查江省孙家集工程需用料物，于闰九月二十六日准江南河臣富勒赫移咨，代办秫稭一百五十万束、苘麻四十万斤，俟委员到境，即差役帮同攒运来工济用。十月初九日又咨，令添办苘麻四十六万斤。奴才接到来咨，当即饬令布政司于就近黄河之开封府属分办稭七百万斤，归德府属分办稭八百万斤，祥符县并归、陈、怀三府属分办苘麻八十六万斤。先即垫项办运河口，并令沿河各属封雇船只，押赴开、归二府，运料各河口。俟江省委员一到，即便交收，派拨妥役帮同押送。①

河南的协济稭料并没有如白钟山建议的那样从仪考、商虞二厅挪用，而是将稭料全派至开封、归德两府，苘麻则派给开封府祥符县以及归德、陈州、怀庆三府。开、归、怀三府沿河，本就是历来派料之地，陈州府远离黄河，被派料并不常见，但在此次大工中依然被派料。

孙家集大工的案例说明派料往往并非一县之事，而是涉及近河多个

---

① 河南巡抚图尔炳阿：《奏覆办运孙家集堵筑工程已运未运料物各数折》（乾隆二十一年十月十二日），《宫中档奏折》，编号：故宫 038786。

州县。从河工物料的派买、运送时限，到对违限官员的议处，清代均有明确规定。一旦大工需用物料，地方其实并无太多选择。地方若难以承受派料，免料纠纷就很容易发生。

　　由于缺乏史料，孙家集大工派料中的地方反应无法得知，但是从杨桥大工的例子可见，大工派料之后面临压力的也绝不仅仅是某一个州县。乾隆二十六年（1761），黄河在开封府中牟县杨桥决口，豫东各县均承受了巨大的办料压力，因此开封府多个县都发生了相关纠纷。新郑、密县、鄢陵三县的免料过程与丰县类似，县民先后向知县具详求免，又赴府道等官员处哀恳，成功免料。^①并且，正如前文所指出的那样，在大工的紧急需求之下，派料章程和长官永不派料的口头保证都不能确保将来不被派料，即使是碑刻也可能因为时隔多年而失去绝对的证明效力。地方河工物料供给的数量、类型与大工中稭料的巨大需求之间的矛盾才是这些近河州县被派料的根本原因。乾隆二十一年（1756）十月二十九日，孙家集工程成功合龙，迅速合龙离不开物料的按时供应。奏折中物料按时到工的喜讯之外，隐藏的正是地方的沉重负担以及因此引发的免料纠纷。

结　语

　　清代黄河治理主要采取"筑堤束水"的治河策略，对堤防十分重视，岁修、抢修中经常需要以埽工来加固堤防，大工决口之时亦需埽

---

① 分别参见乾隆《新郑县志》卷九《赋役·河工》，清乾隆四十一年刻本，第17—23页；嘉庆《密县志》卷一〇《田赋志·稭料》，清嘉庆二十二年刻本，第22—26页；乾隆《鄢陵县志》卷六《赋役志·办料始末》，清乾隆三十七年刻本，第19—23页。

工堵口。埽工的修筑需要大量物料，且多为损耗严重的植物物料。对于国家来说，向沿河州县民众摊派此类物料本是国家财政汲取能力有限条件下的最佳选择，但是广泛的摊派势必造成吏役借机索诈等弊端，分散的物料也需要大量的人力与时间才能集中起来，难以满足河工的紧急性需要。为此，清初以降即十分重视官柳的种植，康熙中期以后，官柳更是成为河工用柳的主要来源，康熙十八年（1679）丰县捐置柳园免料正在此时。

向民间派买物料终究不可避免。根据乾隆九年（1744）江南总督尹继善和徐州府盐捕粮务通判李绅玺奏定的徐州府办料条款和乾隆三十年（1765）河南巡抚阿思哈奏定的河南办料条款，① 地方的办料方法其实主要依靠地方大户和地保以"易知单"进行实地买料并运送至县，由河厅专门委员协同地方官总办其料，并由监兑官进行监督，主要依靠的其实还是富户和地保等民间力量。依靠民间力量既是官府资源动员能力的局限所致，也是为了避免差役扰民。可以说，物料采买作为河工之重，深受官府重视，朝廷对物料银的派发、采买的具体数额、采买和运交的流程等各方面进行了详尽的规定，对"易知单"等文书也反复进行改良，希冀尽可能规范采买的过程，完成物料并减少对民间的扰累。

但是，正是定额化的河工银例价制度以及精细到户的物料派买规定，导致了整个物料派买环节都存在难以解决的弊端，固定的例价、频繁的协济和大工物料需求与民间力量的投入之间是不匹配的。官府

———

① 分别参见江南河道总督衙门编《南河成案》卷六，清刻本，中国国家图书馆藏，第110—122页；乾隆《续河南通志》卷二三《河渠志·河防》，清乾隆三十二年刻本，第9—20页。阿思哈所奏的办料条款中详细规定了办料数目、料物官价、共计需要借支的料价、堆料工所、委员盘费、交收料物等细节。

也如其他场合一样，将胥役的贪污勒索视为派料弊端的源头，却并未正视也难以解决河工派料制度与现实之间的巨大鸿沟。

难以避免的办料因此成为地方官府和士民不得不面对的问题。对于沿河州县来说，这种负担难以免除，办料既是任务，也是保护生养自己的土地所必需的。然而，对于那些并未沿河却邻近黄河的州县来说，一旦遇到大工险情，很容易因为地理位置上的接近而被视为潜在的派料对象。一次两次协济似乎并无不可，关键在于，事实上一旦被派一次就会被不断援引旧案，最终成为固定的派办州县，或者在大工频繁的时期接连不断地协济，而这也会造成巨大负担。

在大工不断的乾隆时期，丰县在内的这些相对靠近黄河的州县就有了免料的需求。作为一个整体，我们能看到地方长官与士民如何联合起来，以捐置柳园、共同呈请、呈控的方式与河道、督抚进行交涉。地方的办料难点、官方的《办料章程》乃至部议之中"不得重派"之语都被地方用作争取免料的话语资源，士民灵活向州县、府州和河道总督呈控之前协济的不合理之处，府县长官也坚持代表地方向河道官员禀请地方实情，最终合力实现免料。并且由于旧案存在时隔多年再被援引的可能性，勒石刻碑、载入方志成为地方应对未来可能再次发生的派办的重要依据。这与宋怡明在《被统治的艺术：中华帝国晚期的日常政治》一书中论述的明代军户在军役制度下的因应策略十分类似。[1] 地方民众与州县面对河工这一国家工程的物料派买压力，在被动服从与主动反抗之间，有着不计其数的权衡斟酌。

然而，民众的"被统治"很多时候是不可避免的。不仅免料之中案据的效力游移不定，其效力受限于官员的态度，案据本身似乎也在发

---

① ［加］宋怡明：《被统治的艺术：中华帝国晚期的日常政治》，钟逸民译，北京：中国华侨出版社，2019 年。

生着变化。丰县的"免料始末"无疑是地方难以遗忘的公案,光绪《丰县志》也全文保留了乾隆志中的内容。但是,在光绪志卢世昌的宦绩中,故事情节发生了改变:

> 初黄河北濒,去丰境不满十里,后南徙,近者二三十里,远者百余里不等。上宪每年派办秸料、柳桩动数百万,虽给价银,不能得办,赔垫,运送苦累不堪。合县公商情愿捐地六十余顷入官,官自招佃种植秋秸、柳桩,丰县永免派办,所有捐地钱粮合县代差。具情呼诉,经年始得允准。未几,砀山刁民饰造诡词,攀县同办。上宪遂复发银到丰,合境惊惶,不知所为。公披沥上陈,为民乞命,请至再三,至干宪怒。公屹不为动,坚执以去就争之,卒得请,民如获更生。及公去,老弱攀卧不能留,比户尸祝焉。①

丰县免料纠纷的故事情节被简化,雍正间的两次免料消失不见,甚至乾隆十年(1745)的砀山牵控与乾隆二十年(1755)的免料联系了起来。宦绩的记载模式固然与赋役志中的"免料始末"不同,强调的是知县卢世昌的角色,但是情节的简化与扭曲也说明对于光绪时期的丰县来说,免料已经成为遥远的故事,附属于官员的宦绩存在,不再是需要地方绅民和知县前仆后继的切身之事。密县的免料也有类似情况,嘉庆志离乾隆间的免料纠纷不远,因此专门附录始末,民国重修县志时却已删去,原因在于派料在嘉庆年间就被彻底豁免。免料纠纷作为话语的弱化,是本文论及的物料演变、地方派料趋于固定的结果,重新发现这些隐没于历史之中的故事,正是我们需要做的。

---

① 光绪《丰县志》卷四《职官类·宦绩》,第11页。

张佩纶最后复出与庚辛政局

——以张佩纶往来信札为线索*

戴海斌

摘要： 光绪二十七年（1901），张佩纶应召北上，"以编修入都随办和约"，这是他自甲午遭驱逐回籍处分后唯一一次政治复出。细考其人应召之初的"进退失据"，到在京三个月"随办议和"，再到南下"考核商务"和"乞病辞奖"种种，可见他对庚子事变、辛丑议和、新政启动的具体因应，也反映出他与西安军机处（荣禄、鹿传霖、瞿鸿禨）、北京全权（李鸿章、奕劻）、东南督抚（张之洞、刘坤一）等多种政治势力的复杂关系。张佩纶介入清朝政治的实际程度超过以往一般认知，他与李鸿章之间纠葛半生的连带关系（"昔以婿逐，今以婿随"）和政治观念的差异与疏离（"独洋务乃如水火"），亦有重新检讨之必要。而同光之交与张佩纶、陈宝琛声气相投的"清流"同仁如张之洞，一路愈行愈远，至庚辛之际竟成"凶终隙末，途分吏隐"之局，也足示人以启发。近年来张佩纶往来信札多有披露，尚未得到充分利用，即便是刊行已久的《涧于

---

* 本文系教育部人文社科重点基地重大项目"全球性与本土性的互动：近代中国与世界"（22JJD770024）、国家社科基金重大项目"晚清外交文书研究"（23&ZD247）的阶段性成果。

集》亦多有待发之覆。本文拟对新、旧材料作一彻底处理，就张佩
纶复出史实及庚辛政局相关问题再作补论，推进既有研究。

关键词： 张佩纶　庚子事变　辛丑条约　李鸿章　张之洞

作者简介： 戴海斌，复旦大学历史系教授。

张佩纶（1848—1903）在甲申中法战争时奉旨会办福建海疆事宜，
兼署船政大臣，因马江一役战败，遭褫职处分，戍边张家口军台。至
光绪十四年（1888），期满释回，续弦李鸿章女经璹，居留天津直隶
总督行署，甲午战争期间被劾"干预公事"，奉旨"驱令回籍"。当时
未回祖籍直隶丰润而偕妻子南下，迁居金陵，在那里度过生命最后时
光。光绪二十七年（1901），北上京师，佐全权大臣李鸿章"随办议
和"，这是他晚年唯一一次复出，亦可谓其政治生涯的终章。友人陈宝
琛（1848—1935）为撰墓志铭，述及此节：

> 君生长吴越，爱南中山水，卜居金陵，筑室著书，不与世人
> 接。顾忧伤君国，往往中夜起立，或被酒泣下，寝以成疾。拳匪祸
> 起，闻外兵犯阙，遽略血升许。然独累电趣文忠勤王，为画和戎之
> 策，日数千言。刘忠诚亦常使人就决疑事。上在西安念及君，称其
> 心术端正，命以编修入都，随文忠治和约。①

张佩纶晚岁无日记传世，我们对他生命末年的事迹了解很少，沈云龙
即言："《涧于日记》止于乙未三月（1895），以下无可考……其与鸿章

---

① 陈宝琛：《张箦斋学士墓志铭》，钱仲联主编《广清碑传集》，苏州：苏州大学出版社，
1999 年，第 1083 页。

意见不合，及以后未能大用，迄于没世。"① 陈勇勤专文讨论张佩纶"辛丑议约中离京回宁原因"，也只能据笔记材料作有限的推论。② 笔者利用上海图书馆藏张佩纶致朱潽书札，③ 对张氏辛丑复出的若干史实及其人与李鸿章的关系有所考论。④ 近年重读《涧于集》书牍卷，陆续又有发现，而《张佩纶家藏信札》《李鸿章张佩纶往来信札》《陈宝琛张佩纶往来信札》等新资料相继影印、整理刊行，⑤ 也披露了庚辛之际清朝政局及张佩纶本人行迹一些极有价值的信息。迄今为止，庚子前后张佩纶往来信札尚未得到充分利用，即便是刊行已久的《涧于集》，亦仍多有待发之覆。本文拟对上述材料作一相对彻底的处理，就张佩纶复出史实及庚辛政局相关问题再作补论，以冀推进既有研究。

一、"累画勤王和戎之策"：李鸿章北上前后的政治动向

（一）以函、电策动李鸿章北上

张佩纶移居金陵后，与李鸿章睽违多年，但时有函电互通声息。光

---

① 沈云龙：《张佩纶及其〈涧于日记〉》，《近代史料考释》，台北：传记文学出版社，1986年，第155页。

② 陈勇勤：《张佩纶辛丑议约中离京回宁原因辨误》，《南京社会科学》1994年第12期。

③ 《张佩纶致朱潽书札》，陈秉仁整理，《历史文献》第13、15辑，上海：上海古籍出版社，2009、2011年。朱潽，字子涵，浙江仁和人，朱学勤次子。张佩纶一生三娶，初配朱学勤之女（芷芗），继配闽浙总督边宝泉之女（粹玉），再娶李鸿章之女（经璹，小名菊藕）。故张佩纶与朱潽有郎舅关系。

④ 戴海斌：《张佩纶政治生涯的最后一幕——辛丑议约期间复出史实考论》，《中国文化》2012年秋季号（第36期）；改订版收入《晚清人物丛考》二编，北京：生活·读书·新知三联书店，2018年。

⑤ 上海图书馆编：《张佩纶家藏信札》，上海：上海古籍出版社，2017年；姜鸣整理：《李鸿章张佩纶往来信札》，上海：上海人民出版社，2018年；陈星整理、陈绛校订：《陈宝琛张佩纶往来信札》，上海：上海古籍出版社，2020年。

绪二十二年（1896）后，李鸿章在总理衙门上行走，为一时"伴食宰相"，至二十四年（1898）七月被逐出总署，"未预机要"，"杜门扫却"。其时张佩纶致函慰问，内称："近来崇尚西法，舍旧图新，中国之开通西学风气者，莫先于公，莫久于公。"复引唐人张九龄（"曲江公"）诗句"无心与物竞，鹰隼莫相猜"，劝以"超然物外"，而谓："退之一策，在今日转不可悻悻求去，亦不必恋之不去。老臣于国家当有一股进退从容气度，而置祸福荣辱于不顾，皆有不可为之疾，良医亦甚难求，等于良相。"①同一日，张佩纶之妻、李鸿章之女李经璹（菊耦）写信给父亲，也说："大人自处之道，速退近于负气，不退亦未为知几，当此舍旧谋新、群言蜂起之会，即功如汾阳，智如潞国，亦在危疑中，况大人近年遭际为后生描画殆尽者耶？"②

光绪二十六年（1900）夏，义和团事变作，李鸿章在两广总督任上，张佩纶关注朝局，且有建言。其次子张志潜（字仲昭）所撰"府君行述"记：

> 庚子拳匪祸近畿，外兵遂据大沽……李文忠以粤督奉召赴京，念政地沸羹，未遽成行。府君即病中**累电促之，又累画勤王和戎之策**，译电日数万言，至废寝馈。③

---

① 《张佩纶致李鸿章》（光绪二十四年八月初二日），姜鸣整理《李鸿章张佩纶往来信札》，第 656—657 页。

② 《李经璹致李鸿章》（光绪二十四年八月初二日），上海图书馆编《张佩纶家藏信札》第 3 册，第 1270 页。"汾阳"，郭子仪，唐代中兴名将；"潞国"，文彦博，北宋元老重臣。

③ 张志潜：《中宪大夫显考蒉斋府君行述》，张志潜辑《涧于集》下册，石向骞、王双、孙春青、郭海莉点校，秦皇岛：燕山大学出版社，2021 年，第 1127 页。按引文凡"（ ）"内为原注，"[ ]"内为引注，加粗为引者所标，个别句读、释字据影印本径改，下均同。张志潜辑：《涧于集》十八卷，民国十五年涧于草堂刻本，《续修四库全书》集部第 1566 册，上海：上海古籍出版社，2002 年。

按本年五月十九日（6 月 15 日），谕令"李鸿章着迅速来京，两广总督着德寿兼署"。六月十二日（7 月 8 日），旨授李鸿章为直隶总督兼北洋大臣。早在此前，已有人多方运动，鼓吹"调傅相回北"，如在上海的盛宣怀欲将昔日恩师、号为"毕生第一知己"的李鸿章推向前台，在五月十二日即示意"内乱外衅，恐非莱公还镇北门不可"①。五月十五日（6 月 11 日），张佩纶挚友陈宝琛来函，亦抱同样见解：

> 北事溃决至此，大局可危。不意通译垂四十年，而看题错谬，更甚于庚申以前。诸强乘衅，变幻百出，其祸且不知所届，如何如何……合肥有声岭海间，窃意此局须烦此老收拾，然不及其时，不之觉也。②

李鸿章初次奉召后，以大沽开战，形势不明，滞粤不行，其自言"津榆路梗塞、粤人呼吁攀留"③，只道出部分实情；京师拳乱正炽，十九日上谕只言"迅速来京"，不及所召何事，也未予任何职权，确给人充分想象的空间。④此即张志潜所谓"念政地沸羹，未遽成行"的背景。直至授命直督，李鸿章才正式宣布"北上决意"。六月二十日（7 月 16 日），交卸篆务，奏报启程；二十五日（7 月 21 日）抵上海吴淞码头。张佩纶

---

① 《寄李中堂》（光绪二十六年五月十二日），《愚斋存稿》卷三五，沈云龙主编《近代中国史料丛刊续编》第 13 辑，台北：文海出版社，1975 年，总第 832—833 页。
② 《陈宝琛致张佩纶（二二三）》（光绪二十六年庚子五月十五日），陈星整理、陈绛校订《陈宝琛张佩纶往来信札》，第 130—131 页。按"通译垂四十年"，指咸丰十一年（1861）设立总理衙门。
③ 《寄盛京堂》（光绪二十六年五月二十五日辰刻），顾廷龙、戴逸主编《李鸿章全集》第 27 册，合肥：安徽教育出版社，2008 年，第 58 页。
④ 李鸿章周边戚友、幕僚皆劝以"郑重"，时人评论："召此重臣而用轻轻四字，无怪人言孝钦有杀李之意。"钱恂：《金盖樵话》，沈阳：辽宁教育出版社，2001 年，第 8 页。

第一时间得到消息，即函告陈宝琛：

> 傅相［李鸿章］以和战不决，未能迅速入都，延至前月廿五始到上海。兹事体大，侍己屡电粤中，越俎放言，不避干预小嫌，然亦无足襄助。使俄时招之不至，不便径行。吴淞口忽发一电邀我，计北洋是逐客地，从此更无见理，止能在途一见，以了前尘。且君父急难之时，于义亦不能恝置。至则师苦腹泄，小住四日而归，未能谈至深处也。①

前引张志潜"病中累电促之""译电日数万言"云云，说明张佩纶力主李鸿章北上，并就"勤王""和戎"建策，佐以此函"屡电粤中，越俎放言"之语，可证实宁、粤间有过频密的电报往来，张氏政治言说相当激进。致函陈宝琛又云："综计自五月廿一内召始至于今日，函电不绝，电则钱流如水，函则纸积如山，尽其力之所能到而已。"②惜此部分函、电稿今皆不存。李鸿章抵沪后，张佩纶往吴淞一行，与之晤面，这是他自甲午为北洋"逐客"后，与岳父兼旧幕主的初见。

（二）"冒暑一行"：赴吴淞面见李鸿章

当时张佩纶致函外甥宗鹤年，内中透露：

> 以傅相二十到沪，吴淞电促舅往谈，既事关君父，兼北洋乃被逐之地，以后义难复入，公私之谊止能冒暑一行，往还七日，于事

---

① 《致陈弢庵阁部》，张志潜辑《涧于集》下册《书牍六》，第 1043 页。
② 《复陈弢庵阁部》，张志潜辑《涧于集》下册《书牍六》，第 1045 页。

无济，尽心焉耳矣。①

李鸿章甫至上海，即"电促"张佩纶来谈，可见信任；后者由南京至吴淞一行"往还七日"，"小住四日"，翁、婿对面时间不可谓短。张自谓"未能谈至深处""于事无济，尽心焉耳"云云，则二人意见似不一致，交谈未能惬意。张佩纶向陈宝琛道及此行见闻：

> 鄙人素主战，今与八国构衅，不得不主和。（和究非性之所近，即合肥一切倚重，亦不能入局，到沪第一日，即先与设誓，然后开谈。）然谗人方以吾辈主战为口实，赴沪四日即归，但与合肥论其大者。左右无人，幕僚徐赓陛、王存善、杨文骏、刘学询，参预密议则伯行及盛宣怀。此中岂能著我？不避嫌远谤，亦复何益耶？②

按李鸿章自粤北上，随行幕僚有徐赓陛（字次舟）、王存善（字子展）、杨文骏（字彝卿）、杨士骧（字萍石）、刘学询（字问刍）、曾广铨（字敬贻）数人，到沪后长子李经方（字伯行）随侍左右，凡紧要事件，则多与盛宣怀商议。六月二十六日（7月22日），盛宣怀电告江督刘坤一、鄂督张之洞："两日与傅相密谈。吾梦未醒，彼忿未泄，势难停战，既无开议凭据，难入津门，恐只能遵旨陆行。幕僚王子展、刘问刍、曾敬贻、徐次舟而已。"③李鸿章北上主旨在"和"，然现在局势胶着、开议无门，如何决定下一步行止是最急迫也最棘手之事。对此种进退两难

---

① 《示宗甥》，张志潜辑《涧于集》下册《书牍六》，第1044页。
② 《复陈弢庵阁部》，张志潜辑《涧于集》下册《书牍六》，第1045页。
③ 《寄江鄂两督帅》（光绪二十六年六月二十六日），《愚斋存稿》卷三七，沈云龙主编《近代中国史料丛刊续编》第13辑，总第880页。

的处境，老于官场的刘坤一洞若观火，以为："累诏催令北上，并未指授方略，即调任北洋之说，闻亦子虚。只身进京，何从措手？ 匪特与大局无补，且恐入直境后，为拳党所持。"①

当日所见李鸿章"精神已衰，火气甚大，虑不及远"，张佩纶对北上前景殊不乐观，对自身能否再为所用也甚消极，以为"即合肥一切倚重，亦不能入局"。此中缘故，除了"避嫌远谤"，也不满李鸿章"左右无人"、败事有余。张佩纶后与入值军机的旧友鹿传霖通音问，臧否人物更少隐讳——

> 至合肥左右，由粤到沪，实无一正人。公虑杨、刘为奸，则传闻未确。刘学询（结倭者）在沪临行畏险脱卸，与王存善均未入都。随员中有三杨，**一杨崇伊**（前请训政，为刘学询丙戌房师，复入刘说结倭，李经方亲家。此行昵于庆邸，欲得保举），**一杨文骏**（已革粤道，与闽道文鼎胞弟兄也），**一杨士骧**（闻是丙戌进士，尝在李筱帅幕中，近似官直隶）。崇伊志在迁官（汉中非所愿）；文骏志在开复，借救济会为名，兼图渔利，于去岁封河前均已回沪。杨士骧仅司缮奏，似不长于洋务。②

一面目无余子，对"三杨"之流嗤之以鼻，一面呼朋引类，拟推出心目中"正人"，昔年"清流"同道陈宝琛正其夹袋中人。张佩纶与李鸿章晤面之际，本有意荐陈出山，未果。事后解释说：

① 《寄鄂督张》（光绪二十六年六月二十六日），中国科学院历史研究所第三所主编《刘坤一遗集》第 3 册，北京：中华书局，1959 年，第 1436—1437 页。
② 《复鹿菘砚尚书》，张志潜辑《涧于集》下册《书牍六》，第 1063 页。"李筱帅"，两广总督李瀚章。

鄙人决不能同行，颇思荐阁下为合肥助，而屈居幕僚，与哙等伍，终不能孤行其意。（**吾辈以主战得罪，断不可以主战出山。**）展转数夕，箝口而止。[①]

张佩纶本人不愿"同行"，直接原因当然有与哙等为伍的不屑与不甘，更重要的是，时局至此，"主战"之不可恃、"清流"之不合时宜已是大势所趋，"吾辈"出山也必无济于事，则"箝口而止"或是一明智选择。

至七月初三日（7月28日），总署大臣许景澄、袁昶在京遇害。这带给李鸿章不小震撼，决定"吾稍缓待，虽严谴不顾也"[②]。张佩纶也坚定留守决心，约与陈宝琛共进退——

与公出处虽曰大同，究属小异，所以寂守金陵，非谓江防可恃也，亦非谓东南保护之约必不改也。半百加三，止欠一死，镇定待之而已。公则尚是谪官，以古谊论，麻鞋奔赴，方合爱君之道，然亦不敢力劝者，许［景澄］、联［元］均弃东市，同志无人，不宜猝投罗网。且香涛［张之洞］之胆已破，亦断不能作一刾疏，以公作奔问之，使贸贸然而前，浅人且以为干进，更属无谓。[③]

（三）建言刘坤一"保护东南"并奏请"畀文忠全权"

李鸿章抵沪后，迟徊观望，不肯继续北上。七月初一日（7月26日），由两江总督刘坤一领衔，东南督抚会奏请授李鸿章全权，"就近在

① 《复陈弢庵阁部》，张志潜辑《涧于集》下册《书牍六》，第 1045—1046 页。
② 《德州交李经述》（光绪二十六年七月初八日亥刻），顾廷龙、戴逸主编《李鸿章全集》第 27 册，第 173 页。
③ 《复陈弢庵阁部》，张志潜辑《涧于集》下册《书牍六》，第 1046 页。

上海与各国电商"①。陈宝琛记张佩纶移居金陵后，"刘忠诚亦常使人就决疑事"②，张志潜也说庚子事变时，乃父始与同城的刘坤一有较密切的政治交往，所谓"畀文忠全权"即一显证——

> 文忠既抵沪，府君电请就沪领商止兵。文忠辞以无旨，议和难专擅。**府君乃遣言于忠诚，联疆臣名列奏，畀文忠全权，速开和议。**忠诚极韪之，夤夜草奏电闻。比奏达，李鉴堂督师适抵都，遂寝议。迨文忠奉全权之命，则洋兵已集城下矣。

不止于此，张志潜还认为张佩纶对于促成"东南互保"与有大力焉，惜其功成不居，其事不为世人所晓——

> 江鄂创保护东南之约，有责江督刘忠诚违旨通敌者，意不能坚，密遣使就商府君。府君与忠诚素未谋面也，固辞。固强之，府君曰："保护东南诚非计，然时至今日，东南再启衅，愈速亡。姑羁縻而速济师勤王，以清内乱可也。"忠诚以府君素主战，亦持和议，意乃决。后忠诚以此与南皮皆负盛名，而府君卒未尝自言，且戒命者秘勿宣播，故人无知者。③

---

① 《兵事方殷合陈管见折》(光绪二十六年七月初一日)，中国科学院历史研究所第三所主编《刘坤一遗集》第 3 册，第 1223 页。按该折由两江总督刘坤一领衔，余列名者十二人——湖广总督张之洞、闽浙总督许应骙、四川总督奎俊、福州将军善联、成都将军绰哈布、署两广总督德寿、署陕甘总督魏光焘、浙江巡抚刘树堂、安徽巡抚王之春、山东巡抚袁世凯、护理江苏巡抚聂缉椝、护理陕西巡抚端方。原注："光绪二十六年七月初七日奉到军机处七月初四日知会，奉旨留中。"
② 陈宝琛：《张篑斋学士墓志铭》，钱仲联主编《广清碑传集》，第 1083 页。
③ 以上两段见张志潜《中宪大夫显考篑斋府君行述》，张志潜辑《涧于集》下册，第 1128 页。

据此，面对危局，张佩纶一改"主战"姿态，专意维护"保护东南之约"，建言刘坤一入京勤王以"清内乱"为目的；又请联合疆臣会奏，"畀文忠全权，速开和议"，且"矞夜草奏电闻"，对授李鸿章全权折的酝酿形成似有直接作用。七月初四日（7月29日），折到京，留中未发。其时巡阅长江水师大臣李秉衡抵京，入觐后奉旨"帮办武卫军事务"，总署大臣许景澄、袁昶以"莠言乱政"被杀。刘坤一对此失望不已，哀叹："海城到京，固执尤甚，朝局又变。会请派傅相全权折，留中不发，而以海城帮办武卫军。……一误再误，京城恐难保全，北望痛甚。"①

至七月十三日（8月7日），北仓溃败，清廷授李鸿章"全权大臣"，命"即日电商各国外部，先行停战"。②联军趁战胜之势，不愿马上和谈。一方面，列强质疑"李全权是端王所派"，其任命不具合法性；另一方面，李鸿章亲俄背景为英、德、日厌恶，他们相信由一"亲俄派"主持的谈判只会有利俄国。③李鸿章困于"旨召入京，竟无路可达"，只能滞沪观望。

（四）关于"加派内外四臣"的政治观察

七月二十一日（8月15日），八国联军攻陷北京，两宫西逃。二十五日，清廷命全权大臣李鸿章在上海"迅筹办法，从中转圜"，三十日谕准"便宜行事，朕不为遥制"。张佩纶眼中的"便宜行事"，多有名与实的落差。他对李鸿章说：

---

① 《复盛京堂》（光绪二十六年七月初七日），中国科学院历史研究所第三所主编《刘坤一遗集》第6册，第2583页。
② 《军机处寄直隶总督李鸿章电旨》（光绪二十六年七月十三日），国家档案局明清档案馆编《义和团档案史料》上册，北京：中华书局，1959年，第445—446页。
③ ［日］久保田善丈：《李鸿章北上をめぐる诸对应——清末中国の中央地方关系とイギリスの对中政策》，《史潮》第33—34号，1993年。

> 七月杪又有旨，便宜行事，不为遥制，直以庚申之恭忠王［奕
> 䜣］相待。……而所奏加派内外四臣，尚未得旨。英、德两国尚
> 未转圜，亦恐别起波澜，横生枝节。端［载漪］、庄［载勋］、刚
> ［毅］、董［福祥］在内，既似城狐社鼠。俄、英争长，俄欲东三省，
> 则英欲长江，又皆如封豕长蛇。公拥便宜行事之虚名，众望益切，
> 着手益难耳。①

李鸿章以"全权"而握"便宜行事"大权，地位不啻英法联军之役留守北京的"全权钦差大臣"恭亲王奕䜣，但外国要挟、拳党随扈，当下"着手益难"，不敢贸然入京。迟至八月二十一日（9月14日），始启程北上；二十六日，登陆大沽；闰八月初十日（10月3日），抵天津。总署照会各国公使并札行总税务司赫德，通报李鸿章旨授"全权"，"准其便宜行事"，以为开议之端。②张佩纶函告陈宝琛："傅相初七尚在津，似候俄使到，与德之使将参语止兵，始能到京集议。要挟必多端，何以应之？主拳之王公、枢府虽已罢斥，而随扈臣僚太少，英年仍在属车，端、刚辈不问可知。"③闰八月十八日（10月11日）李鸿章入京，寓贤良寺。张志潜"府君行述"记：

---

① 《张佩纶致李鸿章》（光绪二十六年八月十六日），姜鸣整理《李鸿章张佩纶往来信札》，第661页。此信亦见《致李肃毅师岳相》（张志潜辑《涧于集》下册《书牍六》，第1048页），唯所录文字不全。
② 《七月十三、三十等日奉上谕李鸿章授为全权大臣准其便宜行事由》（光绪二十六年十月初三日），《总理各国事务衙门》全宗，台湾"中研院"近代史研究所档案馆藏，馆藏号：01-14-025-02-002、01-14-025-02-004。
③ 《致陈弢庵阁部》，张志潜辑《涧于集》下册《书牍六》，第1049页。"俄使"，俄国公使格尔思（M. de Giers）；"德之使将"，德国元帅瓦德西（A. G. Waldersee），德国远征军总司令，根据军衔成为联军统帅。

　　舆论咸谓议和当先惩祸首，府君以昵拳多权贵，非外臣所能言，宜就庆邸［奕劻］、荣相［荣禄］中择一人预和议。又以江、鄂有保护之绩，而商务多趋重东南，宜使二督有会议权。文忠皆据电行在。[①]

按清廷加派议和代表，其议始自外部。联军破京后，日本外相青木周藏率先建议："现外兵入京，情形迥异，须另行请旨，并多派王大臣，如庆邸、荣相、刘、张两帅皆须派入。"[②]八月初一日，李鸿章据以奏请，"添派奕劻、荣禄、刘坤一、张之洞为全权大臣"。张佩纶与闻其事，但持论消极，其函致陈宝琛直接表达"不以为然"——

　　合肥初以日使转青木之电，据以奏请加派庆、荣、刘、张同议和事，尚未得旨。(加刘、张者，英、日恐相之袒俄，庆、荣均出，如开议，必先请斥端、刚，谁人秉笔作此谕，况端尚拥兵乎？**侍不以为然**。)顷得沪电，俄允撤兵，回津开议，并遍商各国，美、法、日均如约，英、德犹梗，德乃愤兵，英以傅相与俄亲，未免有争长之意。将来和则必和，特不知吃亏到如何分际耳。[③]

张佩纶以为清廷为"主拳"者把持，"内毒"未清，则"引过"(下罪己诏)、"剿匪"(镇压义和团)均做不到，加派"全权"无大意义，尤其加派刘、张只是英、日抵制李鸿章袒俄的反应，"刘、张不派，毫无关

---

① 张志潜：《中宪大夫显考黄斋府君行述》，张志潜辑《涧于集》下册，第1128页。
②《青木外务大臣ヨリ上海在勤小田切总领事代理宛·议和全权委员ノ增任ニ付李鸿章ニ劝告方训令ノ件》(明治三十三年8月24日)，外务省编纂《日本外交文书》第三十三卷《别册一·北清事变上》，东京：日本国际连合协会，1957年，第478页。
③《复陈弢庵阁部》，张志潜辑《涧于集》下册《书牍六》，第36—37页。

系"。①张志潜"行述"所叙不甚确。

八月初七日（8月31日）上谕："所请添派荣禄等一节，所见是。着即派刘坤一、张之洞随时函电会商。"张佩纶函告朱潘议和困难情形：

> 傅相焦劳万状，寝馈俱忘，既虑洋将贪功，轻骑追驾，又恐荣相下狱，和议中变，内外无一把鼻，真大难事。八十老翁，亦深防其不支也，如何如何？②

李鸿章忧虑的有内、外两事：一则"洋将贪功，轻骑追驾"，指联军由直入晋，继续西进，威胁宫廷；二则"荣相下狱，和议中变"，指荣禄所部甘军、武卫中军围攻使馆，列强拒纳其为议和代表，并有指为"祸首"呼声。李鸿章认为荣禄是当时能够在中枢制衡"拳党"、推进和谈的重要力量，故以"不肯接待保护"为由，奏请"特召回行在当差"。③在"内廷无人主持、赞襄必多掣肘"一层上，李、荣实有共鸣，这也是张佩纶所谓"内外无一把鼻（把柄——引者注）"之具体所指。

闰八月十三日（10月6日），李鸿章奏至行在，清廷下旨："荣禄前来行在，入值办事。"④十八日，李鸿章抵京；二十日，旨授庆亲王奕劻为全权大臣，"会同李鸿章妥商应议事宜"⑤。战后和谈进入新阶段。

---

① 《张佩纶致李鸿章》（光绪二十六年八月十六日），姜鸣整理《李鸿章张佩纶往来信札》，第661页。
② 《张佩纶致朱潘》（光绪二十六年□月二十八日），上海图书馆编《张佩纶家藏信札》第6册，第3299—3300页。
③ 《李鸿章致行在军机处》（光绪二十六年闰八月初九日），陈旭麓等主编《义和团运动——盛宣怀档案资料选辑之七》，上海：上海人民出版社，2001年，第287页。
④ 《军机处寄直隶总督李鸿章等上谕》（光绪二十六年闰八月十三日），国家档案局明清档案馆编《义和团档案史料》下册，第678页。按本年九月二十日，荣禄抵西安为领班军机大臣。
⑤ 《军机处寄庆亲王奕劻等电旨》（光绪二十六年闰八月二十日），国家档案局（转下页）

二、传旨内召原因再探——兼及与诸枢臣的关系

（一）"滋帅念旧，夔相借刀"——内召之旨背后

关于张佩纶之正式复出，《清史稿·张佩纶传》记其事：

> 庚子议和，鸿章荐其谙交涉，诏以编修佐办和约。

则张氏复出系李鸿章主动奏荐。相关史著多沿其说，且续有发挥，谓李鸿章对张佩纶建议"一一采纳，据以电奏朝廷"，"保荐张佩纶熟于交涉，可以充任他的随员"云云。[1] 然时人却有不同说法。据陈宝琛撰墓志铭，先是"上在西安念及君"，继而"命以入都"。[2] 张志潜"府君行述"记其事：

> 寻奉旨，以府君心术端正，于交涉是否熟谙询文忠。旋命以编修入都随办和约。府君陈姻嫌、病躯难膺艰巨状，奏入，诏毋庸回避，饬赶紧医调，迅速赴京，勿稍稽延。慈圣又面谕枢府电促就道，遂以辛丑二月力疾北上。[3]

查清宫电寄档，确证清廷下旨"垂询"在先，[4] 李鸿章复旨"保奏"在

（接上页）明清档案馆编《义和团档案史料》下册，第 690 页。

[1] 欧阳跃峰：《人才荟萃——李鸿章幕府》，长沙：岳麓书社，2001 年，第 121—122 页。

[2] 陈宝琛：《张篑斋学士墓志铭》，钱仲联主编《广清碑传集》，第 1083 页。

[3] 张志潜：《中宪大夫显考篑斋府君行述》，张志潜辑《涧于集》下册，第 1128 页。

[4] 《军机处奉电旨着李鸿章据实奏明张佩纶是否熟谙交涉事宜》（光绪二十六年十二月二十日），中国第一历史档案馆编《庚子事变清宫档案汇编》第 9 册，北京：中国人民大学出版社，2003 年，第 253 页。

后，^①遂有十二月二十三日（2月11日）明谕："张佩纶着赏给翰林院编修，随同李鸿章办理交涉事宜。"^②盛宣怀在转发电旨时并有附言：

> 闻出自慈意，因无人用，自可乘机切实保奏。^③

按光绪二十六、二十七年（1900、1901）之交，列强单方面拟定《议和大纲》十二款，并就"重治首祸"一节向清政府施加压力。消息灵通的盛宣怀透露和谈"无人用"的窘境，确为实情，而起用张佩纶"出自慈意"，恰与陈宝琛所说"上在西安念及君"相合，这里的"上"，应指掌实权的慈禧太后。

还有一些材料可以补充。张佩纶致函故友柯逢时，透露了更多细节：

> 此举无论是慈意与否，大约于滋公之推毂为多，性亦太急。此时非用我之时，此地非用我之地。然力量用到笨处，损至友之生平而无益国家之事体，究之皆不懂洋务所致。**滋意方望鄙人匡救傅相，挽回条约，如何能副此责耶？**（此以意度之，夏震武本请行，许之，后复中辍，此任乃到鄙人，概可想矣。）^④

---

① 《李鸿章致军机处电》（光绪二十六年十二月二十二日），陈旭麓等主编《义和团运动——盛宣怀档案资料选辑之七》，第528—529页。复核目前可见此前致西安电、奏各件，未见言及张佩纶者，结合盛宣怀转电附语及李电内"今蒙垂询"数语，可以判定李鸿章奏请"及时起用"张佩纶，系属对清廷旨询的顺应策略。

② 《军机处奉电旨着赏张佩纶翰林院编修随同李鸿章办理交涉事宜》（光绪二十六年十二月二十三日），中国第一历史档案馆《庚子事变清宫档案汇编》第9册，第256页。

③ 《沪转行在号电旨》（光绪二十六年十二月二十二日），顾廷龙、戴逸主编《李鸿章全集》第27册，第562页。

④ 《复柯巽庵廉访》，张志潜辑《涧于集》下册《书牍六》，第1061页。柯逢时（1845—1912），湖北武昌人，光绪九年（1883）进士，授翰林院编修，光绪二十六年（1900）任两淮盐运使，旋调江西按察使。后历任湖南、江西布政使，广西、贵州、浙江巡抚等职。

按"滋公"，即鹿传霖（1836—1910），字滋轩，直隶定兴人，张之洞姊丈，同治元年（1862）进士，历任河南巡抚、陕西巡抚、四川总督、广东巡抚，庚子事变时由江苏巡抚任上北上入卫，八月初旬抵太原行在，八月十九日授两广总督（未到任），闰八月初二日（9月25日），清廷明发上谕，惩办"肇祸"诸王大臣，同日"命两广总督鹿传霖在军机大臣上行走"。九月二十日（11月11日），荣禄抵西安，随即入值办事。至翌年四月瞿鸿禨补军机大臣前，在西安行在当值军机处的三位大臣是荣禄、王文韶、鹿传霖。

"夏主事"，即夏震武（1854—1930），号涤庵，浙江富阳人，同治十三年（1874）进士，授工部营缮司主事，光绪六年（1880）以越职言事忤朝贵，辞官居乡，读书山中，以理学著闻世。①"家居二十年"后，闻国变消息，奔赴行在，陈中兴十六策，力主罢和决战，语词激切，至有"汉奸逆党密布内外，朝廷无一正人"语，奉旨"着交军机处存记"。②十二月初九日，上《专命不可稽诛改约必宜遣使折》，言"按收奉省条约"（《奉天交地暂且章程》）系增祺与俄国擅立，"自请驰赴京师与李鸿章熟商改废，并请赴俄定议"。③初十日，复上《恳恩俯准前请以重使命折》，

---

① 参看方勇骏《民国理学家群体的政治认同及其嬗变——以灵峰精舍为例》，《中国社会历史评论》第16卷，天津：天津古籍出版社，2015年，第92—105页。

② 参见夏震武《召见恭纪（庚子）》，王波编《夏震武集》，北京：中国人民大学出版社，2015年，第395—397页；蒋伯潜《灵峰先生事略》，钟碧容、孙彩霞编《民国人物碑传集》，成都：四川人民出版社，1997年，第652页。按"先后七上疏"，分别为《应诏进言谨陈中兴十六策吁请宸断奋发施行以存宗社而报中国折》（庚子十一月十二日上）、《要盟不可曲从改约必宜熟计折》（庚子十一月二十一日上）、《枢臣庇逆怀奸请旨立赐处分以除内间而保宗社折》（庚子十一月二十三日呈请工部衙门代奏不允）、《部臣沮遏言路请旨议处折》（庚子十一月二十七日上）、《专命不可稽诛改约必宜遣使折》（庚子十二月初十[九]日上）、《恳恩俯准前请以重使命折》（庚子十二月初十日上）、《情轻法重吁恩宥以广皇仁而伸公议折》（庚子十二月初十日上）。参见王波编《夏震武集》，第266—279页。

③《夏震武奏请逮治增去周冕并自请赴俄交涉折》（光绪二十六年十二月初九日），中国第一历史档案馆编辑部编《义和团档案史料续编》上册，北京：中华书局，1990年，第917—919页。

求以"专使"身份请训而行，并准"专折奏事"。① 此种出位之思为清廷所不容，至十五日遭严旨申斥处分——

> 工部代奏，工部主事夏震武条陈一折。国家交涉事宜，何等慎重详筹，岂有以疏远小臣自请充使？夏震武前请赴京先见李鸿章，姑允所请，冀收一得之长。今乃妄请自充专使，并援引洪嘉与、许珏同往，直以国家重大之事，视同儿戏！推其心，盖欲自博忧国敢言之誉，而贻朝廷以弃贤拒谏之名，实属狂愚谬妄！本应予以重惩，姑念迂儒无知，从宽严行申斥，勿庸前往京师，亦不准再行渎陈。钦此。②

夏震武自荐一行遂告中辍。夏震武为工部学习主事，无权直接奏事，故条陈均需所在衙门代奏，③ 他本人也得到署工部尚书、军机大臣鹿传霖的器重。④ 在张佩纶看来，鹿传霖瞩望夏氏"匡救傅相，挽回条约"，其人出局后，"此任乃到鄙人"。他向陈宝琛透露细情：

> 乃于夏主事辍行之后，忽然忆及废人，不随两全权，专随合肥，

---

① 《工部主事夏震武奏报申明前请以重使命折》（光绪二十六年十二月初十日），中国第一历史档案馆编《庚子事变清宫档案汇编》第 4 册，第 1420 页。
② 《着严行申斥夏震武》（光绪二十六年十二月十五日），中国第一历史档案馆编辑部编《义和团档案史料续编》上册，第 924 页。
③ 按是时军机大臣鹿传霖署工部尚书，溥兴、继禄、陆润庠为工部侍郎。
④ 《鹿传霖等奏为代呈学习主事夏震武条陈事折》，中国第一历史档案馆编辑部编《义和团档案史料续编》上册，第 916 页。胡思敬记："奔赴行在，上中兴十六策，枢臣鹿传霖大伟之。旋自请使俄争东三省俄约，保吏部侍郎洪嘉与、道员许珏为随员，太后不许，令往北京参加和议。震武大失望，复上书请斩王文韶，指为汉奸，朝廷责其狂妄，拟发遣，传霖极力营救，遂削职归。"《驴背集》，中国史学会主编《中国近代史资料丛刊·义和团》第 2 册，上海：上海人民出版社、上海：上海书店出版社，2000 年，第 533 页。

显有别意。鄙人即能争执力谏，而外人之目一横，外人之言一怒，合肥亦止能曲顾和局，以求息事。鄙人即舍命相搏，亦复何补于事机？此举或云出自慈意，或云荣［禄］、鹿［传霖］所荐，要皆不懂洋务所致，而夔石［王文韶］得以乘机下石，诚命运中之厄境也。[①]

清廷启用张佩纶，且命"专随合肥"，似欲借重其"清流"本色，针对李鸿章"曲顾和局"有所"争执力谏"。对于能否在和谈第一线发挥作用，张佩纶并无自信，"此时非用我之时，此地非用我之地"，认为只是上位者"不懂洋务"的结果，荣禄、鹿传霖出于旧情，为之"推毂"，王文韶则"乘机下石"，[②]相反相成，造成本人"命运中之厄境"。换用另一解语，"此殆滋帅念旧，夔相借刀，两念合并，以成妙著"。[③]

辛丑（1901）年初，张佩纶函告鹿传霖：

> 上元日，舍侄专弁过江。展读手书，称扬逾量，非所敢承。……深恨金陵两见，未暇一明吾志，**公乃强作网罗**，举木强生硬之麤才，欲其柔色怡声以增辉于槃敦，如何如何！[④]

"上元日"，即辛丑正月十五（1901年3月5日）元宵节；"舍侄"，即张人骏（1846—1927），时为漕运总督，驻江苏淮安，派专弁过江至金

---

① 《复陈弢庵阁部》，张志潜辑《涧于集》下册《书牍六》，第1058页。
② 光绪八年（1882），云南报销案发，张佩纶连上弹章，奏劾军机大臣、总理衙门大臣、户部左侍郎王文韶，后者被迫去职，由此"开缺养亲"长达六年，直到光绪十四年（1888）年才重获复出，任湖南巡抚。《请罢斥枢臣王文韶折》（光绪八年十月十五日）、《再请罢斥枢臣王文韶折》（光绪八年十月二十七日）、《三请罢斥枢臣王文韶折》（光绪八年十月二十七日），张志潜辑《涧于集》上册《奏议二》，第494—501页。
③ 《复柯巽庵廉访》，张志潜辑《涧于集》下册《书牍六》，第1059页。
④ 《复鹿菘砚尚书》，张志潜辑《涧于集》下册《书牍六》，第1061—1062页。

陵，呈达鹿传霖"手书"。所谓"公乃强作网罗"，揭出复起之旨背后的推动因素。另函又云：

> 公既阿好同乡，益以略相[荣禄]之念旧，放逐馀生，遽加薰沐。用朱竹君[筠]、纪文达[昀]两先生故事，重践清班，傥[倘]时值承平，诚亦吾乡佳话。今则如老荒翰林骤遇大考，又值极窘极难之题，正不知如何交卷。①

按张佩纶（丰润）、鹿传霖（定兴）同隶籍直隶，二人的姻亲关系又将双方关系拉进一层。② 二人很早已熟识，张佩纶以编修起用随办和约，多赖鹿推毂之力，故作"阿好同乡"之说。函内复引"吾乡两名贤"故事，纪昀（河间府献县）、朱筠（顺天府大兴县）生前"均以学士复赏编修"，张佩纶今次复出，形式相仿，而情势大异，遂自嘲如"老荒翰林骤遇大考"，对于如何交卷尚无丝毫把握。

（二）"大体自是君子，惜非救时之相"——鹿传霖"入枢"解读

光绪二十六年闰八月初二日（9月25日），清廷谕命"两广总督鹿传霖在军机大臣上行走"；次日"着以尚书候补"。鹿传霖初入军机时身份为候补尚书，如此有差使而无本官的情况，在枢臣中极为少见。按张佩纶理解，这是由于王文韶阻挠——"滋帅入政府，何妨署尚书，而

---

① 《复鹿菽砚尚书》，张志潜辑《涧于集》下册《书牍六》，第1064—1065页。关于"两先生"另见致柯逢时函："吾乡两名贤，一为纪文达，一为朱筠河，均以学士复赏编修。筠河五十三而卒，止于斯官。文达以学士戍乌鲁木齐，复厕清班，与鄙人戍后赏官尤相似。特十一国条约之烦猥呕气，视四库校勘之适性陶情，雅俗不同，弟亦断无文达之大年清福耳。恐老同年疑其牢骚，故缕及之，兼明鄙意。爱惜羽毛，而终于不能爱，兄谓之何？"《复柯巽庵廉访》，张志潜辑《涧于集》下册《书牍六》，第1061页。

② 按鹿传霖娶张之洞三姐为妻，是张之洞的姐夫。

曰候补，乃一足夔陋之"①。但行在随扈大员极少，鹿传霖很快补缺并一再迁转：九月初五日授左都御史，同日署理礼部尚书，初九日实授，二十一日兼署工部尚书，十月十五日改户部尚书、督办政务处大臣。似可谓官运亨通。

张佩纶"卜居金陵"期间，鹿传霖任江苏巡抚，二人时相过从，待鹿北上后，"电音互达"，续有联络。闻鹿初入军机，张去函鼓励："公处政地，既无退理，亦望稍宽怀抱，以静定镇之，俾略相［荣禄］时亲正人，时闻正论，自有无形之益。惟小人伎俩百出，不可不防，愿少加意。"②当值行在军机处为荣、王、鹿三人，此处"正人""小人"之论，隐有所指。

张佩纶奉旨入京后，仍与鹿传霖通声气："到都后电音往复，贤劳，时局艰危至此，愧乏奇谋足以稍塞疚责，侍尤焦急万状也。"③鹿在军机处位置尴尬，行为亦有失当，张私卜评论：

> 至于滋老入枢，直是老运不佳，与傅相［李鸿章］作祈请使，同为魔厄，乃入手未中肯綮，殊为扼腕。六驻使公请回銮，固为夷人鹰犬；一新参赞成入陕，转似拳党护符，用心虽异，其谬则同。……**滋老不谙洋情**，又受事在糜烂之际，着手甚难，亦无怪其忙中有失耳。④

鹿"入枢"非为张所乐见，乃至认为"老运不佳"，除了有同僚倾轧的因

---

① 按"一足夔"，即王文韶，字夔石。参见吉辰《庚子事变中的鹿传霖——兼论若干大吏间的人事纠葛》，《中国国家博物馆馆刊》2020 年第 11 期。
②《复鹿菘砚尚书》，张志潜辑《涧于集》下册《书牍六》，第 1071 页。
③ 同上，第 1065 页。
④《复柯巽庵都转》，张志潜辑《涧于集》下册《书牍六》，第 1052 页。

素，更主要由于鹿本人"不谙洋情"，面对议和复杂局面，与全权大臣李鸿章不能同调，在中枢难当"祈请使"之责。

关于鹿之"不谙洋情"，有两个显见事实。一则江苏加入"东南互保"，他作为一省巡抚"颇以东南保护为不然"①，其北上被刘坤一视作去一"内顾之忧"。②二则在军机任上"一心赞成入陕"，与驻外公使与在京全权呼吁回銮适成反调，不免"拳党护符"嫌疑。八月二十八日，他在太原行在奏请"早赴西安建立新都，以定大计而系人心"③，闰八月初二日（9月25日）入值军机，初六即有"西幸长安"之旨，以致人言籍籍。叶昌炽《缘督庐日记》录陆凤石语："呦呦［鹿传霖］窟穴在秦，满腹私心，睚眦必报，识者称为识字之刚相［刚毅］，与夔相［王文韶］大相龃龉。"④

这些事实背后，也隐含鹿传霖与东南督抚的关系，简言之，即亲张（之洞）而疏刘（坤一）、李（鸿章）。鹿入枢后，盛宣怀转告李鸿章："岘帅［刘坤一］来函，颇惧滋帅入枢，与彼为难，属为转恳师设法斡旋。"⑤鹿、刘在两江关系不谐，难于合作。鹿、张为郎舅关系，则常通声气。张进而通过鹿的关系，与荣禄接上了头。张佩纶说："鄂督因鹿与荣交欢，不值识者一笑。"⑥两宫播迁，初抵太原，张之洞主张"断不

---

① 《盛宣怀上宁、鄂督署电》（光绪二十六年六月十五日），王尔敏、吴伦霓霞合编《清季外交因应函电资料》，台北：台湾"中研院"近代史研究所，1993年，第408页。

② 《上海在勤小田切总领事代理ヨリ青木外务大臣宛·时局ニ对スル刘总督意见情报ノ件》（明治三十三年7月11日），《日本外交文书》第33卷《别册二·北清事变中》，第238页。

③ 《鹿传霖奏请早赴西安建立新都以定大计折》（光绪二十六年八月二十八日），中国第一历史档案馆编辑部编《义和团档案史料续编》上册，第763页。

④ 金梁辑录：《近世人物志》，北京：北京图书馆出版社，2007年，第360页。按"呦呦"，即鹿传霖；"窟穴在秦"，指其曾任陕西巡抚。

⑤ 《盛宣怀上李鸿章禀》（光绪二十六年闰八月二十一日），王尔敏、吴伦霓霞合编《清季外交因应函电资料》，第344页。

⑥ 《张佩纶致李赞臣》（光绪二十五年六月二十日），上海图书馆编《张佩纶家藏信札》第9册，第4857页。

敢请回銮，亦不愿阻幸陕"①。亦如黄濬所言，"鹿与文襄有姻连，故当时南皮、定兴实为一气也"②。后来俄约交涉，李鸿章因与张之洞意见对立而迁怒于鹿，张佩纶专门致函解释：

> 滋轩仅俄约事为香［张之洞］所惑，由于不解洋务，余则于公并无嫌怨，乃公不甚礼之。略园［荣禄］内外兼容，夔［王文韶］、鹿［传霖］外，则分倚李［鸿章］、张［之洞］，以为兼收并蓄，非鹿独主香。佩纶知之甚确，亦非因滋轩与我交好，曲为回护也。③

鹿传霖"不谙洋情"，张佩纶心知肚明，致函陈宝琛有"滋轩［鹿传霖］、次棠［于荫霖］之见识更低于我辈十倍"④之语，另函又云：

> 承问滋公为人与霸州师［边宝泉］优劣，此亦未敢置论。二公皆不解洋务者，专说见在，**滋公政事勤明，是其所长，性情卞急，是其所短**。此役端［载漪］、刚［毅］辈不足论，可虑惟在眉隖［董福祥］，而滋公赞成西安之举。……此固由庙谟内定，而初入政府，不当以三日新妇自居，同铸此错，亦无怪众口訾謷矣。然大体自是君子，所惜非救时之相耳。⑤

---

① 《致上海盛京堂、天津李中堂、江宁刘制台、济南袁抚台、安庆王抚台》（光绪二十六年闰八月初十日亥刻发），苑书义、孙华峰、李秉新主编《张之洞全集》第 10 册，石家庄：河北人民出版社，1998 年，第 8323 页。
② 黄濬：《花随人圣庵摭忆》，上海：上海古籍书店，1983 年影印本，第 294—295 页。
③ 《张佩纶致李鸿章》（光绪二十七年九月初一日），姜鸣整理《李鸿章张佩纶往来信札》，第 693 页。
④ 《复陈弢庵阁部》，张志潜辑《涧于集》下册《书牍六》，第 1046 页。
⑤ 同上，第 1051 页。"霸州师"，即边宝泉（1831—1898），同治二年（1863）进士，官至陕西巡抚、闽浙总督，其女边粹玉为张佩纶第二任妻子。

致函柯逢时则称：

> **滋帅于军务、洋务均苦隔膜**，只手回澜，既非易事，久且不安
> 其位，殊为代虑。观西迁一事，百折不回，性情亦甚偏执也。①

所论多中肯綮。张佩纶认为鹿入枢后不明大势，举步即误，"入手未中肯綮"。鹿本人以理学立身，隔膜于军务、洋务，"大体自是君子，所惜非救时之相"，可谓一言定评。

（三）"不愿降心相从"：与荣禄的交往历史

荣禄抵西安后，即入值办事，作为领班军机大臣，位在王文韶、鹿传霖之上。凡军机处发电信，署名顺序为荣、王、鹿。某军机章京描述当时情形："每召见，总是荣中堂一人说话，王中堂本重听，鹿中堂近来亦甚重听，全恃荣中堂在军机处宣示，而鹿尚书多请教于荣幕樊云门，否则莫知底蕴也。"②光绪十七年（1891），荣禄首次出任外职，简放西安将军，与陕西巡抚鹿传霖产生仕途交集，礼部尚书李鸿藻专门修函为之疏通关系，帮助他在陕站稳脚跟。③荣、鹿彼此"借重"，倾心接纳，很快建立起交谊，前者给李鸿藻信中有"滋轩中丞一见如故，

---

① 《复柯巽庵都转》，张志潜辑《涧于集》下册《书牍六》，第 1049—1050 页。
② 王彦威：《西巡大事记》卷首，北平：外交史料编纂处，民国二十二年刊本，第 34 页。按"樊云门"，即樊增祥。王闿运日记光绪二十八年九月二十四日条："樊增祥在行在私事滋轩，同人呼为孟浩然，取夜归鹿门谑之。"《湘绮楼日记》第 4 卷，吴容甫点校，长沙：岳麓书社，1997 年，第 2494 页。
③ 《李鸿藻致鹿传霖》（光绪十八年二月四日），李宗侗、刘凤翰《李鸿藻年谱》，北京：中华书局，2014 年，第 571 页。马忠文指出："从李鸿藻此函不仅可以看出他对荣禄的器重，也反映出文祥、李鸿藻、荣禄再到鹿传霖这些先后执掌枢机的人脉渊源。"参见《荣禄与晚清政局》，北京：社会科学文献出版社，2016 年，第 78 页。

颇为款洽"之语。这一层关系也延续至庚子年，二人在西安行在故地重逢，再度共事。张佩纶当时即留意到，"荣相现折回行在，华[荣禄]、滋[鹿传霖]交深，或能相济"①。

张佩纶以编修重获起用，"此举或云出自慈意，或云荣、鹿所荐"，透露出中枢内部荣、鹿基本处在一线。前引辛丑上元日（1901年3月5日）奉西安手书，复函鹿传霖"公乃强作网罗"一句下，紧接言道：

> 在略园相国[荣禄]及公，以合肥[李鸿章]典侍夙相知爱，申以婚姻，自然沆瀣一气，此举诚煞费苦心。②

李鸿章将爱女嫁张佩纶当继室，二人关系由同事变为翁婿，在外人看来自应亲密无间、"沆瀣一气"。荣、鹿"强作网罗"，也想利用这层关系，发挥张佩纶长材，在乱后强邻逼处、交涉繁难处境下，使他成为行在、北京、外部三者沟通中提高效率、润滑关系的一个"变量"。从效果来看，这一番"苦心"似乎全然落空了。李鸿章言"幼樵论事，与我如水乳，独洋务乃如水火"；张佩纶本心也"不愿随办交涉"，自料"举木强生硬之麤才，欲其柔色怡声以增辉于槃敦"，无异南辕北辙！（详见下文）

今次复出，前途不测，恐有负"举主"，张佩纶非无自知之明。其引杜诗曰：

> 杜陵诗云："朝觐从容问幽仄，勿云江汉有垂纶。"浣花每饭不忘君，非愿终隐者。然高而不切，亦自知之。是以不求辟荐，奈何略相与公担荷时艰，必强沧江病叟同入局中耶？知进不知退，黄吾

① 《复柯巽庵都转》，张志潜辑《涧于集》下册《书牍六》，第1052页。
② 《复鹿菘砚尚书》，张志潜辑《涧于集》下册《书牍六》，第1062页。

堂所以累及举主也。恐不舞之鹤，终将为二公羞矣。①

句出《奉寄章十侍御》(764)，杜甫时居阆州，"章十侍御"，即章彝，
"时初罢梓州刺史、东川留后，将赴朝廷"，故以诗相寄。此联提醒章
彝引荐自己，若有朝一日回京面圣，皇上问起"幽仄"，万不可告知蜀
地还有一位钓鱼翁。正话反说，"勿云"即是"要云"。张佩纶视杜甫"非
愿终隐者"，而以"沧江病叟"自况，本意"不求辟荐"，无奈为"二公"
(荣、鹿)"强入局中"。"不舞之鹤"，语出《世说新语·排调》，喻人无
能而出丑，唯恐因此"累及举主"。

张佩纶致函鹿传霖，述及与荣禄交往历史：

> 略相[荣禄]早跻贵近，己卯元旦始相见于殿廊，倏已廿三年
> 矣。后闻之高阳[李鸿藻]、合肥[李鸿章]两师，屡承有知己之
> 旨，一一心识，愧非所任。谪居塞上，都护托公伦布倨慢不为礼，
> 独于佩纶极相重，遂为将军揖客，自言出都时略相切托所致。患难
> 中承其高谊，至今犹深感纫。戍满还都，未俟展谢，先后三顾。舍
> 侄东藩展觐，尚承垂问，诚有古大臣爱士之风，惜侍非其人耳。②

按"己卯"，即光绪五年(1879)，为二人初识之年，"相见于殿廊"当为
元旦朝会场合，此信作于辛丑(1901)，相距二十三年。己卯前，荣禄
恩遇正隆，兼差甚多，任工部尚书、总管内务府大臣、步军统领，管

---

① 《复鹿菘砚尚书》，张志潜辑《涧于集》下册《书牍六》，第 1065 页。"黄吾堂"，即黄
之隽(1668—1748)，江苏华亭人，康熙六十年(1721)进士，官编修，曾提督福建
学政，坐事罢官，故曰"累及举主"。
② 同上，第 1064 页。

理健锐营、神机营、右翼官学等差使，可谓"萃文事武备于一身"。张佩纶由二李（鸿藻、鸿章）渠道与荣禄通款，而"屡承有知己之旨"。光绪十一年（1885），以战败获谴，居张家口下堡南门城根寓所，得当地官员照拂。新任察哈尔都统托伦布"独于佩纶极相重"，便是受荣禄"切托"，于"患难"中加以援手。①光绪十四年（1888），张佩纶戍满归京，又承荣禄本人"三顾"之情。"舍侄"，即张人骏；"东藩展觐"，指光绪二十四年调山东布政使；入觐时荣禄"垂问"张佩纶近况，可见礼贤殷切之意。②

荣禄诚有"爱士之风"，张佩纶却自许"侍非其人"。约庚子上半年，李鸿章来函论人才出处，劝以"早与荣［禄］结"等语，似有意点拨出路，张佩纶自曝心迹，不仅不以附荣为然，甚且以强烈的清、浊分流意识投射其中——

前书纵论人才，为世慨，非为身慨。**来教乃以早与荣结，何至沦落青溪为戏，未免视佩纶太浅。**荣于己卯、戊子礼意殷勤，求交甚切，虽在患难，不愿降心相从，皆公所知。近年寄声致候，以其握政揽权，置之不答，未敢稍逾素守，以负平生。横览九州，恐无此独立不惧之人，公乃欲其俯随流俗耶？③

己卯（1879）、戊子（1888）两处荣禄主动"求交"场合，前文论及，张

---

① 光绪十二年二月十五日："托伦布授察哈尔都统（字子明）。"九月二十七日："答托都统，投一刺而已。"十二月十一日："托都统赠食物，与儿辈。"《张佩纶日记》上册，谢海林整理，南京：凤凰出版社，2015年，第98、119、128页。
② 张守中：《先府君行述——张人骏生平资料的新发现》，《文物春秋》2014年第1期。
③《张佩纶致李鸿章》（光绪二十四年四月二十一日后），姜鸣整理《李鸿章张佩纶往来信札》，第660页；《复李肃毅师岳相》，张志潜辑《涧于集》下册《书牍六》，第1041页。

佩纶自坚操守，誓不愿"降心相从"。戊戌后，荣禄权柄在握，烜赫至极，主动通问致候，张佩纶均"置之不答"，自诩以"独立不惧之人"，排拒流俗，自高崖岸，体现出个性中自尊、清峻的一面。

三、"进退维谷之势"：从奉召后反应所见"清流"底色

（一）"不愿随办交涉"究为何故？

光绪二十六年十二月二十三日（1901 年 2 月 11 日），清廷颁上谕："张佩纶着赏给翰林院编修，随同李鸿章办理交涉事宜。"[1] 李鸿章奉旨后第一时间通知，"开年望即北来襄助"[2]。然而，在宦途经历过大起大落的张佩纶对北上一行似已失却热情，复电表示：

> 漾旨赏编修，随公办交涉，翁婿例应回避，自夏徂冬，咳血未愈，交涉万紧，势难愈疾迅行，请收回恩命。恳公代奏。[3]

回电婉辞理由，一则翁婿避嫌，二则身体不佳，皆以私故。李鸿章再电谆劝："内意似怜我老病，派来襄助，义不可却，时艰，交涉有何回避可言？未便代奏收回，北上早迟惟便。"[4]

---

① 《军机处奉电旨着赏张佩纶翰林院编修随同李鸿章办理交涉事宜》（光绪二十六年十二月二十三日），中国第一历史档案馆编《庚子事变清宫档案汇编》第 9 册，第 256 页。
② 《寄南京张学士》（光绪二十六年十二月二十四日未刻），顾廷龙、戴逸主编《李鸿章全集》第 27 册，第 567 页。
③ 《南京张学士来电》（光绪二十六年十二月二十五日到），顾廷龙、戴逸主编《李鸿章全集》第 27 册，第 567 页。
④ 《寄南京张学士》（光绪二十六年十二月二十五日巳刻），顾廷龙、戴逸主编《李鸿章全集》第 27 册，第 569 页。

二十五日，张佩纶奉到江督刘坤一移知电旨，具呈"以姻嫌、病状沥陈，恳即收回恩命"。二十七日，刘坤一奏入，二十九日电旨："张毋庸回避。着该督饬催，上紧医痊，迅速赴京。勿稍借延。"此后南北电商，张佩纶迟未动身。他对友人柯逢时坦露心曲：

> 此举或云出自慈意，或云荣、鹿二公保荐，都未可知，而鄙人真有进退维谷之势。……沥辞既不获请，强起实觉违心，真觉进退失据也。到沪尚须求盛宣怀派船，求外国领事保护，一路折磨，到都锐气已尽，焉能折冲樽俎哉？ ①

君命难违、进退为难之际，张佩纶与陈宝琛商量，希望他最亲密也最信任的同志能助其一决——

> 廿二日，忽传有电旨垂询合肥［李鸿章］，惶悚万分。**自问交涉实非所长，且与合肥议论不合**，电告请避嫌，复阻，而复奏已出。廿三日，由江督传旨，赏编修，随李办理交涉事宜，迅即赴京。当电都以姻嫌、患病两节，请代奏收回，合肥不允。廿六江督［刘坤一］移知，即呈请代陈。廿七奏入，廿九旨仍催迅赴。年除因此百事俱废，无可与商，恨不能有翼摩霄，就公一决也。
>
> 求相［李鸿章］再陈，必以为迂见。岘［刘坤一］无私交（尚未相见），以薛云阶［薛允升］前一日申斥，颇觉此奏幸免之可异，势亦难于相渎。徘徊展转，万念纷腾，恨无密电足以速商，姑借病须医痊，聊作延宕，公其为我酌之。②

---

① 《复柯巽庵廉访》，张志潜辑《涧于集》下册《书牍六》，第 1059—1060 页。
② 《复陈弢庵阁部》，张志潜辑《涧于集》下册《书牍六》，第 1057—1058 页。

从当时函电分析，影响张佩纶北上决心的内外因素有多重。最直接的理由，即身体状况不容乐观。剧烈发作的"肝眩""咯血"诸症是长期困扰张佩纶晚年的痛苦来源。[①] 十二月廿三日上谕，辞义简约，也给奉旨人带来困惑。在京全权非止一人，按地位尊卑，庆亲王奕劻尚在李鸿章之上，"不随两全权，专随合肥，显有别意"。他向柯逢时吐露疑虑："廿三夕漾电，赏给编修，随同傅相办理交涉事宜。不及庆邸，颇奇。"[②]

再则，今次起用，以"编修"随办交涉，难免给人官小而任大的印象。按甲申获谴前，张佩纶原官是从四品的侍讲学士，署都察院左副都御史、总理衙门行走，后以三品卿衔会办福建海防事宜，兼署船政大臣。翰林院编修，不过正七品。前后官品相差悬殊。张佩纶本人或为避嫌起见，故作通脱，举时贤为例，专门向友人表示不介意"编修官小"——

> 此间窃窃，方以编修官小，难办交涉为嘲，此则鄙人决不介意于此。张总宪百熙奉命使英，英人不受，嫌其官小无名望。即复我原官，洋人视之亦不足一张，转不如编修闲散，可免应接之烦。且如阮文达［阮元］、潘文勤［潘祖荫］，不过科场星误，以巡抚、侍郎才得编修，鄙人曾被重劾，军务获咎之员，得此已为逾分。人生贤不肖，岂视爵位为轻重？[③]

张佩纶奉召时，《议和大纲》十二条已画押，接下来即面临条约细目谈判，在中外权势极度失衡的格局下，这一工作难度不言而喻。张佩

---

① 《复鹿苾砚尚书》，张志潜辑《涧于集》下册《书牍六》，第 1064 页。
② 《复柯巽庵廉访》，张志潜辑《涧于集》下册《书牍六》，第 1059 页。
③ 同上，第 1061 页。

纶也有清楚的认知——

> 闻入都之始，各使蓄怒以待，傅相密遣爪牙婉言开譬，始能删汰芜谬，仅出此十二条之照会。在洋人以为格外交情，在傅相亦以为竭尽心力，并非应争不争，不应许而许。然即此十二条，固已损我主权，括我国利，扼吭据腹，窘若拘囚。彼时鹰瞵虎视，止准接受，不准诘难，条约不能据，公法不足凭，无理可商，无情可恳，此由敌情之很毒骄贪，非尽由傅相之选懦也。
>
> 大纲已经画押，我具说帖，欲改减一二分，彼即故作刁难，转加重四五分。惩办首祸，即其明验。如拓使馆之基，议赔款之数，其机已兆矣。大纲如此，细目可知。说帖既置之不理，急则声称西犯东略，以迫我不得不从。鄙人即有喙三尺，何能关各使之口而夺之气哉？[1]

按《议和大纲》十二条形成过程，基本上只是列强之间讨价还价，清朝代表被排斥在外；递交大纲时，外国公使"意极骄蹇"，不允任何修改。荣禄也承认："庆、李名为全权，与各国开议，其实彼族均自行商定，是日交给条款照会而已，无所谓互议也。"[2]大纲细节过于苛刻，以荣禄为首的行在军机处就第二（惩祸、停考）、五（禁军火入口）、六（赔款）、七（使馆驻兵）、八（撤大沽及直隶沿海炮台）、九（京沽沿路驻兵）、十（保护洋人谕旨）、十一（修改商约）、十二（改革总理衙门及

---

[1] 《复鹿萃砚尚书》，张志潜辑《涧于集》下册《书牍六》，第 1062 页。
[2] 《荣禄与奎俊书》，《义和团运动史料丛编》第 1 辑，北京：中华书局，1964 年，第 142 页。

觐见礼）各款提出驳议，令全权大臣"设法磋磨"。① 奕劻、李鸿章迫于外压，急于定议，复奏"非此不能转圜，非此不能结局"②。至十一月二十六日（1901 年 1 月 16 日），清朝全权署名画押，列强拟定的和约大纲未易一字，被中方接受。

清廷原则上同意大纲十二条，同时要求全权大臣画押后仍须"逐条切实磋磨，以杜后患"，希望有所补救。李鸿章在谈判前线不能一一力争，似为行在所不满，张佩纶奉召随办之"交涉事宜"，重心即在此端。他说：

> 和议因惩办首祸一节，几至决裂，昨闻兵欲西进，始准初六照办。外之气焰如彼，内之作用如此。尚有大纲已经画押之十二条，以及子目百数十事，无非挠我主权，夺我民利，不问可知。**无理可讲，无情可商，无条约、公法可据**，即有仪、秦、随、陆，欲以一人口舌补救斡旋，断断无此本领。闻南皮与合肥即因此龃龉，言者亦大为挑剔，约成必遭弹射，更甚马关。③

> 近日和议，因惩办首祸一节，外人几欲决裂。见许初六照办。……披猖至此，**无理可讲，无情可商，无公法、条约可据**，两全权婉求而不能假借，两会办窃议而不敢发言，欲望一随办之编修从而斡旋匡救，纵有喙三尺，如敌国之不认何？**默揣内意，必因傅**

---

① 《军机处致全权大臣奕劻李鸿章电信》（光绪二十六年十一月初四日），国家档案局明清档案馆编《义和团档案史料》下册，第 841 页。

② 《全权大臣奕劻李鸿章电》（光绪二十六年十一月初五日），国家档案局明清档案馆编《义和团档案史料》下册，第 847 页。

③ 《复陈弢庵阁部》，张志潜辑《涧于集》下册《书牍六》，第 1058 页。"仪、秦"指的是战国时期纵横家张仪、苏秦，"随、陆"指的是汉刘邦的文臣随何、陆贾，以上四人皆有辩才。"始准初六照办"，即光绪二十七年正月初三日清廷第四次发布"惩祸"上谕。国家档案局明清档案馆编《义和团档案史料》下册，第 967 页。

相衰病，各电未能驳斥力争，故欲鄙人往与磋磨。方自以为良工心苦，不知和战两穷，即仪、秦、随、陆复生，亦难以忠信行于蛮貊。①

列强态度强横，动辄以兵势威压，大纲交涉时即有"我欲改减一二分，彼即转加重四五分"的刁难之举，画押后"详细节目"谈判更难乐观，结果只是反复印证"条约不能据，公法不足凭，无理可商，无情可恳"的惨痛现实，身为"全权"的奕劻、李鸿章尚无与各国"磋磨"的机会，"欲望一随办之编修从而斡旋匡救"，岂非缘木求鱼？

今存张佩纶资料中，关于"不愿随办交涉"最为明确的说法见于辛丑二月北上前夕致鹿传霖的一通长信，其言沉痛，也包含对后半生身世飘零、勋业无成的一番感怀——

> 佩纶不愿随办交涉者，其故有三：以战败获咎，以议和起用，有乖素守，一也。昔以婿逐，今以婿随，始终目为之准婿，不能自立，二也。译署颇能争持，今须摧刚为柔，始能稍有赞助，徒损生平，无补时局，三也。甲午之役，合肥以刘省三不出，环顾诸将无可属，约至密室，欲以侍督卫汝贵-军往驻平壤。非不欲慷慨请缨，一洗马江之耻，而政府既有嫌隙，合肥方蹈危疑，骤举败将，又是姻亲，必骇物听，遂力辞之。然傅相坚不许回里。端坐悒悒，辛因此招忌，盛宣怀及李□□，以五百金贿参驱逐，从此鄙人颓然自放，不复萌用世之想，诚以时势如江河日下，不可谈兵，决无雪耻图功之会也。②

---

① 《复柯巽庵廉访》，张志潜辑《涧于集》下册《书牍六》，第 1059 页。
② 《复鹿滋砚尚书》，张志潜辑《涧于集》下册《书牍六》，第 1061 页。按"李□□"当为李经方。

信末作"临发彷徨，实恐上负国恩，下惭知己耳"。言不尽意，犹有余憾。所述三个理由，其二"准婿"身份之招嫌特质，不必再赘；其一、三指向实皆一致，即以主战之人出而主和，既"有乖素守"，又"无补时局"。李、张二人看似因翁婿关系在政治上连带一体，实则彼此间有着不容忽视的思想鸿沟。

（二）与李鸿章谈"洋务"素不甚合

张佩纶的生命底色纵是"清流"，对"经世""洋务"诸议题却很少隔膜，且自视甚高，故时人谓"篑斋一生以王霸之学自诩"[1]。光绪五年（1879），在京与张之洞纵论道光以来、陶澍以下人才，大有为之四顾，踌躇满志之态，甚而时已有"坐镇北洋，遥执朝政"之势的李鸿章竟也不在话下，只落得"李少荃学其大而举措未公，未知将来孰作嗣音也"的话柄。[2]辛丑年重返京师，随同办理交涉，张佩纶的"洋务"见解似仍贯其旧，与李鸿章短长相较，更加显然——

> 不知傅相办理洋务近四十年，其忍辱负重，实有独到之处。鄙人持论以和、战歧途，素不甚合，傅相每以为恨，尝曰："幼樵论事，与我如水乳，独洋务乃如水火。"举告高阳师，以为笑。俄、

① 汪辟疆：《光宣以来诗坛旁记·张幼樵》，氏著《汪辟疆诗学论集》上册，南京：南京大学出版社，2011年，第185页。

② 光绪五年十一月二十一日："论道光[以]来人才，当以陶文毅[澍]为第一。其源约分三派：讲求史事，考订掌故，得之者在上则贺耦庚[长龄]，在下则魏默深[源]诸子，而曾文正[国藩]集其成。综核名实，坚卓不回，得之者林文忠[林则徐]、蒋砺堂[攸铦]相国，而琦善窃其绪以自矜。以天下为己任，包罗万象，则胡[林翼]、曾[国藩]、左[宗棠]直凑单微，而陶[澍]实黄河之昆仑，大江之岷也。今左恪靖[宗棠]虽大功告成，而论才太刻，相度未宏，绝无传衍衣钵者。阎丹初[敬铭]得其精而规模太狭，李少荃[鸿章]学其大而举措未公，未知将来孰作嗣音也。"《张佩纶日记》上册，第32—33页。

> 法、倭三役，每至变色相争，终亦不尽采纳。此次舍和无策，傅相所长，佩纶所短。条约利害，此老岂不洞明？顾白刃当前，不救流矢，蝮蛇螫手，壮士断腕，恐有不能不迁就以图了事者。[①]

按光绪初年以二张（佩纶、之洞）为代表的"清流"人物，皆以"知洋务"自命，他们对待被外界奉为"清流领袖"的李鸿藻，多有"假借"和"挟持"意，两者关系近于"交而非党"；与李鸿章反而多有互动，非如晚清世论"以骂洋务为清流，以办洋务为浊流"那般疆界分明。对比从事洋务事业的李鸿章，张佩纶的视野不局限于因应现实需要的一舰一炮，主张"修内莫亟于用人，攘外莫亟于经武"，规画更加宏阔。其自述宗旨，"大抵修内攘外，均切于时，不近名"，究其知识来源，实则不出书生闻见。[②]

清流、北洋在"洋务"观念上不乏交集，然于和战问题仍存根本分歧，而最终清流亦以战败而亡。中法战争时，张佩纶与李鸿章关系密迩，但不讳言"合肥怯敌"[③]"肃毅慎葸"[④]"合肥过于慎重，将涉葸畏"[⑤]。李鸿章以"海防兵单饷匮""水师又未练成"为由，坚持"未可与欧洲强国轻言战事"[⑥]，张佩纶却钊锋相对："胜固亡，败亦亡，战固亡，和亦亡，似胜亦不尽为覆辙也"[⑦]，"言和之害与战败之害正同，而战败犹

---

① 《复鹿菼砚尚书》，张志潜辑《涧于集》下册《书牍六》，第1062页。
② 详参戴海斌《清流、洋务"各有门面"？——以李鸿章与张之洞早期交往为线索》，《史林》2021年第1期。
③ 《复陈弢庵学士》，张志潜辑《涧于集》下册《书牍二》，第799页。
④ 《复陈弢庵阁学》，张志潜辑《涧于集》下册《书牍三》，第810页。
⑤ 《复黄漱兰侍郎》，张志潜辑《涧于集》下册《书牍二》，第800页。
⑥ 《复总署·论海防兵单未可轻言战事》（光绪九年五月初四日），顾廷龙、戴逸主编《李鸿章全集》第33册，第227页。
⑦ 《张佩纶致李鸿章》（光绪九年五月十九日），姜鸣整理《李鸿章张佩纶往来信札》，第291页。

有不败之道在也"①，"为国家长久之计，疆宇远大之谋，正不如奇，守不如战"②。光绪十年（1884）春，李鸿章为接受法方谈判条件，对朝中"清议"深致不满，时在总署行走的张佩纶面对"主和一线到底"的"师相"，坦承"有主战坚持之语"，并作了一番"清流"立场的著名表白——"作清流须清到底，犹公之谈洋务，各有门面也"。③ 不久，即被派往福建"会办海防"。以后视眼光看，此时"清流派"风流云散的命运将临，而他终究坚持"门面"到了最后一刻，也算得其所哉。

十余年后，经历仕途挫跌的张佩纶再度站在复出的关口。历史仿佛对他开了一个残酷的玩笑。他所面对的实际是"平生主战之人"必须"出而主和"的困局。他自称："鄙人注意，在未破京都之先，内意既不可回，相［李鸿章］亦不敢放胆，是以痛恨鉴堂［李秉衡］，以其一死无名，甘为刚［毅］、端［载漪］分谤，而益扬洋人之烈也。"④ 此番隐曲纠葛的心理，也只能向密友倾诉。辛丑年（1901）初，他致函陈宝琛云：

> 去秋与公纵论，吾辈主战，不宜出而主和，此役不能再战，止有求和，我两人止能袖手。孰意网罗先及涸鳞，吞饵中钩，竟难摆脱。此即小有驳斥，争回数事，已失生平之素志，况并此不能耶？⑤

---

①《统筹法越全局折》（光绪八年六月二十日），张志潜辑《涧于集》上册《奏议二》，第471—472页。

②《存越固边宜筹远略折》（光绪八年四月初十日），张志潜辑《涧于集》上册《奏议二》，第462页。

③《张佩纶致李鸿章》（光绪十年四月初八日），姜鸣整理《李鸿章张佩纶往来信札》，第382页。

④《复柯巽庵都转》，张志潜辑《涧于集》下册《书牍六》，第1052页。

⑤《复陈弢庵阁部》，张志潜辑《涧于集》下册《书牍六》，第1058页。

同时，致函柯逢时云：

> 大臣不学，轻与十一国构衅，致有此变，自然止可言和。而鄙人不愿预其事，以战败获咎，以请和复用，不独外惭清议，实以内疚神明。秋间与伯潜前辈［陈宝琛］纵论及此，谓吾辈平生主战之人，**此事诚不可主战，而主和似不必有我两人**，以乖素志。岂意事与愿违，突然有此朝命耶？……朝廷不爱惜人才，实则天不爱惜中国人才。吾运命薄，亦中国之运不振也。[①]

至此一败涂地、山穷水尽之境，张佩纶自然明白"此事诚不可主战""此役不能再战"，出路止有"求和"一途，但他始终抱一种大势难回、世事难为的沈哀，这不仅出于"有乖素志"的不甘，更因近数十年国家内外失据、满盘皆输，令人灰心气短。致柯逢时函中有两段话，恰好概括了他所理解的历年"洋务"失败之总因，其内的一面——

> 阁下相爱至深，吾怀何可不尽？洋氛日炽，宿将日凋。从前深忧积愤，操壹大举则终身创之说，思欲力遏狂澜，稍振中国之气，驯致自强，保越无成，复有马江之败，谪戍近边，此心固未灰也。甲午之役，傅相欲鄙人为将，以至咸不敢荐。内而枢臣忌嫉，外而淮军骄惰，自度再起亦必偾事，遂力辞之。后果败绩求和，鄙人先已论逐，自是颓然无复用世之志。中国元气已亏，将帅之才不出，不能为国矣。是以历年谈宴，琐悉毕尽，从来不及洋务也。[②]

---

① 《复柯巽庵廉访》，张志潜辑《涧于集》下册《书牍六》，第 1060 页。
② 同上。

其外的一面——

> 俄、英争长，正中国洋务着眼处。然必中国足以自强，始能用间，以为远交近攻之计。甲午之役，傅相[李鸿章]恃俄，而枢廷信赫德之说，欲恃英。盛[宣怀]习商务，揣摩翁[同龢]、孙[家鼐]，乃说傅相两用之。俄失望退避，致成大辱。俄定密约，即失东方之权利。英、日恼惧，乃贿康、梁入都，串通志[锐]、文[廷式]，所结奄党直入心腹。患由内出，源从外入。此次衅起家庭，果抱定初意，专与英、日构兵，结俄为助，虽不成话，尚是臭棋主意。乃举国以从拳匪，于十一国不分种类，一概攻击，谬妄糊涂，直是丧心病狂，铸此大错。①

以上只是张佩纶出于自身立场的一种观察，实则未超越早年"修内莫亟于用人，攘外莫亟于经武"的洋务观念。同光之交，清流派"每饭不忘增购军火"，与李鸿章素主"军实以简器为先"观念契合，②但提倡"自强"的落脚处，还在于求才、用人，以为"有兵无器，诚为笃论，惟及今不一试，以后正恐有器无人"③。至庚子战败、中国元气大亏之际，他最哀叹的还是"将帅之才不出，不能为国矣"。对外观念方面，他似支持李鸿章"联俄"取向，直接进言"倭不可恃，仍宜恃俄"④，但对俄国"以义动"抑

---

①《复柯巽庵都转》，张志潜辑《涧于集》下册《书牍六》，第 1052 页。
②《李鸿章致张佩纶》（光绪六年八月初六日），姜鸣整理《李鸿章张佩纶往来信札》，第 45—46 页。
③《张佩纶致李鸿章》（光绪六年八月），姜鸣整理《李鸿章张佩纶往来信札》，第 48—49 页。
④ 张佩纶对李鸿章"联俄"政策的评论，可参以下一段话："弟前致傅相书，谓倭不可恃，仍宜恃俄。但俄若以义动，不据辽、不求利，各国何敢不从？不言利而利更大，中国得苟延，师亦勉效桑榆，得全晚节，自强与否，以俟君子，此大幸也。（转下页）

或"以利动"仍存犹疑，至于清廷对十一国"不分种类，一概攻击"，则直斥为失智，因之深恶痛绝。总括而言，经历甲申、甲午、庚子诸役刺激后，张佩纶已然"心灰"，言谈间于"洋务"题目意兴都尽。

论及实际"洋务"经验，张佩纶在光绪九、十年（1883、1884）间充任总理衙门大臣，这是与洋人直接打交道的职务。其时，"承译署之命，时艰甚迫，措手殊难"[1]；又鉴于"译署事事迁就，人人疲玩，殆难自立"而"颇思理董"，作改弦更张之举。[2]张佩纶少年科第，自负清流，初入总署，遇事敢言，由于对外强项，甚至与洋人闹出过一场"拍案"风波。[3]海关总税务司英国人赫德（Robert Hart）便是当时"旧人"之一。今订城下之盟，对手重逢，不能不作嫌怨转积、旧仇复至的顾虑。这一层心理，他对不同友人都有所表露。一则曰：

> 前在译署，英、法各使嫌鄙人争执，百计相困，无事生风。十六年来，今使即非昔使，而赫德即是忌嫉之人，恐到彼必生一小小波折，预杜其口，非徒无益，而又害之。[4]

再则曰：

（接上页）如彼以利动，则英、德必争，俄欲东三省，英必欲割长江各省，德必欲山东，日必欲福建，即与俄结之美、法各国，亦须各沾利益，不瓜分而祸甚于瓜分。即或不求地，而尽干我利权、政权、兵权，以制我民权，直与土耳其、朝鲜成为环球三奴才之国，岂不可痛哭太息？相未复书而行。今闻俄意虽不言久占东三省，而税务、兵权并欲预闻，他国岂不效尤？此后何从自立？"《复柯巽庵都转》，张志潜辑《涧于集》下册《书牍六》，第1052页。
[1]《复陈弢庵阁学》（光绪九年十一月），张志潜辑《涧于集》下册《书牍三》，第817页。
[2]《复李肃毅师相》（光绪九年十二月），张志潜辑《涧于集》下册《书牍三》，第822页。
[3] 张晓川：《张佩纶与总署"拍案"风波》，"中国近现代史研究的典范问题"第四届学术研讨会，长沙，2023年7月。
[4]《复柯巽庵廉访》，张志潜辑《涧于集》下册《书牍六》，第1059页。

侍前在译署，各使震我虚声，无事生风，来相磨难，侍亦少年气盛，不肯相下，辄与争持。英使巴夏礼告傅相，有"张某出署，中英睦谊可固"之说。今各使皆彼族后起，度未必尽记前情，而赫德尚是旧人，屡受抑挫，极以为憾。不必汉奸勾结，但赫德谈及姓氏，转相告语，即足生各使疑忌，恐随办尚未涉手，明阻暗挠，或生枝节，此则全权不能袒，而枢廷不能禁者。①

庚辛之际政局板荡，内外交困，相较于甲申已不可同日而语。张佩纶最担心"禁城既破，洋焰益炽，和即终和，不能为国"②，高压下即便勉力复出，屈己交涉，势必难有作为；而朝野忌者不乏其徒，昔年"清流"出而"主和"，众目所瞩，动辄得咎，若晚节不保，岂所能堪？在辛丑二月致鹿传霖长信中，他将"临发彷徨"的内心情绪全盘托出，对于此种自我防卫心理机制的刻画最为直接——

惟此次屈己求和，视城下之盟尤耻，所亏必巨，决难惬心。傅相受两宫恩眷，谤满天下，尚能共谅。佩纶则废人复起，何难索垢求瘢，事定后，不以为始终改节，附和私姻，即以为战则败绩，和则受亏，忌者方据要津，尔时积毁销骨，即鄙人亦何颜自辩？命宫磨蝎，此殆势所必至，初非过为之防。③

然而君命召，终不得不行。张佩纶无论如何不敢违背上命，回信决定勉力一行，采取了一种尽人事听天命的姿态——"前欲以此直陈，略相

---

① 《复鹿菘砚尚书》，张志潜辑《涧于集》下册《书牍六》，第 1063 页。
② 《复柯巽庵都转》，张志潜辑《涧于集》下册《书牍六》，第 1052 页。
③ 《复鹿菘砚尚书》，张志潜辑《涧于集》下册《书牍六》，第 1063 页。

与公或疑取巧，且两宫之前亦既反复奏允，不便自改其说，无可如何，止能力疾一行，相机因应。傥［倘］能殚思竭虑，补助得一二分，挽回得一二着，使鄙人得以塞责，即是徼天之幸。"此函发出不久，张佩纶由宁至沪，航海北上，于辛丑二月二十五日抵京。行道中函告柯逢时：

> 廿后到沪，免秦王岛流澌之险，直赴大沽，祸福毁誉，在所不计。子目恐须延宕。俟回銮后设法言归，不知能如愿否？兄日望我再起，亦万不料如此之起，能勿失声曰"韩愈可惜"乎？ ①

按"韩愈可惜"一语出自《新唐书·韩愈传》。长庆元年（821），镇州兵变，韩愈受诏宣抚，百官担忧，同僚元稹言"韩愈可惜"，穆宗也后悔此举，劝勿深入险地。然韩愈发挥"文臣不畏死"之义，决然言"安有受君命，而滞留自顾"，驰赴镇州，面对骄兵悍将，慷慨陈词，不辱使命，回朝转任吏部侍郎，升京兆尹兼御史大夫，达到仕途顶峰。张佩纶引此古典，颇有自嘲意味。那么，韩愈佳话能重演否？

四、"随办为难"：在京议和时期行止考实

（一）"不能接晤洋人"——"随办交涉"实相

辛丑二月二十七日（4月15日），即张佩纶抵京两天后，李鸿章寄电行在军机处：

---

① 《复柯巽庵廉访》，张志潜辑《涧于集》下册《书牍六》，第1060页。

编修张佩纶因病耽搁，现于廿五日抵京，遇有交涉事宜随同办理。请代奏。①

李鸿章临危受命，然交涉艰难，诸事不顺。在张佩纶看来，部分原因在于当事者不够得力，尤其各自为事，未能形成合力，李鸿章以一"八十老翁"苦心经营，已显独木难支之态——

惟事极繁，**而办事之人太少，得力之人则更少**，庆邸不甚问事，以如此重大关系，全委重于衰病老臣，度量殊不可及。两会办近颇通电，亦无扼要之言。岘本依违，傅相及香翁彼此不无意见也。②

按"两全权"名义上同负交涉之责，按地位论，奕劻以皇亲身份较李鸿章为尊，向行在发会奏折均以庆领衔，电报署名均为庆前李后；但实际交涉中，奕劻"不甚问事"，李鸿章无疑发挥更大作用。陈夔龙为留京办事大臣之一，观察到"虽两全权列名会电，每于发电后，始知照庆邸"③。张之洞、刘坤一奉派"函电会商"，实际成为北京、西安之外第三个意见来源。张佩纶以为"两会办"通电虽多，却"无扼要之言"。

前文论及，张佩纶对李鸿章随行幕僚评价极低，"合肥左右由粤到沪，实无一正人"。刘学询、王存善未入都，随员之"三杨"，即杨崇伊、杨文骏、杨士骧，非品行恶劣，即不长于洋务，皆无足论。至于李鸿章到京后奏调者，也绝少"得力之人"——

① 《直隶总督李鸿章为编修张佩纶现已抵京遇有交涉事宜随同办理事电》（光绪二十七年二月二十八日缮递），中国第一历史档案馆编《庚子事变清宫档案汇编》第 10 册，第 450 页。
② 《致鹿菼砚尚书》，张志潜辑《涧于集》下册《书牍六》，第 1065—1066 页。
③ 陈夔龙：《梦蕉亭杂记》，太原：山西古籍出版社，1996 年，第 49 页。

闻调周藩司馥、徐太仆寿朋入都随办款约。周是淮人，傅相夙
所赏识，心思尚细密，徐亦旧幕（张荫桓所保，戊戌夏两月中超升
至此），人却颟顸。论其心术，周近与张翼姻家，颇望开府，不至
作奸；徐则理路不清，操守难信，同役未必同心，正不敢保耳。①

按全权以下，当时"随同办理一切条款事宜"的中下级官僚，由奕劻奏
调者，有那桐（礼部右侍郎）、陈夔龙（顺天府府尹）、瑞良（章京、户
部郎中）、顾肇新（章京、刑部郎中）、朴寿（章京、吏部郎中）、绍昌
（章京、内阁侍读）、张德彝（英文翻译官）、联芳（法文翻译官）、塔克
什纳（俄文翻译官）、治格（德文翻译官）、唐家桢（东文翻译官）、陶
大均（东文翻译官），多为总署部下旧人。②由李鸿章奏调者，有张翼
（内阁侍读学士）、于枚式（礼部员外郎）、徐厚祥（工部员外郎）、杨
文骏（前广东雷琼道）、杨士骧（直隶候补道）、杨崇伊（陕西汉中府知
府）、徐赓陛（降调直隶州知州）、曾广铨（英文翻译、兵部员外郎）、
联芳（法文翻译、候选道）、塔克什纳（俄文翻译、分省补用道）、刘崇
惠（俄文翻译、候选同知）、罗庚龄（东文翻译、候选知府），皆其夹袋
中人。③后来，李鸿章陆续调请盛宣怀（大理寺卿）、周馥（直隶布政
使）、徐寿朋（太仆寺卿）、李毓森（存记道）、张佩纶（翰林院编修）
等人"来京帮同办理"，细究其实，被提名者仍以故旧亲信为主。周馥、
徐寿朋尤被重用，处理交涉事务最多，但张佩纶对其心术、能力均不
以为然。

①《复鹿菼砚尚书》，张志潜辑《涧于集》下册《书牍六》，1063 页。
②《和议条款公务繁要派员随同办理开单知照由》（光绪二十六年闰八月十八日），《总理
　各国事务衙门》全宗，馆藏号：01-14-005-01-002。
③《派员随同议约开单知照由》（光绪二十六年闰八月二十日），《总理各国事务衙门》全
　宗，馆藏号：01-14-005-01-003。按庆、李奏调者，同有联芳与塔克什纳。

张佩纶"专随合肥"办事，对此"衰病老臣"深抱同情，而谓："顾八十高年，与十一国使臣斗智，而又环之以数万甲兵，衰病颓唐，精神岂能无疏忽？侍公谊私情，但有所见，自当就遗漏之处竭诚补救，强谏不纳，出以婉词。"①事实上，却是进言为难，作用有限。李鸿章最初邀张北来，所思不过"来京多一谈客，亦可破寂"②。据张志潜"府君行述"记："至则和议大纲已定。文忠虑府君性刚劲，劝勿与洋使接。其细节琐目既不屑渎府君，而大者府君又力争不能得，终日愤懑而已。"③到京"随同办理交涉事宜"以后，因李鸿章严加约束，张佩纶并无机会与外人直接晤谈。他向鹿传霖吐露此种无奈：

> 洋情骄很，无复与国之礼体。全权照复稍峻，动遭驳斥。……**傅相以侍不必接晤洋人为是，前奉谕旨，并未行知各使，且专随傅相办事，虽系特派，究与那[桐]、陈[夔龙]、徐[寿朋]、周[馥]有间。**其中窒碍殊多，审察中外体制，止能如此，并非鄙人畏难取巧，当荷两宫鉴原。④

代表李鸿章与公使团交涉者，另有其人。如赔款谈判，三月初一日（4月19日），法、英、德、日四使约那桐、徐寿朋、周馥赴德馆讨论赔偿抵款，三人均冠以"帮办"名义。⑤又如觐见礼节交涉，时人记："是役也，鸿章属僚周馥、廕昌皆与有劳，徐寿朋洞悉夷情，往来争论，鸿

---

① 《复鹿薔砚尚书》，张志潜辑《涧于集》下册《书牍六》，第 1062 页。
② 《李鸿章电张佩纶》（光绪二十七年正月初二日），姜鸣整理《李鸿章张佩纶往来信札》，第 676 页。
③ 张志潜：《中宪大夫显考黄斋府君行述》，张志潜辑《涧于集》下册，第 1128 页。
④ 《致鹿薔砚尚书》，张志潜辑《涧于集》下册《书牍六》，第 1065 页。
⑤ 《徐帮办等致盛宗丞转刘岘帅》二通（光绪二十七年三月初三日、三月初三日辰刻），顾廷龙、戴逸主编《李鸿章全集》第 28 册，第 151、154 页。

章倚之如左右手，其功尤不可没云。"①

那么，张佩纶究竟所办何事，有何作为？辛丑六月全权大臣联署奏片提到："张佩纶随办交涉，倏已三月有余，于赔款出入，时以上下交困为虑，颇有见地，赫德甚重其语，至其才优品洁，即臣奕劻亦深器之。"②据此，张佩纶在京襄助和谈主要围绕赔款问题展开，赫德等人评价尚似不俗。《张佩纶家藏信札》存录了一份为全权大臣代拟致西安军机处电稿，所议增加"丁税"事即与当时筹措赔款抵押问题相关，文录下：

> 复行在军机处：电悉。国初摊丁入亩，康熙间永不加赋之诏，丁税本无办理，且丁册久废，州县所存均属隔年陈账，万不足据，骤办必大扰民。此事系自主之权，果办，属洋界华民及教民自必按丁抽税，若此时往询洋人，万一教民阻挠，主权转失。中外条奏及此，半系坐谈，鲜恤民隐，应俟回銮后从容查核，再行定议，万勿轻易降旨，以致天下淆惑。理财之道，须详考利弊，择善而从，切忌急遽也。庆、李。东。③

这些工作毕竟有限，而且张佩纶所持"恤民隐"一类见解也未必与急于订约交差的两全权合拍。但在外界看来，张为李鸿章亲信，理当大有所为。陈宝琛即言："和约一日不定，则兵不退而费日增，众醉独醒，

---

① 胡思敬：《驴背集》，中国史学会主编《中国近代史资料丛刊·义和团》第 2 册，第 532 页。
② 《庆亲王奕劻等奏请饬令张佩纶赴江南访核税课商请以备采择片》（未具日期），中国第一历史档案馆编《庚子事变清宫档案汇编》第 5 册，第 1944 页。另见《张佩纶南行考察商情片》（光绪二十七年六月十一日），顾廷龙、戴逸主编《李鸿章全集》第 16 册，第 322 页。
③ 《张佩纶代庆亲王奕劻、李鸿章复行在军机处电稿》（光绪二十七年□月一日），上海图书馆编《张佩纶家藏信札》第 16 册，第 9476 页。

望于元老，公但联邸联内，赞匡规画，所益已多。"①此处"元老"指李鸿章，"邸"指庆亲王奕劻，"内"指行在军机处，实则"赞匡规画"仅流于愿景，所益甚微。张佩纶对自身位置渐有清楚认识，"虽系特派，究与那［桐］、陈［邦瑞］、徐［寿朋］、周［馥］有间"，不仅不能"接晤"洋人，甚至连"直谏"李鸿章也颇费苦心——

> 电奏均是口授，写竣即发，止能婉导于事先，不能谏阻于临事。鄙好直谏，似预防之，进言较从前更难，无可如何。每于晨起清明之时，无人密静之暇，委曲调护，有从有不从，都无痕迹。其须笔之于书，则面递说帖以备斟酌。用心颇苦，而为效极微，尽其力之所能到而已。②

凡李鸿章口授电奏，并不与商，张佩纶只能伺机事先"婉导"或"面递说帖"，但未必能畅所欲言，效果亦不理想。他甚至感觉李鸿章有意"预防"其直谏，故进言较前更难，终日"愤懑"。他对鹿传霖亦言：

> 随办为难，前两书已略陈之。既不能接晤洋人，实情即已隔膜，照会往返，硬以无礼之词驳斥，笔舌俱枯，终于无济。③

"随办为难"，一言点题。对于这段经历，他后来自我总结："在京三月余，有愤闷无补救，奖借非所敢承。徐［寿朋］以帮办大臣自矜，周

① 《陈宝琛致张佩纶（二二四）》（光绪二十七年三月二十二日），陈星整理、陈绛校订《陈宝琛张佩纶往来信札》，第 131 页。
② 《致鹿菘砚尚书》，张志潜辑《涧于集》下册《书牍六》，第 1065 页。
③ 《复鹿菘砚尚书》，张志潜辑《涧于集》下册《书牍六》，第 1071 页。

［馥］乃称襄办大臣以敌之，抱持和约，菽粟各以为功，随办虱其间，杯水车薪何益？"[1]

不过，张佩纶与庚辛交涉的关系还有一个值得注意的面相。在北京，他与身边的李鸿章若即若离，但通过函电与西安的鹿传霖却多有沟通。在给鹿传霖的信中，他曾就"德法西进""回銮""加税""俄约""觐见""停考"等谈判节目"据事直陈"，有所献替。[2]据目前可见材料，在驻俄公使人选问题上，因为牵涉与他关系微妙的李经方，他专门绕过李鸿章，一边向全权大臣奕劻进言，另一边通过鹿传霖向中枢运动，显示了政治人物复杂的多面性。

> 杨使［杨儒］期满，调罗［丰禄］驻俄，俄不接待，格［尔思］颇注意李经方，傅相知此子不理众口，以衰病惮见远役婉辞。黄前托陈小石［陈夔龙］致庆邸［奕劻］，即俄要此人，乃勿可用，已预测之。相畏俄，不了事，方必挟俄，更生事，万一入告，请密商略相［荣禄］，设法拒绝。[3]

（二）因应"俄约"而"苦无一良策"

义和团事变期间，俄国趁机出兵东北，军事占领东三省。光绪二十六年十二月，向清朝提出条约草案十二款，名曰"交还"，实际欲将军事占领长期化；在中方抗议及国际压力下，次年正月二十二日

---

[1]《张佩纶致鹿传霖电稿》(光绪二十七年□月七日)，上海图书馆编《张佩纶家藏信札》第16册，第9482页。

[2]《致鹿菘砚尚书》，张志潜辑《涧于集》下册《书牍六》，第1066—1067页。

[3]《张佩纶致鹿传霖电稿》(光绪二十七年)，上海图书馆编《张佩纶家藏信札》第16册，第9481页。

（1901 年 3 月 12 日）提出条约修正案，限十五天之内必须画押。[①] 此后两个月里，列强与清政府的注意力几乎全部转移到中俄东三省交收谈判上。张佩纶卷入其中，张志潜至有"府君以俄约亦颇与李文忠龃龉"[②]之言。张佩纶与朱潜论及"俄约"：

> 俄约过吃亏，各国不许画押，江［刘坤一］、鄂［张之洞］主英、日，傅相［李鸿章］主俄。都中则鹿［传霖］主江、鄂，王［文韶］主李，荣［禄］欲李挡利害，恐此事即是波澜。岘帅［刘坤一］颇愿鄙人弥缝，力薄权轻，何能副时望也？[③]

按议约之初，清廷命北京全权与京外负"会办"之名的东南二督"务当函电熟商，折衷一是，勿得内外两歧，致多周折"，但围绕大纲磋磨，两方意见已多不谐，及至"俄约"交涉，分歧显露，言语交锋更加表面化了。张之洞、刘坤一相信国际干预效力，尤其对英国、日本寄望甚殷，倾向拒约；李鸿章则反之，倾向签约，认为英、日在关键时刻不会施之援手，更何况此时北京议和谈判陷于困局，不愿也不敢开罪俄国。此即"江、鄂主英、日，傅相主俄"实指所在。据张佩纶观察，"岘本依违，傅相及香翁彼此不无意见也"，俄约问题上，李、张对立最为显著。对此清朝内部矛盾，他以当事人眼光有所分析：

> 公议之说，创自日本，孝达［张之洞］主之。侍在都将俄约办

---

① 《电李鸿章、奕劻》二通（光绪二十六年十二月三十日、光绪二十七年正月二十三日），《杨儒庚辛存稿》，北京：中国社会科学出版社，1980 年，第 72~74、83~84 页。
② 张志潜：《中宪大夫显考蒉斋府君行述》，张志潜辑《涧于集》下册，第 1128 页。
③ 《张佩纶致朱潜》（光绪二十七年□月十一日），上海图书馆编《张佩纶家藏信札》第 6 册，第 3302 页。

成长编，以备傅相讲约时察核，因以得此事曲折。各国忌俄，亦不愿忤俄。许以通商，则云以义不以利，穷其究竟，则云能文劝不能用兵。近者日本外部沙祢［曾祢荒助］亦以"机会未到"等语推宕，各国调停决不可恃。傅相之病在不言势，迫于无可如何，转以无甚流弊等语入告，蹈入负气护前积习，令人不能满意。香帅谓其必欲成之而后快，活画一秦会［桧］之举动，亦尚不至于此。平心论之，感俄之保护，畏俄之强悍而已。①

按"公议"一说，初见于辛丑正月初六日（2月24日）张之洞电奏，主张："此约万不可允，惟中国独立则难争，今幸英、日、德俱助，我惟有以众论公议拒之。"②正月二十九日（3月19日），提出"救急三策"：一、请各国代恳展限；二、东三省遍地开放，即所谓开门通商，借各国商力以拒俄；三、借北境用英、日人练水陆军之说，以阻俄人长城铁路。尤其"东三省开门通商一节，乃是永保满洲上策，无论俄人如何恫喝，此条必须决计力办"③。张之洞第一时间电商日本领事小田切万寿之助，并请"转电贵内阁伊藤大臣、贵外部加藤大臣，速商英、美、德各国向俄劝阻"④。至二月初七日（3月26日），即最后期限当日，驻俄公使杨儒奉清廷电旨，拒签俄约。⑤

张佩纶对"俄约"作过一番研究，在京期间整理相关资料，制成

① 《复鹿菼砚尚书》，张志潜辑《涧于集》下册《书牍六》，第1070页。
② 《致西安行在军机处》（光绪二十七年正月初六日未刻发），苑书义、孙华峰、李秉新主编《张之洞全集》第3册，第2188页。
③ 《致西安行在军机处》（光绪二十七年正月二十九日辰刻发），苑书义、孙华峰、李秉新主编《张之洞全集》第3册，第2195—2197页。
④ 《致上海日本总领事小田切》（光绪二十七年正月二十九日午刻发），《张之洞电稿乙编》第14函第3册，中国社会科学院近代史研究所藏，档号：甲182-75。
⑤ 《盛宣怀电》（光绪二十七年二月初七日），《杨儒庚辛存稿》，第97页。

"长编"，"以备傅相讲约时察核"。待南返金陵，对此问题仍然挂心，致函陈宝琛言：

> 俄约闻在都开议，壶公［张之洞］主各国通商之说，而俄谋深秘，未许他国与闻。日本最忌俄，是壶公所倚，近外部已易沙祢，能始终不变宗旨否？[1]

本年六月二十八日（1901 年 8 月 12 日），中、俄双方重启谈判。俄方要求"三端"，即"李鸿章独有议约权""中国声明此约出于甘心自愿""此约不可泄露使各国闻知干预"。日、英、美等国通过东南督抚向清廷施压，以防中俄达成密约。张之洞上奏再申"公议"之说，力主"东三省开门通商"，背后即有日本助力。日本贵族院议长、国民同盟会会长近卫笃麿（1863—1904）致书江、鄂二督，附陈"筹办东三省开门通商条议"，声称东三省决不可弃，唯一出路只有"开放门户以保领土"。[2] 然而微妙的是，日本政府鼓动清政府拒绝俄约，对"开门通商"却未置一词。这对于冀望日本"肯为我切实助力"的张之洞也是不小的打击。七月初三日致电刘坤一："合肥必不肯遵旨归公议。日本外部又云'机会未到'，令人急闷。"[3] 按 1901 年 6 月 2 日，第一次桂太郎内阁

---

① 《复陈羧庵阁部》，张志潜辑《洞于集》下册《书牍六》，第 1074 页。"沙祢"，曾祢荒助（1849—1910），日本第一次桂太郎内阁大藏大臣，1901 年 6 月 2 日至 9 月 20 日临时兼任外务大臣。

② 《俄约要盟贻害请将东三省开门通商折（并钞件）》（光绪二十七年八月二十四日），苑书义、孙华峰、李秉新主编《张之洞全集》第 2 册，第 1457—1458 页；另参李廷江编著《近卫笃麿と清末要人：近卫笃麿宛来简集成》，东京：原书房，2004 年，第 206—212 页。

③ 《致江宁刘制台》（光绪二十七年七月初三日午刻发），苑书义、孙华峰、李秉新主编《张之洞全集》第 10 册，第 8617 页。

成立，日本外务大臣加藤高明的职位被曾祢荒助（以大藏大臣兼任）取代，内阁换届带来的外务省领导层变动，一定程度上影响到日本对华政策。①

张佩纶对国际情势变化相当敏感。他了解日本为"壶公所倚"，但靠山无常久，外力不可凭，故怀疑"近外部已易沙祢，能始终不变宗旨否"，"近者日本外部沙祢亦以'机会未到'等语推宕，各国调停决不可恃"。他深知"各国忌俄，亦不愿忤俄"，仅能"文劝"，不能"用兵"，助华终究有限。事实上，张之洞"东三省开门通商"折奏上后，清廷也基于同一思路，持谨慎态度，谕示"今遽将俄约宣请各国公议，必致激怒于俄，势成决裂"，"彼时各国即能为我发抒公论，彼不肯为我以兵力向阻，又将何以为计？"②

李鸿章"坚执不肯宣告各国开门通商，又不请各国公断"，张之洞抱怨"诚不可解"，张佩纶则给予一定同情。他承认在当前国际格局下，中、俄权势极不相称，"江鄂采倭议以破俄，谋于合肥有异同，俄长于外交，未必胶柱鼓瑟，若别有求偿，何以应之？"③基于现实，他要避免"徒以空言，先受实祸"，李鸿章只是"迫于无可如何"做了相对不坏的选择。

> 至于各国瓜分，傅相［李鸿章］亦毫无把握，如何敢作硬保？犹之公议能否索回，问之江［刘坤一］、鄂［张之洞］，亦毫无把握也。**鄙见能战而后能和，千古不磨之论。**一败之后，我竟无一兵

① 参看吉辰《中俄东三省交收谈判中的日本因素》，《中国历史研究院集刊》2022年第1期。
② 中国第一历史档案馆编：《光绪朝上谕档》第27册，桂林：广西师范大学出版社，1996年，第189—190页。
③《陈宝琛致张佩纶（二二六）》（光绪二十七年六月二十六日），陈星整理、陈绛校订《陈宝琛张佩纶往来信札》，第134页。

可用，一械可资，守战两字，几同禁体。俄约既责成全权，无论如何，换汤不换药，总是名存实去，各国未有不借口者。①

中俄交涉时，北京全权与东南督抚"彼此积疑"，见解不合——"李鸿章误以画约为刘坤一、张之洞所阻，至有江、鄂为日人所愚之言，刘坤一、张之洞又以李鸿章为偏执己见，亦有全权为俄人所愚之言"——竟至负气争论、水火不容的程度。西安行在能做的，只是用模糊的"折衷一是、勿得两歧"之旨居间调停："平心而论，李鸿章身处其难，原多委曲，然时有不受商量之失。刘坤一、张之洞虑事固深，而发言太易，亦未免责人无已。"②

在张佩纶看来，李鸿章有一种"感俄之保护，畏俄之强悍"的牢固心态，在交涉前线倾向妥协，一旦遭遇质疑，不免"负气护前"，积习发作；张之洞则出于国家大义的火气，处处以强硬针对，屡责对方"偏心""袒俄"，竟至于"活画一秦会［桧］"，③而事实上"亦尚不至于此"。当时他对鹿传霖说："傅相主见，当指俄约，格使久不往来，已撤差，岂能论事？闻俄遣维特来东，相意或恃此人。香涛诋李深文周内，殊太过。"④

不止"俄约"一端，《辛丑条约》细目磋商，张之洞多有"微词"，意见针锋相对。在南京的李经璹写信给父亲说：

①《复鹿菼砚尚书》，张志潜辑《涧于集》下册《书牍六》，第 1070 页。
②《奉电旨东三省之事着庆亲王奕劻等合衷筹商务臻妥善》（光绪二十七年六月十四日），中国第一历史档案馆编《庚子事变清宫档案汇编》第 10 册，第 620—621 页。
③ 查张之洞当时言论，多有"全权过虑，合肥偏心""合肥袒俄牢不可破""合肥胸有成算，知袒俄之局终必可成""此公老横偏执，怙过遂非，可怪可叹"等语。
④《张佩纶致鹿传霖电稿》（光绪二十七年囗月七日），上海图书馆编《张佩纶家藏信札》第 16 册，第 9482 页。

敌兵踞京开讲，口众我寡，吃亏自不待言。而香[张之洞]、杏[盛宣怀]均有微词，最奇者香密电行都，不知作何议论，内密询张，欲商各国移沪议约，令刘、张、盛与之面议，必可挽回，抑似各国可任意指挥者。香、杏密商，以有碍全权电复行在，若辈明知事甚棘手，即竭其才智，岂能办到好处？**无非巧为播弄，以见其心思精密，高出全权之上，落得置身事外，以大言结主，知收清议而已。**袁慰廷谓香入枢垣，杏为户部，始有办法。中国风气人才如此，即炮台不毁，洋械仍来，亦终不能自强也。并闻大人电内有讥香语，杏即电鄂，香甚愠，以后乞留意。**香、杏交甚密，小人最不宜结怨耳。**①

私信中未加掩饰地讥讽张之洞为"小人"，认为其处处针对，无非"大言结主"，以"清议"自高地位。这些话当然是倒向李鸿章的立场，但批评张之洞局外作文、好为大言确能反映二人位置差异导致的言论偏向。

至九月二十七日（11月7日），李鸿章在京病故，中俄谈判暂时结束。此后，清朝谈判代表改为奕劻和新任外务部会办大臣王文韶（实际由奕劻主持）。张佩纶当时评论道："时事直可不谈。俄约闻已开议，公约如此，未必俄独情让。英不敢犯俄。据津为公地，坐扼喉咽，回跸即入围中，直是晋楚争郑局面。"②至光绪二十八年三月初一日（1902年4月8日），中、俄双方签订《交收东三省条约》，俄国拒不彻底撤军，激起中国拒俄事件，俄日矛盾亦日益加剧，终于导致1904年的日俄战

① 《李经璹致李鸿章》（光绪二十六年十一月二十九日），上海图书馆编《张佩纶家藏信札》第3册，第1288—1289页。此信附识："此书乞勿示人，阅后付丙，黄斋属笔。"
② 《张佩纶致陈宝琛（三九二）》（光绪二十七年九月十五日），陈星整理，陈绛校订《陈宝琛张佩纶往来信札》，第328页；《复陈弢庵阁部》，张志潜辑《涧于集》下册《书牍六》，第1075页。

争，此是后话。总体上，张佩纶对于李鸿章对俄交涉持一种容恕态度，但也未讳言其"令人不能满意"处。约光绪二十八年初致函鹿传霖，检讨"俄约"得失：

> 即如俄约一事，佩纶去年七月即致书傅相，谓俄如放松一步，则中国略延残喘，我公尽盖前愆，公约亦可从宽议结。如照旅顺案，得步进步，各国效尤，祸速而患不小。傅相未以为然，且始终谓俄敦睦谊，不致作梗。不幸而增祺谬订于围中，展转至于三改，许、拒皆成失策，何计挽回？公屡问而佩屡答，非游移其词，实苦无一良策也。[1]

此处"致书傅相"，时在辛丑七月，张佩纶已离京回宁。查七月二十二日致李鸿章函有言：

> 俄约亦将开议。杨使［杨儒］闻已力疾销假，倘仍由杨议，如天之福；如仍归都议，则公力为其难，万难免局外疑谤。此间先见香涛电奏，有"海内皆以为非，惟李相一人必欲成俄约以为快"语。旋有旨将公及江、鄂略作调停，而各国公议仍主香说。后滋轩［鹿传霖］电询佩纶何日北上，并问公是何主见？心知其为俄约也。复以格使［格尔思］已撤，何能开议？瓜分能吓我，不能吓俄，各国不足恃，并诋香涛为深文周纳。后见公电复各节，由鄂转江，时日本外部已作推宕，香涛计穷，仍以通商之说歆动枢府，未见后文。窃谓后有谗人，万难讨好，况俄经我三改之巨信，亦必谋定而来。

---

[1]《复鹿菘砚尚书》，张志潜辑《涧于集》下册《书牍六》，第 1070 页。

> 公以全力争之，诚恐未能全应。不如推与杨使，而身作旁观，似可
> 免于疑猜，亦古大臣保身虑患之道也。①

张佩纶固不以张之洞"深文周纳"为然，但也清醒意识到"各国前言以
义不以利，通商不足制俄，瓜分能吓我，亦难吓俄，商务必大损利权，
上下交弊"②，"公断"一说难凭恃，仍须在对俄交涉上下功夫，故劝俄国
"放松一步"。"傅相未以为然"云云，或可作张志潜所言"府君以俄约亦
颇与李文忠龃龉"的一个佐证。实际上，俄国"谋定而来"，放松一步并
不现实，清方则因应失当，"许、拒皆成失策"，"实苦无一良策"道出张
佩纶与李鸿章共同面对的无解困局。

（三）坐镇政务处"实同赘疣"——兼论离京回宁的原因

光绪二十七年六月初三日（1901 年 7 月 18 日），李鸿章电告在上
海的盛宣怀：

> 幼樵昨已假归，过沪时乞饬局速为搭船，并加照拂。③

如此算来，张佩纶在京停留的时间大约不过三个月。千呼万唤始肯出
山，而在京住不多时又匆匆告假而归，这是为何？此前学界谈论张佩
纶离京回宁原因，多认为出于与李鸿章在外交问题上的矛盾。如陈旭

---

① 《张佩纶致李鸿章》（光绪二十七年七月二十二日），姜鸣整理《李鸿章张佩纶往来信
   札》，第 685 页。
② 《张佩纶致鹿传霖电稿》（光绪二十七年□月七日），上海图书馆编《张佩纶家藏信札》
   第 16 册，第 9482 页。
③ 《寄盛宗丞》（光绪二十七年六月初三日），顾廷龙、戴逸主编《李鸿章全集》第 28 册，
   第 344 页。

麓主编《中国近代史词典》"张佩纶"条，有谓"因在一对俄态度上与李意见不合，旋回南京，遂称病不出"①。姜鸣论文也持相似论点，认为"在处理交涉事务中，二人观点不同，张佩纶遂乞假归去，从此不再复出"②。陈勇勤据陈夔龙《梦蕉亭杂记》记载，指出"用张佩纶返南京问题来说明李鸿章的对俄外交搞得众叛亲离，明显是想当然之论"，至于真正原因，"完全是因为他对督办政务处有关人事安排的反感心态所致"。③据张佩纶本人向李鸿章解释："总之北上三月，本以尽君臣之分，协翁婿之情，而阿当尚未退热，冒昧而行，遂至辗转纠缠，铸此大错。于父为不慈，于夫为不笃，返躬自责，罪在鄙人。"④其急于南下，实有家累因素（详见下文），但在京中不安于位也是不容讳的事实。那么，他与政务处究竟关系如何？据张志潜"府君行述"：

> 时始诏行新政，设立政务处。执政欲以府君参议，固辞不获，则荐戣庵阁部自代。荣文忠与阁部有私憾，弗许也。而府君以俄约亦颇与李文忠龃龉，而目睹洋兵之骄横、国是之变迁，而朝野上下泄沓如恒，太息忧伤，肝眩益甚，遂托故而南，遽投劾去。比牒至都，李文忠已薨矣。⑤

按辛丑三月初三日（1901 年 4 月 21 日），清廷宣布设立督办政务处，

---

① 陈旭麓主编：《中国近代史词典》，上海：上海辞书出版社，1982 年，第 406 页。
② 姜鸣：《清流·淮戚——关于张佩纶二三事》，《天公不语对枯棋：晚清的政局和人物》，北京：生活·读书·新知三联书店，2006 年，第 92 页。
③ 陈勇勤：《张佩纶辛丑议约中离京回宁原因辨误》，《南京社会科学》1994 年第 12 期，第 5—6 页。
④《张佩纶致李鸿章》（光绪二十七年六月十三日），姜鸣整理《李鸿章张佩纶往来信札》，第 678 页。
⑤ 张志潜：《中宪大夫显考蒉斋府君行述》，张志潜辑《涧于集》下册，第 1128 页。

总揽一切新政事宜，派庆亲王奕劻、大学士李鸿章、荣禄、崑冈、王文韶，以及户部尚书鹿传霖为督办政务大臣，刘坤一、张之洞（后增袁世凯）亦着"遥为参预"。关于大臣以下帮办、提调人员的最初派定情况，可见军机处在四月初旬致李鸿章的一通电报：

> 变法一诏，已奉旨派办政务处，禄等叨陪末座，诸赖教益。……因思在京如张佩纶、于式枚均请派入，以资襄助。行在则拟派樊增祥、徐世昌、孙宝琦及军机处章京陈邦瑞、郭曾炘。此外尊意中尚有通才可派者，祈酌定电示，以便会衔具奏，望即电复。禄、韶、霖。①

接电次日，奕劻、李鸿章联名回电："以派办政务处襄助需人，除拟派行在各员外，在京之张佩纶、于式枚均拟派入，该二员才识俱优，堪备顾问。崑拟派御史陈璧一员，庆拟俟回銮后再行酌派。"② 以上奕劻、李鸿章、崑冈三位在京政务大臣提名"襄助"人选，实有各自引用私人意味。张佩纶对陈宝琛说：

> 四月初，行在选派五人，电商都中，请将侍及于晦若派入，此外有通才亦请加派汇奏。于是邸派太仆寿朋，崑派陈侍御璧，清晨径复西安。侍辞而未许，非相派也。后数日，滋［鹿传霖］电健

---

① 《盛宗丞转荣相等来电》（光绪二十七年四月初二日到），顾廷龙、戴逸主编《李鸿章全集》第 28 册，第 205 页。电末署名"禄"，指的是荣禄；"韶"，指的是王文韶；"霖"，指的是鹿传霖。

② 《复西安行在军机处》（光绪二十七年四月初三日辰刻），顾廷龙、戴逸主编《李鸿章全集》第 28 册，第 209 页。按奕劻随即也指定人选，见同日致军机处电"庆本拟回銮后商派，因各堂业经派人，即须汇奏，拟派徐寿朋，仍希卓裁"。见《寄西安行在军机处》，顾廷龙、戴逸主编《李鸿章全集》第 28 册，第 207 页。

庵，欲为侍别立名目，不侪诸人之列。**当辞以仰愧王[文韶]、瞿[鸿禨]，俯羞孙[宝琦]、郭[曾炘]，别立名目，不堂不司，相去几何？** 病后惟求退，相爱者愿全其拙直，俾得自由。[①]

按"行在选派五人"，即樊增祥、徐世昌、孙宝琦、陈邦瑞、郭曾炘，借军机处提名，李鸿章乘势派入张佩纶、于式枚，奕劻另派徐寿朋，崑冈另派陈璧。张佩纶尽管在人选之列，但对用人大为不满，以为"政务处既欲变法，而所用全非人望"，私信抨击："行在已发号施令，都中三督办徒拥虚名。庆邸[奕劻]甚悃，傅相[李鸿章]明知是借作门面，付之一笑。惟崑小峰[崑冈]则犹望回跸后发挥耳。（朱古微[朱祖谋]云，行在只派陈瑶圃[陈邦瑞]、樊云门[樊增祥]作提调，亦无明文，与前电派者又小异。云门甚用事，屠聋即所引。政务处有三聋，须大故挝之。）"[②] 行在军机处荣、鹿、王先已自行提名，再令京中庆、李、崑于此名单外"酌定"，实有自说自话、大权独揽之态，当然引起后者不满，最后落得各自"营私"境地。

张佩纶向陈宝琛特别说明，自己被派入政务处，主要由行在主张，"侍辞而未许，非相[李鸿章]派也"，这也印证了张志潜"执政欲以府君参议，固辞不获"之言不虚。据"滋电健庵"等语，推知此事中鹿传霖起了作用，且有"别立名目"的打算，欲使张佩纶的地位区别于一般提调人员。但张本人自知身份尴尬，在政务处难有实际作为，致朱潜函云：

---

① 《复陈弢庵阁部》，张志潜辑《涧于集》下册《书牍六》，第 1069 页。"健庵"，即张人骏，字健庵，号安圃。

② 《张佩纶致朱潜》（光绪二十七年五月十八日），上海图书馆编《张佩纶家藏信札》第6 册，第 3245—3248 页。此信亦见《复朱子涵内弟》（张志潜辑《涧于集》下册《书牍六》，第 1068 页），惟所录文字不全。

> 政务处，兄在拟中，闻欲别立名目，不侪诸人之列。然侍郎云
> 当差，五品卿曰为差委，兄将置之何地？然上七下十，即以兄为大
> 臣，亦不过随行逐队而已，况未必大臣耶？已设法力辞，冀可摆脱。[1]

张佩纶以"编修"起用，官阶不过七品，而一同提名政务处者尚有"侍郎""五品卿"者，自不免官小而难堪大任之虑。所谓"上七下十"，指上有督办政务七大臣，下有十余名帮办提调，夹处中间，势必无能为力，即便别立名目，仍涉"不堂不司"之嫌，故抱怨"即以兄为大臣，亦不过随行逐队而已，况未必大臣耶！"据陈夔龙《梦蕉亭杂记》：

> 朝廷议行宪政，行在政府奏设政务处，派某某充提调，某某充
> 总会办，学士亦在奏派中。电信传来，文忠喜甚，谓可徐图大用。
> 学士怫然不悦。时仁和王义勤、善化瞿文慎均直军机，充政务处大
> 臣。于君晦若［式枚］、孙君慕韩［宝琦］，并在会办之列。学士拟
> 就辞差电稿，嘱余代达荣文忠公，稿中有句云**"某亦曾近侍三天，
> 忝居九列，岂能俯首王、瞿，比肩于、孙"**等语。笔锋犀利，咄咄
> 逼人，犹是当日讲筵气概。[2]

陈勇勤注意到，同为李鸿章幕僚的于式枚和孙宝琦，一为御史，一为直隶候补道，官衔均不高，而张佩纶一度官至总理衙门大臣，"生性自负"加上不俗的资历，"显然就决定了其不甘心与于、孙二人平起平坐"。

---

[1]《张佩纶致朱潘》（光绪二十七年五月十八日），上海图书馆编《张佩纶家藏信札》第6册，第3247页。
[2] 陈夔龙：《梦蕉亭杂记》，第83—84页。按陈夔龙署顺天府尹，八国联军入京时，被钦派为留京办事大臣之一，他与张佩纶出于张清华（"兰轩师"）门下，与张志潜（字仲昭）为连襟，辛丑年见于京师，"倾盖如故"而有"贤良寺内挑灯煮茗"之雅。

按张佩纶原话是"仰愧王、瞿，俯羞孙、郭"①。庚子前后他与于式枚交密，陈夔龙所记"比肩于、孙"一说，疑误。更值得注意的是，张佩纶敏感于自身在政务处行政序列中的名分与等级，或有与同侪辈争胜的意气，但影响其出处的关键性原因恐在上，而不在下。他不久后南下，致函李鸿章，再次解释求去理由——

> 政务处一席在都，滋轩[鹿传霖]有电欲为纶别立名目，不编诸人之列。纶复以为如编诸人之列，仰愧王、瞿，俯羞孙、郭，别立名目，不堂不司，相生几何？病后惟求退，公相爱，愿全其拙直，俾得自由。近侄孙允襄来言（是允言行在来者所说），闻欲处以政务处参议（与外部参议同名，孤陋可笑），恐发朝见怪，须候到都商定。子久[瞿鸿禨]作大臣，鄙人作参议，而怪庆邸耶？腐鼠吓鹓雏，不值一哂，不如去之为妙。②

对张佩纶而言，"执政"诸人中，除有"相爱"之谊的荣、鹿而外，实亦有"难与共事"者。他向鹿传霖吐露真声：

> 政务处诚为要地，而夔石[王文韶]既有深隙，难与共事，以公上结主知，又与略相[荣禄]深契，同作大臣，彼尚能明与龃龉，且引一瞿子玖[瞿鸿禨]为助。公以我为同心，而分地相悬，势成

---

① 此说不一见，可征诸致鹿传霖、李鸿章、陈宝琛各函，致金陵家电亦言："鹿效电有政务不侪诸人语，复电仍力辞，言仰愧王、瞿，俯羞孙、郭，冀可摆脱。"致张人骏电："新政须才，迁执乌能赞助，且侪时贤之列，实仰愧王、瞿，俯羞孙、郭，病后惟求退，公相爱，顾全其拙直，俾得自由。"《张佩纶致家人电稿》（光绪二十七年□月二十二、二十三日），上海图书馆编《张佩纶家藏信札》第16册，第9488、9491页。
② 《张佩纶致李鸿章》（光绪二十七年七月初一日），姜鸣整理《李鸿章张佩纶往来信札》，第684页。张允襄、张允言，张人骧子。

孤立，新进功名之士，知旧望为何物？与之比肩，有不止当面输心
背面笑者。且新政已屡颁明诏，多采江、鄂之说，大抵袭取《日本
国志》，一如康［有为］、梁［启超］之举动，既无须鄙人赞叹，又
岂鄙人所能挽救？坐镇其间，实同疣赘，老而折节，正复何补？幸
垂谅。①

此处解析"求退"之由，有两层意思。第一层，惧于中枢人事纠纷。众
所周知，光绪八年（1882）云南报销案起，张佩纶弹劾挑落户部尚书王
文韶，二人结下不解之仇。二十四年（1898），王文韶以户部尚书、协
办大学士入直军机处，八国联军陷京时，携军机处印信随扈逃至西安，
深受慈禧赏识，授体仁阁大学士，充督办政务大臣。二十七年（1901）
四月初九日，瞿鸿禨以工部尚书补军机大臣，亦派为政务大臣，有荣
禄汲引之力。②在张佩纶看来，鹿传霖相交臭逆，然"处得为之地，而
无得为之权"③；王文韶向为宿敌，瞿鸿禨为之助力，旧隙夹新嫌，势难
共事；鹿、王在中枢多龃龉，荣禄作用只是消极调停，故而他悲观地
表示："内则夔、鹿不合而荣两用之，外则李、张不合而荣又两容之，
岂贤者得行其志之会耶？"④
　　第二层，对"新政"取向不满。清廷发布"变法"上谕，刘坤一、张
之洞联名上奏《江楚会奏变法三折》，定出改革方向，内容多近于戊戌
变法，而程度之深广尤有过之。张佩纶本来反感"江、鄂疏陈时政，一
味纷更"，及见新政举措"多采江、鄂之说"，更加失望。（详见下文）政

① 《复鹿菘砚尚书》，张志潜辑《涧于集》下册《书牍六》，第 1071 页。
② 瞿鸿禨：《恩遇纪略》，《瞿鸿禨集》，长沙：岳麓书社，2010 年，第 167 页。
③ 《复鹿菘砚尚书》，张志潜辑《涧于集》下册《书牍六》，第 1070 页。
④ 《复陈弢庵阁部》，张志潜辑《涧于集》下册《书牍六》，第 1069 页。

务处差使既不合于素志，又举步维艰，北辙南辕、事与愿违，至此遂
有"坐镇其间，实同赘疣"之叹。

张佩纶倦于宦场的一个潜在或更深层原因在于对"变法"前景无信
心可言。本着有治法、无治人的理念，他眼中的"变法"实在是变如
不变——

　　都城善后工程，木厂钻谋如故。回銮供张，官员钻谋又如故。承平
景象，可云骤复。以此观之，心术不变，习气不变，徒变法无益也。①

　　比赔款麤定，瓦酉［瓦德西］辞行，诸事正须绸缪，而都下泰
然，已如承平气象。徐进斋［徐寿朋］谋作外部侍郎，那晴轩［那
桐］求赏头品顶戴，上骄下谄，文酣武嬉，偶作危言，都成谬论，
至此乃真不可耐。②

经过如此严厉的审视和拷问，张佩纶做出的决定就是"设法力辞，冀可
摆脱"。此处又有一插曲，即一度有意荐陈宝琛自代，因荣禄不纳未果。
他函告陈宝琛内情：

　　执事郁然人望，到都即言之合肥［李鸿章］，荐刿已具，而迟回不
决。壶公［张之洞］亦不及橘洲［陈宝琛］，尤可讶。侍既决退，乃以
长电直言之。昨复电，谓略园［荣禄］以公乡评甚劣为辞，明是挟嫌，
可恨之至。所言既不纳，侍借考核商务，亦引归江南，徐图乞病。③

————————

① 《复朱子涵内弟》，张志潜辑《涧于集》下册《书牍六》，第 1068 页。
② 《复鹿菽砚尚书》，张志潜辑《涧于集》下册《书牍六》，第 1071 页。
③ 《复陈弢庵阁部》，张志潜辑《涧于集》下册《书牍六》，第 1069 页。

张佩纶此处"略园以公乡评甚劣为辞",可与张志潜所言"荣文忠与阁部有私憾"相印证。① 陈宝琛观察新政,立意与张佩纶相近,认为:"本原未清,变法亦岂有实际! 只赔款一节,已足以殃民弊国而有余。"② 值得注意的是,二人书信往还,屡有分梳"君子""小人"的言说。陈宝琛一则言:

> 数月以来破格所用,固已树之风声矣。公归来作何消遣,出处自已内断于心,所虑**君子无才,小人多术**,不能用又不遽舍耳。③

再则言:

> 尝叹天下事非不可为,**而小人多,君子少**,君子与君子又学术不同,意见各执,古今覆辙相望,为可痛也。传闻相举公参新政,此自意中之事。惟兰艾杂升、玉砾无辨,恐非贤者得行其志之时,

---

① 陈宝琛本人宦情淡薄、无意出山也是事实。此种"避世"心态在通函中有据可证,一则云:"新政之行匪一朝夕,人才止此,十年后尚不知若何。公固无意,侄亦何能为役。时命为环球所不言,而吾华则虽圣贤无以易其说,侄固早安之矣。仲弟不知作何语,实则有何讲求,不过悯沦胥之不反,惧来日之大难。时劝子弟门徒勿为自误之学,而三年祠禄审知无补,且自引退,尚何匡时之足云。只恨送老无资,避世无地耳。"再则云:"此数年中,侄若在都,纵欲以默取容,亦安能不从许[景澄]、袁[昶]于地下,而于大局,究何所补。尝疑杨、墨并挨于孟氏,而墨者不熄,杨无闻焉。盖即沮、溺、荷蓧、微生亩一流,亦不得已而激成为我之学乎? 所恨骎骎老至,日即颓放,并不能成就一文人,诚如公所论耳。"见《陈宝琛致张佩纶(二二四)》(光绪二十七年三月二十二日)、《陈宝琛致张佩纶(二三二)》(光绪二十八年四月初四日),陈星整理、陈绛校订《陈宝琛张佩纶往来信札》,第131—132、139—140页。"沮、溺",即长沮、桀溺,春秋时楚国两位隐士,隐居不仕;荷蓧,卫国隐士;微生亩,鲁国隐士。
② 《陈宝琛致张佩纶(二二六)》(光绪二十七年六月二十六日),陈星整理、陈绛校订《陈宝琛张佩纶往来信札》,第134页。
③ 《陈宝琛致张佩纶(二二七)》(光绪二十七年七月二十日),陈星整理、陈绛校订《陈宝琛张佩纶往来信札》,第135页。

且当轴非庸则巧，或且惩羹吹尘［齑］，多所顾忌。似变非变之际，**君子不能放手作事，小人正可破例营私。**贞下起元，必非易易，君之自处，可得闻乎。①

张佩纶表示完全赞同："至于变法之事，诚如尊论，君子不敢放手，小人得以营私者。"② 呼应之间，可见共识，昔年"清流"同人自我区别于"新进功名之士"，新政非时，所用非人，所谓"变法"也只是"似变非变"。举世滔滔，"督抚及大僚中，谁是霸才，一言蔽之，皆庸才耳"③，清廷不能"得人"，万事难为。张佩纶逃身局外，才有立场作此"刻论"，言下包含的，与其说是目无余子的傲慢，不如说是不愿和光同尘的清醒。

五、"考核商务"与"乞病辞奖"

张佩纶在京不安于位，设法及早"摆脱"，故陈夔龙言"和局未经签字，学士已请假回宁"④。南下金陵后，他向鹿传霖函告出京始末——

故候至五月十六，洋兵渐撤，佩纶始作归计。廿一议定，以考核商务行，而回都迎銮。三十成行，而廿九夜始得殇子之耗。明晨，儿子又以母病电告。时傅相回宅，亦未知之，匆匆电公而已。

---

① 《陈宝琛致张佩纶（二二五）》（光绪二十七年五月初六日），陈星整理、陈绛校订《陈宝琛张佩纶往来信札》，第 132—133 页。
② 《复陈弢庵阁部》，张志潜辑《涧于集》下册《书牍六》，第 1069 页。
③ 《复柯巽庵都转》，张志潜辑《涧于集》下册《书牍六》，第 1052—1053 页。
④ 陈夔龙：《梦蕉亭杂记》，第 84 页。

南归倏已两月，商务考核略有端绪，拟节后撮要寄都交卷，即入一
文字乞病，非敢负公雅意也。[1]

可知张佩纶以"考核商务"名义出京至津，时在光绪二十七年（1901）
五月三十日，登招商局"海晏"轮；[2] 六月初二日"在沽展轮"，初五日
"正午到沪"，初八日返归金陵。[3] 此信约作于八月间。按上年十一月
清廷下旨"盛宣怀着充会办商务大臣，随同李鸿章办理各国税则条约"；
随后，李鸿章相继奏调徐寿朋、李毓森等人"帮同办理"商约事宜。张
佩纶出京时，担负"赴江南访核税课商情"使命，也与李鸿章奏调相关。
检清宫档案，存一奕劻、李鸿章联署奏片，文字如下：

　　和议大纲第十一款，凡通商行船条约以及关乎通商各项事宜，
各国以修改为有益者，在中国认与商议更改，等语。迭奉电谕饬令
盛宣怀来京会办，该宗丞既未能速来，而商筹国计实不仅在上海一
隅，必当先事绸缪，临时议约，始可徐图抵制。……拟令驰赴江南
一带，将税课盈虚、商情疲旺，逐处咨访考核，以备采择。且新政
尤重理财，于东南商民生计了然胸中，亦足为变法之一助。除饬该
编修即日航海南行外，理合附陈，伏乞圣鉴。谨奏。[4]

---

[1]《复鹿荪砚尚书》，张志潜辑《涧于集》下册《书牍六》，1071页。"殇子之耗"，本年
春，张佩纶幼子夭折于南京家中，其函告陈宝琛："决计三十日赴津。行时得家书，
去岁所生一子，乳名阿当者，殇于春初。行时本未退热也。"《复陈弢庵阁部》，张志
潜辑《涧于集》下册《书牍六》，第1069页。
[2]"明晚、后日早间开行尚不能定"，末署"五月三十夜"。参见《张佩纶致李鸿章》（光
绪二十七年五月三十日），姜鸣整理《李鸿章张佩纶往来信札》，第678页。
[3]《张佩纶致李鸿章》（光绪二十七年六月十三日），姜鸣整理《李鸿章张佩纶往来信札》，
第680页。
[4]《庆亲王臣奕劻等奏请饬令张佩纶赴江南访核税课商情以备采择片》（未具日期），中
国第一历史档案馆编《庚子事变清宫档案汇编》第5册，第1944页。

此奏片未具日期，奉光绪二十七年六月十九日（1901年8月3日）朱批："知道了。"查《李鸿章全集》所收"奏议"原稿，有《张佩纶南行考察商情片》，注"此片系与奕劻合奏"，署"光绪二十七年六月十一日"。①入奏时间应在张佩纶离京后不久。李鸿章见张去意已决，既然留不住，于是顺势推舟，名义是为在沪进行的中外商约谈判提前做准备，实际也是向朝廷提供了一个有关南归原因的貌似合理的解释。

张佩纶南下时，在上海与盛宣怀相见，其函告李鸿章："过沪时杏荪招饮，极意联络。纶劝其早日北上分劳，为国为师，均宜如此。渠言实以纱厂亏深，不克分身，曾托沈子梅密达，不知曾达否？其意亦知商务必大吃亏，意在规避。鄙见此条德使既从缓办，不如一并推与江、鄂及盛，不值揽归。"②他本心不愿卷入商约交涉，对于"咨访考核，以备采择"，也不抱期望，后来专门函嘱：

> 考核商务，不过名目。惟既经出奏，不得不拟复一篇文字以为结束。既已交盛宣怀会议，此呈万勿咨行，存案而已。佩纶家事万难分身，谨以病状恳为带奏销差。③

他告诉陈宝琛："佩纶考核商务，深知泰西商战之术害我甚深，入一文字，料不能纳，即于后三日具呈请代奏销差，而婉复滋轩［鹿传霖］则

---

① 《张佩纶南行考察商情片》（光绪二十七年六月十一日），顾廷龙、戴逸主编《李鸿章全集》第16册，第322页。
② 《张佩纶致李鸿章》（光绪二十七年七月初一日），姜鸣整理《李鸿章张佩纶往来信札》，第683—684页。
③ 《张佩纶致李鸿章》（光绪二十七年九月初一日），姜鸣整理《李鸿章张佩纶往来信札》，第693页。

以病躯弱累为辞。"① "公私相酌，佩纶实意懒心灰。"② 他以患病休养为由，请李鸿章代奏销差，连"考核商务"差使也想彻底摆脱。同时在致京友于式枚（时任京畿道监察御史，充政务处帮提调）的信中也流露倦勤之意："佩纶此来，用非所习，以诏书敦迫，不得不强起一行，本为久留之意。家事会逢其适，有如杜宇催归，既出复入，未免可笑。以秦中倘有劝驾者，不欲拒之过激，先复商务，后乞病销差，以可此番藤葛。时局如此，居金陵亦非万全策，委心任运而已。"③

至光绪二十七年九月，《辛丑条约》正式签订，清廷以为大事底定，论功行赏，其中也有张佩纶的一份。十月二十二日（12月2日），全权大臣奕劻专门为之请奖，上奏片曰：

> 伏查张佩纶前官侍从，以直言极谏，早荷特达之知，由庶子超权宪垣，兼笕译署。旋赏三品衔，会办福建军务，马江之役，以船政局木质轮船当西洋铁甲兵舰，固宜不敌，虽蒙失律之咎，论者以为可原。罢官十余年闭户读书，不预外事，阅历深，气已平，而年力未衰，正堪驱策。朝廷起之废籍，试以要差，前蒙谕旨垂询，称其心术端正，仰见知人之哲，不弃沉沦。现值和约告成，在事各员均拟一律邀恩，张佩纶自以旧列大臣坚辞奖叙。窃念时事方艰，人材难得，该员品学、器识久在圣明洞鉴之中，此中外需材，可否量

① 《张佩纶致陈宝琛（三九五）》（光绪二十八年正月初七日），陈星整理、陈绛校订《陈宝琛张佩纶往来信札》，第331页。
② 《张佩纶致李鸿章》（光绪二十七年八月十三日），姜鸣整理《李鸿章张佩纶往来信札》，第691页。
③ 《张佩纶致于式枚》（光绪二十七年九月一日），上海图书馆编《张佩纶家藏信札》第4册，第2129—2130页。据信内"都门共事，以三月之小聚，补六年之久别"之语，知此信作于辛丑。

与恩泽，俾得及时自效于时局，深有裨益。①

十月二十八日（12月8日），慈禧太后懿旨：“翰林院编修张佩纶，着
以四五品京堂补用。”②张佩纶坚辞不受，呈请庆亲王奕劻代奏收回成
命，③呈文寄京，托于式枚交奕劻。④有必要指出的是，张佩纶此时之“坚
辞奖叙”并非故作姿态。事实上，早在本年九月初，即清廷褒奖之先，
他已经专函向李鸿章说明不意“求保”——

　　来都三月，津门逐客之耻，总算湔洗。世妹省觐，佩纶必当亲

---

① 《附奏随办议约之张佩纶请量与恩施由》（光绪二十七年十月二十二日），总理各国事
务衙门清档，台北：台湾“中研院”近代史研究所藏，档号：01-14-005-01-048。
② 《着奖励联芳等议约各员事上谕》（光绪二十七年十月二十八日），中国第一历史档案
馆编辑部《义和团档案史料续编》下册，第1234页。陈宝琛得到消息，寄函张佩
纶，为之分析出处利弊：“顷阅报纸知和成，奖上公有四五品京堂之擢，此固违公
素抱，而辞之又未必得请，且阁读学正已悬缺，或即实授，亦未可知。当群飞刺天
之会，有一阳来复之机，固不独为公喜。然不出则定兴［鹿传霖］无助，出则公先太
孤，且轻俊险薄之流渐已布满中外，变法不足，乱纪有余，君子常处于不胜之势，
公察微知著，当有以自处也。”见《陈宝琛致张佩纶（二二九）》（光绪二十七年十一月
初九日），陈星整理、陈绛校订《陈宝琛张佩纶往来信札》，第137页。
③ 《上庆亲王》，张志潜辑《涧于集》下册《书牍六》，第1087—1088页。内称：“本思附
南洋折便代递，惟佩纶久病，不能出门，艺堂抚部驻苏，无人转达。兹将奏稿寄由
于侍御趋叩崇阶，代陈下悃，仍求殿下奏事之便附奏。幸垂念旧僚，怜其孤进，不
以为渎也。”“艺堂抚部”，即恩寿，字艺棠，时为江苏布政使；“侍御”，于式枚，时
为京畿道监察御史，故称侍御。另函张人骏云：“沥辞之命因候行知尚未寄，今拟不
候行知即递庆邸代奏。艺棠系庆邸亲家窦文靖之侄，据云文靖背后极称鄙人，可谓
不虞之誉。渠力为劝驾，颇为关切。但退而自维，国事无从着手，且无全家北上之
力，即吾侄尚未能尽喻，外人那得深知？真出处俱非，进退维谷耳。”《致安圃侄》，
张志潜辑《涧于集》下册《书牍六》，第1086页。
④ 呈文托于式枚交奕劻代奏，附函：“兄辞赏一节，初九日据南洋移知，后由侄孙允言
［张允言］探询电复，因拟一折稿，仍求庆邸附奏，省得又干直督。其疏稿及致庆之
函稿，均求吾弟鉴定，即属舍侄孙膳真。如蒙阁下代致庆邸，实为心感。倘［倘］不
愿屡曳王门之裾，或转交顾康民［顾肇新］亦可。想骨肉之谊，必能为我一行也。”见
《张佩纶致于式枚》（光绪二十八年正月二十日），上海图书馆编《张佩纶家藏信札》第
4册，第2133—2134页。

送，从此南、北往来，中流自在，岂不胜于一官束缚耶？公约保案，纷纷争竞，亦是常情。今既奏请择尤，滥竽或少，惟核实之法，自应以初入危城元从及在事议约人员，始得谓之拔尤。**佩纶二月到都，已在草约画押之后，始终未接晤洋人。五月杪出都，又在公约画押之前。即有意求保，亦属羞口难开。此折幸勿列名，以示大公。**若以至戚不敢仰邀议叙为辞，仍是不保之保。好在佩纶病呈必到在先，公不录鄙名，正可拒绝无数求保者，亦一法也。三十年来，辞史馆总纂、辞保送南斋、辞阁学、辞帮办北洋，即系内热外凉，久假不归，恶知其非有？公谐而佩纶忽作庄语，此子游答孔子之假也。①

至本年九月二十七日（11月7日），李鸿章病逝于京城总布胡同宅第。张佩纶闻信"心绪更形郁勃"，致京电云："廿七夜得祖庭电讯，终日昏昏，如在梦中，嗣得侄书详叙病情，则已在骑箕以后，弥增感恸……鄙人近来识虑钝深，销假以后渐报绥平，亦不料变证如此剧且速也，国运如斯，故非一家一人之私戚矣。"②不久后辞奖呈文寄京，亦呈李鸿章嫡长子李经述一阅，附函声明：

①《张佩纶致李鸿章》（光绪二十七年九月初一日），姜鸣整理《李鸿章张佩纶往来信札》，第693—694页。"世妹省觐"，本年秋间李经璹拟北上省亲，因李鸿章病逝未成行。
②《张佩纶致李国杰》（光绪二十七年十月四日），上海图书馆编《张佩纶家藏信札》第6册，第2904页。同时致函陈宝琛："文忠食少事烦，鞠躬尽瘁，鄙人尤切知己之感，怆恸弥深。平生敬爱不衰，如文正［李鸿藻］、文忠［李鸿章］两师之相待，求之古人，不可多得，况于今之士大夫？事后自思，实为惭负，故币月以来，心绪更形郁勃，气体动更颓唐也。"致函刘秉璋："今文忠之薨，中兴名臣凋落殆尽，岿然存者止我灵光，而又值外夷猜忌之中，不能代文忠之绪。后无嗣响，岂惟淮部私忧？抑亦国家之隐患矣。"见《致陈弢庵阁部》《致刘仲良宫保》，张志潜辑《涧于集》下册《书牍六》，第1077、1078页。

乞病辞奖，鄙人本有定见。明知专片，必不能抽，而时事如羹如沸，决无冒昧再来之理。若文忠生前迟回不上，身后转奋迅而前，似此番南来，专为回避祖庭耶？来书谓可吐积年郁气，老夫郁郁，不独一生荣辱，国事如此，恐终身无解郁之方，何至得一四五品京堂即能解郁？未免稚气。初拟静候行知，因都电迭来劝驾，此间亦怂恿出山者居多，遂具呈上庆邸沥辞。如果得请，最好，傥〔倘〕不允，再行乞病。兹将呈稿寄上，即呈尊公一阅。措词委婉，似不碍同保诸公之分际也。①

十二月十六日，军机处交片："军机大臣面奉谕旨：'毋庸固辞。'相应传知贵亲王转传该员钦遵可也。"张佩纶仍存不甘，寄函于式枚再申"藏拙"之意——

以臣子之义论，当此时事艰危，自应入都赴补，设法支持。且以获咎词臣，沦废十七年，诏还绅笏，重列朝班，两宫西幸还都，亦应力疾一来，以伸犬马恋生之悃忱。而鄙人不愿受赏之志，实已倾吐于前呈，初非矫饰。其难言之隐，则俄约至今未定，天津至今未归，朝廷若责献策，一筹莫展，实近素餐。**自顾菲材，决无济时之具。若以新政而论，更属无从下手，小立异同，便似坡公之争差役。**近来看事甚难，又不愿与入争细故，若随声附和，时流济济，更何须我辈署于木纸尾耶？展转思维，不如藏拙。**况以家事而言，**

---

① 《张佩纶致李国杰》（光绪二十七年十月二十五日），上海图书馆编《张佩纶家藏信札》第 6 册，第 2908 页；《示李伟侯内侄》，张志潜辑《涧于集》下册《书牍六》，第 1080 页。"李伟侯"，即李国杰，字伟侯，李鸿章长孙。1901 年李鸿章死，嫡长子李经述系承袭一等侯爵，翌年经述亦逝，李国杰袭爵，年十一岁。

> 今年出山，春夏遭此波折，未免意槁心灰，而文忠又于秋暮骑箕，
> 内人更无北上之兴，实属种种为难。①

"自顾菲材"云云只是表面说辞，家庭多故、幼子夭亡是他不愿留京的
一个现实原因："幼子二月病未退热，纶即北行，季春已殇，家闳不告，
内人郁而堕胎，家运如此，心灰意懒，非因私忘公，再出亦赘疣耳。"②
深以"随同议约"而受奖为耻，更不愿附和"时流"随世浮沉。他对陈宝
琛说出"辞赏"背后的考虑：

> 辞赏大意谓以战败获咎，而以议和受赏，即有劳亦深耻之，况
> 因人成事，何敢觍就？余则叙事前之已经力辞，日下之未能病愈，
> 庶辞不碍于同保诸公。殆近日意气已平之效欤？私冀夔公［王文
> 韶］在内，或能邀允，则免得拖泥带水。都中无处探消息，以仲彭
> ［李经迈］诸人均不以辞为然，即求退亦苦无同志也。③

当时除奕劻传达谕旨，李经述也来电"属勿再三渎辞"，张佩纶"自揣分

---

① 《张佩纶致于式枚》（光绪二十七年十月二十四日），上海图书馆编《张佩纶家藏信札》
第 4 册，第 2136—2137 页。又见《致于晦若侍御》（张志潜辑《涧于集》下册《书牍
六》，第 1086 页），唯所录文字不全。"坡公之争差役"，宋神宗任用王安石实行变法，
推行免役法，苏轼以利民之法变成扰民而提出批评，为此遭外贬。宋神宗死，守旧
派废止新法，将免役法重新改为差役，苏轼以差役"法久多弊"，力主"免役不可改，
差役不可复"，再遭贬逐。

② 《张佩纶致鹿传霖电稿》（光绪二十七年□月七日），上海图书馆编《张佩纶家藏信札》
第 16 册，第 9482 页。张佩纶在京，无法顾及家眷，兼家庭不幸，子嗣相继夭亡，
这使他痛心疾首："侍近年家运尤劣，长子志沧丁酉选拔，旋以瘵疾亡。乙未以来，
共殇三男。气为之馁，岂不达哉。命不如人，无可如何也。"《复鹿滋砚尚书》，张志
潜辑《涧于集》下册《书牍六》，1071 页。

③ 《张佩纶致陈宝琛（三九五）》（光绪二十八年正月初七日），陈星整理、陈绛校订《陈
宝琛张佩纶往来信札》，第 332 页。

际，再辞，庆邸亦未必再奏"，于是自拟一"乞病之疏"，设法奏上，并请于式枚帮忙"妥酌"，强调说："总之，鄙人明年春夏决无北上之意，此实公私统筹，并无丝毫意气在内，弟幸为我审虑之。"[1]

至次年（1902）二月，张佩纶函告陈宝琛："乞病之疏，二月十四得于晦若电，已可入告。都中均知其托病。昨伯平［陈启泰］复简滇东，过此一宿，尚有劝行之说（乃传都中要人之说，非伯平）。顾康民［顾肇新］代致庆邸之意，亦属病痊速入，如菲材不合时宜何？"[2]不久，得到探报："谢恩乞假一疏，奉旨：知道了。"至此如释重负，他致函张人骏，深以北行取消为幸——

> 北行止于，赴补自可从缓。并非恋恋金陵，久当自喻。荣［禄］本浮慕，滋老［鹿传霖］深知其为难。此次伯平过谈，滋老告以初闻百二病剧，与荣谋，欲以商务处鄙人，百二病痊中止。不知此事张翼垂涎，鄙人亦不擅长，滋意可感而非知我。[3]

按"百二"，即盛百二，乾嘉学者，此处代指盛宣怀。"伯平"，即陈启泰（1842—1909），字伯平，湖南长沙人，同治七年（1868）进士，授编

---

[1] 《张佩纶致于式枚》（光绪二十七年十月二十四日），上海图书馆编《张佩纶家藏信札》第 4 册，第 2138—2139 页。约同时，函告陈宝琛："侍秋仲乞病销差，并闻公约画押后有择尤保奖之谕，即具书力辞。旋因文忠师骑箕，电询于晦若，则乞病、辞奖均已奏达宸听，冀可无事。乃庆邸意在公溥，仍为叙劳，殊乖素志。好在病状沥辞，均有前案可凭，俟行知到后，仍请收回成命，并陈病体未痊，谅不嫌于慢伪耳。"见《张佩纶致陈宝琛（三九三）》（光绪二十七年十一月初八日），陈星整理、陈绛校订《陈宝琛张佩纶往来信札》，第 329 页；《致陈弢庵阁部》，张志潜辑《涧于集》下册《书牍六》，第 1077 页。

[2] 《张佩纶致陈宝琛（三九六）》（光绪二十八年二月二十八日），陈星整理、陈绛校订《陈宝琛张佩纶往来信札》，第 333 页。

[3] 《复安圃侄》，张志潜辑《涧于集》下册《书牍六》，第 1090 页。

修，与同馆陈宝琛、张佩纶切磋学问，后改监察御史，以直言敢谏著
称，光绪二十三年（1897）擢云南迤东道，摄布政使职，遭亲丧归，服
满，本年返任迤东道。①据陈启泰言，因盛宣怀患病，荣、鹿相谋，欲
以"会办商务"之任交张佩纶，事不果。张志潜记："和议既成，奉懿
旨以四五品京堂补用。府君自念战败获咎，耻以议和受赏，请收回成
命。诏毋固辞，庆邸亦函促之，枢府复强其出，终弗应也。欲赴阙诣
谢，惧执政羁留，而以废人复起，两宫返跸，未伸忱悃，终恝然于君
臣之义。居恒郁郁，形容益枯瘁矣。"②此处"枢府""执政"盖指荣禄、
鹿传霖，然前者个性"浮慕"，难以深恃，后者则力量不足，且不解洋
务，非"救时之相"。所谓"恝然"，漠不关心、冷淡状。他以为世态如
旧，世事难为，不如高蹈远引。一则言于张人骏：

> 鄙人出山之念，久已中辍，即被以恋家忘世之名，亦正不必
> 为辨。**惟荣[禄]乃浮慕，滋[鹿传霖]则不可为不知己，特其性甚**
> **拙，其权甚轻。**而鄙人所以不出之故，当使滋翁喻之。③

再则言于柯逢时：

---

① 陈启泰任京官时，以直言敢谏著称，为"清流"同志。时人记："长沙陈伯平中丞
　启泰，以戊辰名翰林，转御史，直声震朝右，与黄漱兰、宝竹坡、张幼樵、邓铁
　香、洪右丞齐名，当时有'黄宝陈张'之目。及洊升至苏抚，嫉恶惩贪，僚属戒畏。
　其自励清节，求之清末督抚中，未有第二人能若公者。"（谢章铤：《赌棋山庄词
　话》，《词话丛编》第 5 册，北京：中华书局，2005 年，第 4811 页。）光绪二十八年
　（1902），陈启泰调直隶通永道，后署按察使，据张佩纶言："伯平得调通永，自是
　滋翁[鹿传霖]之力。"见《致安圃侄》，张志潜辑《涧于集》下册《书牍六》，第 1100
　页。
② 张志潜：《中宪大夫显考黄斋府君行述》，张志潜辑《涧于集》下册，第 1128—1129 页。
③《致安圃侄》，张志潜辑《涧于集》下册《书牍六》，第 1094 页。

弟所以迟迟不敢出者，**既无攘外之具，实并无修内之机；既无国士之知，又耻为众人之报**。久病，白发渐生，所忧不系一身一家，即滋翁处亦难深谈耳。①

都中要人尚作"劝行之说"，甚且不乏委以重任之传言，但张佩纶认定大局不堪，每况愈下，"时艰如此，即姚［崇］、宋［璟］作相，煞费支持，若复政以贿成，横溃决裂，大局益危矣"②，自许无应世之才、无济时之具，一切新政均属"无从下手"，而摒绝出山之念。

六、"新政有名无实"说辨析——附论与张之洞的关系

（一）对"新政以江、鄂为主"的观感

光绪二十六年十二月初十日（1901 年 1 月 29 日），慈禧太后以光绪帝名义颁布"新政"上谕，决意更法令、破锢习、求振作、议更张，命督抚以上大臣就朝章国政、吏治民生、学校科举、军制财政等问题"各举所知，各抒所见"，限期详悉议奏。《议和大纲》十二款刚刚发表，战后和谈步入新阶段，当此之际，张佩纶奉诏北上，心意迟徊，通函密友柯逢时，对"新政"前景有一番预言式的表述：

如能作越句践之卧薪尝胆，德意志之晦迹阴谋，未始不可为国。无如内外无人，将来仍以疲缓泄沓应之，**守旧者废，媚夷者**

① 《致柯巽庵方伯》，张志潜辑《涧于集》下册《书牍六》，第 1091 页。
② 《致安圃侄》，张志潜辑《涧于集》下册《书牍六》，第 1102 页。按唐玄宗执政期，先后任用姚崇、宋璟为相，二人被视为开元盛世开创者，故并称"姚宋"。

升，洋夺国利，国渔民利，激久而祸且内发。当事方以弱不至亡为幸，可云浅识。记傅相北上时，弟致书有云瓜分决无其事，和则必和，不过苟延残喘，与土耳其、朝鲜成四大部洲之三奴才国而已，可慨也。①

约越一年，《辛丑条约》正式签订，两宫由西安回銮，清廷政治重心重新奠立于北京，各项"新政"举措正如火如荼展开。而张佩纶已南下，选择远离新一轮的政治喧嚣。他对李鸿章说：

> 滋轩［鹿传霖］书来，望其回都，本无深交，而相待较南皮［张之洞］真挚，实属可感。然政出多门，勇于变法而毫无头绪，名曰自乱，何能自强？②

约同时，致故交刘秉璋信中作有夫子自道：

> 佩纶流落十余年，壮志已灰，去春勉力北行，旋即借差南下，实官无再出之兴。加以外侮日迫，内政不修，回銮后，一切举措似与同治初元迥异，而中枢、外吏直无一担当有志之人。新政纷纭，利权尽失，不知何以立国？即金陵亦非隐居乐土，虑不及远，苟全而已。③

按光绪二十七年（1901）五六月间，江督刘坤一、鄂都张之洞三度会奏

---

① 《致柯巽庵廉访》，张志潜辑《涧于集》下册《书牍六》，第 1056 页。
② 《张佩纶致李鸿章》（光绪二十七年八月十三日），姜鸣整理《李鸿章张佩纶往来信札》，第 691 页。
③ 《致刘仲良宫保》，张志潜辑《涧于集》下册《书牍六》，第 1095 页。

"整顿中法、仿行西法各条",系统提出兴学校、练新军、奖励工商实业、裁减冗员等改革措施,并论证清廷"新政"的实质:"使各国见中华有发愤为雄之志,则鄙我之念渐消;使天下士民知朝廷有改弦更张之心,则顽固者化其谬,望治者效其忠,而犯上作乱之邪说可以不作。"是为《江楚会奏变法三折》。① 从结果表象看,它不仅得到清朝统治者赞赏,成为"新政"实施大纲,而且得到列强各国认可,如论者指出:"江楚会奏的批准,表明两宫'回銮'之前在西方列强面前塑造一个维新政府形象的目的已初步达到。"② 不过,张佩纶在当时别有肺肠,观感迥异,"孝达之官气亦重,江、鄂联衔,不准改一字","新政已屡颁明诏,多采江、鄂之说,大抵袭取《日本国志》,一如康、梁之举动",向在朝的鹿传霖反问:"议者谓一行新政,即洋人刮目相待,岂其然乎?"③ 又向在野的陈宝琛吐槽:"江、鄂疏陈时政,一味纷更,尊论以为饰观,犹未深探其隐耳。"④

尤有意味的是,张、陈对话中,批评对象集矢于一人,即两者的共同老友、昔之清流健将、今之洋务大吏张之洞。陈宝琛率直表示:

> 广雅读书做官,皆极当行,但于民间疾苦尚未深悉,以未曾亲做百姓也。所陈侄不嫌其纷更,而嫌其搬演,不能变此上下相蒙、官民隔绝之积习,终之为丛驱爵也,尚何中法、西法之可行,至其

① 三折一片,即《变通政治人才先遵旨筹议折》《遵旨筹议变法谨以整顿中法十二条折》《遵旨筹议变法谨以采用西法十一条折》和《请筹巨款举行要政片》。
② 李细珠:《张之洞与清末新政研究》,上海:上海书店出版社,2003年,第97页。
③《复鹿荪砚尚书》,张志潜辑《涧于集》下册《书牍六》,第1070—1071页。
④《张佩纶致陈宝琛(三九二)》(光绪二十七年九月十五日),陈星整理、陈绛校订《陈宝琛张佩纶往来信札》,第328页;《复陈弢庵阁部》,张志潜辑《涧于集》下册《书牍六》,第1075页。

深意则未窥及外强，其自别康、梁耶？①

张佩纶回函，多处响应其说：

> **新政以江、鄂为主**，而江本无意随鄂而行。公以为搬演，而此唱彼和，势已融成一片。此间学堂、房捐即已扰扰异常，他处可想。闻有枢电令江、鄂更迭入觐，上方倚此自强也。②

> **化新旧之见，亦孝达意**。（各省联衔，一人密电，则不得其详。说本沈曾植而小变之。）将来新政规模，度必有引公出山者，**但变法仍无行法之人耳**。鄙人或出或处，无论如何，必思设法脱身，不复预于新旧两党之列也。③

按《江楚会奏变法三折》由刘坤一领衔，张之洞主稿。新政启动之初，张之洞思想激进，宣示"鄙意以仿西法为主"，而发沉痛之言："此时非变西法，不能化中国仇视各国之见；非变西法，不能化各国仇视中国之见；非变西法，不能化各国仇视朝廷之见。"④可作晚清士大夫整体自我否定的表征，也是中西文野互易的典型写照。不过，张之洞虽主张"大变西法"，甚至发出"仿行"西方议院和"公举"各级官员的呼声，但这些意见并未写入江楚会奏。论者注意到，张之洞"对朝廷变法的动机

---

① 《陈宝琛致张佩纶（二二八）》（光绪二十七年十一月初三日），陈星整理、陈绛校订《陈宝琛张佩纶往来信札》，第 136 页。
② 《张佩纶致陈宝琛（三九四）》（光绪二十七年十二月十八日），陈星整理、陈绛校订《陈宝琛张佩纶往来信札》，第 330 页。
③ 《复陈弢庵阁部》，张志潜辑《涧于集》下册《书牍六》，第 1058—1059 页。
④ 《致江宁刘制台》（光绪二十七年二月十二日辰刻发），苑书义、孙华峰、李秉新主编《张之洞全集》第 10 册，第 8533 页。

与决心尚心存疑虑"，而且，"也许是更重要的，是由于刘坤一的制约，在某种意义上可以说是刘坤一定了江楚会奏的基调"。① "变法三折"总体以稳健为基调，张之洞原先主张以行西法为第一义，在会奏三折中，次序恰好颠倒过来，整顿中法为第二折，采用西法为第三折。以张之洞眼光衡之，会奏变法各条已是妥协产物，"了无惊人之谈，亦无难行之事"；但在张佩纶、陈宝琛看来，已大有"纷更""搬演""一意翻腾"的意味，"守旧者废，媚夷者升，洋夺国利，国渔民利"是其眼中新政景象。若"变法仍无行法之人"，不能疏通下情，体恤民意，徒自更张、弃旧图新的结果，只是名实相乖，相欺以假，造成地方上的无数纷扰。

辛丑（1901）七月，清廷上谕规定自下年始，凡乡试、会试，头、二场均试以策论，用"中国政治、史事"与"各国政治、艺学"命题，一律"不准用八股文程式"。新政背景下，科举改制一事与儒生士夫身家出处关系最切，由此谕而奏定的科考新章直接牵动万千应试士子的神经，哪怕"新政"的批评者也不例外。陈宝琛便以"舍侄辈"前途考量出发，不得不对策论"西艺"有所因应——

新政有名无实，行其益上者而益下者不行，行其便己者而不便者不行，日且削矣。敢望强乎？西艺皆专门之学，非三年两载所能卒业，亦岂风檐寸晷所能见长。为此议者久已受人指摘，而仍以著令，是但使人粗涉其藩而饰为虚车耳。舍侄辈前问及此，姑取二十年前所购之制造局刻本畀之，固知此亦陈言，空费目力，科举家循

---

① 按变法会奏初由江、鄂各自起草，两处均有幕僚协助拟稿，刘坤一处为张謇、汤寿潜、沈曾植，张之洞处为郑孝胥、劳乃宣、梁鼎芬、黄绍箕。参见李细珠《张之洞与清末新政研究》，第95页。

例为目录钞撮之学，固无施不可也。①

此种被动应付之方，却不入张佩纶法眼。他对陈宝琛说了一些语气颇重的话："公对儿孙应科举之人，而嫌科举为无用，岂老前辈及陶梓芳［陶模］当日经学堂起家耶？未免过重洋文，忘却本来面目耳。……世兄辈无人可以为师，公及叔毅可自课之，稍长则如时贤之游日本而转泰西。以公负海内盛名，所见乃与报馆诸公无异，岂不大可惜哉！"如前所述，张佩纶向以"知洋务"自命，不满于近人追逐西学之粗浅芜率，尤其反对道听耳食、不加去取的盲目吸收。在对待"儿孙应科举之人"问题上，他的态度明显较陈宝琛固执，坚持"科甲为重"，而一旦涉及"变科举"话题，不屑为舍本逐末之举，喜作拔本塞源之论。有一现实的因素，光绪二十八年（1902），清廷借闱河南贡院，补行庚子、辛丑恩正并科顺天乡试，也即废除八股后首次乡试，张佩纶的一儿二侄，正在应试者之列——

> 志潜两试京兆不售，今年借闱开封，勉令一战，额多人少，幸而得之，容舫侄之子允釐、安圃侄之子允恺，亦厕榜末。今科虽系新学，尚是西法皮毛，是以尚堪充数。如废科举，则儿辈终身门外汉矣。②

---

① 《陈宝琛致张佩纶（二三一）》（光绪二十七年十一月二十三日），陈星整理、陈绛校订《陈宝琛张佩纶往来信札》，第138—139页。
② 《张佩纶致陈宝琛（三九七）》（光绪二十八年九月廿日），陈星整理、陈绛校订《陈宝琛张佩纶往来信札》，第334—335页。"容舫侄之子允釐"，即张允釐，张寿曾之子；"安圃侄之子允恺"，即张允恺，张人骏之子，二人与张志潜为同科中举人；"陶梓芳"，即陶模，时任两广总督。此前辛丑条约谈判时，李经璹关于"停科举"一条的反应可作参考，其致父函称："内有肇乱地方停科五年之说，在彼原系小节，在直隶士人即系切身大事，似肇乱地方止能指京、津、保、涿等数州县，若丰润即无一拳匪，岂能通省概行株连？且议和后必请回銮，而明年不举顺天乡试亦太不成体统。即以肇乱而论，拳匪皆武夫与秀才，何涉此条，恐不能驳请明晰分辨之。（转下页）

总体而言，张佩纶绝不以废科举为然，对于兴学堂、习西学，也有超越"皮毛之论"、看似通达的见解。在此基点上，批评"新政纷纭"，于事无补，尤其深恶新政主持之人，私下弹击屡见于函札：

> 新政全采江、鄂之说，而岘庄［刘坤一］已内悔。设立派办处，恐办不动。鄙见变法宜有次第，以不通人情之人，而于大乱后一意翻腾，殊近自扰耳。①

> 新政纷纷，译书则欲先割裂五经，房捐则欲量地计方，不谈间架，中西两不似，无非自扰。种种乖谬，此等内外大臣，如何可有变法？可叹也。②

> 至科举、学堂各有利弊，如侍得政，自有一番设施，稍异夫今之从康、梁拾唾余者。既已翛然物外，何必纵谈！③

约光绪二十八年（1902）秋，张佩纶与陈宝琛纵谈时事，月旦人物，函末附笔："侍有胜情而无胜具，终日静坐，大可充道学先生，惜乎太旧

（接上页）想大人阅信必笑儿当此时世尚以科甲为重，可谓书腐见识，实以潜［张志潜］已廿四，外事颇明白，因其父驱逐后世态炎凉，功名之念颇切，既无他路进身，只能循途守辄，务恳大人据理力争，勿令池鱼殃及也。"《李经璹致李鸿章》（光绪二十六年十月初九日），上海图书馆编《张佩纶家藏信札》第3册，第1282—1283页。
① 《复杨萍石观察》，张志潜辑《涧于集》下册《书牍六》，第1072页。
② 《张佩纶致李鸿章》（光绪二十七年九月十八日），姜鸣整理《李鸿章张佩纶往来信札》，第697页。按此系张佩纶致李鸿章最后一函，十九日夜李鸿章咳血病危，二十七日撒手西去，此信二十九日寄至八国联军占领下的北京。参见姜鸣《张佩纶与李鸿章的关系》，《文汇报·文汇学人》2017年2月17日。
③ 《张佩纶致陈宝琛（三九七）》（光绪二十八年九月廿日），陈星整理、陈绛校订《陈宝琛张佩纶往来信札》，第335页。

耳。相见无期，放笔纵写，恃公不以为侮。"其自嘲本人"太旧"，则所谓"新"者何指？前揭史料中，凡涉"康梁""报馆诸公"等处，可见新、旧分野的一般界线，而自辛丑、壬寅后，这条界线业已模糊，在朝主持新政之"内外大臣"，即张佩纶口中"不通人情之人""今之从康、梁拾唾余者"，也是他所刻意区别者。显而易见，张之洞首当其冲。张佩纶宣示"不复预于新旧两党之列"[1]，针锋相对的正是张之洞标榜之"化新旧之见"。

（二）庚辛之际的"二张"关系

"二张"交情可以追溯至光绪初年的京官时期。光绪三年（1877），张之洞四川学政任满，入京覆命，与侍讲学士张佩纶因穆宗升祔位次一折而"造庐订交"。[2] 又与黄体芳、陈宝琛、宝廷、王懿荣、吴可读、何金寿等人相互引援，隐奉协办大学士、军机大臣李鸿藻为魁首，倡为"清议"。二张在京过从甚密，可见证于张佩纶日记，张志潜编辑乃父《涧于集·书牍》，跋语亦言"当壬午、癸未（1882、1883）先公在朝时，书札几无虚日"。不过，遗憾的是，二张文集"书牍"部分，存录彼此通函极少。[3] 当代学者在整理上海图书馆藏大宗"张佩纶家藏信札"

①《复陈弢庵阁部》，张志潜辑《涧于集》下册《书牍六》，第1059页。
② 许同莘：《张文襄公年谱》，上海：商务印书馆，1946年初版，第20页。
③《涧于集》书牍卷收录张佩纶致张之洞函8通。张志潜说："惟与张文襄丈书所存甚少。当壬午、癸未先公在朝时，书札几无虚日，然文襄于要函密牍不甚爱惜，随手辄散去。此集间有一二，犹系展转得之他处者。"（张志潜辑《涧于集》下册《书牍·后序》，第1103页。）河北版《张之洞全集》第12册收入《致张幼樵》24通，其中光绪七年至十年（1881—1884）19通，系许同莘编辑《张文襄公年谱》之际，从"丰润张氏所藏手札"节录，最初收入《旧馆缀遗》（《河北月刊》1936年第4卷第1期），也载于黄濬《花随人圣庵摭忆》"南皮集外书札"条（第303页）。关于张佩纶家藏张之洞来函流传问题讨论，可参姜鸣《张佩纶是如何与张之洞断交的》，《文汇报·文汇学人》2017年2月17日；裘陈江《张佩纶家藏张之洞来信流传线索补证》，《文汇报·文汇学人》2017年3月31日。

时，也发现一个"奇怪的问题"，即"'张藏信札'中，独少二张之间的往返书翰"。衡诸常理，绝不至此。

今存张佩纶晚年与张之洞绝交的一封书札，函内回顾两人交往中种种不愉快经历，以致拒绝张之洞公子张权（君立）拜访，并严正相告："在朝廷为逐臣，在交游为逐客，愿公相忘，不烦相念也。"末署"二月十八日"。① 姜鸣最早披露此函，据称这是"'张藏信札'中仅存一封张佩纶致张之洞的亲笔信"，并推测"此信写于光绪二十六年（1900 年）前后"。② 按信中"记去岁秋初，《申报》中有公殇一子之说"，应指张之洞长孙张厚琨于光绪二十七年（1901）观摩日本陆军秋操后归国，至武昌总督衙门途中意外坠马身亡事。则此函当作于光绪二十八年（1902）年二月十八日。又，同函有"至示及国事安危，人才消长，则惟中外重臣而又负清流之望者，始足语此，侍非其人，何从置喙"等语，依据前文分析，张佩纶出此言意存反讽，符合新政启动后对朝局所抱观察与评论取向。

二张关系交恶，过去认为始于张佩纶甲午战争中为朝廷所不喜，被逐出天津后，具体细节则来自笔记稗史。揆诸"张藏信札"不难发现，二张龃龉，实际发生时间更早。张佩纶告诉友人："孝达因鄙人与合肥为婚，两年不通一字，近来始相好如初。若非佩纶腰腹十围，早容不得矣。朋友之道，果宜如是乎？"光绪十七年（1891）函告李鸿藻："与孝达久不通问。"光绪二十二年（1896），张之洞致某人函："晚于黄斋最为惓惓，因时人诋之太苛，厄之太甚，深为愤懑不平，而自处孤危，力不足以援之，每与人谈及辄为力辩，惟盼其收效桑榆，一洗前耻，

---

① 《张佩纶致张之洞》（二月十八日），上海图书馆编《张佩纶家藏信札》第 7 册，第 3935—3940 页。
② 姜鸣：《序》，上海图书馆编《张佩纶家藏信札》第 1 册，第 23 页。

杜此谗口，吐此闷气。今看此时局及渠情形，以后事体殊未可知，言之怅然。"①张之洞自以为有官场苦衷，抱憾对方"始终不悟相爱相为之苦心"，但处在张佩纶立场，则不免"如何同枝叶，各自有枯荣"的心结，往往求之过深，如论者所谓："这样就将双方的关系逼到无法退让之地步，这是张佩纶性格中的狷狂和耿直，也反映出张之洞的巧滑和闪避"。

至庚子年（1900），义和团事变作，很多历史证据表明"二张"之间心结犹存。张之洞主持东南大局，未与张佩纶一通消息，后者大生芥蒂，抱怨"香涛［张之洞］此役尚不如岘庄［刘坤一］之静稳，如此大波澜，从未有一电下问"，"香涛之胆已破，亦断不能作一剡疏"。②在张佩纶看来，张之洞不管是经营"东南互保"，还是参与战后议和，表现均不惬人意——

> 海道尚梗，傅相尚滞沪上，至江鄂保护章程，虽难久持，但英人力绌，未肯遽开南畔，自扰商利。不知经营八表之香帅，何以惝怳若此？③

> 和局迄未开议，各使欲将己处之王公大臣九人，并毓［贤］、董［福祥］均处以极刑，邸、相不敢上闻，徒耗时日。……德之瓦酋［瓦德西］竟住仪鸾殿，尚复成何景象耶？今之君子诚不足责，然既有一位之荣、一省之寄，即不能不受此责备，况平日以经营八

---

① 以上函件均引自姜鸣《序》，上海图书馆编《张佩纶家藏信札》第 1 册，第 24—25 页。
②《复陈弢庵阁部》，张志潜辑《涧于集》下册《书牍六》，第 1046 页。
③《示宗甥》，张志潜辑《涧于集》下册《书牍六》，第 1044 页。

表自任者，而临事惟醇酒妇人，托于信陵之避谗，可乎？①

按光绪七年（1881）张之洞擢任山西巡抚，开始疆吏生涯，上《到山西任谢恩折》有言："身为疆吏，固犹是瞻恋九重之心；职限方隅，不敢忘经营八表之略。"②本意谓职任辖境有限，仍不敢忘却经营八方之极，敢作此说，主要抒发忠于朝廷、放手尽职的志向和抱负，但不免流露作为"清流"纵言高论的意态。③二十年后，张佩纶不忘"经营八表"故事，向人屡次引及，讥嘲"香帅"之意至明。

凡涉"惩凶""劾董""回銮"等棘手问题，张之洞态度往往暧昧，多与处在交涉第一线的全权大臣意见冲突，颇有故作大言、迎合宫廷之嫌。奕劻与枢臣通私函，批评"南皮忽发高论，各使哗然，又添许多波折"④。李鸿章更向西安军机处公开抱怨："不料张督在外多年，稍有阅历，仍是二十年前在京书生之习，盖局外论事易也。"⑤缘与李鸿章的连带关系，在京时期，张佩纶与张之洞关系更加疏远，私下承认"南皮似因前书久绝音问，且正与合肥水火，近更阒然"⑥，复因"随办交涉"了解许多内情，致友人函多处语侵"南皮"，不少假借：

南皮以群奸已拔，一贤又升，复欲联衔劾董［福祥］，日内当

①《复陈㠉庵阁部》，张志潜辑《涧于集》下册《书牍六》，第 1051 页。
②《到山西任谢恩折》（光绪七年十二月二十六日），苑书义、孙华峰、李秉新主编《张之洞全集》第 1 册，第 83 页。
③ 参看董丛林《"八表"之语、"书生"习性与"儒臣"风格——张之洞的一个侧面》，《河北师范大学学报》2022 年第 5 期。
④《奕劻札》（光绪二十六年十二月初四日），杜春和、耿来金、张秀清编《荣禄存札》，济南：齐鲁书社，1986 年，第 7 页。
⑤《全权大臣奕劻、李鸿章电报》（光绪二十六年十一月十四日），国家档案局明清档案馆编《义和团档案史料》下册，第 865 页。
⑥《复陈㠉庵阁部》，张志潜辑《涧于集》下册《书牍六》，第 1058 页。

有明文，果去董而兵不哗，则内或不忧回患。尊意乞哀于泰西，徐图振复，或可苟延。若自强，则今之君子均未能办到好处耳。①

南皮以姊丈［鹿传霖］在内，胆气又壮，然兵力不强，将才不出，徒事敷衍，欲以谈笑却敌，如何能行？熟睹当世人才，均难支此危局，即康、梁亦不成材料之叛逆。中国其将为人奴乎？可太息痛哭也。②

至光绪二十七年（1901）六月，张佩纶决意离京返宁，高蹈远引，张之洞则以江楚会奏变法，圣眷正隆，成为官场炙手可热的人物。前者南下之际，荐陈宝琛自代未果，失望之下，又叹息“壶公［张之洞］亦不及橘洲［陈宝琛］，尤可讶”③，深怪张之洞识人不明，荐人不力。陈宝琛来信小发牢骚——

近日特拔之人才又是北张南陈，可发一笑。贵华宗［张人骏］或有异人处，吾宗［陈璧］则一不学之章［惇］、吕［惠卿］，其倾我者皆其所自道。而广雅乃迎合要人而特荐之，公犹怪其不省橘洲耶？④

张佩纶复函，同深浩叹——

① 《致陈弢庵阁部》，张志潜辑《涧于集》下册《书牍六》，第 1049 页。
② 《复柯巽庵都转》，张志潜辑《涧于集》下册《书牍六》，第 1050 页。
③ 《复陈弢庵阁部》，张志潜辑《涧于集》下册《书牍六》，第 1069 页。陈宝琛，福建福州螺洲人，螺洲因盛产橘子，又称橘洲。
④ 《陈宝琛致张佩纶（二二九）》（光绪二十七年十一月初九日），陈星整理、陈绛校订《陈宝琛张佩纶往来信札》，第 137 页。

来教谓今之破格者，亦是北张南陈，籍藉京尹，自当出众。夫己氏［张之洞］则不敢引以为同乡，何论同姓，今人齿冷而已。人才如此，可为浩叹。①

按"北张"，即张人骏，直隶丰润人，张佩纶堂侄，故谓"贵华宗"；"南陈"，即陈璧，福建侯官人，光绪三年（1877）进士，光绪二十七年（1901）以留守北京有功，擢太仆寺少卿兼顺天府尹，陈宝琛深鄙其人，以宋代章惇、吕惠卿拟之，该二人皆闽产，且有奸臣之目。张佩纶、陈宝琛在"变法仍无行法之人"一层上多有共鸣，而对"广雅"迎合要人、所荐非人深致不满。"夫己氏"，亦指张之洞，张佩纶讽其"不敢引以为同乡，何论同姓"，正暗示此张为彼张所忌，瑜亮情结显露无遗。次年（1902）正月，致函陈宝琛，道及"南皮"动态：

伯平［陈启泰］到京候缺，书来言南皮又有启事，人数甚多，公及益吾皆在其中，不知中旨如何。阁下亦有所闻否，祈示悉。南皮此举虽属塞责，然新政求才，而竟无一人相举，世论殊为不平。（都中议起，**夹新夹杂，乃南皮旧病**，前次四十九人即夹新，惟前为有本之学，今则无聊之作耳。）得此即当道以私嫌厄抑，究不能逃公议也。②

按"南皮又有启事"，指光绪二十七年十二月初一日张之洞上《庐举人

① 《张佩纶致陈宝琛（三九四）》（光绪二十七年十二月十八日），陈星整理、陈绛校订《陈宝琛张佩纶往来信札》，第330页。
② 《张佩纶致陈宝琛（三九五）》（光绪二十八年正月初七日），陈星整理、陈绛校订《陈宝琛张佩纶往来信札》，第331—332页。

才折》，保举者十二人，陈宝琛（降调内阁学士）赫然在列，赞曰："才长志壮，素有时名，自降调回籍后已历十七年，潜心读书，考察中西政治，学养既深，益臻切实平静，迩来新进人才能胜过该员者，实不多觏。"[①]"前次四十九人"，应指光绪八年（1882）张之洞在山西巡抚任上应诏"胪举贤才"，实计五十九人，包括张佩纶（翰林院侍讲）、陈宝琛（翰林院侍讲学士）在内，称扬前者"内行纯美""能谋能断"，"志节才略，实为当代人才第一"；后者"才思敏锐""沈毅不浮"，"比年来殚心洋务，将来使备总署之选"。[②]光绪初年同气相求、方以类聚的情形，张佩纶记忆犹新，然而时过境迁，保举者与被保举者双水分流，浮沉异势，今日再见"启事"，难逃"荣枯咫尺异，惆怅难再述"的失落意绪。如果说二十年前"二张"尚处承旧启新的同一线，那么当下新、旧已截然两分，张佩纶自居"太旧"，"夹新夹杂"却为"南皮旧病"，所谓"化新旧之见"只是徒劳。据此检视前、后两次保举，一则"有本之学"，一则"无聊之作"，也有了鲜明的不同意义。[③]

---

① 《胪举人才折》（光绪二十七年十二月初一日），苑书义、孙华峰、李秉新主编《张之洞全集》第2册，第1465—1467页。按另十人包括王先谦（前国子监祭酒）、李盛铎（顺天府府丞）、伍廷芳（出使美国大臣四品卿衔）、汪凤藻（翰林院编修）、胡惟德（出使俄国参赞分省补用道）、黄绍箕（翰林院侍读学士）、樊恭煦（前翰林院侍讲）、缪荃孙（翰林院编修）、沈曾植（刑部郎中）、乔树楠（刑部主事）、曾鉌（已革湖北巡抚）。

② 《胪举贤才折（并清单）》（光绪八年四月二十日），苑书义、孙华峰、李秉新主编《张之洞全集》第1册，第88—89页。

③ 可补充说明的是，张之洞折保奏陈宝琛，内称："当此时局需才，如该员者似不宜令其终身废弃，若加以录用，必能感激图报，确有树立。"但未有结果。据张佩纶函告陈宝琛："昨伯平[陈启泰]复简滇东，过此一宿……伯平言南皮所荐共十四人，公及益吾[王先谦]外，尚有介轩[樊恭煦]，内多朝贵，或侍郎，或三品京堂，故子久（瞿鸿禨）告之止能留中，未便明诏存记。此亦托词耳。"（《复陈弢庵阁部》，张志潜辑《涧于集》下册《书牍六》，第1088页。）陈宝琛事后自解："司直（可庄世兄）二月来函，谓定兴[鹿传霖]致壶[张之洞]'陈[宝琛]曾参荣[禄]，何竟不知？'壶不能平，故以语之。所闻止此。子久自托词耳，兰鲍岂能同箧！"见《陈宝琛致张佩纶（二三二）》（光绪二十八年四月初四日），陈星整理、陈绛校订《陈宝琛张佩纶往来信札》，第139—140页。据此，陈宝琛与荣禄旧日所结"私憾"是妨碍其复出的主要阻力。

光绪二十八年（1902）九月，刘坤一在两江总督任内去世，张之洞奉旨再次署理江督。"二张"因缘际会，又有一段同城之雅。然则，见还是不见成了一个问题。张佩纶"寂守金陵"的同时，内心并不平静，同城张之洞的影子始终萦绕不去——

> 香涛初六到宁，初九视事，而鄙人仍寓金陵，修好与否，一听客之所为。至其忌才之心，死而后已耳。[①]

> 香翁到此币月，始有振作意，见子涵［朱潜］，委上海米厘，并欲修好。[②]

言辞之间，颇见一种欲拒还休的心态。张之洞似有主动"修好"意，但以主客、官绅地位差异使然，自己必须矜持到底，不肯轻易降低身段。自光绪二十一年（1895）沪上一别，[③] 张佩纶与陈宝琛南北异地，暌违多年，晚年一直邀陈南来在金陵相见。待张之洞移节两江后，不管形格势禁，抑或自我设限，三士同聚一城竟也成了一件尴尬而不得不避免的事情。

> 小园颇有竹木，甚盼公践约一来。昔既不能践诺，今则决不可来。一则孝达移节江南，若从者翩然下翔，群不以为访旧，而以为

---

① 《致安圃侄》，张志潜辑《涧于集》下册《书牍六》，第 1100 页。
② 《致安圃侄》，张志潜辑《涧于集》下册《书牍六》，第 1102 页。
③ 陈宝琛《沪上晤篑斋三宿留别》："却将谈笑洗苍凉，三夜分明梦一场。记取吴淞灯里别，不须寒雨忆横塘。"汪辟疆谓："弢庵阁学、广雅尚书，皆与篑斋为死友，两公吟咏，为篑斋而作者，无不工。"《光宣以来诗坛旁记·张幼樵》，《汪辟疆诗学论集》上册，第 185 页。

谒督府，悠悠之口，虑生猜拟；二则孝达与侍无论其同乡旧交，**抑凶终隙末，途分吏隐**，浅宜应以简疏，公来则过从必数，牵率老夫，殊嫌烦扰。^①

时人谓"弢庵阁学、广雅尚书，皆与黄斋为死友"，但此刻张佩纶对待二友的态度显然亲疏有别。"凶终隙末，途分吏隐"一语，道尽"二张"交谊不终的无奈。

张之洞履新两江，必有兴作，张佩纶观感反不如前任，他对柯逢时说："刘公〔刘坤一〕百务废弛，人乐其简靖，而畏南皮〔张之洞〕之铺张。即南皮尽释前嫌，而左右皆生事之人，亦难开陈政要。此非鄙人有所计较，世事如斯，公即惓惓为国，能有裨于时局乎？"^②不到两个月，清廷改调云贵总督魏光焘为两江总督，张之洞回任湖广，^③又函告张人骏："初十忽补午庄〔魏光焘〕，促赴新任。香〔张之洞〕进退维谷，一切生事之徒均皆扫兴。午庄未知何如，而金陵士民痛恨香翁，几如酷吏，所不解也。"并言："此公〔岑春煊〕与香翁均力主新政，用钱无度者。"^④新政背景下，"务本"与"务通"之间的紧张关系愈发凸显，张之洞"屠财""铺张""用钱无度"一面更加放大，他的观感也越来越恶。张佩纶后半生着力著作《管子学》，如张志潜所言："值法越兵事之后，以为攘外必先安内，居今而曰求振兴，惟《管子》一书最切当世之用。"他对《管子》的阐释代表为当时中国筹划的一种理想出路——

---

① 《张佩纶致陈宝琛（三九七）》（光绪二十八年九月廿日），陈星整理、陈绛校订《陈宝琛张佩纶往来信札》，第334页。

② 《复柯巽庵护抚》，张志潜辑《涧于集》下册《书牍六》，第1098页。

③ 关于"张之洞短暂督江的台前幕后"，可参韩策《江督易主与晚清政治》，北京：北京大学出版社，2023年，第180—187页。

④ 《致安圃侄》，张志潜辑《涧于集》下册《书牍六》，第1102页。

既国富兵强，保证在列强环伺之下独立自主；又有礼义廉耻，不致因谋求富强而悖理失道。但有学者指出，这一阐释内在包含一种"自强理论困境"——"既借鉴西法又不能明言西方、既回归传统又不能居于正统"[1]。张佩纶对张之洞的复杂观感也折射出"洋务运动"时期富强模式正当性不足的基本问题。

张佩纶晚岁以咯血痰喘之症，卧病不起。该年除夕，即将卸任离宁的张之洞前往探视。两个当年政坛上所向披靡的"青牛角"，在张佩纶临终之前终于相会，相距中法战争时二人同随李鸿章巡阅北洋水师后挥手告别，已过去二十年。张志潜"府君行述"记：

> 除夕日，南皮来视疾，纵谈国事，感喟愤懑，府君至泣数行下。[2]

陈宝琛所撰"墓志铭"，更添见面对话的细节：

> 南皮张公相睽近二十年来，来权江督，欲见，辄辞以疾。侦少间，以岁除就君纵谈身世，累欷不已。既而叹曰："不得为廉生，命矣！"廉生，王文敏字，尽室殉庚子之难者也。[3]

---

[1] 李欣然：《"富强"如何合乎"王道"？——张佩纶〈管子学〉与"洋务运动"时期的思想困境》，《史林》2022年第2期。
[2] 张志潜：《中宪大夫显考篑斋府君行述》，张志潜辑《涧于集》下册，第1129页。
[3] 陈宝琛：《张篑斋学士墓志铭》，钱仲联主编《广清碑传集》，第1084页。"廉生"，王懿荣（1845—1900），光绪六年（1880）进士，授翰林编修，国子监祭酒，庚子年（1900）授任京师团练大臣，八国联军入京后，偕继室夫人谢氏与长媳张氏（张人骏长女张允淑，嫁王懿荣长子王崇燕）自杀殉节，谥号"文敏"。张佩纶与王懿荣为故友，兼有姻亲，李鸿章庚子北上时，专函托付照顾其后事："骏侄以王廉生殉难，侄孙女亦从姑死烈，遗一孤子，意甚悽怆。电求吾师垂拯，往复三电，录呈钧鉴。廉生在甲午作团练使，于公何有微词，此次又作团首，非一死不足塞责。惟骏侄长女，青年守节，能写说文，兼工绘事，笔下亦不俗，佩纶所教育。乙未避兵来金陵，世妹亦甚喜之。仅此一子名福坤，九岁矣，与廉生幼子崇焕寄居危城，（转下页）

七天后，即光绪二十九年正月初七（1903 年 2 月 4 日），张佩纶在南京因病去世，享年五十六岁。

【附识】本文初稿曾提交"文本·语境·诠释：多元视野下的近代中国政治史研究"学术研讨会（2023 年 9 月 16—17 日，复旦大学历史学系），蒙马忠文、姜鸣、韩策等师友批评指教，志此申谢。惟文中一切错误，皆由本人负责。

（接上页）恐难草间偷活。公凤性仁厚，倘于入都时略一援手，俾得生全，佩纶叔侄感注何穷？俾侄孙女节烈之魂得延一线，皆公之惠也。"见《张佩纶致李鸿章》（光绪二十六年八月十六日），姜鸣整理《李鸿章张佩纶往来信札》，第 662 页。

谱史与族史:《平江盛氏家乘初稿》研读*

黄敬斌

摘要:《平江盛氏家乘初稿》的早期版本当系宋末至元代间由聚居吴江儒林里的盛姓家族创修,在编纂时利用了地方志中北宋参知政事余杭盛度家族的谱系资料。元末明初,居于苏州的另一盛姓家族以业医而兴,在构建族史、编修家谱的过程中,又嫁接利用了吴江旧谱。明代前期族谱数次续修,但其记述范围限于苏州的"四房"家族,宋元时代的吴江支系信息并未得到更新。晚明清初以降,苏州家族日益衰落、涣散,族谱长期失修。顺治重修时,"四房"本支已出现大量无法更新的世系,但编纂者同时开始"查访""接续"吴江等地支系。这样的趋势延续到同治年间,几个自称先世由苏州迁居吴江的支系联合常州、平湖等地同姓,获取官方背书,确立了苏州祖业继承者、家族代表人的地位。他们编修的族谱已经完全不是对苏州四房世系的"续修",而是在广泛查访各地同姓支系的基础上,"联续"、重组出新的宗谱世系结构。平江盛氏族谱的编纂史,尤其是其显著的流动性特征,有异于以往学界对族谱文献的一般认知,值得进一步探索与讨论。

* 本文系复旦大学人文社会学科"传世之作"学术精品项目"明清江南专题文献研究"(2021CSJP003)中期成果之一。

关键词： 族谱　盛氏　江南家族

作者简介： 黄敬斌，复旦大学历史系教授。

　　对族谱的研究和利用，以往较多聚焦"宗族组织""望族"个案及其与地域社会的关系等问题。相对而言，族谱本身作为一种历史叙事的文本，是如何生产、构建、流传的？族谱编纂者的身份、不同时代不同版本编纂者之间的关系如何？族谱本身及谱中所记"家族"的范围和指向、族谱讲述的族史叙事具有怎样的演变轨迹，又反映了族谱文本与家族人群之间怎样的互动关系？这些问题过去虽有学者作过探索、有所倡议，但因多从社会史研究的问题意识出发，围绕具体个案的文本编纂作细致剖析者并不多见。[①] 本文聚焦的《平江盛氏家乘初稿》，三十八卷，首、末各一卷，同治十三年（1874，甲戌）吴中十贤祠刊印。[②] 该谱或创修于宋元时期，经过明、清两代多次重修，至同治年间

[①] 饶伟新曾提倡，对族谱的研究应从简单提取利用资料的传统模式转向对族谱生产、编纂、流传与使用过程的分析，开展对"族谱文本的社会文化史研究"。见《导言：族谱与社会文化史研究》，饶伟新主编《族谱研究》，北京：社会科学文献出版社，2013 年，第 1—11 页。在族谱文本编纂、族史记忆建构等问题的研究上，刘志伟的先行研究颇具代表性：《祖先谱系的重构及其意义——珠江三角洲一个宗族的个案分析》，《中国社会经济史研究》1992 年第 4 期，第 18—30 页；《附会、传说与历史真实——珠江三角洲族谱中宗族历史的叙事结构及其意义》，王鹤鸣主编《中国谱牒研究》，上海：上海古籍出版社，1999 年，第 149—162 页；《从乡豪历史到士人记忆——由黄佐〈自叙先世行状〉看明代地方势力的转变》，《历史研究》2006 年第 6 期，第 49—69 页。日本学者濑川昌久对香港新界的族谱作过细致分析，指出族谱的编纂是"一个追溯性的过程""宗族联合的形成过程"，这对本文的论述具有重要启发，见［日］濑川昌久《族谱：华南汉族的宗族·风水·移居》，钱杭译，上海：上海书店出版社，1999 年。陈支平对福建族谱的文本特性也作过较为深入的讨论，见陈支平《福建族谱》，福州：福建人民出版社，2009 年。此外区域社会史的研究中，涉及族谱研究的论著当然还有不少，但细致程度不一。对江南地区族谱的利用、研究则长期局限于"望族"分析的视角，对族谱编纂和家族历史记忆的构建特征缺乏关注，限于篇幅，不一一列举。

[②] 盛钟岐纂修：《平江盛氏家乘初稿》，清同治十三年吴中十贤祠木活字本，封面署"第七十七号，大团支家钰敬藏"，上海图书馆藏。本文利用的是"中国家谱（转下页）

已发展为一部以苏州、吴江等地盛姓为主体的跨地域联宗谱,其卷帙较繁,内容丰富,文本具有清晰的层累性,可据以追溯其不同编修阶段的面貌,探索其编纂、流传、文本生产演变的过程,为上述问题的探讨提供了一个具有代表性的案例。

一、宋元时期吴江盛氏族谱修撰发微

据谱中收录的新旧序,《平江盛氏家乘初稿》的修纂大致可分为三个阶段。第一阶段始于宋理宗宝庆年间吴江人盛章创修族谱,其五世族孙盛麟于元文宗天历、至顺时期续修。第二阶段为明前中期,族谱三次重修,天顺元年(1457)主修者盛僎,弘治九年(1496)盛僎子盛暄续修,嘉靖十一年(1532)在弘治六年进士、仕至右都御史的盛应期[①]主持下再次续修。此后百年族谱失修,晚明崇祯、清初顺治年间,才有盛王赞、盛时霖再修族谱。[②]后两百余年,虽各支系屡有支谱编刊,"汇集合族"的宗谱却不再纂辑。直至晚清同治年间,分居苏州、吴江、常州、平湖的几支盛姓方联合起来,在开展建祠、清理祖墓等一系列"宗族"活动的基

（接上页）知识服务平台"公布的电子版:https://jiapu.library.sh.cn/#/jiapu:STJP001250。以下注释中简称《平江》。

① 盛应期传见《明史》卷二二三列传第一百十一,北京:中华书局,1974年,第5863—5865页。谱传见《平江》卷九《谱传七・平江四房总支》(以下卷目首次出注时注出全文,此后使用简称,不一一说明),第42页b—44页a。

② 本次修谱未留下谱序,其具体过程稍显隐晦。据谱传中的记载,盛王赞与盛时霖似于顺治时期合作修谱(《平江》卷九《平江四房总支》,第70页a、77页a)。但卷首乾隆三十四年盛鸿儒《重修儒林里五界亭盛氏支谱序》则称:"崇祯末,兰溪知县柯亭公讳王赞重为续修,未刊。甲申之变,即遭兵燹散佚。国朝顺治初吴江学增广生员沛若公讳时霖将公所著世系图稍加增益,谋诸剞劂。"(卷首《旧序》,第23页a)则二人修谱为前后相继关系。同治中盛钟岐着手修谱时,最初手中似只有"嘉靖谱本"(卷首《新序》,第28页b),但谱中多处引用"顺治刻本",显示他确实掌握了该本。

础之上,由吴江人盛钟岐主持完成了族谱的修刊,是为第三阶段。如此长的编修史在江南族谱中是比较罕见的,这既为族谱的分析解读提供了空间,也提出了挑战。今存文本仅是数百年来编修者接力工作最后阶段的成果,简单地按照谱序所述,将之视作特定家族连续、线性发展的客观记录,无疑是轻率的。需要思考的,不仅有不同时代谱本的面貌和内容,编修者的身份与立场,所反映和记录的"家族"面目与范围,还应包括每一代的编修者如何利用、改造前一代编修者留下的文本资料,如何建立符合其身份立场及时代特征的历史叙事。在某些场合下,族谱本身的"生命史"也可能成为这类叙事的策略性组成部分。以下即基于这些问题,以平江盛氏①族谱修纂的三个阶段为序,尝试解析其文本。

对族谱修纂第一阶段的认识首先需面对谱中收录的两篇宋元旧序。第一篇署南宋绍定三年(1230)"翰林侍讲学士兼崇政殿说书洪咨夔"撰,又署"宝庆二年内戌(1226),银青光禄大夫、吏部尚书、敷文馆学士、吴江开国伯、余杭十一世孙章编次,礼部侍郎兼端明殿学士、签书枢密院事鹤山魏了翁填讳"。第二篇署元至顺辛未(二年,1331),"奎章阁学士、纂修国史虞集撰",又署"天历二年己巳(1329)冬十月余杭十六世孙麟识,翰林侍讲学士兼总裁官揭徯斯填讳"。②两篇谱序疑点重重,除了几位文宗儒臣过于声名赫赫,难免令人怀疑后人攀附

---

① 按:"平江盛氏"并非该谱及相关家族一以贯之的名号,同治谱凡例中明称:"兹易余杭为平江者,采收各支皆系平江分派也。"可知此前各版族谱并未冠以"平江"之名,谱中两篇天顺谱序更题为"姑苏盛氏谱系序"。《平江》卷首《旧序》《凡例》,第5页a、7页a、40页a。但为论述便利起见,本文除了用"平江盛氏"专指同治族谱及相关家族外,当需要从整体上概称各版族谱或各时代家族时,仍使用这一称谓。
②《平江》卷首《旧序》,第1页a—4页b;上图藏本绍定三年序错订入卷一"诰敕"第2页与第3页之间。另按:该谱的世次存在两个系统,其一以五代时期余杭县令盛珰为第一世,另一种则以所谓汉末"神童公"盛承赞为第一世,盛章系余杭十一世,在后一系统中则为第三十五世。为论述便利起见,下文统一使用后一种世次。

的可能，今存洪咨夔、虞集的文集中也不见为盛氏族谱所作的序。[①]更为直接的反面证据则在于，天历二年纂修族谱的盛麟，据谱传所述生于延祐五年（1318），天历二年不过十二虚岁，且谱中记载盛麟早于其父三年而卒，序末识语却用到"先君子"之称谓。[②]此外，绍定三年谱序所称族谱的编次者，也是家族记忆中南宋时期的核心人物——盛章，其生平事迹，特别是他与魏了翁、洪咨夔等人的关系，实堪玩味。

盛章其人正史无传，族谱谱传显系后世修谱者编辑，不但于其仕宦履历的叙述缺略不明，还将北宋政和年间两度知苏州的襄阳人盛章事迹羼入。[③]根据存世宋代史料，此"吴江开国伯"盛章为淳熙十四年（1187）进士，嘉定三年（1210）至六年知常州晋陵县，此后历任行在杂买务杂卖场提辖官、干办诸司审计司、太常寺主簿、太常博士、监察御史、左司谏兼侍讲、殿中侍御史兼侍讲，十三年八月在权吏部右侍郎任上，十四年十一月在试尚书吏部侍郎兼侍读任上。[④]理宗宝庆元年，盛章在

---

① 据《洪咨夔集》，侯体健点校，杭州：浙江古籍出版社，2015年；《虞集全集》，王颋整理点校，天津：天津古籍出版社，2007年。

② 《平江》卷五《谱传三·平江次房派震泽儒林里南盛港支》，第8页b、10页a；卷首《旧序》，第4页b。

③ 《平江》卷五《次房南盛港支》，第1页b—3页a。襄阳盛章的事迹见龚明之《中吴纪闻》卷六《纪异》，《全宋笔记》第3编第7册，郑州：大象出版社，2008年，第282页。另参绍定《吴郡志》卷一一《牧守》、卷四六《异闻》，《宋元方志丛刊》第1册，北京：中华书局，1990年，第772、999页。

④ 参绍定《吴郡志》卷二八《进士题名》，《宋元方志丛刊》第1册，第904页；咸淳《重修毗陵志》卷一〇《秩官四·知县·晋陵》，《宋元方志丛刊》第3册，第3034页；何异辑《宋中兴百官题名》"中兴行在杂买务杂卖场提辖官题名"，《藕香零拾》本，《丛书集成续编》第41册，上海：上海书店，1994年影印本，第920页；刘克庄《后村居士集》卷四三《玉牒初草·嘉定十一年》，宋刻本，中国国家图书馆藏，第2页b、6页a；刘克庄《后村居士集》卷四四《玉牒初草·嘉定十二年》，第9页a；《宋会要辑稿》，北京：中华书局，1957年影印本，第1421、2306、2533、4041、4080—4086、4592—4593页。弘治《吴江志》卷八《科第》记载盛章仕"终监察御史"（明弘治元年刊本，《中国史学丛书三编》第4辑影印本，台北：台湾学生书局，1987年，第305页），显误。

给事中任上现身于正史中。时在史弥远扶立理宗、济王叛乱事件后，围绕济王身后赠典，真德秀、魏了翁、洪咨夔等理学名臣主张从宽赠恤，不追究其叛事；而包括盛章在内的一批言官则被认为遵从史弥远意旨，力主论济王以罪，缴驳真德秀所议赠典并予以弹劾，最终导致真、魏等人去职。盛章本人因此被斥为"奸邪之臣"和史弥远的"鹰犬"。[①]在此之后，洪咨夔、魏了翁作为谱序作者和"填讳"人出现在盛氏族谱中无疑显得怪异，而且，序中二人结衔与宝庆二年、绍定三年时的实际职任也相去甚远。[②]

盛氏家族宋元时代是否确实修过族谱？从谱中的早期世系或可略作分析。谱中所见家族在宋元时代的规模有限，盛章一辈仅有男丁9人，其孙辈总共亦不过13人。这些早期族人集中在所谓平江长房、平江次房，尤以盛章、盛舆所在的次房为盛，其谱传信息详略不一，且时代越早，越是简略含糊。作为长房、次房始祖的盛公衡、盛公旦（改名彬），生卒年份、寿数及字号均失考，盛公衡"领乡荐为严州寿昌县令"，亦未注明年代。盛章一辈，长房盛来仍缺生卒年，盛章兄弟4人，仅他本人生卒年齐备，其兄盛约字号不详。盛章子侄辈记事稍详，而至其孙辈，长、次房9人字号记载齐全，5人有确切的生卒年，其余4人亦至少有生年、卒年或类似"卒年六十二"的寿数记载。这几代人科举成就突出，2房4代26人中，有进士3人（盛章，长房盛文韶、盛

---

① 散见《宋史》镇王竑、洪咨夔、真德秀、魏了翁、邓若水诸传，北京：中华书局，1977年，第8737、12265、12961—12962、12968、13380页。端平元年（1234）吴潜对此事的追叙条理最为清晰，见《吴许国公奏议》卷一《应召上封事条陈国家大体治道要务凡九事》，清抄本，中国国家图书馆藏，第17页a。
② 据《宋史》，洪咨夔于宝庆初任金部员外郎，因论济王事被劾，"读书故山"，史弥远死后方召为礼部员外郎。魏了翁于理宗即位后为起居郎，济王事后屡被纠劾，最终"降三官，靖州居住"，至绍定四年方复职"主管建宁府武夷山冲佑观"。谱序所署大体是两人晚年的职衔，但也不太准确，不赘。

文昭），通过解试者 11 人，且除了盛公衡及晚期的盛天泽（"淳祐间中亚榜"），均有明确的发解年份，大部分并载有当年榜首的姓名。①根据宋代科举制度检视这些谱传，除了早期版本中可能存在少数干支纪年上的错误，找不到否定其真实性的理由，而如盛卓为嘉泰元年（1201）"亚名进士"的说法，似只能出自宋人笔下。②

族谱中下一世长、次房族人的记载仍相对翔实，仅有少数早逝或绝嗣的族人缺乏生卒年及其他信息。这一代盛明远为宋代族中最后一名贡士，并因入元之后拒绝仕进而在嘉靖年间被采入县志"卓行传"。③然而，从盛舆这一代开始，谱传质量明显下降，长房此后数世仅有十分简单的"某某为某某子"的记录，偶见字号，次房盛卓一支 9 位族人也仅 1 人有生年记载。至盛麟这一世，长、次两房男丁仅 8 人，除了盛麟本人，其余人的生、卒、葬等信息一概不知，配偶姓氏仅 3 人有记载。再以下数世，长、次两房谱传均只有"某某为某某第几子"这样简略的信息。两房族人的生卒纪年，最晚止于元至正二十三年（癸卯，1363），即盛舆本人的卒年。④

从以上文本细节推断，宋元时期长、次两房的世系和谱传确实应

---

① 以上见《平江》卷四《谱传二·平江长房震泽儒林里南盛港支》、卷五《次房南盛港支》；并参绍定《吴郡志》卷二八《进士题名》，《宋元方志丛刊》第 1 册，第 906 页。

② 宋代通过解试的贡士即可称"进士"，参龚延明编著《宋代官制辞典（增补本）》，北京：中华书局，2017 年。另"亚名"的称谓少见于史籍，明清时期对于解元以下的举人仍多称为"亚元"，但也绝无"亚元进士"之类说法。明代中期以前，苏州府、吴江县的方志没有关于宋元时代贡士举人的记载。嘉靖《吴江县志》（修成于嘉靖四十年）的编纂者则从盛氏族谱中录入了前述盛氏族人的科举功名，其中的纪年错误当亦袭自族谱。此后乾隆《震泽县志》对这些错误作了修正，同治族谱大体上采纳了这些修正。见嘉靖《吴江县志》卷二一《人物志一·科第表》，《中国史学丛书三编》第 4 辑影印本，第 1147—1155 页；乾隆《震泽县志》卷一三《人物一·科第》，《中国地方志集成·江苏府县志辑》第 23 册，南京：江苏古籍出版社，1991 年，第 120—121 页。

③ 嘉靖《吴江县志》卷二四《人物志四·卓行传》，第 1274—1275 页。

④《平江》卷四《长房南盛港支》，第 3 页 a—b；卷五《次房南盛港支》，第 6 页 b—11 页 b。

当有一个较早的文本来源，却不大可能出于盛章和盛麟之手。如果盛章是这部族谱的创修者，则他不应遗漏自己亲生父亲的生卒年。当然，确实不应以后世族谱的记事标准来要求宋人，在当时的族谱中，生卒年和寿数这类信息也许还不是必需的要件。但若以族人生卒纪年由疏略趋于翔实的过程来看，认为晚到盛章的孙辈甚至曾孙辈才真正着手编修族谱仍是更合理的推测。同样地，到了盛舆、盛麟父子这里，同世代族人生平信息的缺失令人无法相信他们真的做过"参诸志文，访诸故老，旁搜远索，……续兹旧谱"①的工作，他们更可能只是抄录了先代世系，并增入自己的信息而已。

实际上，明前期数次修谱留下的谱序，能够揭示出盛章、盛麟修谱说的建构过程。天顺元年、弘治九年两次续修，保存下来的谱序均未提及盛章始修族谱。天顺谱序称："十六世大宗之祖钱塘县尉存诚先生，旧著谱牒藏家，诚为传信之书。"②句中要点在于"藏家""传信"，这是后世修谱者对其资料来源可信度的强调，至于"旧著"未必能落实为"自著"，且谱序所言或也只是信笔之词。至弘治十一年，吴宽序盛氏族谱，始径称"其谱初修于其先曰钱塘县尉存诚"③，落实了盛麟的"著作权"。

至于盛章始修族谱的叙事，实际晚至嘉靖十一年盛应期主持续修时才出现，据谱序所述：

---

① 《平江》卷首《旧序》，第 4 页 b。
② 盛僎：《姑苏盛氏谱系序》（天顺元年），《平江》卷首《旧序》，第 7 页 a。按：存诚为盛麟自号。
③ 吴宽：《盛氏重修族谱序》（弘治十一年），《平江》卷首《旧序》，第 9 页 a—10 页 b。该序见于吴宽《匏翁家藏集》卷四三《盛氏重修族谱序》，明正德三年刻本，中国国家图书馆藏，第 2 页 a—3 页 a，文本与族谱所录大体一致。

> 吴江开国伯章尝请于朝而作族谱，穆陵特赐诰以褒之。……若
> 是谱所载，固可得而信也，曷为乎可信？惟其有征也。……吴江伯
> 之才猷，见于制词者不一而足。至于谱牒之作，有穆陵御制在焉，
> 其为可征也，孰大于是？①

其中的设问及回答具有浓厚的辩护意味，恰恰说明"盛章始作谱牒"这
一说法此时才被提出，而且并非没有争议。所谓的"穆陵御制"，即谱
中所录宝庆二年"宋诰一道"，其内容前半部分阐述族谱"铭祖功宗德"
的价值，后半部分则称扬盛章先世之声名、志节，最后以"允称世家，
用锡谱牒，昭示来世"作结。②

　按宋承唐制，"诰"作为命令文书多为太上皇、皇太后所用，另有
所谓"诰命"或亦简称为"诰"，"应文武官迁改职秩、内外命妇除授及封
叙赠典应合命词则用之"③。显然，这道"宋诰"既非太上皇所下，也并
非"诰命"性质，其真实性大有可疑。值得提及的是，清刻宋人陈康伯
文集中收录的一篇"诰"，除了将"吏部尚书、敷文馆学士盛章"改换为
"吏部尚书、观文殿大学士、左仆射陈康伯"以外，与此几乎全同。④该
集为康熙中自称陈康伯裔孙者裒辑，四库馆臣诋其"无往而不伪"，并

① 朱希周：《盛氏家乘序》，《平江》卷首《旧序》，第 12 页 a、13 页 a。该次修谱尚留下
文徵明《盛氏家乘序》、陆粲《盛氏家乘序》、盛应期自《序》等篇，或详或略，对此
均有所提及，见卷首《旧序》，第 15 页 a—21 页 b。
② 《平江》卷一《宋诰一道》，第 1 页 a—b。与这道诰一同收录于谱中的还有六道宋理宗
颁给盛章的"敕"（第 1 页 b—4 页 a），内容均有残损，谱中称残损处"嘉靖年间已失
考"，从朱希周的记述来看，这道"宋诰"在嘉靖时当也已见于族谱。
③ 马端临：《文献通考》卷五一《职官考五》，北京：中华书局，1986 年缩印本，第 463
页。参谢朝栻《中国古代公文书之流衍及范例》，台北：文史哲出版社，1986 年，第
19—21 页；胡元德《古代公文文体流变》，扬州：广陵书社，2012 年，第 108—110 页。
④ 题陈康伯《陈文正公文集》卷五《御赐陈氏世家谱诰》，《四库全书存目丛书》集部第 15
册，济南：齐鲁书社，1996 年，第 600 页。

特别指出其中"《谢敕命修家谱表》称'昨进家谱，敕令史院编修填讳'，自古以来无是事理"①。事实上，该集或就是清初弋阳陈氏编修家谱的副产品，具有族谱文献的诸多特性。这类与家谱编修有关的旧序、诰敕、表，意在展示家谱本身历史的悠久，以及后世修谱者与历史名人血脉关系的真实性。陈氏文集中的这道诰，或与盛氏族谱中的"宋诰"有共同的来源，考虑到其年代较晚，甚至可能就是由盛氏的"诰"改造而来。这当然不意味着盛氏的"宋诰"更值得信任，它大概率只是嘉靖时为了构建"盛章修谱"叙事而作为必要材料出现的。前述两篇宋元旧序很大可能也是在嘉靖甚至更晚的时代才伪造出来，因此忽略了天历二年盛麟的年龄及其先于父亲而卒的事实。

宋元时代族谱文本另一值得探讨的问题，关系到早期吴江家族对自身祖源来历的认知和构建。今见平江族谱中，追溯始祖至汉末所谓"神童公"盛承赞，实为清代中期吴江五界亭、盛家牌楼支族人在纂修支谱时依据浙江同姓族谱构建的新叙事。②而此前的旧谱"皆以余杭公为第一世"，截至明代诸族人谱序亦皆自署"余杭若干世"。③据弘治中吴宽的记述，此"余杭公"名珰，初居虞城，五代时仕吴越为余杭令，"始家于浙"。曾孙盛京、盛度，北宋初为显宦，盛度更仕至参知政事，谥"文肃"：

---

① 《四库全书总目》卷一七四《集部二十七·别集类存目一》，北京：中华书局，1965 年缩印本，第 1540 页，题作"陈文恭公文集"。按《宋史》本传，陈康伯确于庆元初"改谥文正"，见《宋史》卷三八四列传一百四十三，第 11811 页。

② 《平江》卷三《谱传一·上世总支》，第 1 页 a。乾隆三十四年（1769）盛鸿儒五界亭支谱中，提及"只依旧本，自神童公起，至今五十世"，其"旧本"不知所指。而咸丰时期盛家牌楼支盛坤吉谱序则称："浙族所藏汴梁北宗本，则以神童公为始祖，凿凿可据。"《平江》卷首《旧序》，第 23 页 b、24 页 b—25 页 a。

③ 盛坤吉：《重修盛氏家乘序》，《平江》卷首《旧序》，第 24 页 b。

文肃生集贤校理申甫，申甫生知宿州仲南，仲南卒葬于汴，子
孙又家焉。仲南生中和，中和生瑄，再世为司谏。瑄生岫，授宣义
郎，当靖康之难，与其父扈跸南渡，通判平江府，退居吴江儒林
里，而盛氏始为吴人。①

据此，盛瑄以下八代人经历了两次南迁、一次北迁，形成所谓北宗、
南宗、后北宗、后南宗的族史叙事框架。②这一叙事形成于何时？它是
否为南宋至元代吴江盛氏家族真实的历史记忆？前述绍定三年洪咨夔
谱序中已有类似的概述，但其实际写作年代并不可靠。谱中保存的唯
一一篇元代族人即盛麟祖父盛曦（字明卿）的墓志铭中，这样记述其
先世：

盛氏在汴，宋时文肃公度最显，其后有讳岫者扈跸南渡，通判
平江，始居吴江儒林里。③

其整体结构与明人的讲述并不冲突，说明这一族史叙事或早在宋元旧
谱中就已形成，只是在墓志铭中略去了一些细节。但也有可能，截至
元代中期，吴江盛氏只存在本族为"文肃公后"、靖康时盛岫扈跸南渡
这样简单的家族记忆，尚未将始祖追溯到盛瑄，也没有构建起始祖以
下完整的世系，甚至还将盛度视作"汴"人。在这种可能性下，吴江盛
氏与盛度家族的真实关系尤不能不令人生疑。

---

① 吴宽：《盛氏重修族谱序》，《平江》卷首《旧序》，第9页b—10页a。同治族谱除了将
先世谱系上溯至"汉末神童公"以外，对于盛瑄的生平事迹也作了大幅度的改写，此
不赘论。
② 盛康：《序》，《平江》卷首，第1页b—2页a。
③ 龚璛：《盛明卿墓志铭》（天历元年），《平江》卷三〇《文献六·墓志行状上》，第1页a。

关于盛度家族的记述,在今存北宋及南宋初期文献中,并不见踪迹,只知其为余杭人。[1] 相关记载较早见于咸淳《临安志》,其中述盛京"上世本宋之虞城人,唐末徙余杭,曾祖尝仕钱氏为本县令。父豫,兴国初随俶入朝,终度支郎中",此外又记盛京子遵甫、孙仲孙及盛度子山甫、申甫、崇甫等人。[2] 除了盛珰名作"尝"以外,其余记述的细节与平江族谱完全一致。而且族谱中除了补充盛豫父辈仁、谦二人以外,对盛京、盛度子孙一无增损,正史记载或述京、度为从兄弟,族谱亦从《临安志》以二人均为盛豫之子。[3] 值得注意的是,《临安志》的编者对其资料来源有若干说明,如称盛度传"以《东都事略》、南丰《隆平集》、乾道志修",盛京传"以夷白堂海州太守题名碑记修"。[4] 在盛豫事迹下,则赫然注明"本熙宁盛师仲家谱"[5]。这一线索清晰地指出:盛度家族在北宋已编有家谱,且此谱至南宋晚期仍有流传。不见于其他文献记载

---

[1] 曾巩:《隆平集》卷七《参知政事·盛度》,台北:文海出版社,1967 年影印本,第 296 页;王偁:《东都事略》卷五五《列传三十八·盛度》,台北:文海出版社,1979 年影印本,第 814 页。

[2] 咸淳《临安志》卷六〇《古今人表》、卷六五《人物六·列传》,《宋元方志丛刊》第 4 册,第 3894—3896、3950 页。

[3] 后世地方志已改盛尝为盛珰,并认为咸淳志"曾祖尝仕钱氏"句中,"尝"当作"曾"解,"犹言曾为令,非其名也"。这固然有其可能,但《临安志》"古今人表"中确实明书"盛尝"之名。参嘉庆《余杭县志》卷一九《职官表上》,《中国地方志集成·浙江府县志辑》第 5 册,上海:上海书店出版社,2000 年,第 823 页。《宋史》盛度本传:"世居应天府,后徙杭州余杭县。曾祖珰,仕钱氏为余杭令。父豫,从钱俶入朝,终尚书度支郎中。"这几句话不见于《隆平集》《东都事略》等早期史传,当非宋国史所载,很可能正是从《临安志》中补入的。但"尝"如何衍为"珰",盛京、盛度究为兄弟还是从兄弟,仍有待推详。

[4] 咸淳《临安志》卷六五《人物六·列传》,《宋元方志丛刊》第 4 册,第 3950—3951 页。

[5] 咸淳《临安志》卷六〇《古今人表·国朝》,《宋元方志丛刊》第 4 册,第 3895 页。明人汪砢玉《珊瑚网》法书题跋卷二《韩致尧手简十一帖》,后录元祐丁卯(二年,1087)"吴兴天圣院竹轩林希"题跋,"同观者"姓名中有盛师仲。(上海:上海书画出版社,2022 年,第 65 页。)另见王象之《舆地纪胜》卷五《两浙西路·平江府》录有盛师仲咏太湖诗,《续修四库全书》第 584 册,第 90 页。据此,北宋中晚期江南一带确有一盛师仲。

的盛豫事迹既然出自这部家谱，则《临安志》中关于余杭盛氏家族的其他记载很可能也从此而来。然而，平江盛氏族谱中完全没有提到这部家谱，盛豫以下数世族人的名、字、号亦不见作"师仲"者。据此推测，上述吴江盛氏家族的祖源和早期家族世系，可能正是利用咸淳《临安志》中余杭家族的资料构建出来的，具体构建的时间或早到宋末至元代吴江盛氏初修族谱时，或在明代族谱续修时用《临安志》中的资料填充、改写旧谱而成。由于旁证材料太少，这一推测当然很难坐实，然而下文的讨论将揭示，类似的谱系文本流动、嫁接、层累的过程在《平江盛氏家乘初稿》漫长的编纂史上，实非仅此一见。

二、明代"平江四房"家族与族谱的面貌及其变迁

如前所述，平江盛氏族谱当有一个纂修于宋末至元代的早期版本，其编纂者及所记述的家族为后世族谱中的平江长房及平江次房。然而进入明代，情况发生了变化，先后主持族谱修撰的盛僎、盛暄、盛应期、盛王赞、盛时霖等人均出自"平江四房"，族谱记述的重心也显而易见地转入了这一支。因族内不同支派的盛衰变迁，族谱编纂的主持者也随之发生转移，这当然并不罕见，这是否就是明初盛氏家族变迁和族谱编纂的真实情况呢？

谱中记录的四房支派分别为盛岫四子公衡、公旦、公㮚、公肇之后。①宋元至明初，长、次房与四房家族的发展态势确实形成鲜明对照。当长、次房在南宋中后期树立起科举仕宦家族的形象之时，四房族人

———
① 《平江》卷三《上世总支》，第18页a—19页a。

的表现相对黯淡。该房自公肇以下三世单传，其事迹记载浮泛而隐晦：公肇"乐道不仕"；其子立"博学多才、富于词章"；至第三世澍，"以才能辟为郡从事"，"托疾以归，教授吴城"；第四世益"居吴城，尝为府吏"，卒于南宋景定三年（1262），葬苏州"齐门外长洲县界"。[1]然而此后，该房进入了快速发展期，盛益以下每一代人丁都有较大增长，至嘉靖中，盛应期这一代已增至八十人以上。[2]与长、次房不同，医学看起来是四房发展及其立身地方社会的底色，如吴宽在弘治谱序中所称："惟盛氏在吴中为大族，子孙散居郡邑，多以医为业。"[3]其家族的仕宦经历也始于医官，并凭借医学而进入朝堂。盛益长子盛忠已任元"江浙医学提举司提领"，至盛益四世孙盛寅（字启东，或作起东，号退庵）、盛宏（字叔大），于永乐至景泰年间先后入太医院为御医。此后直至明末，盛氏子孙入太医院为医士、吏目者络绎不绝，在府县医学任职或仅以医擅名、"业医"的更代不乏人，苏州府医学正科的职位在长达一个世纪的时间内几乎被这个家族垄断。[4]伴随医业的成功，盛姓获得与文学、官宦阶层广泛交游的机会，景泰、天顺以降，在科举考试中也逐步崭露头角，截至嘉靖初年，已有四人登进士第。[5]因此，从家族规模、

[1]《平江》卷九《平江四房总支》，第1页a—b。
[2]《平江》卷九《平江四房总支》，第38页a—49页a。为谱中第四十五世。
[3] 吴宽：《盛氏重修族谱序》，《平江》卷首《旧序》，第9页a。
[4] 详见《平江》卷九《平江四房总支》相关人物谱传，卷二六《文献二·名贤赠文上》、卷二七《文献三·名贤赠文下》、卷三〇《文献六·墓志行状上》相关文献，具体篇目从简。嘉靖以前盛氏族人担任苏州府医学正科的情况，可根据上述文献大致整理如下：盛寅（永乐三年至十八年）、盛侃（寅次子，宣德三年至不晚于景泰六年）、盛昱（寅侄孙，不晚于景泰六年至不早于成化八年）、盛俌（寅幼子，不早于成化八年至弘治十五年）、盛旱（俌侄，弘治十五年至正德十年）、盛曾（俌长子，正德十年任）、盛鲁（俌次子，嘉靖六年候缺）。
[5] 分别为盛杲（景泰二年进士，仕监察御史，以叙州知府致仕）、盛佟（天顺四年进士，早卒）、盛应期、盛应阳（嘉靖二年进士，仕至严州知府）。见《平江》卷九《平江四房总支》，第15页a、39页b—40页a、42页b—44页a；卷一四《谱传十二·平江四房分派苏州葑门盛家埭支》，第1页a—2页b。

科举仕宦成就这两个方面来看，明代前中期的四房都已远远超过南宋的长、次两房。而同期的长、次房在谱中的记载恰恰变得简略而黯淡（详后），似乎族谱的编纂因此而转入四房也是顺理成章的。

这样的解读当然不是不能成立，在现有的资料条件下确实也无法完全证伪。但若深入分析族谱文本的细节，则所谓四房与长、次房的真实关系仍有诸多值得推敲之点。首先是这两个同姓家族的地域背景，前引四房最初几代族人的谱传中，已经透露出该支与苏州而非吴江存在更密切的联系。对此，吴宽谱序以盛益"迁居郡中"①加以解释，此语紧接在前引盛岫"居吴江儒林里"的记载之后，很容易让人得出盛益自儒林里迁居苏州的结论。然而，这样的说法在整部族谱中仅此一处。其他谱序及谱传对宋元时代四房族人的聚居地不缀一词，或仅泛言"吴门""吴中"，也未述及任何"迁居"的故事，展现出一种讳莫如深的态度。幸运的是，与前一阶段相比，明代族谱除了世系之外，还留下了大量赠序、墓志、行状、传记、奏疏，同治族谱整整十卷"文献"中，大部分系明前期修谱时搜集的元明四房族人文献。正是这些文献透露出了四房家族地域背景、族史观念方面的真实面貌。②

首先，四房盛氏与吴江确实存在关联，明代中期以降，地方志、官私史所录盛寅传记多称其籍贯为吴江。③而谱中收录宣德、正统年间盛

---

① 《平江》卷首《旧序》，第 9 页 b。
② 需要说明的是，这些文献大多数仅见于族谱，而今存族谱的刊刻年代已晚至晚清同治，这当然会引发对其"原始性"的质疑。但正如下文的分析所示，这些文献在文本细节上往往与同治时期族谱编修者试图构建的族史叙事龃龉，这让我们有理由相信，族谱的编者在收录这些文献时，在很大程度上保留了它们在明代初期的本来面貌。本文在利用这些文献时，一般以此判断为前提。
③ 正德《姑苏志》卷五六《人物十八·艺术》，《天一阁藏明代方志选刊续编》第 14 册，第 733 页；张昶：《吴中人物志》卷一三《艺术》，明隆庆刻本，中国国家图书馆藏，第 27 页 b；《明史》卷二九九列传第一百八十七《方伎》，第 7646—7647 页；同治《苏州府志》卷一〇九《艺术一》，《中国地方志集成·江苏府县志辑》第 9 册，第 751 页。

寅的两篇奏疏，也自述"原籍直隶苏州府吴江县""系直隶苏州府吴江县一都人"。[①]弘治《吴江志》中收录盛寅及其父盛逮（字景华，号居密）的传记和该族最早的两名进士盛杲、盛佽，皆籍吴江一都。[②]而且，包括盛杲、盛佽在内，四房早期族人的学籍，见于记载的除了府学以外，多为吴江县学，如与盛杲同为四十三世的盛晊、盛旷。[③]晚至明末清初，盛旷五世孙时英居于吴江县城，据称仍担任着"祖遗一都四图排年"之役。[④]当然，即便同在吴江，一都与前述宋元时代长、次房所居的儒林里的地理方位也相去甚远。前者位于"县治西北二十余里"，在石湖一带，地接吴县，[⑤]而儒林里在县治西南九十里，分属五都、六都，[⑥]西接湖州。而更重要的是，"一都四图"的户籍背后，实际隐藏着明初家族史上的一段秘辛。在一都望族莫氏编纂的《石湖志》中，收录有成化二十三年盛寅幼子盛倄为祖父盛逮寿藏记撰写的一段补记，中称：

> 先世居苏城乐圃坊，元季红巾盗起，曾祖寓翁徙居石湖之陈湾，而先祖居密生焉，至正八年戊子也。国初寓翁少子章冒给大同盐引，官捕之急。居密以章为寓翁钟爱，乃代之往，以安父心。……得戍宁夏。既而思曰：吾今隶尺籍矣，日后无乃累吾一族子孙乎？乃书寄寓翁，乞与故人莫氏谋之，遂于吴江县一都四图立

① 盛寅：《请给假省亲疏》（宣德十年）、《请分俸养亲疏》（正统元年），《平江》卷三二《文献八·奏疏》，第1页a—b。
② 弘治《吴江志》卷八《科第》、卷一〇《荐举》、卷一一《材胄》，第313、315、381、424页。
③ 《平江》卷九《平江四房总支》，第15页a、23页b、24页a；卷一四《莳门盛家带支》，第1页a；徐倄：《赐进士盛君墓志铭》（成化二年），《平江》卷三〇《墓志行状上》，第38页a。
④ 《明盛王氏节孝公牍》（康熙十六年），《平江》卷三六《案卷备考上》，第7页a—b。
⑤ 弘治《吴江志》卷一《乡都》、卷二《市镇》，第67、82页。
⑥ 乾隆《儒林六都志》卷上，《中国地方志集成·乡镇志专辑》第11册，上海：上海书店，1992年，第699页。

籍焉。……俌髫年闻先御医公言之如此，而杨文定公寿藏记乃略而
不述，盖居密又不欲及此故也。①

该寿藏记由杨溥撰于正统元年（1436），见于族谱。②由于撰写时盛逮
仍在世，故确有可能因"居密不欲及此"而避记某事，但显然，真正导
致族谱中完全不提此事亦不收录盛俌补记的原因，在于盛逮的改籍具
有避役的目的，在明代前中期仍属触忌。而到了后世，族谱编修者本
身对家族历史的了解也或茫昧了。

事实上，正如盛俌所述，这个家族"先世居苏城"，即便盛逮一支
改籍吴江，其居住地也并未随之转移。前引弘治《吴江志》在记录盛逮
等人"一都人"的身份时，无一例外均在其后标注了"居阊门"三字。因
此，早期文献中，"四房"家族内部（包括理论上已改籍吴江的盛逮一
支）对先世源流及隶籍地的认知完全是以苏州为中心的，既不提及一
都，也不涉及儒林里。目前所见时代最早、由"郡人王行"撰于建文三
年（原文署为洪武辛巳，1401）的盛似祖寿藏铭，叙述其先世如下：

> 宋参政文肃公度之后也……宋中衰，女真乱华，中原士大夫皆
> 南徙，盛氏因系吴籍，遂为苏人几世矣。曾大父讳澍，字文泽，大
> 父讳益，字天惠。③

---

① 莫震撰、莫旦增补：《石湖志》卷四《乡贤》，明刻本，中国国家图书馆藏，第 7 页 b—
8 页 a。"寓翁"名似祖，字嗣初，为盛寅祖父。值得注意的是，寿藏记及此补记中盛逮
之弟皆名章，直犯"吴江开国伯"盛章的祖讳，族谱谱传中或正因此而改章为彰，见《平
江》卷九《平江四房总支》，第 5 页 b。这在一定程度上反映出两支盛姓关系的疏远程度。
② 杨溥：《盛征士寿藏记》（正统元年），《平江》卷三〇《墓志行状上》，第 11 页 b—14 页
b。《石湖志》所录未署名，辞句亦略有不同。
③ 王行：《寓翁寿藏铭》，《平江》卷三〇《墓志行状上》，第 2 页 b、3 页 b。谱传中盛澍
字"天泽"，当系误刻，见卷九《平江四房总支》，第 1 页 b。

首先应注意到,其中所记盛澍与盛益的字,与长、次房同辈族人取名均用"文"字、"天"字存在耦合,确实保留着这一家族与吴江同姓出于一祖的可能性。但与前引《盛明卿墓志铭》比较,这里的先世叙事全未提及盛岫、通判平江、居吴江儒林里等要素,盛氏自"南徙"之后即为"苏人",毫无疑义。且这一记述模式在永乐、宣德时期的一系列赠文和传记中普遍存在,①至正统年间方出现"文肃公五世孙曰岫者从高宗南渡而来居"的新因素,然在地望上强调的仍是"盛氏之在姑苏",不涉及吴江。②直至天顺五年,钱溥为盛寅撰墓表,才出现"南渡徙苏之吴江"这样的说法,但其年代已在天顺修谱之后,且主持修谱的盛僎,正是此墓表的请求者。③而且即便如此,同期乃至稍晚族人的传记、赠文中,延续旧说而不涉及盛岫、吴江等元素的仍比比皆是。④

因此,总体而言,在接修盛氏族谱之前,所谓四房族人对自身"苏人""苏族"的身份认知明确而无歧说,⑤与吴江同姓的先世叙事存在相当大的差异。这提示着一种可能性:苏州四房与吴江儒林里同姓的关系实际相当疏离,甚至并不存在清晰确定的谱系关系。明代初期,当苏州的医学世家昌大起来,开始考虑构建族史之时,或许通过某种途

① 参张肯《送盛文硕序》(永乐十六年)、王宾《盛景行墓志铭》(不早于永乐十九年)、王进《赠御医盛公序》(永乐二十二年)、张益《居密先生行实》(宣德十年),分见于《平江》卷二六《名贤赠文上》、卷三〇《墓志行状上》。
② 张益:《送盛汝谦还苏州序》(正统三年),《平江》卷二六《名贤赠文上》,第34页a。
③ 钱溥:《太医院御医盛先生墓表》,《平江》卷三〇《墓志行状上》,第21页b。
④ 刘铉《故医学正科盛君墓志铭》(景泰六年)、张楷《明故处士盛汝政墓碣铭》(景泰七年至天顺三年间)、徐俌《赐进士盛君墓志铭》(成化二年)、杜琼《庆盛用美寿序》(成化八年)、陈音《赠医学正科盛君汝弼序》(成化二十二年),见《平江》卷二七《名贤赠文下》、卷三〇《墓志行状上》。
⑤ 值得提及的是,盛暄墓表中记:"仲弟旷居吴江,其疾也,迎归治之,疾甚,请去。君曰:'先人正寝在是,去将何之?'"作为弘治族谱的修纂者,盛暄对先世基业的认知仍然是"苏州本位"的,哪怕他本人与盛旷都应隶籍吴江一都,但盛旷之迁居吴江仍被视为一种离散,而非归宗还籍。见邵宝《明故师省盛君墓表》(正德七年),《平江》卷三〇《墓志行状上》,第69页b。

径获得了盛麟传下的吴江旧谱，进而利用其中的先世叙事，将本族早期世系嫁接了上去。[①] 在天顺谱序中，盛麟被尊为"大宗"，而谱中盛麟属于次房，这反映出当时苏州修谱者的心态："大宗"所指实为整个吴江盛氏，对于自居"小宗"的苏州家族来说，这一措辞表面上是尊崇乃至从属的表达，实际上却具有一种刻意疏离、相对独立的意味。天顺族谱的编修实现的更可能是两个异地同姓家族的谱系嫁接，而非同属一族的四支世系的续修和同步更新。

对族谱早期面貌的探索可进一步说明这一点。今存族谱中，所谓平江四大房固然有盛衰强弱之别，但其世系自元明以降皆绵延不绝，但明代族谱的面貌恐非如此。明代族谱中，当然保留了宋元吴江族人的世系谱传和如盛章这样杰出者的资料，还有作为族谱修纂或收藏者直系先祖的盛曦的墓志，从而使之流传至今。然而明代诸谱是否调查并续修过吴江"大宗"的世系呢？在天顺、弘治两次修谱的谱序中，虽然提及盛岫南渡居吴江及盛章之"奋达"，但并没有提及族内"四大房"的结构，对于元代以后家族发展的讲述完全以苏州家族为中心。[②] 嘉靖中文徵明序确实提到了"平江（指盛岫）四子"，但在叙述家族先世时同样忽略长、次、三房，仅记四房世系，且措辞颇为奇妙：

> 平江四子，而少子公肇生立，立生澍，澍生益，益生宗仁，宗仁而下，分而为二，曰德昭，曰似祖。由德昭上溯余杭，则继平江为大宗，而似祖为小宗。自平江而下，则似祖又承公肇而为继别之

---

① 按：盛舆、盛麟父子的卒年在谱中有清楚的记载，当能说明四房早期族人与之确有某种联系。另据谱中所记，盛舆继妻为魏了翁孙女，而魏氏后人居于苏州。这暗示着盛舆父子移居苏州，从而与四房族人产生联系的可能性；另一方面也有助于理解前述伪宋序对魏了翁名义的利用。见《平江》卷五《次房南盛港支》，第 8 页 b。

② 吴宽：《盛氏重修族谱序》，《平江》卷首《旧序》，第 9 页 b—10 页 a。

　　大宗矣。自是而后，衍派十二，分十有八支。①

所谓"衍派十二，分十有八支"，看来完全是"少子公肇"的后裔。不但如此，称盛德昭"继平江为大宗"，不但无视盛公肇仅是盛岫第四子的身份，而且连同盛益长子盛忠一支也完全忽略了。虽然盛寅后人毫无疑问是明代以降的强支，但从宗法原则上来讲，并不能因此就让其曾祖宗仁及其长子德昭获得"宗子"的地位，让他的祖父似祖成为"承公肇"的"继别之大宗"。只在一种情况下，这样的陈述才勉强站得住脚，那就是除了德昭、似祖两支以外，当时所谓平江长、二、三各房和四房的其他支派都已绝嗣、失考，或者根本不存在。这与同治族谱中的叙事自然相去甚远，但很可能正是嘉靖初年文徵明的看法，也就是为文提供这一系列叙事的盛应期及其族人的看法。

　　由于旧谱已不存，嘉靖族谱的实际面貌当然不易还原。但认真研读同治族谱中宗仁以外的各支世系，仍可找到不少侧面证据。兹按各支系的行辈顺序概述如下（参图1）：

　　1. 平江长房：盛文昭二世而绝，盛文韶孙光远以下四世单传，谱传均仅有最简单的世系继承和配偶姓氏的记录，生、卒、葬等全部失考。至第四十三世有祯、祥兄弟，祯为太学生，生子圖为庠生，"生弘治年间，居西墓字圩"。圖生四孙，后衍为四大支，成为谱中的"长房震泽儒林里南盛港支"。②

　　2. 平江次房盛舆支：盛麟二子宗、桂，桂早夭，宗以下三世单传，谱传均极为简略，至第四十五世有侯、相、伯三兄弟，侯有子孙传至第五十三世，但人丁一直单弱，相为同治族谱中"木渎山塘西王家衖口

────────

① 文徵明:《盛氏家乘序》,《平江》卷首《旧序》, 第16页 a—b。
②《平江》卷四《长房南盛港支》, 第3页 a—4页 b。

33世	34世	35世	36世	37世	38世	39世	40世	41世	42世	43世	44世	45世

```
岫 ┬ 公衡(长房) ─ 来 ─ 文韶 ─ 天一 ─ 光远 ─ 发 ─ 守约 ─ 宣绎 ─ 琮二 ─ 祯 ─ 圃
   │
   ├ 公旦(次房) ┬ 约 ─ 文烨 ─ 天觉 ─ 曦 ─ 舆 ─ 麟 ─ 宗 ─ 彪 ─ 宁 ─ 琪 ┬ 侯
   │            │                                                        ├ 相(木溇山塘支祖)
   │            │                                                        └ 伯(迁居水东)
   │            ├ 章 ─ 文炳 ─ 天锡 ─ 时 ─ 举 ─ 彬 ─ 某 ─ 某 ─ 宇闻(子四人,迁富阳)
   │            └ 卓 ─ 文藻 ─ 天得 ─ 晰 ┬ 衍(南庄支祖)
   │                                    └ 亨(祥里支祖)
   ├ 公奭(三房) ─ 卓 ─ 文善 ┬ 天佑 ┬ 伯珪(南汇支祖)
   │                         │       ├ 阮珪(亦迁南汇)
   │                         │       └ 辕(闻湖支祖)
   │                         └ 天赐 ─ 昇(云间支祖)
   └ 公肇(四房) ─ 立 ─ 澍 ─ 益 ┬ 忠 ─ 元善 ┬ 安道(北平支祖)
                                 │            ├ 适平(震泽镇蠡宅村支祖)
                                 │            ├ 行 ─ 宾
                                 │            └ 樗 ─ 耀 ─ 庸 ┬ 延一(龙溪支祖)
                                 │                             ├ 延二(平湖全公亭支祖)
                                 │                             └ 延三(常州花墅支祖)
                                 │            煌(儒林里支)
                                 └ 宗仁 ─ 德昭     似祖 ┬ 棠 ─ 宣
                                                        ├ 遫 ─ 宜寅
                                                        └ 彰 ┬ ……
                                                             └ 宏
```

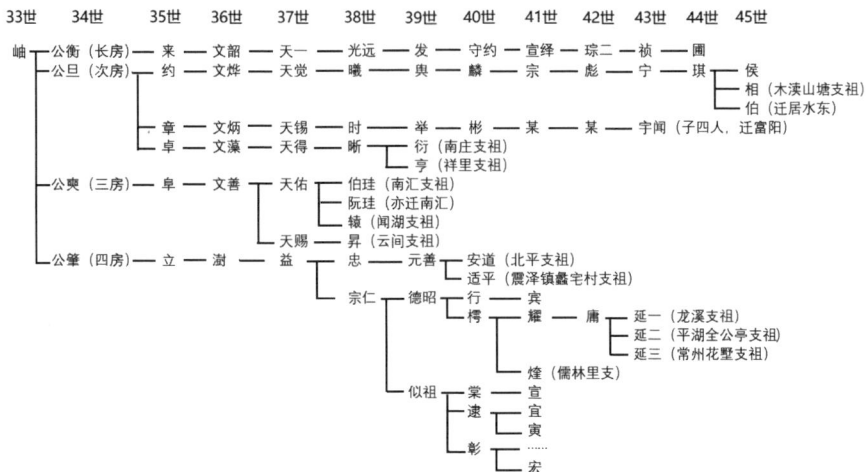

图 1　"平江四大房"统宗世系简图

说明：1. 谱中记载早夭或绝嗣的族人、支系不列入。
　　　2. 四十一世盛宏兄弟五人，宏居其幼，此处从省。

支"支祖（详后），伯则"迁居水东"。然而，谱中在此留有一条小注：
"旧谱谓宗、桂俱夭，误，今依顺治年间刻本。"则很清楚地看出，嘉靖
谱中，盛麟是绝嗣的。

3. 平江次房盛章支：盛章子、孙、曾孙三世单传，四世孙举、誉兄
弟，誉无嗣，举子彬，以下连续两世无考，至第四十三世名宇闻，生
四子——于震字公来、于朝字公辅、于霖字公乾、失名字公润，四兄弟
同迁富阳，"今成巨族，另有支谱"。这一世系显系来自某部将祖源上溯
到盛章的富阳盛氏族谱，应是在同治时联结进来的。如果嘉靖谱中这
一支已经存在，几乎不可能出现这种八世单传且有缺环的世系，且于
震等四兄弟不过比盛应期高一辈，却连人名都失考，也不合理。

4. 平江次房盛卓支：盛卓第三子文藻，孙晰，晰生子五人，在同
治谱中留下后裔的是长子衍和第三子亨，前者被称为"南庄支祖"，后
者被称为"祥里支祖"。而盛晰谱传后又有小注称："旧谱谓子一人衍，

误，今特考正。"可知同治以前，盛亨一支并不存在。至于盛衍支，连续数代谱传均仅有"适安，衍子，子一人：吉"这样简单的信息。直至第四十四世隐樵，方见号、出生年月日、配氏的记载，此后其子侄辈彰、彩、崇明三人均生于嘉靖二十三年以后，不可能出现在嘉靖族谱中。实际上，"旧谱谓子一人衍"，其人是否留有后裔？这一点并不清楚。从隐樵上辈及同辈族人依然贫乏的生平记事来看，几乎不可能从嘉靖谱沿传而来，本支当也是后世才增订入谱。[1]

5. 平江四房盛忠支：吴宽谱序中，明述盛益长子盛忠"五世而绝"，同治本族谱则在盛忠谱传下小注："旧序谓五世而绝，误。"并记载了盛忠孙三人：受安失考，安道迁居燕京，为"北平支"祖，适平迁居震泽镇蠡宅村。[2]北平支与蠡宅支均为同治修谱时录有世系、谱传的 19 个支系之一，嘉靖"旧谱"中则显然不存在。

以上各支世系具有一些共同的特点，首先是均存在多代族人谱传信息极其简略的状况，少则延续三四世，多则七八世，其年代大致在宋元谱本形成以后至明代中叶。结合"旧谱"中关于某些支系绝嗣的记载，嘉靖谱及更早的天顺、弘治谱极不可能录有这些支系。另一方面，这些支系都存在数代单传的情况，即使单传代数最少的盛衍、盛亨两支，其子、孙两代也各为单传。明清以来的族谱中，始迁祖以下的早期世系简略不明、多见数世单传甚至存在缺环是普遍特点，需要结合族谱文本的追溯性来理解。它们反映了修谱人在追溯先世时，一方面因为代远年深、缺乏记载，无法追述早期先祖的生平信息与事迹；另一方面，即便是简单的谱系关系，也往往只能追溯其直系先祖，无法厘清旁系族人的情况，从而导致数世单传的文本表象。因此，上述元明以

---

[1] 以上平江次房三支详见《平江》卷五《次房南盛港支》，第 10 页 a—14 页 a。
[2] 《平江》卷九《平江四房总支》，第 2 页 a、3 页 b—4 页 a。

降盛氏长、次房及四房的边缘支系，其世系构建的时间应当都相当晚，可能多在顺治甚至晚到同治时期才追溯嫁接而成，因此在本支世系的不同时间阶段，形成了上述文本特点。

至于前文一直回避的"平江三房"，其世系面貌又有不同。按照同治族谱的叙述，盛岫三子公爽仅生一子阜，阜长子振祖早逝，次子文善生三子：长子天祐，生子伯珪、阮珪、辕，伯珪、阮珪均于元至正间迁居"上海南沙石筍里西曹港"，后人再迁南汇一团镇，辕则入赘秀水墅泾朱张氏，为秀水闻湖盛氏支祖；次子天裕，无后；三子天赐，生子昇，明初历任江宁尉、六合令，洪武三年（1370）为松江知府，七年疾终于任，后人留居松江，为云间支祖。① 换句话说，盛阜的曾孙兄弟四人全部迁离了祖居地，且分别迁往三个不同地点。同代兄弟完全放弃祖业，分别迁徙到不同的地方"开基"，固然可能有特殊的因缘，如本例中仕宦、入赘等不同情况或战乱的影响，但大体而言，应认为是不合常理的。但类似的"兄弟分迁"故事，在江南乃至各地族谱中都绝非罕见，与其视之为家族发展扩散的实录，不如从族谱编修时追溯"收族"的角度来理解：不同地域的同姓集团选择在某一代祖先（很大可能就是各自认定的"始迁祖"）之间建立起兄弟关系，并由此进一步上溯祖源，形成联宗。② "平江三房"各支系之间，很可能正是这样的关系。

三房最早修纂支谱的当为闻湖盛氏，其年代早到正统十二年。此

---

① 《平江》卷七《谱传五·平江三房派南汇县一团镇支》，第 1 页 a—3 页 b。按正德《松江府志》卷二二《守令题名》，洪武三年任知府者为林庆，并无盛昇其人。(《中国方志丛书》华中地方 455 号，台北：成文出版社，1983 年，第 969 页。) 但杨维桢《送检校王君盖昌还京序》提及"郡守盛昇"，时已入明，维桢居于松江。《杨维桢集·东维子文集》卷二，杭州：浙江古籍出版社，2017 年，第 733 页。

② 宋怡明：《实践中的宗族》，王果译，北京：北京师范大学出版社，2022 年，第 44 页。

后历经重修，今存宣统三年（1911）版本。关于这一家族在明代的发展及宗族建构、祭祀观念的转型，笔者已有专文论及。[①] 概言之，该族迁祖盛辕入赘朱张氏，直至嘉靖时期，其族史叙事仅有"扈从高宗南渡"、六世孙"制置使讳天祐"为盛辕父等内容，并未形成与平江盛氏的联结。[②] 另一方面，闻湖族史强调先祖南渡后居于钱塘，将自身塑造为"临安仕族"，后世族人更利用元代朱张氏留下的两通碑刻中的文句，构建出子虚乌有的"钱塘临官驿"作为祖居地点，这与平江盛氏先祖南迁后任官平江、徙居吴江的记录全不相合。此后，闻湖族中于嘉靖三十二年出现了第一位进士盛周，其人主持了嘉靖三十九年族谱的续修。在嘉靖末年盛周亲自撰写的族人行状中，第一次出现"系出宋参知政事文肃公讳度"[③] 的表述，此后至万历末年，又补充了扈从南渡者盛瑄的名字，而其"南迁临安""居临官驿"的记载也一直得到保留。[④] 因此，今天所见闻湖盛氏的祖源叙事，最早当是在晚明时嫁接利用平江族谱构建而成，又被后世的平江族谱承认并吸收，嘉靖初年编纂的平江族谱则不可能存在这一分支。

三房的其他支系中，南汇一团镇伯珪、阮珪两支世系均载于同治

① 黄敬斌:《从报恩院到临官驿：闻湖盛氏的族史建构与家族转型》,《安徽史学》2023年第 1 期, 第 128—137 页。

② 按:《平江盛氏家乘初稿》中, 收录了大量明代闻湖盛氏族人的传记、墓志铭、行状, 拙文在发表之前失检, 只根据地方志中收录的碑刻资料, 判断闻湖盛氏的祖源叙事至成化时期仍未与平江盛氏联结。实际上, 晚至嘉靖三十年前后, 族人墓志铭中仍只有"南渡""临官驿""制置使讳天祐"等元素。见沈谧《明故处士国珮盛公暨配陈孺人合葬墓志铭》(嘉靖二十七年)、《明故将仕郎福建延平府永安县主簿闻涯盛公暨配周孺人合葬墓志铭》(不早于嘉靖三十年),《平江》卷三一《文献七·墓志行状下》, 第 21 页 a、23 页 b。

③ 盛周:《明故文林郎南京西城兵马指挥先叔暨南公行状》(嘉靖三十六年),《平江》卷三一《墓志行状下》, 第 29 页 a。

④ 冯时可:《盛大中公传》(不早于万历四十三年),《平江》卷二七《名贤赠文下》, 第 35 页 b。

族谱，并有民国时期续修的支谱传世，^①两种文本均明确接受盛公奭"家
/ 隐居钱塘临官驿旁"^②的叙事。这一地名既然是闻湖盛氏的虚构，一团
盛氏"平江三房"的身份就只能袭自闻湖。松江云间支据称有嘉庆四年
（1799）修刊的"支谱四卷"，^③同治谱中并未收录其世系，支谱今亦不
存，故无从了解其族史叙事的实际表达及形成过程。但值得注意的是，
闻湖盛氏族谱中，对同属"平江三房"的一团、云间两支完全没有提及。
谱中记录了天祐、天裕、天赐三兄弟的名讳，但天赐名下仅注"字与
之，余失考"六字，天祐名下虽然提及"生三子"，但也并没有伯珪、阮
珪的名字。^④从文本层累的一般规律判断，一团、云间两支均应在较晚
的时期利用闻湖盛氏的族谱文本创造了自身的祖源叙事，各自增添了
所需的始迁祖谱传细节，最终完成了平江三房"诸子分迁"叙事的构建。
这两支同样不可能存在于嘉靖族谱中，明代族谱中的三房可能即止于
三十二岁早亡的盛皋，^⑤自然也不会构成四房自居"大宗"的障碍。

　　无须讳言，由于族谱早期版本亡佚、旁证缺乏，上述论证过程远
非无懈可击，结论仅是推测性的。但明代前中期平江盛氏族谱的世系

① 盛世藩等纂修：《南汇县一团盛氏支谱》，民国十四年铅印本，上海图书馆藏。
② 《平江》卷七《一团镇支》，第 1 页 a；《南汇县一团盛氏支谱》第 4 册《附录·一团盛
　 氏世系原始》，第 1 页 b。
③ 《平江》卷七《一团镇支》，第 2 页 a—3 页 a。
④ 《闻湖盛氏家乘》"世系原始"，清宣统三年刻本，嘉兴市图书馆藏，第 4 页 b。事实
　 上，清代中期闻湖盛氏族人曾述及居于嘉兴车浜的另一支盛姓，为"元制置使公长子
　 讳轮字君舆之后"，展示出存在于嘉兴本地的另一种祖源叙事。见《白云桥盛氏宗谱》
　 所录乾隆四十九年（1784）闻湖十七世孙盛百二序，清同治十二年稿本，嘉善县图
　 书馆藏。今存宣统三年闻湖族谱或是在读到同治平江族谱后，才以折衷的方式将始
　 迁祖兄长之名隐去。另按：盛天祐生三子的叙事，在晚明时期已经出现，见陈懿典
　 《累赠大中大夫广东布政使司右参政肖湖盛公行状》（不早于万历四十一年），《明别集
　 丛刊》第 4 辑第 76 册，合肥：黄山书社，2016 年，第 414—415 页。
⑤ 谱中记述盛皋系庆元四年（1198）戊午进士，此当指"乡贡进士"。嘉靖《吴江县志》
　 已据"盛谱""增入"了盛皋的"举人"功名，说明嘉靖谱中确有其人。见《平江》卷七
　 《一团镇支》，第 1 页 b；嘉靖《吴江县志》卷二一《人物志一·科第表》，第 1149 页。

记录局限于四房,甚至限于宗仁一支,长、次、三房的世系都维持着
元代吴江旧谱的面貌而未得到更新,与同治族谱四大房的世系结构相
比,此时的盛氏族谱性质更近于苏州四房的支谱,这样的判断应是虽
不中,亦不远。苏州四房与吴江长、次房当然仍可能是同祖房派,但
这在早期文献中找不到确切证据。以上分析所揭示的两者关系,则是
作为新兴家族的苏州四房在创修族谱、构建或完善族史叙事时,利用
吴江同姓旧谱中成型的文本,使自己成为一个古老系谱中的一部分。
这一新的族史叙事因其文本化优势,必定逐步对后来的家族文献产生
影响。今见弘治以后四房的数篇墓志,关于家族先世的叙述始与吴江
联系起来,如称"裔出宋文肃公度之后,有讳岫者,靖康间扈跸南渡,
通判平江,遂占籍于吴江"[1]。这一表达看似平常,实际却可能是精心
推敲的结果,它一方面利用吴江盛氏的族史叙事炫耀了家世,同时回
避"儒林里"这一关键信息,仅泛指"吴江";另一方面又避免了必须
用"迁居"的措辞将故事讲得过于凿实,从而在祖先源流的新旧叙事
之间达成了某种平衡。"遂占籍于吴江"一语与同期另一些文献中出现
的"世为吴江人""今为吴江人"[2]的说法显然又存有掩饰一都户籍来由
的目的。

　　然而,随着时间推移,这种文本措辞的微妙性或不再重要,也不再
受到重视。族谱成为后人理解家族历史的权威来源,使他们的祖籍认
同从苏州转向吴江。而在同一时期,借助入学、行医、婚姻等多种机
缘,苏州盛姓确实开始移居吴江,而且移居者不限于具有吴江户籍的

---

① 王鼎:《明故盛允昭夫妇合葬墓志铭》(成化二十一年),《平江》卷三〇《墓志行状上》,
　第53页a。
② 范纯《明故中顺大夫叙州府知府盛公墓志铭》(成化二十一年)、吴瑄《明故盛闲舟先
　生墓碣铭》(弘治十一年),见《平江》卷三〇《墓志行状上》,第54页b、58页a。

盛逮一支。[①]明代后期以后，迁居吴江者形成了新的吴江支系，使得这个家族确实展现出跨越苏州、吴江的地域色彩，与族谱中的叙事形成某种呼应。在这个过程中，四房族人可能与吴江本地盛姓发生更多的接触，如果后者并没有编纂族谱或其他文本化的世系，他们应该如何在族谱中定位这些"祖籍地"的同姓人群，将成为一个新的问题。

嘉靖十一年后，盛氏族谱失修长达百年，明末清初的续修者盛王赞为崇祯十年（1637）进士，历任兰溪、东阳知县，甲申后隐居不仕；盛时霖则出自迁居吴江的盛旷一支，为旷第四子瑚玄孙，吴江县增生。[②]此前诸次族谱的编修，因为局限在"四房"，边界大体清晰，又能间隔三四十年及时续修，故能较好地反映一个同祖（盛宗仁以下）父系血缘群体盛衰发展的过程，比较接近典范意义上的族谱。而此时的族谱"续修"则已有较大的局限性，反映在明代中后期世系谱传的质量上，从四十四世（盛应期父辈）开始，族人有生年而无卒年的情况显著增加，出生于弘治以后者尤其如此；四十五世无卒年者更占据了多数，有卒年者多卒于嘉靖十一年以前；四十六世生年多在嘉靖十一年前而无卒年。这类谱传当皆是直接从嘉靖谱中抄录的，未作增补更新。以下数世，尽管族人的数量仍在增长，但谱传大体简略，说明续修时虽能追溯世系，却很难全面了解族人的生平信息。谱中真正作过细致增修、谱传质量可与嘉靖谱相比的，大致局限在盛王赞、盛时霖所在支系，尤其是后者出身的盛僎一支。

这种局限性不应视为修纂者草率从事的结果，而主要是因为家族

---

① 如盛彰[章]孙、盛宏长子佾，于景泰间"荐授吴江医学训科"，"历官四十余年"。四十三世盛绘为盛逮兄棠之曾孙，"赘延平府同知、吴江莫震为馆甥"。《平江》卷九《平江四房总支》，第20页a；杨绅：《吴江医学训科弃庵盛先生墓志铭》，《平江》卷三〇《墓志行状上》，第44页b—45页a。莫震即为一都莫舍村人。

② 《平江》卷九《平江四房总支》，第69页b—70页a、77页a。

的扩大、涣散，使得信息的收集日益困难，续修年代相隔太远又加剧了这种困难。修谱者未能解决这方面的困难，但确实在其他方面做了大量努力，不少嘉靖族谱中尚不存在的支系正是在此时增入，而其居地基本上全是吴江。如前述平江次房盛舆支，谱中明言系顺治时期补入，平江长房皆为出生于弘治年间的四十四世盛圃之后，此前的世系为典型的直系追溯形态，很大可能也是在顺治年间增入。此外如平江次房"南庄"支，自盛隐樵以下至第四十八世，族人多有生卒年的记载，最晚至康熙元年（1662），四十九世之后数世的谱传又变得极其简单。① 四房盛忠之后所谓"震泽镇蠡宅村"支，仅四十六至四十九世部分族人有生卒年记录，最早为万历九年（1581），最晚为顺治十七年（1660）。② 这两支当也是在清初增入。还有两个出自四房的"儒林里支"，其一为宗仁长子德昭后，另一为四十四世盛球之后，同治族谱在两支谱传之后各附有按语如下：

> 此支自柯亭、沛若两公修后，从未访查，想今盛家港一带务农者不少，或者即是，将来倘能访实，当必联续也。③

> 嘉靖壬辰旧谱谓球公无嗣，顺治年间柯亭、沛若两公采访确实而改续之。惜今日此支无从查究，姑阙之以待后日再续耳。④

可见均为顺治年间补入。

值得注意的是，今存"平江四房总支"谱传止于第五十一世，最后

---

① 《平江》卷五《次房南盛港支》，第 13 页 a—31 页 b。
② 《平江》卷一一《谱传九·平江四房分派震泽蠡宅村支》，第 2 页 a—5 页 a。
③ 《平江》卷一二《谱传十·平江四房分派儒林里支》，第 11 页 a。按：盛王赞号柯亭，盛时霖字沛若。见卷九《平江四房总支》，第 69 页 b、77 页 a。
④ 《平江》卷一六《谱传十四·平江四房分派儒林里支》，第 5 页 a。

一世仅 24 人，有生年记录的 3 人均生于崇祯年间，显然保留着顺治年间的总体面貌。同治族谱的修纂者在卷末坦承："此卷除另列及无嗣外，余俱失考，实因年久未修所致。"① 所谓"另列"者，多数系同治修谱时，把世系有增订的支系从某一代开始抽出单列。顺治及此前明代诸谱的体例，"总支"以下显然并不分支。然而，上述两个儒林里支同"总支"一样，记载时段止于明末清初，同治时并未增订，却在谱中"另列"，这只能是延续顺治时期体例的结果。为什么会出现这样的异例？最大的可能是，修谱者对其与四房的真实关系抱有某种保留态度。从上述引文可见，两支中后一支在嘉靖谱中本已绝嗣，顺治时又经"采访"而"改续"，其情形与前述盛舆、盛忠后嗣的"失而复得"如出一辙。前文在讨论这类世系的形成过程时，较多强调后世同姓在追溯先世时选择无嗣或后裔不明的先祖进行嫁接的可能，但除此之外，当然还存在别的解释。例如，无子者以招赘、抚养异姓"螟蛉"的方式延续了家庭，在当时被摒出族谱，后世"访查"中则由于观念转变，或仅仅因为不明就里而重新将之收录回来。无论哪种情况下，修谱者都可能出于谨慎，或仅仅由于某些技术因素（如为了尽量利用旧谱刻板）而将之"另列"，附于旧谱图之后。就此而言，接续"五世而绝"的盛忠的震泽镇蠡宅村支，很可能也是在顺治谱中已经"另列"了谱系。而第一支儒林里支虽不属于这种情况，但其支祖父子两代都有明确的出赘、迁居的记载，② 可能在较晚时期才"归宗"，揆诸族谱常见的记载体例，也有可能被另列。

总之，顺治时期修纂的族谱，由于长、次房的接续，四房中个别支

① 《平江》卷九《平江四房总支》，第 97 页 b。
② 《平江》卷九《平江四房总支》，第 4 页 a、6 页 b。当然，该支在同治时被利用来嫁接常州龙溪盛氏的先世（详后），其世系谱传当经过大幅改写，原貌已很难厘清，这里仅能提出一种可能性。

系的"另列",其世系结构偏离了嘉靖旧谱那种较为单纯、清晰的支谱面貌。修谱者努力"访查""改续"的结果,并未能改善嘉靖以后诸多族人生平信息无考甚至世系无法更新的难题,却在作为旧谱记述对象的四房内外制造出许多建构、嫁接色彩浓厚的新支系。这一文本面貌的背后,实际折射出明末清初四房家族的组织困境,明初以降,这个家族以苏州聚居地为中心,在科举仕宦精英的领导下,通过修族谱、置族产①等行动,构建了一个粗具"宗族"外观的家族组织,其影响力虽在嘉靖以后日渐式微,仍大致能延续到清初。然而,家族的扩张、迁居,科举精英缺乏延续性,族产规模有限而无法发挥利益凝聚功能,都使得这样的家族组织难于长期延续而逐步走向涣散。与此同时,面对这些困境,修谱者在吴江南盛港、蠡宅村、儒林里等地开展"寻根"式访查,在表面上充实、完善了族谱的世系记载,弥补了四房本支世系脱落无考的缺憾。最终颇显吊诡地扩大了新修族谱中记述的"宗族"范围,模糊了其边界。当然,访查的过程正是修谱者对吴江同姓进行识别、记录,对其原有的家族记忆作去取、修剪、嫁接、加工的过程,而这些人群当非完全被动,会将他们的意图与诉求掺入族谱文本之中。在下一阶段,即同治时期族谱的编纂中,这些方面将展现得更为清楚。

三、同治时期的族谱编纂与家族重构

同治时期,盛氏族谱失修已长达两百年,新一代修谱者除了要面对

---

① 盛应期在嘉靖初年曾置办过墓田公产一百亩,以供应祖墓的"春秋祭享"及始于明初的宁夏军役。详见《平江》卷三六《案卷备考》,第1页a—4页b。但这项祭田此后缺少记载,最晚到清初已经不存。

与盛王赞和盛时霖相似的困难，更有许多先辈不必考虑的问题需要应对。最重大的变化来自苏州四房的衰落与涣散，同治族谱在叙述苏州黄山祖墓的历史时明确谈及这一点：

> 国初时，郡族日就衰微，子弟皆各营私忘义，互相侵渔，互相推诿，以致祭扫废缺，义祭田亩亦归乌有，冢垣荒弃，不可辨识。此支未几遂绝，根本先失故也。[①]

如上节所述，苏州四房虽具有吴江一都的户籍，明初以后也颇有移居吴江者，但其祖籍意识及主要聚居地皆在苏州，毫无疑问。上述引文也不否认，直至清初，祖墓、祭田的管理权均掌握在"郡族"手中，只是因为该族"衰微"甚至"遂绝"，同治时期包括修谱在内的各项家族事务的主导权才转到其他支系手中。然而，引文中谴责、对立、划清界限式的措辞无疑引人注目，它揭示出写下这些话的人与"郡族"疏离、薄弱的联系，提醒我们思考"家族事务主导权转移"的实质和复杂性。

同治族谱中，除了作为远代世系的"上世总支"以外，共收录了 19 个支系的世系和谱传。如前所述，其中如平江四房总支、两个儒林里支仅从旧谱抄录而未作增修。剩余支系对族谱纂修的参与度也深浅不一，若以是否撰有谱序为标准，主要的推动和参与者应包括以下几支（参图 1 及图 2）。

1. 平江四房吴江西门外盛家牌楼支：族谱的主纂者盛钟岐（号星杉）出自该支，据谱传，该支为前述入吴江县学并迁居吴江的盛旷之后。盛旷次子璨"居吴江南城外盛家库"，嗣子应申，应申第三子之桂

---

① 《平江》卷二三《墓域考》，第 5 页 a—b。末句原文为双行小字。

"世居吴江邑城",为盛家牌楼支祖。①之桂孙时英妻王氏守节四十三年,于康熙二十三年获旌建坊,地在吴江西门外盛家宅前,该地遂称为盛家牌楼。②时英生二子、七孙,至第五世发展到二十余人,以下则稍衰,咸丰以后尤甚,同治中盛钟岐同辈在世者仅四五人,下一代在世者三人而已。该支族人入郡县学或有捐纳、议叙功名者占比颇高,但仅有举人一人、贡生两人。盛钟岐为震泽廪膳生,时年三十七岁,在谱末征信录所载捐资数中,盛家牌楼支仅有钟岐一人捐资,数亦不多。③

2. 平江四房苏州曹胡徐巷支:该支留下了多达四篇谱序,分别由盛兆霖(号养纯,谱名洽麟)、盛兆麟(号卓卿)与盛清麟(号蟾卿)(二人合撰)、盛肇保(号佑卿,谱名丕谟,父炳号春苏)、盛肇桢(谱名丕模,兆霖子)撰写。据谱传,该支亦为盛旷之后,出自应申次子之达,之达长子茂仁于晚明时"自吴江迁苏城曹胡徐巷",后世族人实际皆为茂仁孙应蛟之后。④第五十一世炜文,"少游楚汉间,习商贾,家道丰腴",然无子,嗣子元音、元光,⑤后数世人丁兴旺。前述撰序者及征信录所记捐资者都出自这两支,捐资总数仅次于五界亭支和南汇一团支。该支显然是一个商业家族,亦有业医、堪舆者,入庠者仅偶见,兆霖等人大多有各类捐纳、议叙职名在身。

3. 平江四房震泽太湖滨五界亭支:撰序者为盛际唐(号葵青,谱名海),为震泽庠生。谱载始迁祖琼,更名瓒,为礼部儒士,系盛寅次子侃之孙,因"少孤,依母于舅氏,既长,卜居儒林里之五界亭"⑥。至清

---

① 《平江》卷九《平江四房总支》,第 33 页 a—b、45 页 b、53 页 a。
② 《平江》卷一九《谱传十七·平江四房分派吴江西门外盛家牌楼支》,第 2 页 a。
③ 《平江》卷末《征信录·采修刊印家乘收见捐数》,第 7 页 a—13 页 b,以下引此不一一出注。
④ 《平江》卷二〇《谱传十八·平江四房分派苏州曹胡徐巷支》,第 1 页 a、2 页 a—b。
⑤ 《平江》卷二〇《曹胡徐巷支》,第 4 页 b。
⑥ 《平江》卷一八《谱传十六·平江四房分派震泽县太湖滨五界亭支》,第 1 页 a。

初第四十九世志勤，善于经营，振兴家业，生七子，其中鸿儒、鸿绪、鸿章三支尤盛。该支科第亦不显，捐纳、议叙职名则常见，亦多经商者。尤值得注意的是，族中仍有较多业医者，康熙至乾隆初并有两人入太医院为吏目，是晚清各支系中较能继承先世医学底色者。谱中另有一"五界亭西支"，源出于盛彰曾孙冕，谱称其"偶至六都，见湖山暎带，遂去城市而迁隐焉"①。该支早期多有入庠者，入清后则寝衰，谱传也极简单。卷末征信录中，五界亭东、西支的捐数最多，但绝大多数出自东支。

4. 平江长、次房南盛港支：撰序者为长房五十五世盛粹，其所代表的则包括"我震泽南盛港平江公长、次两支"在内。这两支的具体情况已见前文，至晚清时期，两支人丁颇盛，但如盛粹所言，"皆务农业"，"粗读诗书，稍知礼义"而已。②卷末征信录中，南盛港支也是主要的捐资支系之一。盛粹能在谱中撰序，主要应是他代表着"长房"，如后所述，南盛港支对同治时期家族事务的参与并不深入。

5. 常州龙溪支、平湖全公亭支：族谱首序由盛康撰写，康号旭人，出自常州龙溪盛氏，道光二十四年（1844）进士，同治初仕至湖北盐法道、署理湖北布政使。同治后期丁父母忧，寓居苏州。③平湖全公亭支的代表者盛金鉴（号啸庐），议叙九品，历任江苏各地巡检。④在同治谱的世系结构中，这两支为平江四房宗仁长子德昭之后，第四十二世盛庸为靖难之役中南军名将，庸三子，延一为龙溪支祖，延二为全公

① 《平江》卷一七《谱传十五·平江四房分派五界亭西支》，第 1 页 a。
② 盛粹：《平江盛氏家乘序》，《平江》卷首，第 30 页 a。
③ 盛宣怀：《旭人公行述》，《龙溪盛氏宗谱》卷一九《先德录一》，1943 年木活字本，上海图书馆藏，第 41 页 a—59 页 b。
④ 《平江》卷一三《谱传十一·平江四房派平湖县全公亭平燕将军分支》，第 30 页 b—31 页 a。

亭支祖(参图1)。龙溪支因另有支谱,其谱传并未刊入谱中,但盛康仍为族谱修刊捐资五十千文,在个人出资额中名列前茅。全公亭支有谱传而未见捐资记载,但金鉴及其二子朝泰、朝恩谱传均述其积极参与族谱修刊等事。①

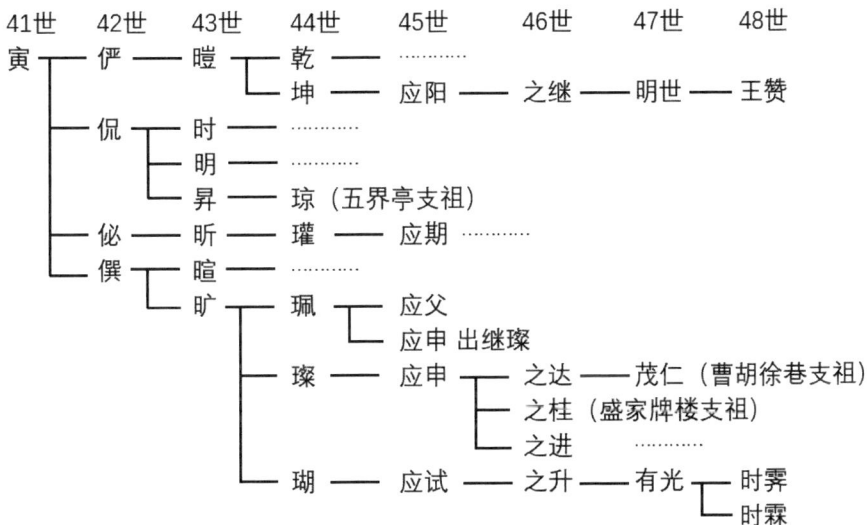

图 2 嘉靖以后修谱主持者及相关支系世系图

说明:1. 谱中记载早夭或绝嗣的族人、支系不列入。
    2. 盛寅十一子,此图列入其中前四房,第四十四世及以下有删减。

显然,以上支系与原本"郡族"的关系都比较远,同治时期只有曹胡徐巷支居于苏州城内,其先世也有外迁吴江的经历。长、次房南盛港支如前所述,与苏州四房的关系相当暧昧,其世系是晚至清初才续入族谱的。至于常州、平湖两支,更从来不在苏州盛氏家族的认同范围之内,前者的族谱编修自成体系,族史记忆属于常州一带以盛庸为始祖的另一种叙事模式,与盛岫南迁、平江四大房等元素毫无瓜葛;

①《平江》卷一三《全公亭支》,第31页a、35页b—36页a。

后者早期家谱的祖源叙事可能属于闻湖"平江三房"系统，到同治年间，为了明显的现实利益转而攀附龙溪盛氏。[①] 谱系出自苏州四房的前三支，在世系文本的细节上也非毫无疑点，[②] 而且在明代，这些支系迁居吴江的先祖无论在宗法地位上，还是在科举仕宦等社会文化成就上，都并不显赫，他们的外迁很大程度上正是其家族边缘地位的反映。到了清代，这些分散各地的支系彼此之间也非素有联系，而是在同治开始的较短时间内，才从离散状态联合起来。对此，诸谱序作者均直言不讳，如盛际唐述称：

> 族兄钟岐字星杉者，与唐同十四世祖也。应童子试，始相识。咸丰庚申春与唐同入邑庠，益相契。……嗣唐幕游申江，得晤平湖族侄金鉴字啸庐。……同治甲子后……星杉亦馆于苏垣，因唐而识啸庐，又因啸庐而识养纯、卓卿、佑卿诸君。[③]

盛金鉴则讲述了盛康加入这个小团体的过程：

> ……与卓卿、养纯两叔先后遇，两叔则以复宗祠为第一事。两叔曰："毗陵有旭人方伯者，亦平燕公后，侨寓金阊，君识之乎？"

---

① 关于以盛庸为始祖的"平燕将军"叙事的形成及其传播过程，以及平湖盛氏在同治族谱修纂期间的行动策略，详见拙文《明清江南盛氏族谱的祖源叙事——构建、传播与观念诉求》，《文史》2023 年第 4 期，第 171—194 页，本文不再赘论。值得补充的一点是，上海图书馆藏盛宣怀档案中，存有盛金鉴致盛康函件数通，内容大体为干谒求职，年代最早为同治十二年，晚至光绪八年，可进一步确证拙文对两者关系的判断。感谢周健提醒此点。

② 如曹胡徐巷支第四十九世应蛟兄弟四人皆以"应"字行辈，与其高祖辈字辈相犯。即便该支确实出自四房，这至少也说明到明末清初，其先祖与苏州家族的关系已相当疏远，且家族历史记忆淡薄。

③ 盛际唐：《平江盛氏家乘序》，《平江》卷首，第 26 页 a—b。

曰:"虽识,亦未久言,不可以孟浪进也。且常与苏,同族异谱也
久矣,方伯虽好义,其如疏远何? 必欲往,鉴请先之。"岂知方伯
殷然以建祠劝,且慨然助,欣然为众先。于是众力始奋……①

显然,居于家族核心地位的"郡族"衰败甚至消失了,一些原居家族外
围的支系起而试图继承其有形和无形遗产,甚至重新组织"宗族"。这
是个漫长的李代桃僵的过程,根据谱中保存的资料,大致自清代中期
开始,盛家牌楼支和曹胡徐巷支就已在尝试接管苏州的家族事务。如
引文所示,曹胡徐巷支关注的是宗祠,此宗祠指十贤祠,地在娄门外
西街。康熙三十三年由"主奉监生盛三锡、祀生盛鸿"呈请,"原任广西
道御史堂叔盛符升捐俸"建,供奉"始祖晋孝子侍郎讳彦""唐国公讳彦
师"及盛度、盛章、盛逮、盛寅、盛昺、盛应期、盛应阳、盛王赞共十
人,并于康熙三十七年立碑,载入官方祀典,参与其事者尚有裔孙廷
锷及廷铨。② 这些与事人员中,盛符升系昆山人,康熙三年进士,为王
士禛门人,亦有文名,他与苏州盛姓的关系当与同治时盛康与苏州支
系的关系类似。而三锡、鸿、廷锷、廷铨等人,谱中踪迹无寻,大致
是后来"衰微""遂绝"的"郡族"成员。③ 但不晚于道光初年,这座合

① 盛金鉴:《平江盛氏家乘序》,《平江》卷首,第 28 页 b。
② 《宪奉饬禁侵损盛氏十贤祠碑》,《平江》卷三六《案卷备考》,第 8 页 a—12 页 a。碑文
中称该祠原为"生员盛六吉"施舍,供奉文昌、贤圣,汤斌抚吴时被禁毁。《平江》卷
二二《祠堂考》则将祠堂之建上溯至宋代,称盛度知苏州时即曾"敕建专祠于娄门外
西街",此后如盛岫、盛章以至盛寅等相继祔祀,"明末圮改文昌殿",与碑文扞格,
显系夸饰之词。(第 1 页 a—b)
③ 盛符升谱传见《平江》卷九《平江四房总支》,第 88 页 b—89 页 a。然而,无论是谱传
还是地方志中的传记,都称康熙三十八年(己卯)清圣祖南巡时,符升年已八十五
岁,则应出生于万历四十三年。谱中其祖父茂圣却生于万历三十八年(同卷,第 66
页 a),矛盾显然。谱传中又称"公及其弟允升世居昆山北门高板桥,另有支谱",全
然不提其先世何时迁居昆山。这一谱传当系同治时,修谱者因盛符升曾参与十贤
祠兴建而根据地方志中的传记改写、增入。增入时置符升于第四十九世,(转下页)

祠的控制权似乎至少已经部分落到曹胡徐巷支手上。该支第五十三世岳宗，据称"修葺娄门外西街先世十贤祠""甚出力"。[1] 限于资料缺失，这一控制权的转移如何发生，同治以前曹胡徐巷支的实际控制强度如何，已无从知晓。

盛家牌楼支对家族事务的关注则集中于祖墓产业，如前所述，该支自明代前期已迁居吴江。第四十五世应申始葬吴江棱字圩墓地，以下四世皆祔葬，可说本地化的程度已深。[2] 然至第五十世，尔猷于康熙五十九年卒后葬于苏州五峰山博士隖祖墓，其弟尔禄于乾隆九年（1744）卒后葬于苏州黄山祖墓。[3] 尽管与吴江县城距离遥远，此后该支子孙葬于两处祖墓者却代不乏人，实质上体现出盛家牌楼支对这两处墓地的"控产"努力。两处墓地中，博士隖位于木渎镇、灵岩山西北，系盛僎一支的祖墓共业。盛家牌楼支迁居吴江的最初两代盛旷、盛璨卒后仍归葬于此，但截至明末清初，入葬这处墓地的主要是盛暄后裔，最晚见于记载的为四十七世茂炜夫妇。[4] 当时实际控制这处墓地的当也是盛暄支裔。至康熙三十五年，有博士隖墓地坟丁黄氏"立承揽看管，议定任凭在余地樵斫播种，所有出息代纳盛钝庵户粮赋，余作工食"[5]。这当然不意味着此前这处墓地没有坟丁看管，而应视作盛家牌楼支接

（接上页）当是因碑文中称盛符升为堂叔，复推测廷锷、廷铨为三锡子侄辈，而顺治族谱中五十一世多以"廷"字行辈，因而悬拟。参同治《苏州府志》卷九五《人物二十二·昆山县》，《中国地方志集成·江苏府县志辑》第9册，第485页。另按：碑文中三锡自署"五十五世主奉裔孙"，今谱中无论哪一支，清初世系都没有发展到五十五世的。若非误刻，则当时"郡族"的世次既不同于嘉靖时期的余杭系统，也异于清代中后期的"神童公"系统，或即以盛彦为始祖而编制。

① 《平江》卷二〇《曹胡徐巷支》，第11页a。岳宗生于乾隆三十五年，卒于道光七年。
② 《平江》卷九《平江四房总支》，第45页b；卷一九《盛家牌楼支》，第1页b—3页b。棱字圩在吴江县城南十余里二十六都，见《平江》卷二三《墓域考》，第14页a。
③ 《平江》卷一九《盛家牌楼支》，第5页a。
④ 《平江》卷九《平江四房总支》，第63页a。
⑤ 《平江》卷二三《墓域考》，第12页b—13页a。

替盛暄支裔控制这处墓地的开始。具体过程仍难于论定，或许盛暄支裔在康熙以后确实式微，无力与吴江族人竞争，此后盛家牌楼支对这处墓地的控制也比较稳固，未见如黄山墓地那样的盗卖和争讼事件。

黄山祖墓位于吴县十三都五图黄山南麓魏珠山，地在城西十一里，当即今吴中区横山公园、苏州烈士陵园一带。[①] 该墓营建于元明之际，葬苏州四房盛忠、盛宗仁、盛似祖及以下数世，后大体限于盛寅后人使用，正德年间在盛俌主持下作过全面修理，并立碑绘图。[②] 据盛氏自称，该墓地计有山地三十八亩余，水池一亩零，立盛启东户办赋。从明代开始，就以"责成坟丁看守，余地任凭坟丁樵砟布种，出息抵充工食，粮赋亦归坟丁代纳"的模式进行管理。[③] 清初以后，出现了多次族人"盗卖"或以别种方式侵蚀墓产利益的事件，经家族代言人鸣官阻止，留下案卷。康熙四十年案卷公呈中，署名的族人多达三十位，然与数年前兴建十贤祠时的情形类似，这些人绝大部分不见于今存族谱，仅领衔者出现在"平江四房总支"第四十七世，另数人在平江次房南盛港支见有大致同时的同名者。[④] 看来此时的"郡族"仍有较大的规模，并

---

① 民国《吴县志》卷二一上《乡镇一》记五图在城西十一里，下辖"横山浜"村名，旧志记为"黄山南、黄山北"，《中国地方志集成·江苏府县志辑》第11册，第275页。近代军事地图上，此地标注为"皇山"，参1914年江苏陆军测量局二万分之一地图《木渎镇》，《中国大陆二万五千分の一地图集成Ⅳ》，东京：科学学院，1992年影印本，第441页。

②《平江》卷二三《墓域考》，第1页a—b、4页a，并见卷内盛俌《方碑文》（正德八年），第8页b—9页b；王鏊：《盛氏先茔之碑》，《平江》卷二六《名贤赠文上》，第16页b—18页a。盛忠、盛宗仁系自"齐门外旧墓"迁葬而来，参《平江》卷九《平江四房总支》，第1页b—3页a。

③《平江》卷三六《案卷备考》，第34页a、44页b。

④ 盛钟岐本人认为，康熙四十年案卷中，"族众名字可考者仅继和、大年二人，余俱未识何世分支"，见《平江》卷二三《墓域考》，第2页a。按：《平江》卷九《平江四房总支》四十七世茂胤号继和，为盛俌四世孙，生于崇祯七年。康熙四十年呈文以盛继和领衔，谱传中称他时为族长，按其年辈也确有可能。上呈官府的公文原则上不应使用字号，但茂胤之名在康熙后期犯皇太子讳，或因此改以号行。（转下页）

有能力维护家族的公共利益。然在乾隆三十七年、嘉庆七年两次类似事件中，以祖业维护者、家族代言人身份出现的均已是盛家牌楼支族人。[1] 对此，盛钟岐在同治族谱中追述称："康熙末，郡族日就式微，祭扫废缺，吴江盛家牌楼支出为清理接管。""集资修筑，……令吴江本支子孙愿附葬者听其自择，庶使先贤祖墓不致废弃。"[2]

"接管"云云给人一种族内不同支系和平协商、授权传承的印象，实际情形却可能复杂得多。首先，很难想象在康熙四十年还人多势众的"郡族"，在一二十年的时间里就落到了需要将祖业交代给远在吴江的旁支族人的地步。其次，乾隆、嘉庆年间实施"盗卖"行为的盛茂如、盛三观叔（伯）侄被描述为"居住郡城不肖"，同治年间的诉讼中又牵出过嘉庆时期由"盛顺聚与子大观、二观"出名将墓地出售于人的卖契，[3] 这些人不可谓不是"郡族"。即便在较晚的某个时间点上，确有"郡族"中的某些人物将祖业托付给盛家牌楼支，他们恐怕也无法真正

（接上页）钟岐考出的"大年"则为荇门盛家带支第四十七世盛永，字大年，为盛杲四世孙。然据前后谱传记载，其祖父应治生于正德七年（1512），六世孙孝传生于乾隆十二年，前后推算，盛永绝不可能生存于康熙四十年前后。两人谱传中有关康熙四十年事的记载，显然是盛钟岐根据自己的"考证"补人的。平江次房南盛港支第五十世有名宪章、汉章、俊卿者，第五十一世有名大年者，其名皆见于康熙四十年公呈。黄山为四房祖墓，次房并没有参与的理由和动机。公呈中这几人若果系南盛港支先祖，或正说明康熙年间南盛港支的祖源认同是归于四房的，因此儒林里一带盛姓的族史记忆绝不像族谱中呈现的那样清晰而整饬。《平江》卷五《次房南盛港支》，第 27 页 b、28 页 b、29 页 b；卷九《平江四房总支》，第 66 页 b；卷一四《荇门盛家带支》，第 3 页 b—4 页 a。

[1]《平江》卷三六《案卷备考》，第 20 页 b—23 页 a。保存在谱中的仅有嘉庆七年呈文，其中提及乾隆三十七年事件，而列名参与或主持呈控的族人均出自盛家牌楼支第五十一至五十三世，其中即包括盛钟岐的祖父定保（或作廷保）。

[2]《平江》卷二三《墓域考》，第 2 页 b。

[3]《平江》卷三六《案卷备考》，第 21 页 a—b、60 页 b—61 页 a。盛氏在诉讼过程中坚决否认"盛顺聚"的存在，称其为坟丁"捏名"。但实际上，盛姓族人只要与坟丁达成合谋，出售葬地并非难事。而且因其具有"底权"所有者的身份，比坟丁自行出售更容易取信于人、达成交易，坟丁因此也可能倾向于在"盗卖"时引入盛姓族人参与。

代表和约束全体"郡族"族人。乾隆至嘉庆年间的墓产纠纷因此也可理解为盛家牌楼支与"郡族"竞争祖业控制权、树立家族代言人身份的行动过程。同治时期的案卷里,盛氏禀文中提及"嘉庆五年坟丁吴廷玉等接看承揽一纸"①。然在康熙以后的早期案卷中,看管这处墓地的坟丁一直是吴姓,同治年间应诉的吴姓坟丁也一直自称"前明"以来已"看守数代"②,盛姓对此并不否认。则嘉庆五年这"接看承揽一纸"的性质或与康熙三十五年博士隖墓地黄氏坟丁的"承揽看管"一致,是盛家牌楼支与吴姓坟丁达成协议,获得后者承认成为盛家产业代表人的结果。即便如此,他们对祖墓的控制仍远非有效,除了也许没落的"郡族"后裔若隐若现地存在,实际看管坟山产业数百年之久、近似获得了某种"田面权"的坟丁家族更似乎已将盛氏的"所有权"架空。同治年间,祖墓已有"别姓寄葬坟旁余地之棺数十具",包括广东嘉应会馆设置的占地多达六亩零的义冢一处,据称"自乾隆至今,已葬有棺木数百具"。坟丁吴氏甚至已将盛氏坟山业户"盛启东"拆分为"盛东""盛南"两个户头重新登记,户下地亩仅剩十亩左右,部分还出售给了别姓莫氏,而后者并不承认自己是盛氏的坟丁。太平天国战乱之后,地方官府于同治初年重新整理土地册籍,要求业户申报、"领单立粮",嘉应会馆及各异姓棺属均向官府申报并立户成功,其中亦有将吴氏视作坟丁者。而盛姓反而晚至同治九年才正式向都图经造"报立盛启东总户纳粮"③。很显然,盛家牌楼支族人对这些情况要么是不了解,要么是知道但是根本无力应对,加之咸丰战乱之后该支人丁零落,这种失控的状况必

① 《平江》卷三六《案卷备考》,第45页a。
② 同上,第37页b—38页a。
③ 同上,第32页b、34页a—b、36页b、37页b—39页b。嘉应会馆"领单执业"完成于同治六年。另据盛氏指认,莫氏家族长期把持十三都五图经造之任,因此能够协助吴姓坟丁完成册籍户名的分割、重造。见同卷,第55页a、55页b、57页b。

定更加突出。

　　吴江族人在黄山祖墓的处境清晰展现出，他们对祖业的控制很难说是成功的。"郡族"的衰落与涣散造成了所有权主体的虚化，盛家牌楼支试图成为新的权利代表者，但面对"郡城不肖"及致力于利用这种局面谋取自身利益的坟丁，他们无法证明自己的合法性。这应被视作同治年间各支系联络起来时所面对的共同困境。无论是有形的祖墓和十贤祠，还是无形的家族历史、文化声望，在"郡族"消失之后，都在一定程度上成为虚悬之物，盛家牌楼支和曹胡徐巷支等边缘支系要确立其继承者和代言人的地位，还需有权威力量的介入才可能实现。

　　正因如此，同治时期各支系形成联合之后，首先进行的尚不是修谱，而是以"复宗祠"为"第一事"，同时又发起了一场"清理祖墓"的诉讼。前者明显由曹胡徐巷支主导，后者则由盛钟岐代表盛家牌楼支"邀集"，[1] 除了南盛港支外，上述各支系均有族人列名，五界亭支盛金声（际唐父）、曹胡徐巷支盛启骏以行辈居长而领衔。[2] 两案均发起于同治九年初，十贤祠的复建看起来相当顺利，因娄门外西街的原址在庚申战乱中焚毁，曹胡徐巷支捐出位于城内、属本支绝后支系的"师俭堂废宅"改建，同时还将原在虎丘的另一座盛旻专祠也改建于旁。实际捐资修建祠堂的，主要是盛兆霖、盛炳、盛钟岐等，而第二进由盛康

① 《平江》卷二三《墓域考》，第 3 页 b—4 页 a。
② 龙溪盛氏列名者为盛康、盛赓，盛家牌楼支为盛钟岐，五界亭支除了盛金声外，还有盛际唐、盛世赓（谱名世霖）。平湖支盛金鉴之名未见，但名单中有盛士衡者，遍检不得，而《平江》卷二三《墓域考》述及黄山祖墓案时明确列入了金鉴之名，却未提及盛士衡，疑后者为金鉴出于某种原因而使用的化名。曹胡徐巷支除了启骏外，还有煜麟、兆霖、兆麟、炳、桢麟、钟麟、润麟、清麟、肇庚共 10 人列名，涵盖了元音、元光两支第五十四世"启"字辈有后裔在世的各房，有合族承认捐出"师俭堂废宅"的意味在。见《平江》卷二三《墓域考》，第 3 页 b—4 页 a；卷三六《案卷备考》，第 24 页 b。关于"师俭堂废宅"的由来及其族人公议捐屋建祠的过程，见《平江》卷二二《祠堂考》末附《捐屋改祠议稿》，第 42 页 a—43 页 b。

独力捐造,兆霖、炳、钟岐又共捐祭田五十亩作为祠产。① 祠成之后,经呈请官府认可其祀典地位,将原十贤祠、盛昃专祠每年由元和县地丁、学租银中动支的祭祀银费转拨新祠,并定期派员致祭,原娄门外、虎丘的祠基也仍"归入祠内,作为公产"②。对黄山祖墓的清理稍经波折,但仍在同治十年七八月间以符合盛氏诉求的判决基本结案。虽然未能将葬在黄山墓地的异姓及嘉应会馆坟墓尽行起迁,但盛氏对近四十亩坟山的完整产权得到了官方的认可,"盛启东"户籍得以重立,而吴氏坟丁及莫氏则因"盗卖"成立而被剥夺了承管坟山的权利。③

显然,这些活动的实质,是以官方的认可和背书确立曹胡徐巷支和盛家牌楼支对祖业长期以来的产权诉求。这之所以能实现,与常州龙溪支盛康的加入密切相关。十贤祠的迁建涉及官方祀典祠庙实际控制权及祭祀经费的转移,黄山祖墓案涉及的民间地权纠纷更是复杂而胶葛,两案最终的成功绝不像盛姓描述的那样理所当然。盛康中层官僚的身份及所拥有的官场人脉资源,④ 是这一系列活动最大的倚仗。甚至可以说,如果没有盛康的加入,建祠、诉讼直至修谱这些事务,或许就不会真正发起。曹胡徐巷支族人在与盛金鉴讨论"复宗祠"时,特别提及联络"旭人方伯",其用意当即在此。当然,盛康为什么愿意加入

---

① 《平江》卷二二《祠堂考》,第3页a、37页a—b。

② 同上,第3页b;卷三六《案卷备考》,第27页b—32页a。

③ 具体的诉讼过程及判决条款、碑禁内容,见《平江》卷三六《案卷备考》,第32页a—86页b;卷三七《案卷备考下》,第1页a—9页a。

④ 时任苏州知府李铭皖,长子嘉德娶盛康第四女。铭皖当出自李鸿章幕府,从同治五年十月至光绪初年一直任苏州知府,但其间数次因事离任而由他人署职。见民国《吴县志》卷七《职官表六》,《中国地方志集成·江苏府县志辑》第11册,第100页;《龙溪盛氏宗谱》卷七《世纪录》,第81页a。当然,盛李缔结姻亲当在此次诉讼之后(粗检香港中文大学及上海图书馆盛档,李铭皖与盛康的通信以"亲家年大人"相称始见于光绪三年),但在诉讼过程中,盛氏一直通过向苏州府禀文的方式来向吴县衙门施压,且正是在李铭皖短暂离任的同治九年末,署吴县知县作出了对盛氏不利的第一次判决,而李氏回任之后盛氏迅速翻转了局面。

这些活动是个不易回答的问题，十贤祠和黄山祖墓的后续处置确实给了他相当的利益，新建的十贤祠内，除了继续奉祀清初确定的"十贤"之外，又增附祀四人，其中"明平燕将军讳庸，明知县岁贡生讳睿"均为龙溪族史上具有始祖地位的人物。① 黄山祖墓在斥退吴姓坟丁之后，新坟丁的选充亦交由盛康家人安排。② 但对盛康来说，这些利益恐怕并不重要，也不是他愿意参与并投资这些活动的原因。③ 他的真实动机与心态很难探究，基于仕宦精英的身份自觉提倡与赞助宗族伦理和事业，寓居苏州建立本地人际网络的需要，或许还有探索潜在的商业合作关系的意图，可能是几个主要方面，限于资料，此处不再展开讨论。

无论如何，建祠和祖墓诉讼不仅让同治年间的家族小团体建立了对族产的稳固控制，还大大加强了他们作为家族继承者的合法性。然而，因为盛家牌楼支和曹胡徐巷支本身缺乏足够的社会政治资源，他们要完成这项事业，不得不引入两个此前从来不在族谱记载和家族记忆中的同姓支系，组建了一个在血统上不那么纯粹的继承主体。在某种意义上，他们确实重建了"平江盛氏"这一"家族组织"，但是它与明代的四房家族貌同而实异。反映到族谱的编纂上，家族历史断裂、重建的

---

① 《平江》卷三六《案卷备考》，第 26 页 b。呈文中声称此四人为"十贤祠内向来附祀"者，实际并无证据。盛庸与盛睿应是龙溪盛氏在不同时代构建的始祖，后来被粗率整合在一起，详见拙文《明清江南盛氏族谱的祖源叙事——构建、传播与观念诉求》，《文史》2023 年第 4 期，第 186—187 页。
② 《平江》卷三六《案卷备考》，第 84 页 a—85 页 a。
③ 与盛金鉴不一样，盛康及龙溪盛氏并不需要通过攀附平江盛氏来提升自身的文化威望并获取潜在的现实利益，在盛康本人于光绪十九年续修的龙溪族谱中，对平江族谱中构建的族史叙事完全没有提及。盛康子孙卒后葬于苏州数处墓地者不乏其人，但并没有见到入葬十三都五图黄山墓地的例子。龙溪族谱中唯一涉及同治间盛康在苏活动成果的，是记载了盛庸、盛睿的"袝祀十贤祠"。参拙文《明清江南盛氏族谱的祖源叙事——构建、传播与观念诉求》，《文史》2023 年第 4 期，第 192—193 页。并见《龙溪盛氏宗谱》卷一《世系图》，第 4 页 b；卷二《世纪录》，第 1 页 b；卷七《世纪录》，第 74 页 b—96 页 b。

印象同样突出。"郡族"的消失使得顺治年间遗留的主体世系——"平江四房总支"一卷，实际上变成了死文本，修谱者不得不将之放弃而另起炉灶。其具体的工作方法，是将同治时期参加修谱的支系各自单列为"平江四房分派"支系，然后在"四房总支"中标出其分派所出的支祖。这些支祖只是明代庞大家族成员中的极少数，绝大多数明代四房族人在同治谱中是找不到后人的，[①]因此族谱的"续修"其实徒有其名。这样的文本状况当然不能令人满意，而且它使得刚刚确立的家族精英代表们仍然不能免于合法性的质疑，毕竟，如果旧谱中绝大多数家族成员的生平信息及其后裔都无法接续，这在多大程度上还能够被称作家族历史的记录和续写呢？面对这一问题，修谱者采取的策略与顺治时期先辈的选择并无二致，简单地说，就是努力增加谱中收录支系的数量、扩大文本中家族的范围与规模。

族谱编纂之初，修谱者所能掌握的除了旧谱之外，主要应是前述几个四房支系的分支世系，这些支系多修有支谱，在新修宗谱时可直接利用。[②]同治谱中，盛家牌楼、曹胡徐巷、五界亭等支谱传最为详备，这固然与他们在族谱修纂中的主导地位有关，更得益于本支早期支谱的存世。除此之外，南盛港支应较早加入修谱行列中，且至少长房自

---

① 例如，《平江》卷九《平江四房总支》宗仁一支第四十五世共有82人，在同治谱中留有后裔者仅3人，即便把"另列"的鄩门盛家带、苏州南濠、五界亭西等支世系中有后的第四十五世加上，也仅有7人。而如前后文所述，这些支系与旧谱"四房"的关系并非确凿无疑。

② 五界亭支第五十世鸿儒"晚年曾修支谱"，留有乾隆三十四年谱序；盛钟岐父坤吉也曾"搜辑家乘，积帙盈筐"，并于咸丰二年（1852）撰有谱序；曹胡徐巷支第五十二世元光在嘉庆年间"手编家乘，厘订八卷"。后两者在同治族谱"历次修刊目录"中被列为"宗谱"，实兼有掩盖宗谱二百年不修以及突出盛家牌楼支与曹胡徐巷支在族中地位的双重意图。见《平江》卷首《旧序》《新序》，第23页a—25页b、26页a；卷首《修刊目录》，第48页b；卷一八《五界亭支》，第7页a；卷二〇《曹胡徐巷支》，第7页a。

清代中期始亦有支谱传世。① 或因族人"皆务农业",今见该支谱传内容
较为简单,但清代中晚期族人的生卒、婚配等信息颇齐备。与之相比,
次房南盛港支谱传的质量即远远不如。但无论如何,南盛港长、次房
的世系应是谱中唯二在顺治谱的基础上续修而成的,这对同治族谱而
言意义重大。

从逻辑上判断,接下来应予考虑的支系必然是常州龙溪支和平湖全
公亭支。如前所述,这两支的代表人物是建祠、清理祖墓活动的主要
参与者,尤其盛康,实际上是这些活动获得成功的关键因素。他本人
对将先祖接入平江谱中也许并不热心,也未在平江族谱中列入龙溪谱
传。② 然而,在黄山祖墓诉讼之后,出于明显的利害关系,平江族谱必
须说明龙溪支在整个家族中的地位以证明盛康参与诉讼的正当性。因
此,修谱者选择将龙溪支接在宗仁长子德昭一房,这一选择具有微妙
而审慎的意涵:首先,德昭支属于四房,且宗仁确实葬在黄山祖墓,
这符合解决龙溪支参与诉讼的合法性问题的需要;其次,在宗仁派下,
德昭属于长房,宗法地位较作为四房主体的盛似祖支优越,这又符合
同治时盛康在这个家族小团体内的实际地位;最后,不将龙溪支接入
盛似祖支,也能够在苏州和常州族人之间保持一种得体的历史与现实
距离。

与前文提及的一些支系情形不同,修谱者在完成常州和平湖支世
系的接入时,没有留下任何注记说明,也避免了不同世代谱传文字的

---

① 盛粹谱序中述"先曾伯祖朴亭公"曾于乾隆末年"订支谱",粹本人此后也曾"远绍旁
   搜,不辞劳瘁"。而早在同治九年春,盛际唐即"来粹家",谈及"建祠、修谱之举",
   南盛港支后来虽未参与建祠等事,但盛粹随"将旧藏及亲自采搜者录副邮寄之"。南
   盛港与五界亭地在近邻,两支可能早有一定的族际联络。见《平江》卷首《新序》,第
   30页a—b;卷四《长房南盛港支》,第36页a。
② 《平江》卷九《平江四房总支》,第11页b。

明显冲突，留下了一个可称为编修完善的文本。按照这一文本讲述的故事，德昭次子樗先出赘木渎沈氏，丧偶后"馆木渎陆巡司家，相得甚欢，遂偕陆之陕，续渠从姑，五载连举二子"。长子燿留居陕西，生盛庸，次子烽迁回木渎，是前述顺治年间已见于族谱的第一儒林里支支祖。谱中登载了盛庸的长篇谱传，说明其子延一为"迁常始祖讳睿所自出"，并撮述了盛康父兄及本身功名行实，以"另载龙溪家乘"作结。而延二为平湖全公亭支祖，谱传另列。① 这样的叙事表面上圆融无罅隙，但最大的破绽恰恰在于，龙溪盛氏自身编纂的族谱中根本没有提到这些故事，而盛樗迁居陕西生子的曲折经历明显是为了纽合传世文献中偶见的盛庸"籍贯陕西"的记载。② 经过这样的文本修订之后，盛樗及其子孙的本来面目已经很难厘清，综合前文关于第一儒林里支的分析，或可试作如下推断：嘉靖族谱中的盛樗（或包括其二子）当是因出赘而失联无后的一支，至顺治修谱时，前述第一儒林里支以归宗的名义承接了盛烽，而盛燿则在同治时被用作与龙溪支联宗的"接口"，并增添了其父迁居陕西的情节。

　　类似这样建构性明显的世系文本，前文已经讨论过的，还有平江三房各支。如前所述，没有证据表明在同治以前的族谱中已经存在三房任何一支的世系。同治谱中也仍没有收录闻湖和云间两支谱传，但"文献"部分则收录了明代中后期闻湖族人相关的序记、碑记、传记、墓志铭、行状等，多达 24 篇，数量仅次于明前中期四房的文献。③ 列入谱

---

① 《平江》卷九《平江四房总支》，第 4 页 a—b、6 页 a—b、10 页 b—11 页 b。

② 黄敬斌：《明清江南盛氏族谱的祖源叙事——构建、传播与观念诉求》，《文史》2023 年第 4 期，第 173 页。

③ 《平江》卷二七《名贤赠文下》，第 13 页 a—41 页 a，自《墅泾盛氏耕读记》至《盛大中公传》诸篇；卷三一《墓志行状下》，第 21 页 a—75 页 a，自《明故处士国珮盛公暨配陈孺人合葬墓志铭》至《诰封盛母陶太淑人行状》诸篇，均系闻湖文献。

传的除了南汇一团支外，还有自闻湖"分派吴江听琴巷"一支。① 这些
支系与相关谱传、文献资料当皆是在同治修谱时采入的。其中听琴巷
支与盛家牌楼支居地相近，此前不见有纂修支谱的记载，其世系当是
修谱时由主事者联络、查访、新纂成功的。一团支如何加入修谱，没
有踪迹可寻，但他们为族谱修刊的捐资达到 166 元。该支早有支谱，②
其世系文本当是在早期谱本的基础上作了一定程度的增修，然后接入
平江族谱中。③ 闻湖盛氏的文献则很可能来自听琴巷支，因闻湖族谱在
康熙以后，为节省刊印成本而体例从简，仅存世系，并没有收录前述
中晚明时代的文献，今存宣统时期的刻本也是如此。④ 听琴巷支祖于清
初迁居吴江，可能携带了万历四十四年的族谱旧本，其中当如明代平
江族谱收录四房文献一样，较为完备地收录了截至当时的族内重要文
献，⑤ 这些文献至同治中被采入平江族谱。无论如何，这些支系与平江

---

① 该支第五十一世民颂，始由闻湖迁居"吴江南门内听琴巷"，且早期数世多仍葬于盛
泽。谱传则始于闻湖支祖盛辕，但各世仅摘录民颂直系及每一代近亲世系。《平江》
卷八《谱传六·平江三房闻湖分派吴江听琴巷支》，第 1 页 a—8 页 a。
② 一团第四十七世盛济（约嘉、隆时人）即曾"手辑家乘"，见《平江》卷七《一团镇
支》，第 14 页 a—b。
③ 同治谱中，一团支早期世系庞大而复杂，四十九世（约当晚明清初）同辈族人近 200
人，其中迁居一团的第四十四世盛裕（民悦公）一支 18 人，其余散在上海、华亭、
金山、青浦、平湖、苏州、杭州等地。但从第五十一世起，各支世系的记载逐渐零
落，至第五十三世，谱中仅存第四十九世盛而炳（万历三十三年生，亦属民悦公后）
一支后裔 10 人，民国时期的续修谱也仅局限在而炳一支的范围。这些信息提示，该
族当在清代初期进行过一次大范围类似联宗谱的纂修，同治平江谱的参修者则仅限
于而炳一支。见《平江》卷七《一团镇支》。
④《闻湖盛氏家乘》第 1 册《康熙本竹坡公弁言》（康熙五十四年）。
⑤ 闻湖族谱于万历四十四年由盛万年主持重修，见《闻湖盛氏家乘》第 1 册《康熙本竹
坡公弁言》，第 1 页 a。平江族谱中收录的闻湖文献，年代断限大体在万历末年，其
中较晚的两篇均为盛周传记，一署"右春坊右赞善兼翰林院检讨萧山来宗道"撰，一
署"湖广布政使司右参政"冯时可撰。据《明神宗实录》，来宗道于万历四十四年十二
月或四十五年二月升右赞善（实录中两见），万历四十七年升右谕德；冯时可于万历
四十三年由湖广副使升参政，万历四十五年九月降贵州参议。两文最大可能同时撰
于万历四十五年初，与闻湖族谱的修纂年代略有参差，但族谱从倡修到最（转下页）

盛氏关系的真实性可疑，但它们的加入不仅填充了世系结构中重要的一"房"，而且晚明时期的闻湖盛氏作为典型的科举望族进入平江盛氏的历史中，足为家族及后人增光。

与闻湖盛氏入谱的作用约略相似的还有木渎山塘王家衖口支，如前所述，该支在谱系中属于平江次房盛麟后人。第四十五世相（字敬溪）自儒林里迁居木渎，以下直至第四十九世，实际均只有直系先祖的记载。虽然盛麟支在顺治谱中已获接续，但王家衖口支早期世系的这种"数世单传"特征，显示其入谱不大可能早到清初。[①]谱中记述木渎另一支系时，提及"敬溪、养吾两派""今……皆查实联续"，[②]更明证了该支确实晚到同治时才入谱。该支第五十世钰（号璞完）、锦（号青嶙）、锐（号铁瓢）三兄弟，为康熙、乾隆时人，均以诗名，与沈德潜过从甚密。族谱中除了收录其世系以外，还在"文献"部分收录了盛钰、盛锦诗集的序跋八篇。[③]与闻湖（包括听琴巷）支相比，王家衖口支在族谱的修刊过程中以"岩东草堂"的名义捐资二十元，因此可算"参股"支系。但其先世文献能够被大量收录到谱中，主要仍是其文学名家的历史声望发挥了作用。

通过以上事例，大致能够把握同治族谱修纂者重构世系文本的心态、思路及具体方法。在旧谱记载及几个核心支系世系的基础上，他

（接上页）终刊印有一个较长的过程，名义上的修谱时间与实际修竣刊成的时间有几个月的差异是完全正常的情况。参《平江》卷二七《名贤赠文下》，第32页a、35页a；《明神宗实录》，台北：台湾"中研院"历史语言研究所，1962年校印本，第10092、10425、10454、10586、11281页。

① 《平江》卷六《谱传四·平江二房分派木渎山塘西王家衖口支》，第1页a—3页b，第四十七和四十九世各有一位和两位旁系族人，但非早夭即失考，实际仍属于一种"数世单传"式的谱系。
② 《平江》卷三五《谱佚》，第21页a。按：养吾为四房"木渎盛家桥支"迁祖弘浩的号。
③ 《平江》卷二七《名贤赠文下》，第43页b—54页a。

们努力在各地寻访同姓人群或是同姓族谱的文本，尝试着将它们向上追溯、"联续"到嘉靖或顺治族谱世系中合适的位置。这种"查考"的努力看来确实广泛而深入，谱中以整整一卷登载了十五个虽经查考但未能"联续"成功的支系，其地域范围近在吴江、苏州、昆山、平湖、宝山、金山、青浦、无锡，远至镇江、杭州、宁波、合肥、太平。有的支系记录了数世至二十余世谱传，甚至如青浦野望浜支还有多篇传记刊载，有的支系则仅有简单的几句话介绍。[①]这些资料显示，修谱者群体往往通过自身的人际网络，接触或联络同姓士绅，了解其家族支系的情况。在这个过程中，他们也搜集或接触到大量同姓族谱，当然，正如龙溪族谱缺乏可与平江族谱联结的元素一样，这类族谱大部分也许令他们沮丧。例如无锡湨湖支：

> 与无锡城默庵公讳景森一支，同出自文肃。嘉庆己卯，裔孙镛合刻城乡谱集。同治辛未，德裕命其子鎏等来苏，谒十贤祠。是秋刻无锡宗谱成，又来谒祠。其族蕃衍，兹不具载，聊以备考云尔。[②]

显然，"城乡谱集"也罢，"无锡宗谱"也罢，与平江盛氏的先世叙事都不一致，只是不便明言而已。

有些支系距离"查考确实"似乎只有一步之遥，如苏州"阊门丁家巷内郭家园支"：

> 系御医公分派，今晤啸云，述及嘉庆年间曾与吴江通谱，其事

---

① 《平江》卷三五《谱佚》。
② 同上，第 4 页 a—b。

确实。惜兵燹后无从根究耳。[1]

实际上，正式谱传中的最后一支，即四房"分派苏州濂溪坊巷支"，就是在族谱已经刊刻完毕之后，又于"光绪元年冬始行访确采入"，"故附刊于谱传之后"。该支谱系上溯至盛应期，支祖千仞是其四世孙。[2]看起来，"无从根究"也罢，"访确"也罢，更多是一种修辞。一个支系能否"访确"，固然要看其保存的世系文本或家族记忆，更重要的恐怕还是访者与被访者的意愿。有些支系的世系文本缺漏过甚，如四房葑门盛家带支，从第四十六世至五十三世八世单传，且其中四世完全失考，但或因其世系上溯到明初进士、御史盛昺，修谱者仍坚定地将之列入，并特别在凡例中单列一条，强调该支"支派行辈，向为族众所知，实无虚冒"[3]。而郭家园支所居的阊门一带，正是明初四房族人的聚居地，显然，同治时"郡族"实未绝。但他们究竟如何看待来自吴江、常州、平湖的这些同姓的活动，又愿不愿意参加进去呢？族谱中不可能透露这方面的消息，但这实在是一个大问题。

总之，在修谱者的努力下，同治族谱中，家族的范围较顺治时进一步扩张。就收录谱传的支系而言，平江长、次、三房所占比重和重要性大大提升，四房衍为 11 个支系（不包括事实上未曾续修的总支和 2 个儒林里支），在地域分布上来自吴江的支系重新占有优势，并有南汇、北平和平湖 3 个外地支系出现。就谱中以"另有支谱"的名义联入的支系而言，更广泛分布于富阳、嘉兴、松江、常州、昆山等地。修谱者展现出了一种广泛合族的雄心，对于"谱佚"中的支系屡屡留下"当查

---

[1]《平江》卷三五《谱佚》，第 24 页 b。
[2]《平江》卷二一续修《谱传二十·平江四房分派苏州濂溪坊巷支》，第 1 页 a、14 页 b。
[3]《平江》卷首《凡例》，第 44 页 b。

实联人"之类的备注。且在卷末宣称：

> 其余山荫、兰谿、金华、永康、萧山、分水、新城、余杭、全椒、滁州、靖江、太仓、常熟、崇明、嘉定、扬州等处，闻俱系南宗支派，将来能寻往访确，庶无遗憾也。[①]

在这样一种热心族事、执着寻根以完善族史的措辞之下，不应忘记修谱者潜藏的目的性：族谱支系的扩张与联续范围的扩大，一方面使得"平江盛氏"家族整体看上去依然繁盛而庞大，并已在广大地域空间中开枝散叶；另一方面，清初以后四房的衰败则被弱化为大家族内单一支系的问题，而且还是该支"营私忘义""根本先失"的结果。由此，"敬宗睦族"的价值和必要性反而得到了彰显和维护，而修谱者自身的合法性问题则被掩盖起来。同治族谱实际已是一部联宗谱的面貌，与其说它是对嘉靖、顺治族谱的"续修"，不如说是配合同治年间盛钟岐、盛康等小团体的家族重建活动的一项文化工程。

结语：流动的族谱与想象的家族

本文梳理、厘清了《平江盛氏家乘初稿》漫长的纂修史。笔者认为，这一研究个案引人入胜之处，是族谱纂修过程持续的、令人惊讶的流动性。如正文所论，该谱当有一个宋末至元代的早期版本，由居于吴江儒林里一带的盛姓家族编纂，其记述范围大概率局限于后世所谓的

---

① 《平江》卷三五《谱佚》，第52页 b。"山荫"，原文如此，当作"山阴"。

平江长、次房。这个早期版本在讲述先世来历时,可能利用了咸淳《临安志》中北宋余杭盛度家族的资料,而这些资料出自熙宁间余杭家族所编的族谱。元末明初,聚居苏州郡城、以医学名世的另一盛姓家族在编修族谱、构建先世源流时,又嫁接利用了吴江盛氏的旧谱,将自身定位为平行于吴江长、次房的"四房"。从天顺到嘉靖年间,该族三次纂修族谱,记述的皆是苏州家族的世系、文献,对于吴江旧谱中的支系、世表和文献只是保留其原貌而未作更新。晚明清初,在四房家族日渐涣散、族谱长期失修、苏州族人日益向吴江迁徙的背景下,族谱的续修出现扩大化的倾向。在四房本支出现大量无法更新的世系的同时,多个不见于明前期族谱的吴江支系被采入谱中,接续了所谓长房、次房乃至四房内部本已绝嗣或长期未更新的宗支。到了同治年间,苏州"郡族"据说衰微而绝,几个外迁吴江的四房边缘支系联合本来与苏州、吴江盛氏并无关联的常州、平湖支,通过建祠、清埋祖墓等活动,至少在名义上重建了"平江盛氏"这一家族,并在修谱时以查访、联续的名义加入了更多不见于此前族谱的支系。数百年时间内,族谱尽管断续保持着续修,然而无论是修纂者的家族背景,还是族谱记述家族的范围和指向,均处在持续的变迁、流动之中。

族谱纂修的这一长期动态过程,背后隐藏的核心要素是"嫁接"。笔者曾在嘉善唐氏的两种抄本族谱中,观察到"嫁接"作为一种族谱编纂程式的存在。在这种程式下,一个新兴家族着手编修族谱时,面对先世渊源不清、世系追溯困难的局面,往往倾向于利用同姓人群已经编成的旧谱。这样修纂的族谱犹如嫁接而成的花木,同姓旧谱成为"砧木",一般不再生枝发芽,新兴家族则作为"接穗",成为嫁接体的主导株系。在一部族谱的"生命史"上,嫁接可能反复出现,在唐氏族谱抄本中，前后甚至可能有四五次之多。① 平江盛氏族谱纂修的前两个阶段都有典型的嫁接现象出现，北宋余杭家族与南宋吴江家族、宋元吴江家族与元明苏州家族之间，真实的血缘谱系都十分可疑，更可能是通过族谱文本的流传、利用、编纂而象征性地联结在一起。同治年间修谱的盛家牌楼、曹胡徐巷、五界亭等支虽然可能确系"四房"分支，但就他们与"郡族"的关系而言，尤其就谱中新增的十几个同治年间支系与无法更新的"平江四房总支"之间的关系而言，展现出来的仍是"砧木"与"接穗"式的编纂程式。

在以往的族谱及家族史研究中，无论是族谱纂修的流动性，还是族谱编纂的嫁接程式，都未得到充分的注意。研究者和公众的心目中，族谱与家族的关系是明确对应的，一部族谱的背后，是一个组织程度不一但确实存在的家族或"宗族"实体。族谱的编纂是在族中长老及头面人物主持下，设立谱局，组织人员分任联络、筹款、采访，经分纂、统稿、刊刻成书直至散谱的家族活动，族谱的续修也无非是同一家族的后裔对先辈事业的继承，续修的文本正反映着家族的延续、发展和变迁。② 显然，对于《平江盛氏家乘初稿》这样文本层次复杂、纂修主客体屡经流动的族谱而言，这样的观念并不适用。在该谱纂修的不同阶段，涉及的家族实体不断在漂移、伸缩、重构，虽然在某些特定时段（如明代前期）确实也能保持一定的稳定性，从而展现出上述传统观念

---

① 黄敬斌：《流动的抄本：明清嘉善〈唐氏族谱〉的编纂、流传与文本生产》，《上海师范大学学报（哲学社会科学版）》2024年第5期。

② 在概述族谱编纂总体程序的几种代表性论著中，这种倾向展得十分明显。见翟屯建《谱牒的纂修与管理》，王鹤鸣等主编《中华谱牒研究》，上海：上海科学技术文献出版社，2000年，第335—345页；陈支平《福建族谱》，第37—53页；钱杭《中国宗族史研究入门》，上海：复旦大学出版社，2009年，第140—151页；卞利《明清至民国时期徽州族谱的纂修、刊印、避讳及其家国互动关系初探》，饶伟新主编《族谱研究》，第50—96页。

下的编纂模式。从长期观点来看,这部族谱背后的"家族"从来不是一个确定的组织单位和记述对象。如前所述,就连"平江盛氏"这一称谓,也是在同治修谱时重新拟定的,历史上从来没有存在过一个边界清晰并以此自称的"家族"。

同治时期的盛氏"家族",无论就族谱中记录的全体支系而论,还是就参与建祠、祖墓诉讼及修谱的几个核心支系而论,其联宗的特征均十分突出。关于联宗和联宗谱纂修主体的建构性,前人已有清晰的认识。钱杭指出,由联宗而构成的"大型宗族联合体","在很大程度上是'拟制的'","只是一个同姓地缘联盟"。这类家族联合固然存在以科举、商业经营等宗族合作事业为目标的一面,但多数情况下,其活动目标仅仅是为了"重建本宗族历史",仅具有"区域文化建设的意义"。[①]平江盛氏族谱中反映出来的"联宗"的实质,"宗族合作"的功能显然很少,"重建本宗族历史"确也是对谱中讲述的清初以降四房衰败、边缘支系发展格局的一种解读。但应该强调的是,与"联宗"概念下各参与支系被隐约视作具有同等地位和主动性的看法有异,同治年间盛氏的家族重构和修谱活动显然以个别支系,尤其是盛家牌楼支、曹胡徐巷支和平湖全公亭支为核心。这些支系的活动当然具有"历史重建""文化建设"的意涵,但前文的分析也显示,推动他们开展这一系列活动,包括修纂联宗谱的根本动机,仍然深藏在其现实利益格局之内。除了这些支系以外,多数支系在联宗谱修纂过程中发挥的作用是隐晦、被动的,即便是在前期发挥了重要作用的常州龙溪支,对"重建历史"本身的积极性也并不高。因此,"拟制"或者"想象"[②]宗族的意义,绝非简单

---

① 钱杭:《血缘与地缘之间:中国历史上的联宗与联宗组织》,上海:上海社会科学院出版社,2001年,第281—283、340页。

② "想象"一词借自本尼迪克特·安德森关于现代民族主义兴起与民族国家(转下页)

的文化价值张扬和历史重建所能涵盖，"宗族"既然是一种共同体，对它的想象就必然具有某种权力构建、文化支配的潜在内涵。只不过在多数情况下，这类想象与支配并不总能达成目标。

（接上页）构建的经典研究，这可能是具有争议的。但安德森本人对其用词的一句解释似乎并未得到足够注意："所有比成员之间有着面对面接触的原始村落更大（或许连这种村落也包括在内）的一切共同体都是想象的。"而"族史"与"国史"的同构性在各类族谱序记中也是相当常见的表达。[美]本尼迪克特·安德森：《想象的共同体：民族主义的起源与散布》，吴叡人译，上海：上海人民出版社，2011 年，第 6 页。

明万历七年两广总督刘尧诲《条议海禁事宜疏》考述

戴佳辉

（湖南大学岳麓书院硕士）

刘尧诲，字君纳，号凝斋，湖南临武人。明世宗嘉靖三十二年（1553）癸丑科进士，[①] 历任江西临江府新喻县知县、南京刑科给事中、光禄寺寺丞、光禄寺少卿、顺天府府丞。至明神宗万历元年（1573），任福建巡抚。万历五年，论勘回籍，后经首辅张居正极力回护，起复为江西巡抚，遂于翌年到任。万历七年，任两广总督兼广东巡抚。万历十年，任南京都察院右都御史。万历十一年，先任南京户部尚书，再改南京兵部尚书参赞机务，后因受到清算张居正的牵连而被迫乞休，本年十二月，准令致仕。万历十三年，卒于衡阳。[②]

---

① 《嘉靖三十二年进士登科录》，龚延明主编《天一阁藏明代科举录选刊·登科录》下册，毛晓阳点校，宁波：宁波出版社，2016年，第142页。

② 参见刘尧诲《督抚疏议》卷二《给由疏》，明万历刊本，南京图书馆藏，第34页b—35页b；曾朝节《紫园草》卷五《行状·明资政大夫南京兵部尚书凝斋刘公行状》，明万历二十四年刊本，中国国家图书馆藏，第19页b—25页a；张居正《新刻张太岳先生文集》卷二九《答福建巡按商燕阳》、卷三三《答巡按龚公懋贤》，《续修四库全书》第1346册，上海：上海古籍出版社，2002年，第201、265页；沈铁《浮湘集》卷四《大司马刘凝斋公传》，陈广宏、侯荣川主编《日本所藏稀见明人别集汇刊》第1辑第16册，桂林：广西师范大学出版社，2021年，第297—310页；刘尧诲《督抚疏议》卷一二《给由疏》，第26页a；黄道瞻《兵政重寄酌处南北当事大臣疏》，（转下页）

现存刘尧诲奏疏主要有：南京图书馆藏万历刊本《督抚疏议》，卷一至三为巡抚福建奏疏，卷四至五为巡抚江西奏疏，卷六至十四为总督两广奏疏，附录卷十五为南京刑科任内奏疏，又附光禄寺任内奏疏一件；湖南图书馆藏清钞本《刘尧诲先生全集》，收录南垣、抚闽奏疏各一卷，内附光禄疏、抚闽敕各一件。[1] 本文将要探讨的是《条议海禁事宜疏》，其"全本"载于《督抚疏议》；万历九年刊本《苍梧总督军门志》、万历十三年刊本《潮中杂纪》辑录的该疏均是"节选本"。[2] 奏疏"全本"内容远超"节选本"，既能够补充闽粤海洋贸易的诸多史实，又能借此查考地方官府的决策流程，而这正是"节选本"所不具备的。此疏是研究万历初期广东海洋政策的珍稀文献，充分反映出督抚、巡按、司道等官员对海洋管理的态度，也体现出闽、粤海洋贸易制度的根本差异，由此出发方能更好地理解晚明广东海洋贸易制度的演变。鉴于此，本文将对奏疏"全本"进行标点，并结合其他文献进行释读，以期深化对万历初期闽粤海洋贸易的认识。

（接上页）吴亮辑《万历疏钞》卷一九，《四库禁毁书丛刊》史部第 59 册，北京：北京出版社，1997 年，第 82—85 页；《明神宗实录》卷一四四，万历十一年十二月辛未，台北：台湾"中研院"历史语言研究所，1962 年，第 2690 页。

[1] 刘尧诲著、刘心忠辑：《刘尧诲先生全集》，《四库全书存目丛书》集部第 128 册，济南：齐鲁书社，1997 年；湖南图书馆编：《湖南图书馆古籍线装书目录·集部》，北京：线装书局，2007 年，第 1935 页。

[2] 刘尧诲：《督抚疏议》卷六《条议海禁事宜疏》，第 10 页 b—26 页 a；应槚初辑、凌云翼嗣作、刘尧诲重修：《苍梧总督军门志》卷二七《奏议五·条议海禁事宜疏》，北京：全国图书馆文献缩微复制中心，1991 年，第 326—328 页；郭子章辑：《潮中杂纪》卷五《奏疏·条议海禁事宜疏》，第 7 页 b—11 页 a，饶宗颐主编《潮州善本选集》第 1 种，香港：香港潮州商会第三十八届董事会，1993 年，无页码。

一、《条议海禁事宜疏》全文

万历六年十月十五日，经吏部等衙门会推，奉圣旨敕命刘尧诲为"兵部右侍郎、兼都察院右佥都御史、总督两广军务、兼理粮饷、带管盐法、兼巡抚广东地方"；万历七年三月初三日，刘尧诲"与先任总督右都御史、今升南京工部尚书凌云翼"交接政务，正式行使两广总督职权。①同时，刘尧诲查得接管卷宗内存有兵部议覆前任两广总督凌云翼、前任福建巡抚刘思问的题行稿，奉旨移咨两广总督、巡按广东监察御史、福建巡抚、巡按福建监察御史等官员限期覆奏。②随后刘尧诲案行广东布政使司，要求会同各司道细加查议，将结果汇总呈报，最后刘尧诲会同巡按广东监察御史龚懋贤题请覆议，从而形成《条议海禁事宜疏》（题本），以下将按照换行缩格法对全文进行整理：③

题为严禁下海奸人勾引接济逋贼贻害地方事。

据广东布政使司呈：

奉臣案验：

查得接管卷内，先准兵部咨，该前军门凌云翼奉到，案候在卷。本部院镇临之初查得前事，该兵部题覆：

前总督两广右都御史凌云翼、巡抚福建右佥都御史刘思问

---

① 《明神宗实录》卷八〇，万历六年十月壬辰，第1714页；刘尧诲：《督抚疏议》卷六《交代谢恩疏》，第1页。

② 《明神宗实录》卷八一，万历六年十一月辛亥，第1724—1725页。

③ 换行缩格法是洪金富整理元代台宪文书时首创的，便于理解装叙体官文书的引用层次，申斌又将此法加以改进，并从承转关系入手整理明代赋役文献，参见申斌《万历七年省级赋役册纂修之行政流程——根据公文装叙结构复原政务运行之一例》，《明史研究》第16辑，合肥：黄山书社，2018年，第91—113页。

各题海禁事宜。本部覆议，内开：闽、广距海西南岛夷通道献琛，自昔有之，至于番货、汉物贸易往来，海滨之民依以为生，势难尽禁。国初于闽、广、两浙设三市舶，不徒督理贡事，亦以牵制市权，意深远矣。寻以浙海多故，旋改旋罢，惟广东、福建二舶尚存，而广南番舶直达省下，盘诘禁令稍为易行，福建市舶专隶福州，惟琉球入贡一关白之。而航海商贩尽由漳、泉，止于道府告给文引为据，此皆①沿海居民富者出资，贫者出力，懋迁居利，积久弊滋，缘以为奸盗，非一日矣。嘉靖之初，一坏于法网之疏阔，再激于禁令之滋繁，酿成大祸，东南驿骚，频岁以来稍称宁息，而剧贼林道乾、林凤等逋逃岛外，尚漏天诛，更有黠猾豪富托名服贾，勾通诱引，伪造引文，收买禁物，藉寇兵而赍盗粮，为乡导而听贼用。诚有如督抚二臣所言者，所据各题，要行查照事例，明白定议：清查船只，识察货物，编列字号，照对文引，严稽保甲，禁缉接济及将商船分番出洋，量留防守。委于经权适宜，官民两便，但事关海防、土俗民情，贵在详尽，遽难遥度，况漳、泉、惠、潮地方地连二省，相隔一水，往来兴贩船只记号、禁令，稽察事难异同，必须会议画一，方可永久遵行。恭候命下本部，移咨两广总督、福建巡抚及咨都察院转行广东、福建巡按御史等官，查照前议，逐一斟酌，何者当禁，何者当通，何者可以阻绝接济，何者可以禁革私

① 按：《明神宗实录》(卷八一，万历六年十一月辛亥，第1724页)作"此皆"，项笃寿《小司马奏草》(卷六《职方稿》，《续修四库全书》第478册，第662页)作"以此"，似应以前者为准。

交，会议停妥，限万历七年三月内具奏，以凭覆请施行。

等因。

题奉圣旨：是。这海禁事宜着该省督抚、巡按等官会议停当具奏。

钦此。

钦遵。移咨前来。

备案，仰司会同按、都二司，巡海、监军、守、巡各道，将广、福海禁事情细加查议，何者当禁，何者当通，接济者作何阻绝，私交者作何禁革，务使法立可行于永久，豪强不得逞其奸，斯为上策。会议停妥，通呈详报，以凭会议题请施行。

等因。

奉此。

依奉案查。

先据本司经历司案呈。

蒙巡按广东监察御史龚懋贤案验，亦同前事。

行司，案经通行司道查议。未到。

又奉军门案验：

准提督军务兼巡抚福建地方都察院右佥都御史耿定向咨：同前事。款开：一、清查船只，稽察货物；一、编刻船号①，照对文引；一、稽核保甲，禁缉接济；一、商船分番出洋，量留防守；一、漳、潮互相关会，稽察船只。

备案，仰司会同各司道通行查照，广询博访，参以闽中款开事情细加酌议，何者闽、广俱各相应，何者或应另议，务得

---

① 按：原疏作"号船"，今据《明神宗实录》（卷九一，万历七年九月丙寅，第1876页）校订为"船号"。

彼此停妥，经久可行，并议明白，会呈详报施行。

依奉。

又经通行按、都二司及各该道查议。去后。

随准巡视海道右参政兼副使刘经纬咨称：

> 看得闽、粤界海，西南一水相通，车辅之势也。漳、潮二郡尤二省门户，义切震邻。嘉靖末年，倭夷驿骚，内地兵火，议者每以奸人之接济，亡命之勾引，谓之孽本。近该两广总督右都御史凌云翼、巡抚福建右佥都御史刘思问两疏具题，皆所以清盗源、靖海氛也，但事界两省，土俗民情难以画一。即如给引贩番，在闽则以海患之生，由于海舶之阻，故议开例禁，许民于东西番国往来贸易，但得稽查严密即可无事。若在广中，先年曾有土民私造巨舰，走贩夷邦，因而违法启衅，为祸不小，故于通番素悬厉禁，且各湾诸夷听抽互市，商夷两利，地方相安，故虽阻绝商贩，民不称苦。所云许民贩番之例，在广中断断当禁者也。至于查编沿海船只，严禁接济勾引，稽察过境商船，事体之当严似无彼此，而俗尚之因革则有异同。谨采舆论，参酌闽中条议列款咨报。

到司。

该本司掌印左布政使施尧臣、右布政使钱藻会同按察司掌印盐屯带管广州兵巡道佥事马千乘、巡视海道带管分守岭东兼惠潮海防兵巡道右参政兼副使刘经纬、分守岭西道右参政张明正、岭西兵巡道右参政兼副使徐时可、分巡海南道副使舒大猷、练兵兼监军道刘世赏、粮储带管分守岭南道左参议漆彬、分巡海北带管分守海北海南道佥事熊惟学、都司掌印本司佥书署都指挥佥事祖万松覆议得：潮、漳二郡居于广、闽二省之间，民情土俗稍有不同，但给引而通番国往来贸易，在闽中而夷岛贡市之鲜通，若能严于稽察似亦可行，在广中先已有患，委于事势，所当禁止，至于海船与接济勾引及过境商船之事，俱当严加查禁。

开款具呈。

到臣。

该臣会同巡按广东监察御史龚懋贤议照闽、广山海地里联壤，一应兵防、民事，利害既已相同，禁令不宜或异。但民情土俗在闽则以海舶禁阻，民无治生，已有成例，许令给引于东西番国贸迁；在广则以澳夷互市，公私两利，素遵重禁，不许贩夷启衅，是闽之向通，而广之当禁也，必矣。若夫阻绝接济，禁革私交，闽中所开："清查船只，稽察货物，编刻船号①，照对文引，稽核保甲，禁缉接济及商船分番出洋，量留防守，并漳、潮互相关会，稽察船只。"款列已为详备，依议诚得经权。广东司道奉以参酌，虽不能以尽同，要之顺民之情，因地之利，操纵而张弛消息之耳。所据广东司道覆议四款前来，谨条列如左，除咨覆巡抚福建右佥都御史耿定向将福建司道所议条款会疏题请外，如蒙伏乞敕下该部，再加查议，交互参酌，照款覆议上请，通行臣等钦遵施行，地方幸甚，臣等幸甚。

计开：

一、禁遏过番以杜私交之党。

据广东布政使司呈：

---

① 按：原疏作"号船"，今据《明神宗实录》（卷九一，万历七年九月丙寅，第1876页）校订为"船号"。

准巡视海道咨：

照得闽、广滨海，地利稍殊，闽则土狭民聚，非海无以治生，广则地阔人稀，力耕足以自给。矧闽中港澳各夷之贡市鲜通，而广中香山各澳，暹罗等国诸夷奉贡听抽通货互市，输之于官而公帑充盈，易之于市而民用饶裕，相安已久。若仍明许土著之民给引往番交易，或夹带硝黄等物图取厚利，或扇诱夷丑，或接济通贼，或勾引倭奴，为祸得无纪极。合无仍行本省沿海府州县出示禁谕，商民凡造驾船只，止令各安本业，不许越往番邦私通兴贩，济贼勾倭。违者缉拿得获，或被首告觉发，人犯律以谋叛，尽法论究，船货财产追没入官，首人给赏，里排邻族容纵不举者，一并连坐赃罪。

该本司会同覆：看得夷夏本有大防，通番原有例禁。民情趋利，虽遏之而不能绝，夷衅易开，又况导之，而使得行乎？况广人无籍于此，故往年下令许民造复艚船以资哨捕，曾无一人应者。今欲驱之使为，既拂人情，亦乖政体，此断断乎不可行之于广。似应照议，通行各道府州县，遵照出示严禁。

等因。

复该臣等会看得造船将带违禁货物下海，及将军器出境、走泄事情，犯者处以极刑，全家发遣，律例开载甚严。闽中向因沿海居民以海为生，而该省原不与番为市，故导之贩海市番，非但裕饷且以布民利而止盗也。本兵所谓"势难尽禁"者，诚洞见之矣。若广东既素遵海禁矣，且民间亦无贩海巨舟，而各番来市者岁以为常，所据司道覆议，欲再通行申明例禁以绝衅端，是亦守法之经而防微之渐也。原两省事机各具随俗而通止之，虽曰相异而适所以相成也，似应依拟。伏乞圣裁。

一、查编海船以诘接济之奸。

据广东布政使司呈：

准巡视海道咨：

照得广州府属东莞、新会等县人民，先年多有打造乌艚、横江艚船，惠、潮府属潮、揭等县打造白艚船。如乌艚船，大者编为纲字，小者编为纪字；横江艚船，大者编为法字，小者编为度字；白艚船，大者编为政字，小者编为令字。嗣因水寨既立，造用官船，又值海洋多警，民船亦渐消耗，于是查编海船之法顿废。窃惟各船不拘多寡，出入海洋并无号记，间或接济盗贼，或抢劫商民，扬帆长逝，莫可究诘。合无通行沿海府分督令各县掌印官，将所属地方凡载二百担上下，但能出洋之船，尽数查编籍记。如东莞则以莞字几号，船稍两旁斗大书刻，仍开报各该巡海、兵巡等道，给发印票，填写字号、船户名籍，并邻族姓名、船式长阔、作何生理，顺号接编，给各执照，听从买卖。其非出洋小船，不必一概查编以滋烦扰。

该本司会同覆：看得广人打造乌艚等船，先年编号前往本省各府互相贸易，因设水寨之后，官船日多，民船日少，故查编之法已废，今宜从新编籍，庶易稽查。

复该臣等会看得广东沿海各县，先年商民打造乌艚、横江、白艚等船，分别大小，编以纲纪等字，立法可为详尽矣。以后闽、浙军兴，借调数多，前船漂没，势不复振，故议设六水寨，各领船兵若干，于是民间出海之船益稀，而查编之法因之俱废矣。所据司道呈开，凡有船只装载二百担上下能出洋者，尽数查出，照编字号。似应依拟，通行沿海守、巡、巡海、海防各道及各府海防同知等官一体遵照举行。以后凡海船往来有刻号而无印票，及有印票而不对船号，并不告编籍记刻号者，即系为盗、接济之船，事发即将船货没官，仍尽法究处，如此则不烦盘诘，而接济者若无所容矣。伏乞圣裁。

一、稽查保甲以清接济之源。

据广东布政使司呈：

准巡视海道咨：

照得通番接济之徒情虽暧昧，迹亦易见，如造船、货买硝黄等项，该管保甲人等岂不知之，但连坐之法不严，故保甲或有明知而不肯首，或索其厚贿而故为庇护者。合行申严各县掌印官，严谕保甲长，责令互相识察，如有造船出海为奸、通番接济等项，九家即指实报官，从重论究，如或容隐，至别有发露，定将九家连坐，仍示谕诸色人等。访有通番接济之徒，许赴官密首，得实即将本犯家产、货物尽行给赏。

该本司会同覆：看得保甲之法禁奸戢盗，其法极善，出入相关无不通知，况船械、硝黄难于袖取，而通番接济亦非旦夕，使有犯者断然连坐九家同罪，首发者定尽本犯之资产给赏，则人人当念身家矣。

复该臣等会看得广东保甲连坐之法，万历二年十月内，该督抚臣殷正茂题准通行。凡拿获强盗，严提本犯父兄、族长，问拟应得罪名，枷号三个月发落，田产没官，续议并将里排、邻佑、保甲连坐以罪，至今遵行。所据司道呈请，再行申明，相应依拟。合无以后凡有造船通番接济，除正犯自有正条外，其父兄、族长亦照前例提问、枷号，里排、邻佑及保甲人等俱从连坐法，如知情容隐者与本犯同罪，有能首告及诸色人等知而举首，但审得实者，田产尽数没官，船货尽给充赏，此法行而奸民冒禁者鲜矣。伏乞圣裁。

一、察验商船以防混迹之患。

据广东布政使司呈：

准巡视海道咨：

照得见奉案开，该福建司道款议"漳、潮互相关会，稽察船只"，开称：

旧时闽船入广贩卖稻谷等货，到彼地头俱听该官司给引照回，抽取税银，惟广船入闽向任去来，并不给引抽税，似觉异同。今后漳、泉、惠、潮之民，商贩赴本管官司告给文引，每引纳银一两，如各船到彼，止许查引。在漳、泉者不得复抽惠、潮之税，在惠、潮者不得复抽漳、泉之税。

等因。

查得潮州鮀浦等处原议谷税，周年共银一千四百两，已充公饷，商民乐从，遵行既久，近议除谷税之外，欲将广、闽海船载到杉板等杂货一体抽税以助急用。今该省议欲各随原籍抽税，隔省官司止查文引，然天下一家原无彼此，船税纳于原籍与隔省均为公家之用，似不必变更为也。况官司非借抽税无以验察，揆之事体诚难强从。合无今后惠、潮、漳、泉之船越省来往买卖者，照闽中所议，各于该管本县告给文引，明开船户姓名、籍贯，所带货物、军器各若干，向往某处。船旁大刻字号，仍置旗缝字挂于船上以便观认，如到各埠，赴所在官司验引明白，从其贸易，其应有抽税照旧投纳。

该本司会同覆：看得广船之入闽者无几，而闽船之入广者无算，向责闽人以引，而不以引责广人者，此也。广货皆闽人贩去，而闽货之入广者又皆闽人自致。合无今后闽船入广与广船入闽俱要给引，听各抽税，则官民两便，奸弊不容，二省一律，不失公平正大之体。

复该臣等检会得《大明律》一款："凡军民出百里之外不给引者，军以逃军论，民以私度关津论。"则惠、潮、漳、泉之船往来贸易不得不给引者，且潮州蛇浦等处岁抽稻谷等税一千四百两，已载之章程，行之有年，各称便益，遽难改议。所据司道呈请，闽、广船只往来买卖，照闽中所议，俱要给引，委为相应，但既已抽收饷税，每引纳价一两似觉过多，除福建者听福建军门酌行外，其广东惠、潮之船倘有过闽者，听于该府告给文引，该道挂号，每引量纳价银一钱，贮作军饷，开载库簿备查，如此则两省立法齐一，不致异同矣。伏乞圣裁。①

二、《条议海禁事宜疏》的背景及其所见闽粤海洋贸易

前引《条议海禁事宜疏》提到兵部议覆两广总督凌云翼、福建巡抚刘思问"各题海禁事宜"的奏疏，据内阁辅臣吏部左侍郎申时行《答凌洋山总督》言：

承示大疏"酌议通番事宜"，所谓"可导不可遏者"，一言尽之矣。人情见利则趋走死地如鹜，虽重禁之，其势不止，往者倭寇内

---

① 刘尧海：《督抚疏议》卷六《条议海禁事宜疏》，第 10 页 b—26 页 a。

讧，东南为之骚动，皆此辈奸人冒禁逋逃者为之。自开禁之后，闽患稍息，而我吴遂晏然，此近事之效也。今惟不绝其往来，而严加稽察，如火器诸物关系重者，不令阑出，足矣。顷刘紫山建议大略与尊见吻合，部中悉已覆从，更祈裁定经久之策。及未代时闻奏，此贻地方衽席之安，保国家金瓯之固，功德宁有量哉。颙望。颙望。[①]

申时行将凌云翼的奏疏概括为"酌议通番事宜"，其中对于通番主张疏导而非禁遏的言论也得到申时行的赞同。然而，通番却是官府查禁的罪名之一，意谓滨海之人"驾双桅，挟私货，百十为群，往来东西洋，隽诸番奇货，因而不靖，肆劫掠"[②]。那么凌云翼究竟酌议何地可以通番呢？

此处的"开禁"显系指"隆庆开海"，也即隆庆初年时任福建巡抚涂泽民"题请开海禁，准贩东、西二洋"，允许漳州、泉州的海商申请"船引"合法前往东南亚贸易。其中"东洋若吕宋、苏禄诸国，西洋暹罗、占城诸国及安南、交趾，皆我羁縻属国无侵叛，故商舶不为禁。……而特严禁贩日本者，比于通番接济之例"[③]。接着申时行指出开海能够消弭东南沿海社会秩序的隐患，并认为只要严防走私违禁物品就可以延续开海，由此可见朝堂对福建开海的认识。"刘紫山"即刘思问。[④]据

---

① 申时行：《纶扉简牍》卷一《答凌洋山总督》，沈乃文主编《明别集丛刊》第3辑第69册，合肥：黄山书社，2015年，第177页。
② 嘉靖《潮州府志》卷一《地理志》，《稀见中国地方志汇刊》第44册，北京：中国书店，2007年，第744页。
③ 万历《漳州府志》卷九《赋役志下·洋税考》上册，厦门：厦门大学出版社，2012年，第603、606页。
④ 刘思问，字汝知，号紫山，河南孟县人，嘉靖三十五年丙辰科进士。参见沈鲤《亦玉堂稿》卷一〇《明故致仕南京户部尚书紫山刘公墓志铭》，沈乃文主编《明别集丛刊》第3辑第53册，第585—587页。

申时行此言可知，其建议与凌云翼主张疏导通番的议论大致相同，均已由兵部覆准，等候两省再作详议。

凌云翼、刘思问"各题海禁事宜"的题本已经难以寻觅，所幸还能见到兵部覆议此事的题行稿。万历六年，项笃寿时任兵部职方清吏司郎中，[①]据其《小司马奏草》记载：

> 题为严禁下海奸人勾引接济逋贼贻害地方事。
> 　查呈到部。
> 　看得两广总督右都御史凌具题前因，大率谓福建、广东等处沿海奸民私造双桅大船，装载违禁硝黄、军器等货物，下海通番买卖，勾引接济，为患地方。乞要查议，备行福建抚按官查前项下番买卖商船，果否系历年通行大例，即今应否禁革，或明白定议。凡有力之家愿往贸易者，许从实报官，里邻保结，仍由海道衙门出给文引，抚按验明挂号。引内明开船主、伙伴、水稍等姓名，其船丈尺长阔若干，装载某项货物，至某番贸易，定限某时回销。至下次另给税银，照货上纳。出海与回籍俱听海道委官照数盘验，如有夹带违禁硝黄、军器等项，照例问罪，货物、船只入官。其随带刀、枪、铳、炮亦要报官，回日照数点验。或船只数多，分为二班，一班出海，一班守候，如遇海上有警，即责守候商船剿捕，有功重赏或免纳税一年，俱听该省酌议奏请。其以前违犯，故免追究。先该本部传闻逋寇林道乾突犯海隅，恐海滨

---

① 项笃寿，字子长，号少谿，浙江秀水人，嘉靖四十一年壬戌科进士。参见董份《广东布政使司左参议少谿项公笃寿墓志》，焦竑辑《国朝献征录》卷九九《广东一》，《四库全书存目丛书》史部第 105 册，济南：齐鲁书社，1996 年，第 623—626 页。

奸豪旧党乘机接济，煽诱为患，咨行本官查禁，今该本官议题前来。又该福建巡抚刘条此四事：其一谓漳州澳民私造大船，装载禁物潜往日本兴贩为奸，要行巡海、海防等官，遇有澳船俱令赴官告给船由，照额打造，填给文引并将货物登记，不许夹带违禁诸物，临发则盘诘放行，回还则查验登岸；其二谓漳、泉商船无可辨查，要行各该有司将大小船只编刻字号，每船十只立一甲长，给文为验；其三谓沿海居民间有通贼接济，欲要督行巡海道，严行该府县掌印、巡捕等官，禁谕各村澳民，遵照保甲互相稽查，如一家接济则九家报官，敢有容隐九家连坐，其保甲长另行重处；其四谓南日山寨新移吉了巡司之旁，道里不均，应援不及，欲要移置平海卫南哨澳地方以便策应。各一节。

为照闽、广距海西南岛夷通道献琛……至于巡抚刘所议移寨平海，南北适中，策应甚便，亦合并行。依拟。恭候命下本部，移咨两广总督、福建巡抚及咨都察院转行广东、福建巡按御史等官，查照前议，逐一斟酌，何者当禁，何者当通，何者可以阻绝接济，何者可以革禁私交，会议停妥，务期海晏夷清，民安盗弥，限万历七年三月内具奏前来，以凭覆请。然后刊刻榜文，沿海晓告，断自令下之前，先曾出海及有违明禁者，许令不时回还，首告免罪，自今令下之后，无论豪右，不问狐鼠，凡有违禁令者，悉各伸之于法，则积弊可革，大盗可除矣。其移寨平海如议施行。

等因。

万历六年十一月初二日具题。

初四日奉圣旨：是。这海禁事宜着该省督抚、巡按等官会议停当具奏。

钦此。①

前引《条议海禁事宜疏》已经转录兵部覆议的内容，因此这里引用时将主要重复的部分省略，仍保留"至于巡抚刘所议移寨平海"之后的内容以便对照。由上可知，兵部收到凌、刘两人的题本以后覆议，奉旨移咨闽、广督抚及巡按等官再次查议。这份题行稿简要概括了凌、刘两人题本的内容，显得弥足珍贵。

凌云翼题称两省沿海民众私造双桅大船，装运硝黄、军器等违禁物品出洋贸易，或有勾引番夷、接济海寇的举动，已然成为濒海地方社会秩序的隐患。其中提及的船式、硝黄、军器则是明廷历来严格管控的对象。据弘治《问刑条例》记载："官民人等擅造二桅以上违式大船，将带违禁物货，下海前往番国买卖，潜通海贼同谋结聚，及为向导劫掠良民者，正犯处以极刑，全家发边卫充军。"② 海船"要之双桅尖底始可通番"③，故而明廷禁止建造此类大船。再据嘉靖《重修问刑条例》记载："私自贩卖硫黄五十斤、焰硝一百斤以上者问罪，硝黄入官。卖与外夷者，不拘多寡，比照'私将军器出境律'条坐罪。"④ 按《大明律》："若将人口、军器出境及下海者，绞；因而走泄事情者，斩。"⑤

---

① 《兵部为严禁下海奸人勾引接济通贼贻害地方事题行稿》（万历六年十一月初四日），项笃寿《小司马奏草》卷六《职方稿》，《续修四库全书》第478册，第661—662页。另可参照《明神宗实录》卷八一，万历六年十一月辛亥，第1724—1725页。
② 弘治《问刑条例》，虞浩旭主编《天一阁藏明代政书珍本丛刊》第1册，北京：线装书局，2009年，第85页。
③ 郑若曾辑：《筹海图编》卷四《福建事宜》，明嘉靖四十一年刻本，日本内阁文库藏，第19页b。
④ 嘉靖《重修问刑条例》，虞浩旭主编《天一阁藏明代政书珍本丛刊》第20册，第95页。
⑤ 刘惟谦等：《大明律》卷一五《兵律三》，《四库全书存目丛书》史部第276册，第628页。

走私的闽船混迹粤海出洋也牵动着广东官员的利益，所以凌云翼题请兵部查议，并备行福建抚按官①稽查"下番买卖商船"（申领"船由"准许建造的双桅以上洋船），查验是否真为"历年通行大例"（隆庆开海）合法前往东南亚贸易的商船。同时，凌云翼建议福建抚按官加强对海外贸易的管理，并提出相应措施以供参酌实行。海商出洋前需取得里甲的"保结"，仍然由巡海道印制"船引"，再交由福建抚按官查验挂号。"船引"填写应包括船主、海商、水手等人的姓名，船只尺寸、载运货物、前往何处贸易、何时回港销引等信息。出洋载运的货物可以等到回港时再纳税，②出入港口均需由巡海道选派官员查验，禁止夹带硝黄、军器等违禁物品出洋，否则相应问罪处治，并没收船只及货物。商船出港时携带的防卫武器均要由官府登记在案，以备回港时逐一查验。如若出洋商船数量较多则分为两班依次启航，必要时，官府还可征调商船剿杀海寇。

刘思问条陈四事：第一，明确将"船由"作为准建船只的许可证或者船只本身的证明，由海道副使、海防同知等官负责稽查，各类船只均需按照官府规定的数额建造，责令海商填写"船引"并登记载运货物，禁止夹带违禁物品，商船出入海澄月港均需由官府查验；第二，查编船甲（船只保甲），将漳州、泉州的商船刻记相应的字号，十船编为一甲，并设立甲长，同时给发凭证以备查验；第三，由巡海道督促沿海府州县的官员，强化澳甲（居民保甲）内部的相互检举，并申明连坐之

① 此处"抚按官"为合称，指福建巡抚、巡按福建监察御史。
② 海澄洋税（饷税）制度尚有许多疑点，征纳出口税就是其中之一，迄今未见中文史料有征收出口税的记载，兹引一条荷兰文献以供探讨。1635年6月15日，身处大员（今台湾省台南市安平）的荷兰人听闻："船主，即所有搭乘商人的戎克船的头领，于回到中国时，必须交纳4%的货物出口税给官吏；戎克船运货回中国时，必须在中国缴纳很重的进口税。"参见江树生译注《热兰遮城日志》第1册，台南：台南市政府，2002年，第207页。

法；第四，将南日山水寨迁移到南哨澳。

凌云翼、刘思问的奏疏均由兵部覆议，奉旨移咨两省督抚、巡按等官再次查议并限期具奏，以上即为《条议海禁事宜疏》形成的背景。刘尧诲履任之时，凌云翼已晋升为南京工部尚书，[①] 此时以候代身份管理两广事务，故将兵部发下的公文交由继任督抚刘尧诲奉行。该《条议海禁事宜疏》大致可以分为如下几个流程：其一，刘尧诲发"案验"给布政使司，要求按照接管卷内兵部的"咨"，会同按察使司、都指挥使司及所属各道查议；其二，巡按御史龚懋贤发"案验"给布政使司，要求会同各司道查议；其三，刘尧诲发"案验"给布政使司，要求参酌福建巡抚耿定向的"咨"，会同各司道查议；其四，布政使司依奉"案验"通行各司道查议；其五，布政使司收到巡海道的"咨"；其六，布政使司汇总各司道的查议内容，将结果开列四款"呈"给刘尧诲；其七，刘尧诲会同御史龚懋贤照款覆议具题。条列于后的四款均为相同的流程，先是布政使司收到巡海道的"咨"，接着会同各司道查议，继而将结果"呈"给刘尧诲，最后由刘尧诲与龚懋贤覆议具题。

从文书的主要结构来看，《条议海禁事宜疏》大致也可分成三个部分：第一，广东布政司给刘尧诲的"呈"，从开头"据广东布政使司呈"到"开款具呈"，除承转关系用语外，主要包括兵部的公文、刘尧诲与龚懋贤的"案验"、巡海道的"咨"、布政司会同各司道的覆议；第二，刘尧诲与龚懋贤根据布政司的"呈"作出的覆议，从"到臣"至"臣等幸甚"；第三，计开的条议四款，每一款先是布政司的"呈"，内有巡海道的"咨"，布政司会同各司道的覆议，最后是刘尧诲与龚懋贤的覆议。再通过细致比对奏疏"节选本"可知，"节选本"将第一部分完全删去，

---

① 《明神宗实录》卷八〇，万历六年十月己丑，第 1713 页。

第二部分全部保留，第三部分只保留刘尧诲与龚懋贤的覆议，由此不仅省略了许多重要的信息，而且完全割裂了地方官府的决策流程，这正是"节选本"的不足之处。

再来简要分析奏疏"全本"的内容，第一、第二部分的议论大致是广东地方官对闽抚耿定向来"咨"的回应，广东官员均认为两省情形各有不同，隆庆初年福建开海已经准许海商前往东南亚贸易，如若能够稽查严密则仍可延续，"广中事例"① 早已准许部分海外国家前来澳门等地互市，那么应当继续严禁广东商民前往海外贸易。再如万历四十一年时任两广总督张鸣冈所言："浙未常[尝]与夷市，闽市有往无来……乃粤则与诸夷互市。"② 漳、泉海商可以合法出洋贸易，但禁止外国商人前来海澄月港互市；粤商则历来严禁前往海外贸易，不过能够在广州、澳门等地互市。③ 以上充分说明了闽、粤海洋贸易制度的根本差异。奏疏的第三部分是广东地方官条议强化海洋管理的四件事：其一，再次提出要申明禁令，仅能允许商船在沿海贸易，并严禁广东商民前往海外贸易，理由是广州、澳门等地已有互市；其二，将广东载重"二百担"左右的海船全部查编造册，编刻相应的字号，由官府给发"印票"作为船只本身的凭证，并需要填写船只字号、船户姓名与籍贯及船只尺寸等信息，如若从事沿海贸易，还需申请"执照"作为许可证；其三，强化保甲连坐之法，责令保甲之内相互检举，查禁不法行为，通过奖

---

① 参见李庆新《明代海外贸易制度》，北京：社会科学文献出版社，2007年，第253—267页。
②《明神宗实录》卷五〇九，万历四十一年六月庚戌，第9646页。
③ 1632年，荷兰《东印度事务报告》还特别提到："中国颁布法令，允许福建省的人下海活动，条件是必须持有海道发放的通往各地的许可证，但不允许外国人进入福建；同样，广东省允许外国人入境，而不准当地居民下海，这是中国的一贯说法，我们不可不信。"参见程绍刚译注《荷兰人在"福尔摩莎"》，台北：联经出版事业公司，2000年，第119—120页。

赏鼓励民众告发，如若知情不报，保甲内均要相应问罪；其四，反对福建官府提出的跨省商船各随原籍纳税的建议，仍然坚持对来粤购买谷米的闽船抽税，并提议跨省商船各从本地申请"文引"，填写船户姓名、籍贯及载运货物、携带防卫武器、前往何处贸易等信息，对商船编刻相应字号，船上要挂有"官旗"以便稽查。

闽、广督抚及巡按的题请均得到兵部覆准，据《明神宗实录》记载：

> 总督两广侍郎刘尧诲会同巡按御史龚懋贤条陈：一、禁遏过番以杜私交之党；一、查编海船以诘接济之奸；一、稽查保甲以清接济之源；一、察验商船以防混迹之患。四事。
>
> 巡抚福建都御史耿定向会同巡按御史敖鲲各条议：一、清查船只，稽察货物；一、编刻船号，照对文引；一、稽核保甲，禁缉接济；一、商船分番出洋，量留防守；一、漳、潮互相关会，稽察船只。五事。
>
> 部覆：均为闽、广沿海要务，从之。[①]

刘尧诲与龚懋贤条陈"四事"详见前引《条议海禁事宜疏》，然而耿定向与敖鲲条议"五事"目前尚未见到完整的奏疏。通过刘尧诲等条陈"察验商船以防混迹之患"能够辑佚耿定向等条议"漳、潮互相关会，稽察船只"的内容，而耿条议"稽核对保甲，禁缉接济"则略见于《耿天台先生文集》所载：

> 一、访得沿海各澳居民，户籍多隐漏不报在官，奸弊之丛正由于此。近会题准海禁事宜，内开：稽核保甲，防[禁]缉接济。

---

①《明神宗实录》卷九一，万历七年九月丙寅，第 1876 页。

事体更为重大，澳甲尤宜慎选，应将各澳甲俱编入里甲图内，择里长有身家者即为澳甲，并各澳船户姓名与腹里居民一例俱编入册。……

一、约令题奉钦依，但有一家通倭接济者，九家具实报官，本犯处以极刑，财产籍没，全给充赏，敢有容隐者连坐外，一家窝贼，众家觉察，妄坐指诬者罪。①

对于"商船分番出洋，量留防守"一条，其内容或许是"仍令同往一国者为一帮，差官押出古浪屿外大洋，然后回还，以防各船湾泊取水，或有小船传载私货、器械之弊，遵行已久"②。再结合凌云翼的建议，"或船只数多，分为二班，一班出海，一班守候。如遇海上有警，即责守候商船剿捕，有功重赏或免纳税一年，俱听该省酌议奏请"。官府将前往相同或相邻某处贸易的商船聚为一帮，均由官兵押送出洋，从海澄月港申领"船引"（又称"洋引"等）出海，一潮至圭屿（鸡屿），再半潮至厦门中左所，漳州海防官兵也随到此地盘验商船，然后移驻曾家澳（曾厝垵）候风依次发船，二更船至"担门"（大担岛、二担岛之间），由此分路东西洋。③ 还有"清查船只，稽察货物"与"编刻船号，

① 耿定向：《耿天台先生文集》卷一八《杂著二·牧事末议·保甲》，《四库全书存目丛书》集部第 131 册，第 446、447 页。
② 许孚远：《敬和堂集》卷九《公移·〈海禁条约〉行分守漳南道》，明万历二十二年刊本，日本内阁文库藏，第 13 页 b。
③ 张燮：《东西洋考》卷九《舟师考·内港水程》，《原国立北平图书馆甲库善本丛书》第 408 册，北京：国家图书馆出版社，2013 年，第 511 页。从月港出洋航路，参见聂德宁、张元《明末清初民间海外贸易航路的发展变迁》，《海交史研究》2022 年第 3 期，第 28 页。"担门"即《雪尔登中国地图》（The Selden Map of China, https://seldenmap.bodleian.ox.ac.uk/）东西洋航线的起点，参见周运中《"郑芝龙航海图"商榷》，《南方文物》2015 年第 2 期，第 109 页。此图的绘制、名称、年代等问题存在诸多争议，此处不再赘述。

照对文引"两条，除刘思问此前的条陈外，或许散见于《海禁条约行分守漳南道》之中。[1]福建巡抚许孚远革新的十款海禁条约及附录的续议七条是一个"层累"的文献，其内容应该是从隆庆初年至万历二十二年逐步累积起来的，除万历十七年福建巡抚周寀题定东西洋各限商船四十四只以外，[2]其余内容均难以确定具体实施的时间。万历二十一年，据许孚远说："该本院查得先年卷内，该原任督抚涂（泽民）议开番舶之禁，又续该原任督抚耿（定向）会同按院敖（鲲）覆议，两广、福建督抚衙门各条陈议开海禁事宜，奉旨允行已久。"[3]许孚远改革海澄对外贸易管理措施时，必然参考过耿定向与敖鲲的奏疏，这些均有待于进一步详考。

总之，万历初年是福建、广东海洋贸易制度革新的重要时期之一。福建海洋贸易制度的改革不仅有本省官员的筹策，亦有来自邻省广东的献计，这是需要考虑的一点。福建官府着重管理从月港出入的洋船，广东官府则持续强化对沿海贸易的约束。与此同时，两省均面临着相似的难题，那就是濒海地方社会的治理，以船为家、以海为田是濒海人群的生计所在，尤其漳、泉两府几乎以贩洋为业，正因如此，濒海人群具有流动性强、商业性强的特点，然而这在官府的眼中却是走私接济之源，因此两省官府均着力查编澳甲、船甲等民间组织，以此加强对人与船的管控，进而将其纳入整备海防的总体目标。从刘尧诲的奏疏中也可看出，这时海禁的内涵已经发生了变化，沿海通商成为题中应有之义，由此亦可考索万历初期闽粤海洋政策的演变。

---

[1] 许孚远：《敬和堂集》卷九《公移·〈海禁条约〉行分守漳南道》，第9页b—18页a。
[2] 《明神宗实录》卷二一〇，万历十七年四月丙申，第3939页。
[3] 许孚远：《敬和堂集》卷八《公移·查议海禁行布政司》，第22页b—23页a。

中国妇女史书写中的传统与现代*

衣若兰

（台湾大学历史学系教授）

一、史学史研究的缘起

一开始，我的研究兴趣是下层女性群体的"三姑六婆"，但由于资料来源的不确定性，我感到有些困惑。我意识到，史学史的研究能够帮助我们更清晰地理解这些资料的背景和性质。

我的研究路径与当时台湾地区的学术潮流息息相关，20世纪90年代，台湾盛行社会史，这让我从社会史的角度切入妇女史的研究。我的研究经历也受到新文化史影响，特别是语言转向（linguistic turn），让我更加敏锐地关注文献和语言的问题。我意识到这些新的方法和视角可以帮助我们更好地处理历史资料。大学期间，我对史学史的兴趣其实就已经萌芽了。当时，我修了许多史学史课程，至今仍保留着这些课程的笔记。我常对学生们说，不要小看大学时期的点滴积累，它

* 本文系2024年6月21日下午台湾大学衣若兰教授在复旦大学"史学论坛"的演讲纪录，由复旦大学历史学系博士生赵文暖整理，并经衣教授审订。在此深表谢忱！——编者注。

们可能会成为未来研究的基石。我在台湾地区的中国明代学会的活动中，通过频繁的文献解读，尤其是读《明史纪事本末》，积累了很多能力和兴趣。这些经验在我的研究中发挥了重要作用。我们无法脱离我们的学术传统，那么学术传统到底是什么？等一下我谈妇女史书写的传统时会再跟大家分享。

最近我其实比较有兴趣的是家庭史，因为大家都知道家庭是两性最大的战场，我觉得家庭史可以看到一个文化最深层的部分，特别是性别的问题，6月25号，我会在上海社科院跟那边的朋友分享交织性跟中国家庭史研究的主题，大家如果有兴趣的话，可以在那里再见面。

二、传统与现代的划分

我今天所谈的传统跟现代，国外很多学者会觉得说要做一个quotation（引号），因为他们会觉得传统好像不是一个单一的含义，所以今天其实希望大家跟我一起思考几个问题，到底什么叫作"传统"，什么叫作"现代"？在中国妇女史中，这两者如何区分？我的讲题虽然取材于出版的新书，但其实是我最近对史学史从明清到民初的思考，探索中国妇女史在传统与现代之间经历了什么样的变化。中国妇女史书写如何从传统走向现代？它的编撰方式和书写目的是什么？这是我们需要明确了解的。最后希望大家能够跟我一起思考，如果从史学史来看待的话，我们会看到怎样的性别史跟妇女史。我们原来作性别史跟妇女史，通常都比较着重在性别文化，这几年也关注法律等层面，这些层面基本上还是以社会史为主。可是我们所看的史料基本上受到史学史的传统或史学史脉络的影响是非常大的。所以我们从史学史来看待的话，可能会看得更深，也可能看得更准。

什么是"传统"，通常我们现在中文说那个人很传统，那是一个贬义还是褒义？就是说他还活在过去，他还坚持过去的，也就是他是保守的，所以其实这个意思它是 traditional。可是传统还有一个意思是 tradition，刚才我不断说史学的传统，就不是说史学的"保守"，我讲的是一个史学的持续、传承，所以我今天要讲的其实包含两个方面，而且很多是第二个层面，就是传承，或者说传统在哪里？至于什么叫作"现代"，"现代"在我们的语境中，通常意味着新的、进步的或者是新潮的事物。例如，民国初年的"摩登狗儿"就是从英文 modern girl 翻译过来的，代表了一种新的生活方式和观念。

然而，现代（modern）并不总是指当前的时代。在许多学术和艺术领域，现代（modern）常常被定义为 recent past，即较为接近现在的过去。如果你常常去博物馆，会发现在艺术史中，Modern art（现代艺术）的时间范围通常被认为是从 19 世纪 60 年代到 20 世纪 70 年代，这段时期内的艺术表现形式虽然新颖，但仍维持着一定的传统叙事方式。而我们要研究中国妇女史，中国妇女史的 modern 有没有一个界限，如果有的话，界限在哪里？

三、从《中国妇女生活史》开始

今天我想特别讲述的是中国妇女史书写中现代界限的探讨，即它如何从传统中脱颖而出，进入所谓的 modern times。我认为可以将这一过程分为两个关键时期：清末民初和五四时期。

我们就先从五四时期说起，大家都知道《中国妇女生活史》这本书吗？读过妇女史的人，基本上第一本启蒙书都是这一本。对研究妇女史的人来说，这几乎是必读的启蒙之作。这本书首次出版于 1928 年，采用了精装设计，紫色烫金的封面设计显得相当时尚。我虽然没有这本书的实物图，但 2008 年曾经在一位教授家中亲眼见过，也摸过。这本书的多个版本反映了它受欢迎的程度。不知道作者的后人是否获得了版税，但在大陆，它至少出了 5 版，从 1980 年一直到 2017 年，还有商务印书馆 120 周年的纪念版本。台湾地区也不落后，也有四五个版本，这些再版足以显示人们对中国妇女史持续的研究兴趣。

有趣的是，中国妇女史这个领域实际上是近二三十年才开始变得比较热门的。我开始注意到，这本《中国妇女生活史》不同版本稍有差异。台湾版本中没有"性态度之亟应改革"这一章节，也没有"理想中的社会主义下之妇女"和后序的插图。之所以没有"性态度之亟应改革"，当然是因为在 20 世纪 60 年代时台湾还比较保守，出版社也许因此就把它删掉了。之所以没有"理想中的社会主义下之妇女"，当然就是因为冷战时期，只要有"社"字头的，台湾地区都会删除，还有"马"字头的也会删除，也不管是马克斯·韦伯还是马克思。可是我后来发现大陆版本也没有"后序"，这个"后序"其实蛮有意思的，就讲在民国十六年发生什么事情，其中有个关键句就是"妇女运动在国民党领导之下有了长足的进步"。

我本来不打算以此为研究主题，因为大家知道，我更专注明清史。但正好在五四百年之际，台湾"中研院"近史所同仁邀请我写《中国妇女生活史》的研究，所以在这种机缘巧合下，我决定深入探究陈东原的这本书，看看它有何特别之处。

我在台湾找到了陈东原的档案，发现他与国民党关系密切。档案中有 1944 年在国民党内部的一篇自传。更令人惊讶的是，这本书还有日本版本，甚至 1941 年就已出版。二战期间，日本对中国各个方面都有浓厚兴趣，包括妇女问题。此外，还有 2005 年的韩文翻译版本。

陈东原本人解释为何写这本书时说："我这本书不是为了赞扬圣母贤母，也不是为了推崇女皇帝女豪杰，因为这与大多数妇女的生活无关。"他明确指出他要讲述的对象是谁和他写作的目的。他说："我希望趋向新生活的妇女得着她的勇进方针。"这个"新生活"到底是什么？实际上并没有人深入讨论过。因此，我们可以看出"社"字头和"马"字头被删除的原因。实际上，他的"新生活"是指社会主义，特别是家务工作的社会化，例如儿童公育，而不是阶级斗争。

第二个要点当然是，他像五四时期的许多男性文人一样，揭露了旧道德的虚伪，并试图推翻传统观念。第三个要点更为清楚，他深刻意识到男尊女卑和女性受迫的历史进程。他特别强调，中国妇女受到了宗法、经济和性别压迫。

其实，由于第三个观点，在 20 世纪 90 年代，高彦颐这位著名的中国妇女史学者对这本书提出了严厉批评。在那个时期，大家都熟知高彦颐的著作，其中也有大陆版。我认为她的导论非常精彩，代表了她对史学的深刻思考和对妇女运动、女性主义与史学关系的探讨，还包括对传统中国的一些见解。

她在书中讨论了五四遗产对传统时期中国妇女史的误解。她认为，我们必须超越五四话语，才能真正建立中国妇女性别史的研究。为什么她这么说呢？其实，这是基于陈东原的观点和著作。比如说，陈东原认为，只有通过引导女性从中国封建社会的束缚中解放出来，才能值得撰写这样的女性史。

第二点是，她认为陈东原的著作是一种政治意识形态的建构，是五四史学家对 20 世纪中国现代化的定义，而且她认为这种定义是反历史的。

第三点是，她认为五四史学观念将女性受迫视为中国封建父权社会最明显的缺陷，从而形成了一种模式、一种公式。这种模式在各处渗透后，不仅曲解了中国妇女的历史，也曲解了19世纪以前中国社会的本质。尤其重要的是，她认为这种观念影响了后来人们对中国妇女史的想象。

她说得并没有错，因为到目前为止，我们可以看到一些中国妇女史的研究，不论是国内还是国外，经常会把中国女性的过去视为受压迫的象征。然而，如果我们这样说，就像在指责陈东原对传统妇女史的误解，或者说认为中国妇女史或中国女性好像是被陈东原创造出来的一种传统，好像是他发明了这一切。所以我想和大家一起讨论，中国妇女史的传统究竟是什么。我们看待问题时，似乎把所有女性都描述为受迫的状态，在建构中国妇女史的传统时，是否恰当？中国妇女的"传统"到底是什么？除了被视为柔弱和男尊女卑的形象外，还包含了什么？历史的演变又为何？

四、再思妇女史的"传统"

当然，要探讨历史的演变，我们可能需要从史学史的角度来探索。如果我们不了解传统是什么，又如何知道哪里发生了变化？又如何判断是否已步入"现代"？或者我们是否假设保守即为传统，那现在保留的是否已属于现代？这样想合适吗？因此，我们需要深入探讨中国妇女史的传统。我想大家都知道，刘向的《列女传》是两千多年前关于中国妇女事迹和人物传记的著作，这在其他文明中确实非常罕见。

刘向的《列女传》分为七卷，其中有母仪、贤明、仁智、贞顺、节义和辩通等优秀女性的形象,只有最后一个——孽嬖描写了坏女人,比如妲己之类的。这里有趣的地方是,请大家回想一下,后来的列女传记中有没有坏女人作为主角?并没有。刘向《列女传》中的前五个形象基本延续了下来,但辩通这种形象缺失了,孽嬖型的传记更未延续。

大家也知道,刘向写《列女传》的目的在于针砭时弊,所以他并不仅仅是为了历史记录。他的著作有非常明显的教育目的,他想要通过文字影响那些沉溺于女性美色的上层人士。他的著作后来被不断改写,甚至增加了插图,明清时期的《古列女传》和《续列女传》不仅仅加上了插图,还不断有续写,因为刘向只写到汉代为止。汉代以后都有文士续写列女传,这些人将女性传记扩展至明清时代。明清时期的女教书延续了刘向《列女传》的写作方式,写了很多不同类型的女性传记。

如果有人说女教书的内容不是历史,而是一些故事,我们可以再来看看正史如何给予女性空间。实际上,《史记》中虽然有女性的记载,但没有独立的一篇女性传记,唯一独立的是吕后本纪,其他女性记载都分布在不同的篇章中。所以真正有列女传记的第一部正史是5世纪范晔所写的《后汉书》。从那时起,我们可以看到二十五史或二十六史中大约一半有列女传记,这些正史为女性提供了一个特别的空间,无论是官修史书还是私人所写的朝代史,或者是我们认可的"正史",都认为给女性一个特别的空间是至关重要的。当然,现在我们用女性主义的视角来看待这一切,是好,还是不好?有时我会问学生这个问题,有些同学会说不好,因为这样会框限女性在特定领域的表现。

在范晔的《后汉书》中,我们看到了各种类型的女性形象,有才女,有孝女,有各种各样的女性。然而,随着时间的推移,从两宋时期开始,这些形象逐渐变得越来越窄化。到了《金史》,这种窄化趋势进一步加剧,最终形成了一种单一的形象,即烈女。烈女这一传统在妇女史书写开始时，并没有太多的关注，但到了明清时期，历史学家们开始越来越重视贞烈的品质，这也是为什么有些人认为这种趋势并不好。

然而，也有人提出了一个反方向的看法：如果我们不给这些女性一个特定的空间，那么她们在历史书写中的位置将会如何？她们会不会最终被正史忽略？传统时期的女性，她们应该如何在历史上留下痕迹呢？毕竟，她们并不像我们现在这样可以成为商人、老师，她们的历史记载又应该是怎样的形式呢？

因此，有些人认为，我们仍然需要为这些女性留出一个空间。当然，每个人都有自己的观点和看法。

接下来，我们可以继续探讨《列女传》在明清时期的写作形式，看看它是如何呈现的。我举一个比较简短的例子，我们来看一下《明史·列女传》。有一位女士她叫杨泰奴（其实大部分列女传都没有记录名字，她可能会被叫作杨氏，叫泰奴也已经算很少见了），她是仁和杨德安的女儿，"许嫁未行"，她答应人家要结婚，但是后来不知道什么原因，没有出嫁。天顺四年，大概 15 世纪中叶，她的母亲得病，一直都不好，她三次割胸肉给她妈妈吃，但是没有效。有一天傍晚，她又裹胸取肝一片，后来昏倒了，等她苏醒的时候，她又用她的衣服来裹她的伤口，然后用手和着粥煮给她妈妈吃，她妈妈病就痊愈了。这个传记就这么短，这就是我们给女性的空间，这样的写法是一个什么样的女性传记呢？它很明显是一个孝女的传记。为什么我们很快就可以知道，在我讲完以后，你马上就知道可以回答是"孝女"，为什么？

因为（这是）完全浓缩出一个作者想要讲的内容，即孝行，他有没有告诉我们她什么时候生，她小时候读什么书？所有的其他事迹他都不管，他只管他要告诉你的那一个，完全浓缩特写，然后类型化。我们来看一下这篇传记的格式,这个格式千篇一律,正是因为千篇一律,所以它很重要,为什么?

它就是那个所谓的"传统"。中国史学史在某一段时期对西方学者来说,是千篇一律、迟滞未发展的。2000年不变的史学史真的是太无聊了。但是,为什么有一个传统可以2000年不变呢?为什么没有人问这个问题?

我们就来看一下这个格式是怎么写的,作者先写一个女主角叫什么名字。在现代介绍一个人时,例如介绍我时,会说"衣若兰是台北做什么什么的",而不会强调她的家庭背景,因为我们现在不需要知道她的父亲或丈夫是谁。但在过去,为什么人们会介绍一个女性的父亲或丈夫呢?这是因为在传统社会中,女性的身份常常与她的家庭成员紧密联系,特别是当她结婚后,她的身份通常会被描述为某某人的妻子。甚至,如果她的儿子成名或成为官员,她也会被称为某某人的母亲。这种叙述方式反映了对"三从"原则的认同,即女性在传统观念中通常被认为不能够随意与外人往来,她的社会角色需要通过她的家庭关系来界定。

这种叙事模式在传记中尤为常见,它代表了一个文化现象和传统。尽管这种方式现在看来过时了,但它确实反映了过去对女性角色的特定期待和社会规范。无论是描述才女、孝女,还是烈女,这些传记通常采用类似的结构:首先是人物基本介绍,接着是她的特定事件或与人的对话,以凸显主人翁的品德和行为。

了解了这种书写习惯后,我们可以注意到传统中国女性史的书写重视的是一种既定的模式和类型化的形象。这些传记试图通过明显和单一的形象来强调作者想要传达的信息。比如现在我们谈论一位女性,比方说我自己,如果在学术领域,大家会谈论我的学术成就,但在

家庭中，我的角色可能是母亲或妻子，这些完全不同的形象是可能的
且是一致的，不同的社会层面和场合塑造了不同的形象，每个人也有
自己的兴趣和生活经历，因此一个人不会仅仅通过一个事件或角色来
定义。

然而，中国传统人物传记的写作方式不同，它通常会因篇幅有限，
强调某一位主人公的特定美德或行为，这是为了明确的教化目的。这
种传记形式的目的性十分明显。明白了这一点之后，我们可以看到，
在中国历史上，女性传记的写作具有非常稳固和强大的传统，无论是
在女教书这种训诫类文学中，还是在正史中，女性的形象经常被塑造
得非常明确和固定，很少有人会超越这种传统的框架。

在理解了传统之后，我们来看陈东原的《中国妇女生活史》，再来
对比一下。我们现在知道传统是如何塑造的，大家会觉得这本书有什
么不同呢？

首先，在体裁上，它不采用传统的纪传体传记形式，也不像以往的
传记那样单一。它采用了新式的章节体，这是一种晚清时期从日本引
进的写作方式。刚才有来宾提到使用了"妇女"这个词，确实，过去可
能会将"妇"与"女"分开，比如称为列女传，而不是妇女传，这个词在
20 世纪后被更加广泛地使用。

这种新的书写方式，不仅在名词上作了修订，在选择主题上也大
不相同。我不能一一列举整本书的内容，但可以总结出它涵盖了婚姻、
妇女教育、贞节、娼妓、各地风俗和女权等主题。这些主题在传统的
列女传中是不会涉及的，除了贞节，甚至对贞节的呈现也充满了批评，
而非歌颂。

这本《中国妇女生活史》关注的焦点不是个别女性的品德或成就，
也不是为了褒贬或教化，而是关心广大妇女的生活处境。

因此，这本书是否类似于我们现在理解的"妇女史"呢？它确实打破了传统的框架。为什么会这样呢？其实，这与五四时期的史学革新息息相关。如果对史学发展没有有一定的理解，我们可能会误以为陈东原只是在传统的框架内运作，塑造了一个19世纪以前的传统中国妇女形象。但实际上，他的作品展示了妇女史书写跨时代的对传统的颠覆。因为五四时期的古史辨跟整理国故运动，对当时史学的书写跟史学方法有很大的影响，而在这样的思潮之下，陈东原在北大读书期间，其实是一个教育系的学生，他本来是想写中国妇女教育史，结果他就想先来整理一下中国妇女史，他只是想先整理一下，结果就变成名著了。将近100年后，我们现在还在看他所写的中国妇女史。当时他收集了非常多资料，可这些资料包括诗歌小说、民间文学，他当时受到胡适整理国故的影响，认为旧史当中不是只有帝王将相的内容或者传统的纪传体史书可以作为我们的史料，其实各式各样的民间文学也可以作为我们的史料。而20世纪20年代对各地民俗进行社会调查的风气和社会史的兴起，都对陈东原有影响。

20世纪20年代，北大的历史教育有一些革新，他们开始重视文明史，风俗史也是他们关心的议题之一，所以在北京的学界当中，我想陈东原受到了这样的影响。可是如果我们知道中国妇女史书写的"传统"，我们不免要用"传统"的眼光再来看，检查一下陈东原的想法：他的目的是什么？

我们就会觉得他还是有点女教意味，因为他只是想要唤醒女性，却没有去检讨男性的问题，仿佛一切都与男人无关，妇女的困境都因为宗法制度的压迫。宗法压迫是谁造成的呢？他在书中没有具体指涉。他主张妇女要改变，通过改变妇女就可以走向新世界新社会，好像妇女就是社会的累赘，只有妇女改变了，社会才会进步。这种论调与晚清时期的强国强种的论述如出一辙。所以，这就是他传统保守的部分。我之前提到过的"tradition"和"traditional"的区别，这里他保留了传统的女教思想，但是我们看到他的体裁与史料选择却是非常划时代的。

五、探寻徐天啸《神州女子新史》

其实，第一个打破传统，用章节体来写中国妇女史的书是哪一本呢？是《神州女子新史》，这本书在 1913 年出版，可能在 1909 年左右就已经完成。1913 年由上海神州书局出版以后，这本书"消失"了很长一段时间，因此研究这本书非常辛苦。

我研究陈东原时的辛苦在于相关资料颇多，而且大家都知道陈东原，要找出一个漂亮的论述其实不那么容易。如果不是想到从史学史的角度去读五四时期的妇女史，陈东原已经被批评成这样，我还能写什么呢？但是徐先生的这本书就不一样了。我问了很多研究近现代的老师们，他们都不太了解徐天啸。徐天啸是常熟人，活动于上海，这也是我与上海有很多渊源的原因之一，过往我多次来上海，实际上是为了收集他的资料。

这本书在 20 世纪 70 年代在美国被张永堂、张胜彦两位学者发现了，然后交给了鲍家麟教授。鲍老师是研究中国妇女史的前辈，她让食货出版社翻印（1977），后来稻香出版社又重印了这本书。我手上拿到的就是这本 1993 年重印版，但看的人很少，买的人更是稀少，这本书很可惜被忽视了。为什么呢？它其实也有点难读。它是一种新旧交替的写作方式，不是使用新式标点符号，不少地方有点文言和白话夹杂。作者徐天啸的弟弟徐枕亚倒是鼎鼎大名，属于鸳鸯蝴蝶派。所以，有了这个联系，后来通过徐枕亚的相关研究，我才陆续找到了一些关于徐天啸的讯息。

这些在1880年左右出生的文人，因为经历了最后一次科举，他们处于新旧交替的时代。探索中国历史中的这一段时期很有意思。我特别推荐李仁渊老师的《晚清的新式传播媒体与知识分子》这本书，他写得非常精彩。书中提到一个时代的转折点，即新式媒体的出现和这一群知识分子在经历了准备科考之后，面对科举制度的结束，他们如何进入新媒体并由此转变的过程。

徐天啸就是这样的人物。他后来主编《民权报》，也曾在报纸上登了一些广告征文，他写完正编后还想写续编，希望读者能提供相关主题的资料。可惜《民权报》因为刊登了"袁世凯万岁，国民该死"的讽刺内容，一年多后被禁了。此外，徐天啸也是一位书法家，这些资料都是我在上海图书馆找到的。

我后来还去常熟，想探访他的故居，找到了古城区的善祥巷，遗憾的是，故居并没有留存下来，但这次探访了却了我一个心愿。

这个研究在2006年得到冯筱才老师的帮助，他向我介绍了地方文史工作者周文晓先生。周文晓编了一本《徐大啸徐枕亚资料集》，其中大部分是关于徐枕亚的内容。但在我拜访他时，他送给我了一些未刊过的照片和讯息，还包括徐天啸的儿子徐成治先生的电话和地址。

我在2009年时采访了徐成治先生。此前2006年时，因故无法采访他，只能带着遗憾回台湾。

2009年，我再次来到上海进行其他研究。在上海图书馆翻阅善本古籍时，努力一天却毫无收获，心情十分沮丧。那天正值黄梅天，闷热潮湿，更加重了我的烦躁。这种经历相信作研究的大家应该都有过。面对沮丧，我决定去轧马路，消耗一下情绪，让自己平复下来。

我在上海街头闲逛，看着商店橱窗里的商品，试图让自己放松。忽然间，我看到一个巷口，觉得这个地址有些眼熟。于是，我从包里拿出资料一看，这不是徐天啸他们家的巷子吗？竟然就顺利找到徐家。这次意外的拜访，让我与徐家建立了联系。虽然徐先生家中也没有《神州女子新史》，因为一些东西在"文革"时被抄走了，但这次口述访谈让我更加踏实。徐先生与复旦大学也有渊源，曾在复旦做过药学研究员。

后来，徐成治先生在上海图书馆也找到了他父亲的一些资料。当我这篇文章写作出版时，他还提供了一点指正，比如我认为《神州女子新史》是1911年左右写完的，他认为应该是1909年。疫情后，我没能再见到他们，今天演讲之前，我试图找到他们的电话并发送了一条短信。幸运的是，徐夫人电话没有换，她回复我了，告诉我徐老师去年因病去世了，享年99岁。虽然算高寿，但还是令人感到难过遗憾。有时候，研究会与我们的生活产生某种缘分，这种经历让我感到人生的奇妙与美好。研究历史，能够与人产生联系，这是我认为最幸福的一件事情。

我们再来看看徐天啸的书。他的目录虽然简单，但他的写作时间比五四时期和陈东原的要早，其中有一个很明显的现象，那就是章节体和采用上古、中古、近古的分期方式。这种分期方式是晚清时期中国历史教科书流行使用的，实际上受到了日本学界对中国史认识和写作习惯的影响。

徐天啸的正编写到明代为止，他后来又写了续编，这续编只有三章。通过这些章名，我们可以看到他的一种意识形态：汉本位和反满思想。他把明清鼎革之际称为"明臣起义时代"，然后跳过清朝盛世，直接从明末、南明跳到太平天国。这显然表现了他完全的反满意识。他的续编第三章讲民国成立时期，主要关于革命推翻清朝与民初女子参政，由于1913年时民国才成立两年，因此这部分的妇女史也很短。

值得注意的是，徐天啸明确表示他的目的不是写"修身教科书"，而是写"历史教科书"。修身教科书主要是规范性的，而他要写的是完整的历史。修身教科书在晚清学制中占有一席之地，徐天啸认为女教的内容通常是一些规范、阳刚阴柔、男强女弱的褒贬，这些不仅不能激发女性的学习兴趣，反而束缚了她们。因此，徐天啸反对再写那种形式的女子修身教科书，他要写的是妇女的历史。

顺便提一下，今年 3 月我去美国参加会议时，顺道去了 Pomona College，发现他们有一批很不错的晚清民初教科书。如果各位研究生有兴趣，可以找个机会去那里看看。因为主要关注的是平民教育，所以他们收集了一些给平民和农民学习的手册，这些手册非常珍贵。有教材方面的，甚至还包括幼儿园的。

《神州女子新史》基本上是一个"新瓶装旧酒"的作品。虽然它采用了章节体的形式，但其内容却仍旧沿袭了传统的传记叙述方式。例如在某一节中，他选择了花木兰的故事。我们可以对比一下刚才读过的《明史·列女传》中杨泰奴的故事，再来看一看木兰的故事。木兰的故事是这样写的：她是商丘人，父病不能从军，于是木兰对父亲说，虽然她是女儿身，但愿意代父从军。随后，她便女扮男装告辞参军。这样简短的两行字就讲述了一个女人的故事，凸显她"代父从军"这一唯一的形象。

尽管徐天啸采用了时代分期的方式，但他在书中提到，想要写作这些女性与时代的变化进行互动。然而，这样的尝试很难成功，除非女性与本书的政治发展框架有直接的关联，否则很难写出她们与时代的互动。因此，这种分期方式最终只是底下充满一个个女性传记而已。所以我才会说，这实际上是旧的内容在新的框架下的呈现。

在《神州女子新史》中，徐天啸一共写了大约 390 个人物。他在每个人物故事后面加入"女史氏曰",类似"太史公曰",以此来表达他的史论。他选择的人物类型包括贞节烈女、武德、爱国、才女、贤妻良母等。而徐天啸自己更喜欢谈的是义烈、武德、爱国。

尚武精神在晚清时期尤为突出,这也与性别问题交织在一起,是一个值得深入探讨的主题。虽然他在书中讲述了许多与武德有关的故事,但他认为"先民最优美、最高尚而为他国女子所万万不及者为'节烈'"。他对传统女性的节烈依然非常推崇,认为这是非常崇高的品质。

总结上述这两本书的题材、书写目的和内容,不难发现,它们在"传统"和"现代"的框架下,表现出了独特的时代特征。尤其有趣的是,从1914年到1928年,这14年间,尽管有了现代的书写模式,但官方国史的修撰最终还是选择了传统方法,延续了《明史》的纪传体传统。

值得说明的是,《清史稿》的稿本与档案资料非常珍贵。早年我在研究《明史·列女传》时,许多编辑与史源只推想,因为没有明代的档案能够明确告诉我《明史·列女传》是谁写的、编写的根据与草稿。我只能通过收集大量的文集和传记来进行比对,推测出可能的情形。然而,清史的研究有所不同,清史档案丰富,这既是研究的难点,也是精彩之处。其中台北故宫博物院收藏的"传稿""传包"这些档案非常珍贵,我们可以追寻《清史稿》的纂修经过,目前很多已经在网上公布了。我之前查过,《清史稿·列女传》资料经过了多次不同人的修订。例如,某些部分是由吴怀清撰写的,他是其中一个修订者,其所成之稿是修史过程中的一个阶段性草稿(今存)。从这些草稿的对比中,可以清楚地看到哪些人物被增补进来,哪些人物被史学家剔除出去,传记是如何被修改的。这些草稿保存了不同时期的修订痕迹,最终由金兆蕃进行调整和定稿。因此,我们能够通过这些档案了解到,《清史稿》尽管由约百位学者共同编修，但这些草稿为我们提供了宝贵的修史过程的细节。实际上，连我们自己的一些写作草稿都未必能保存下来，可见这些档案有多么珍贵。

最后，我想仿用王德威教授的一句话："没有晚清，何来五四。"没有"传统"，何来"现代"？我的主要研究领域在明清史，讨论中国近现代史时，难免有点心虚，但因为对所谓的"传统"有一定的了解，所以或许能更清晰地识别出"现代"的特征。传统不一定是落伍的，新的或者现代的难道就一定是比较好的？而作历史研究，我们需要能辨别出真正划时代的东西。

小　结

现在，我们回顾一下晚清至民初中国妇女史书写的过程。从题材上看，经历了从纪传体到章节体的转变，后来修撰国史时又回归纪传体。这一过程蜿蜒曲折的发展往往取决于具体的时代风气、作者背景和写作场域。例如，民国初年的许多期刊中有大量女性传记，这些传记未必完全采用新的写作方式。

其次是人物的分类。明清时代的《列女传》以女德事迹为主，但陈东原的作品不再类型化女性。他对妇女的生活更感兴趣，希望女性摆脱旧有的生活方式。

第三是写作对象的变化。过去主要是贞节烈女，而到了徐天啸时期，各种女性都成为写作对象，尽管他有自己的偏好。而陈东原则更关注女性的处境。他虽然声称为妇女历史而写，但实际上还是具有"启蒙者"的高姿态，希望女性通过阅读这些书籍走向"勇进的道路"。这与现代史学的"为历史而历史"的纯学术性有所不同。

研究方法和史料运用也发生了变化。明清时期的《列女传》多引用方志和文集中的女性传记,而陈东原时期除了引用小说,还包括各种风俗记录,并采用了社会调查的方法和结果。他的书中包括了边疆和少数民族的风俗记载,使研究范围从单纯的女德扩展到对文明史和风俗史的多方位认识。

五四时期,除了"德先生"和"赛先生",还有很多学者关注史学史和史学的革新。然而,妇女问题是五四时期的重要主题,陈独秀、胡适等人呼吁妇女解放,但当代学界很少注意这与史学史革新之间的关联。实际上,这种关联对后来的研究产生了深远的影响。没有"传统",我们无法识别"现代"。

我今天的演讲就到这里,谢谢大家!

以物为媒

——评吴玉廉《奢华之网：18世纪的徽州盐商、社会阶层和经世之道》

杨苡静

（复旦大学历史地理研究中心博士研究生）

《红楼梦》第十六回中，王熙凤与赵嬷嬷谈及江南甄家的四次接驾，一句"也不过是拿着皇帝家的银子往皇帝身上使罢了"，点出了皇帝南巡经费的真相：接驾的官员用皇帝的钱给皇帝办差。书中另说甄家的甄应嘉任"钦差金陵省体仁院总裁"，甲戌本脂评在旁批"此衔无考，亦因寓怀而设"，很明显，这是作者曹雪芹杜撰出来的，对应现实历史中的职位应为江宁织造。而据传曹雪芹祖父即曹寅就曾担任此职并兼任巡视两淮盐漕。

清代江南地区的盐业利润最为丰厚，清初命两淮及两浙巡盐御史（后改称盐政）主管盐务，其中，两淮盐政多由内务府上三旗的包衣担任。历史上曹寅与其姻亲李煦在康熙朝就曾交替担任两淮盐政。但盐务繁杂，单靠盐政未免力绌，清廷于是又设立总商之职，由汉人盐商充任，这些盐商多来自徽州。吴玉廉的《奢华之网：18世纪的徽州盐商、社会阶层和经世之道》①（以下简称"《奢华之网》"）便关注两淮地区的徽州盐商，从其生产和消费的具体物品出发，向读者呈现清廷与两淮盐商之间一个新的关系网络：吴玉廉认为，这一关系网根植于清朝统治者重新设计的盐业专卖体系，身处其中的盐商们也不再是模糊、被动的角色，相反，他们精心维护与清廷的联系并积极扩充，使之成为一张跨区域的大网。

一

全书共五章，分为三大部分。第一章即第一部分，主要说明了两淮盐商在清代兴起的历史和政治背景，以及其与朝廷的联系。清初的盐业专卖政策脱胎于明末的专商世袭卖引纲法，最初的目的是充盈国库以支撑朝廷的军事活动，两淮盐区的徽州商人们凭借此政策积累了巨额财富，同时也为国家贡献了大量税收。随着清廷的统治逐渐巩固，两淮盐政的职能不再仅限于管理盐务，因由皇帝直接任命，他们顺理成章地转变成统治者在地方上的耳目，总商制度的确立又将汉人盐商吸纳进盐业专卖这个体系中，两者开始源源不断地给朝廷输送资金与物品，清初针对盐业政策的两项改革，使其成为充盈清帝私库的绝佳渠道。而在另一方面，徽州盐商们也积极运用不同的策略来与各方建立联系以谋取总商的职位，他们的人际网络也随之被整合进其中。

第二部分由第二章及第三章组成。第二章考察了盐商与其进呈给皇帝的几类物品之间的互动，如贡品、活计、《四库全书》工程善本等，通

---

① 吴玉廉：《奢华之网：18 世纪的徽州盐商、社会阶层和经世之道》，林蕾译，北京：社会科学文献出版社，2023 年。

过追溯名贵物品的循环流动，来探讨盐商是如何以此促进与朝廷间的联系的：在为清帝（主要是乾隆帝）采购和制作物品的过程中，盐商强大的经济实力、广泛的社会关系与高雅的鉴赏品味起到了关键作用，乾隆帝由此选中两淮盐商充当他在江南地区的"私人代理"，[1] 为其不断供应奢侈品。盐商们也不断调适自身品味来满足乾隆帝的需求，这一定程度上影响并塑造了江南，尤其是徽州盐商的聚集地——扬州的品味与风格，清廷与江南之间的品味循环就此形成。

第三章选取徽州盐商汪启淑作为个案研究的对象，考察商人对于盛清时期的收藏文化的作用。乾隆帝对收藏的浓厚兴趣及由他下令编纂的皇家目录，使得当时社会提高了对收藏家的认可度。汪启淑正是在这样的背景下，通过印章收藏来建构自己作为收藏家的身份认同。不仅如此，流行的收藏文化也为盐商加强与清廷间的联系创造了新的条件，他们为此建立自己的收藏事业，随时准备进献藏品给皇帝，而朝廷对这些藏品的认可也提高了商人作为收藏家的声誉。

第三部分回到两淮盐商的发源地——徽州，在另一个地理和文化的空间内去展现商人与各种物的互动，它包含了四、五两章内容。第四章聚焦鲍氏家族的慈善活动，考察分析盐商资助宗族的一系列精美实物，如族谱、建筑、石刻和拓片，揭示了这些看似符合儒家道德规范的慈善工程背后，隐藏着徽州商人在家乡展示财富和政治特权的真实目的。此外，鲍氏盐商更想利用这些物与江南城市及京城的文人精英建立联系：他们操纵这些实物所具有的社会意义与内涵，通过与精英分享共同的兴趣来拓展徽州之外的人际关系。

第五章重点关注贞节牌坊这一特殊的纪念性建筑物，探讨盐商在

---

[1] 吴玉廉：《奢华之网：18世纪的徽州盐商、社会阶层和经世之道》，第117页。

18世纪的徽州参与清廷教化工程的方式。清廷鼓励并资助地方修建石牌坊，是为向村民灌输儒家道德思想，并彰显皇权的合法性。徽州盐商们觉察到清帝的这一目的，于是主动担负起这一任务，在家乡竖起无数贞节牌坊，在纪念家中女眷德行的同时，也最大限度地通过参与立坊过程，来提高自身在徽州的威望，从而使他们在当地社会的主导地位正当化。又因徽商的财力来源于清廷改革的盐业专卖制度，牌坊作为其展现财力的具体物，也昭示了清廷与盐商之间紧密的政治和经济联系。

二

吴玉廉的《奢华之网》向我们展示了清廷与盐商之间的新关系网络。对于盐商建立的社会网络，过往研究多注重盐商在地方的活动，如王振忠关注徽州盐商在淮扬地区的社会流动，探讨了迁居此地的徽商对市镇及社区经济、文化的影响。[①] 关文斌通过对天津张氏、安氏及查氏三大盐商家族活动的分析，考察了盐商如何在地方建构起与文人的交际网络。[②] 而在清廷与盐商的关系方面，吴玉廉已然注意到了何炳棣、吴才德、安东篱及梅尔清等人的研究，指出了他们的研究多从朝廷的角度分析两者之间的关系，但对于盐商经由何种渠道与清廷联系，并未有所探讨。[③]

该书即从徽州盐商的角度考察商人们如何使用各种物来建立和加强

---

① 王振忠：《明清徽商与淮扬社会变迁》，北京：生活·读书·新知三联书店，1996年。
② 关文斌：《文明初曙：近代天津盐商与社会》，天津：天津人民出版社，1999年。
③ 吴玉廉：《奢华之网：18世纪的徽州盐商、社会阶层和经世之道》，第22—24页。

他们与清廷之间的关系。西方从事物质文化史研究的历史学者立足于全球史视野，认为对具体物的生产制作、流通消费进行考察，有助于展现不同空间与时间中物与人之间的互动关系。[①] 吴玉廉将这个方法巧妙地运用进自己的研究当中，先后展开了对贡品、活计、《四库全书》工程善本、藏印、族谱、建筑、石刻、拓片与牌坊等一系列实物的探讨，揭示了徽州盐商的真正意图是构建一个跨区域的关系网络，这个范围远不止徽州与两淮地区，它也包含了京城与江南中心城市。

《奢华之网》关注盐商们在与清廷的关系网络中所扮演的角色。在清帝通过改革相关政策将自己的人际网络渗入盐业专卖体制的同时，两淮地区的徽州盐商也在积极努力地融入，为自身谋取更多的经济和政治特权，因此，盐商们在这个关系网中不再是完全被动的那一方。在地域社会——这个关系网络中的另一端，商人们更是凭借由盐业专卖获得的巨大财富参与宗族的慈善工程及朝廷的教化工程，强化在当地社会的主导性地位。此外，吴玉廉对于徽州盐商收藏的动机，提出了一个较为新颖的观点：富有的盐商热衷收藏并不一定是为效仿文人精英，也有可能是为了更好地服务朝廷、取悦皇帝。在18世纪收藏家具有了较高社会认可度的条件下，盐商们更是通过藏品来构建其作为收藏家的身份认同，并加强与清廷的联系。

著者从清廷与盐商的关系研究中，对清廷在江南地区的意图与策略也有了新的理解。由商人负责采购和制造的各种物品，展现了相较盐政这样的正式官僚，盐商在财力、品味及地方社交网络等方面具有

[①] Paula Findlen, "Early Modern Things: Objects in Motion, 1500–1800", in Paula Findlen, (ed.), *Early Modern Things: Objects and Their Histories, 1500–1800*, New York: Routledge, 2013, pp. 3–27; Anne Gerritsen and Giorgio Riello, "Spaces of Global Interactions: The Material Landscapes of Global History", in *Writing Material Culture History*, London: Bloomsbury, 2015, pp. 111–130.

的优越性。清帝正是看中了这几点好处，选中他们为之在江南地区搜寻珍贵物品，并为徽州乡村的商人们提供了参与国家教化工程的机会。吴玉廉认为，这不仅弥补了官僚体制的缺陷，经由这样的非正式关系网络，朝廷的权力也渗透至江南的大都市与徽州的偏远乡村。

三

《奢华之网》尝试运用跨学科研究方法，从物质文化史的角度讲述盐商与其生产和消费的具体物品之间的故事，主要回应了在与清廷建立联系的过程中盐商的作用及影响。笔者在通读全书的过程中，认为著者的某些观点仍有值得商榷之处。

其一，针对明清盐业专卖制度及清代贡品、活计的经费来源等问题，著者显然缺少更多的了解。明末创设的专商世袭卖引制度的确是清代盐业专卖政策的前身，但吴玉廉只强调了后者的新特点，忽略了该政策在明、清两代的延续性，造成了事实上的割裂感。从历史实际出发，万历朝就有徽商向朝廷提供募款的记载，如果说从明末沿袭而来的纲法制"孕育了江南盐商在清朝的崛起"，那晚明盐商何来强大的经济实力？对此，王振忠就曾指出，明代中后期从势要"占窝"转变为盐商"占窝"，与徽商大规模的"输献"有关，而这也是晚明纲盐制度确立的重要原因，清代盐商的"捐输""报效"与其极为相似，纲盐制度在清代的发展同样与徽商有着密不可分的关系。[①] 可以说，正因徽州盐商的势力不断发展，清廷从中获得了实际利益，盐业专卖体系才愈加巩

---

① 王振忠：《明清徽商与淮扬社会变迁》，第6—11页。

固，在此基础之上，盐商努力经营与政府之间的关系。另外，在清代贡品、活计的经费来源方面，陈锋对此有过详细探究，相比较吴玉廉过分地关注盐商在这方面的资金支持，陈锋指出：两淮办贡经费虽大部分出自盐商，但均有经费银的开支；盐务交与皇室的银两自雍正之后就分别解交内务府银库及造办处的钱粮库，其中造办处制作的物料与活计虽常委任两淮总商采办，但经费一般也出自两淮盐区解交运库的积存银两。① 换言之，虽不乏盐商进贡的情况，但清代贡品、活计的经费更多来自朝廷的财政款项，这与吴玉廉所持观点存在根本区别——在她看来，两淮盐商是通过备办贡品建立与清廷之间的新联系，但通过对贡品、活计经费来源的分析，会发现在统治者看来不过是用自己的钱置物，所谓"率令有司以经费购办，未尝责贡民间"②。

其二，有关清廷分别与江南城市和徽州乡村盐商之间的联系，吴玉廉认为这是清廷的权力渗透或非正式干预。这个结论其实回归到了"国家—社会"的分析框架当中，③盐商群体似乎是以一种中间团体的姿态存在，但问题在于，无论是城市还是乡村，由商人参与建立的地方人际网络，如何转变成皇权在区域社会的控制链？著者提及统治者是"有意无意"邀请盐商参与各种国家工程，但针对乡村的教化工程中，作为受教者的村民却也是"可能领悟到也可能没有领悟到"，既然在关系网络两端的双方都不存在明显的对接意识，那这样的皇权统治似乎并不能算是得到加强或巩固。其实，书中强调的盐商与朝廷官员的联系，多

① 陈锋：《清代盐务与财政》，上海：中西书局，2023 年，第 183—263 页。
② 嵇璜等撰、纪昀等校订：《清朝文献通考》卷三八《土贡考》，杭州：浙江古籍出版社，1988 年，第 5211 页。
③ 有关"国家与社会"的研究范式问题，可参见黄宗智《中国的"公共领域"与"市民社会"？——国家与社会间的第三领域》，程农译，邓正来、[美] J. C. 亚历山大编《国家与市民社会：一种社会理论的研究路径》，北京：中央编译出版社，1999 年，第 420—443 页。

是商人为服务清帝做出的努力，若能从这条隐形控制链的另一侧，即地方权力格局方面进行适当补充，或许能更好地论证此观点。

其三，著者自述对于徽州盐商收藏的分析"挑战了有关士商社会阶层谈判的传统分析范式"。诚然士商关系研究的二元范式一定程度上忽略了社会阶层的流动性、商人在实际社会生活中的角色复杂性，但就盐商群体来说，吴玉廉既然在该书中数次提到了他们的政治和经济特权来源于清廷设计的盐业专卖政策——在她的描述中，盐商是清帝在地方的代理人，甚至他们收集藏品也存在服务清帝的动机，那么她对于盐商身份的特殊性，理应具有基本的认知：他们的商人角色背后带有很强的官方色彩。因此个别盐商对于收藏家的身份认同及形象塑造，并不完全紧扣士商关系的有关议题。在笔者看来，著者的观点似乎才是真正"简化了商人在政治、经济和文化领域实际生活的复杂性"。

最后，吴玉廉在该书的末尾提及了明清商业革命的叙事：18世纪徽州盐商的奢侈消费受到了政治现实的密切影响，他们的品味引领了一定时间和空间范围内的潮流，晚明的商业力量却无法做到这点。但在该书中，却未见有关晚明盐商的社会活动、政治背景等方面的叙述。对此，笔者认为值得作进一步的分析与比较讨论。

总的来说，吴玉廉的《奢华之网》虽在某些观点上还留有讨论的余地，但也在已有的研究基础上实现了一定的推进与创新，另外，跨学科的研究方法不仅给读者耳目一新的感觉，更由此将研究视野提高到了跨区域的大范围上来，这些都给后来者树立了一个学习的典范。

神启视角下的扶乩及其流变

——读高万桑著《神其言之：中国宗教史上的启示之道》[①]

张玉清

（复旦大学历史学系博士研究生）

    作为一种人—神沟通的技巧，扶乩在传统中国的宗教史上具有举足轻重的地位。尤其在晚清以后，以扶乩为核心的宗教社团在各地大量涌现，学界对扶乩的研究重心因而倾向于 19 世纪以后的时段，集中探讨近代扶乩流行的趋势和各类扶乩社团的活动特征。在此之前的扶乩活动及其与道教之间的关系问题，则是这一学术图谱中相对薄弱的部分。许地山等学者以紫姑信仰为起点，将扶乩视作文人游戏、占卜之举，形成了关于早期扶乩的一种主流论述。[②] 近年来，已有学者跳出"文人游戏"的解释框架，重新审视扶乩的宗教性及其对道教的影响。[③] 法国学者高万桑（Vincent Goossaert）的新著《神其言之：中国宗教史

① Vincent Goossaert, *Making the Gods Speak: The Ritual Production of Revelation in Chinese Religious History*, Cambridge, MA: Harvard University Press, 2022.

② 许地山：《扶箕迷信的研究》，北京：商务印书馆，1999 年，第 22 页。

③ Lai Chi-Tim, "The Cult of Spirit-Writing in the Qing: The Daoist Dimension", *Journal of Daoist Studies*, Vol. 8, 2005, pp. 112–133；黎志添：《明清道教吕祖降乩信仰的发展及相关文人乩坛研究》，《中国文化研究所学报》2017 年第 65 期，第 139—176 页；谢聪辉：《新天帝之命：玉皇、梓潼与飞鸾》，台北：台湾商务印书馆，2013 年，第 97—136 页。

上的启示之道》（以下简称"《神其言之》"），正是少数从宗教（尤其是道教）角度深入研究扶乩早期历史的论著之一。该书从长时段的视角，全面梳理近代以前扶乩的诞生与流变，试图弥补既有扶乩研究的空缺之处。

对仪式的关注与类型学分析是本书的另一突破。作者选择从生产与仪式的角度切入，审视不同启示类型之间的共生或衍生关系，从而厘清启示生产方式之———扶乩的发展脉络。启示（revelation）[①]本为基督教用语，意指上帝向人类揭示自身的神启。该词为部分道教史的研究者所借用，指代人与神或"道"交流后形成的神授文本、语句或感悟。[②]高万桑在书中作出了更加严格的定义，即：启示是关于普世性主题（general interest）的神授内容，启示生产的目标在于公布与传播，私人领域的神仙问答不在启示之列（原著第 7、9 页，后续引用仅注页码）。与此同时，本书采用较为广义的扶乩概念，将借助仪式降神并产生字迹的启示出世模式统称为扶乩（spirit-writing）（第 10 页）。作为启示的一种晚期类型，扶乩的出现给启示生产带来了革命性的变化，也逐渐改变了民间道教（后期亦涉及其他宗教）的结社形式，本书即探讨了这一长期过程。

---

① 高万桑将 revelation 译作"启示"（第 8 页），故本文亦采用"启示"一词，特此说明。

② 如贺碧来（Isabelle Robinet）以"révélation"一词指代由神口授的经文，吕鹏志主张将其意译为"降经"，或直译为"启示"。见 Isabelle Robinet, *La révélation du Shangqing dans l'histoire du Taoisme*, 2 vols, Paris: École française d'Extrême-Orient, 1984, p. 1；吕鹏志《译者前言：走进西方道教研究的殿堂》，［法］索安（Anna Seidel）《西方道教研究编年史》，吕鹏志译，北京：中华书局，2002 年，第 16 页。并参考 John Lagerwey, "Introduction", in John Lagerwey and Lü Pengzhi（eds.）, *Early Chinese Religion*, Part Two: *The Period of Division (220–589 AD)*, Vol. 1, Leiden: Brill, 2010, p. 49；朱明川《"庚子川东神教出"：近代中国启示经典生产模式的形成》，《善书、经卷与文献》2020 年第 3 期，第 53—74 页。曹新宇将"revelation"一词译作"神示"，见［法］高万桑《扶乩与清代士人的救劫观》，曹新宇译，《新史学》第 10 卷，北京：中华书局，2019 年，第 51—70 页。

除序言与结论部分外，全书共分八章，涉及三方面内容。第一至二章以类型学分析为主，探讨启示生产的仪式类型及其变化；第三至五章则在前两章的理论基础上，详细梳理扶乩的诞生始末及早期扶乩的特征；第六至八章依照时间顺序，呈现扶乩在明代至清中叶之间不同时期的发展特点。以下对各章分别予以介绍。

启示是人神交流的产物。本书第一章即从中国宗教史上曾出现过的人—神沟通（divine presence）[①]形式入手，探讨启示生产的宗教背景。按主动权的不同归属，这些沟通形式可分为两大类：自然降神（spontaneous presence）与仪式降神（ritualized presence）。自然降神以神为主导，有附身、降梦、游冥、人神相遇、神化为人等形式。与之相对，仪式降神意在借助仪式召唤神灵，主动权掌握在召唤者手中，如符咒请神、祭祀、掷筊、附身等，皆属此类。人与神交流的成果包括祥瑞、降雨、丹药、海市蜃楼式的神明形象和"启示"。作者指出，不同降神方式及其产物的存在意味着启示绝非孤立，而是处于一个辐射广阔的宗教光谱之中（第27页）。

第二章讨论自汉朝至公元10世纪扶乩出现以前的启示，按其产生形式区分启示的不同类型。启示的诞生可追溯至汉代，《太平经》即为典型代表之一（第29页）。末世论的发展催生了神对世人的指示，宗教领袖们也开始借助神示组织教众（如天师道）。早期启示包含太上老君与太清传统（炼丹术）两种主要体系，前者以老君面授为特征，后者则为仙真于洞窟授经的形式（第31—38页）。至公元4世纪前后，出现了灵宝派启示，这一体系尊崇元始天尊，并赋予启示经文本身以神圣性（第

[①] 本书中，"divine presence"与汉语中的"灵"对应，指代人与神灵亲密接触，感受到神灵的存在并与之互动的体验与叙事（第6页）。结合语境，本文将"divine presence"意译为"人—神沟通"或其他类似表述。

38—39 页）。南北朝时期，大乘佛教的流行也带来了新的启示类型，即来自另一时空的神灵向人类秘密地传授教谕（第 40 页）。

随着时间的推移，启示生产的仪式和场景也发展出多样的形式。按照"是否有特殊的发生场景""是否有第三方目击者""是否使用特定仪式"三条标准（第 65 页），高万桑将启示生产划分为五种基本类型：1. 经典（sutra type），即不涉尘世、专门阐述根本道义的启示；2. 遇（encounter type），即神灵降遇；3. 附身（possession type），即神附身于人；4. 存思（visualization type），即修行者于冥想中感知神灵；5. 神临（presence type），即借助仪式请神附身，仙真与在场观众通过文字、言语等形式直接沟通。上述类型还可进一步分为两大类别：以神灵为主导的经典、遇与附身，以及以人类为主导的存思、神临。其中，"神临"类启示出现最晚，迟至北宋。扶乩正是一种"神临"类启示。据此，本书进一步展开了对扶乩初现问题的讨论。启示的五种基本类型也构成了本书后续分析的理论基础。

第三与第四章从启示生产仪式的发展过程入手，分析扶乩诞生与流行的内在逻辑。第三章着重解读道教法师传统与"神临"类启示的关系。10 世纪前后，道教内出现了被称作"法"或"道法"的请神仪式。这类仪式侧重对符咒的使用，大多具备驱魔与辟邪的特征，崇拜暴力、酷烈的神明（如雷神）（第 68 页）。神霄雷法、天心正法等即为典型例证（第 72—74 页）。"道法"仪式的主持者被称作"法师"，法师不一定能取得道士头衔，但始终身处道教系统内（第 69 页）。早期道教批判附身法术，但到了宋代，不少法师以童子或自身为灵媒，借助仪式请神附身，实现与神灵的沟通（第 70—71 页）。

这一时期，存思修行仍是道教启示出世的主要形式。但在法师传统中，附身法术的使用和驱邪仪式的定期举行催生了"神临"类的请神技巧（第 77—84 页）。"神临"类启示的特征在于其可见性，仙真降世的行踪可通过包括降语（言语）、降笔（文字）在内的现实迹象为人感知。更重要的是，"神临"意味着法师与仙真以外第三方的在场，强调启示取信于观众的必要性（第 71—72 页）。如果说宋代以前的启示生产强调私密与内传，那么"神临"类启示的出现则反映了道教启示生产的公开化趋势，这是一项值得注意的革新。"神临"类启示中的降笔仪式就是后世所谓的扶乩。

第四章聚焦扶乩在宋代的诞生与发展。如前所述，最早的扶乩活动就是由"神临"仪式发展而来的（第 145 页）。作者同时注意到，这一时期对扶乩仪式的记录和编纂工作完全是在道法的脉络中进行的，证明扶乩和法师传统之间关系密切（第 135—136 页）。扶乩的普及亦促成了 12 世纪中叶扶乩团体"坛"的出现。除主持仪式的法师外，"坛"还聚集了不少道教俗家信徒。"坛"的成员定期举行扶乩活动，他们尊奉某一特定神明，以后者在人间的弟子自居。与此同时，"坛"还提供医疗、占卜等面向教外大众的宗教服务（第 132—135 页）。

至此，本书的前四章基本围绕获得启示的方式展开。第五章则暂时更易视角，对 11—15 世纪间扶乩启示的内容加以考察。这些内容涵盖政治预言、末劫与救世、劝善与文学性的诗赋等；相对而言，乩训较少涉及内丹修行。在近代，几乎所有扶乩团体都以行善（劝善）救劫为念，这一点已为学界共识。根据高万桑的观点，对劝善与救世的重视或可追溯至扶乩诞生之初。其一，"正人心"在大部分早期乩文中占有相当篇幅（第 169 页）；其二，扶乩也带来了被作者称为"精英末世论"的全新启示。此类启示将修德视作救劫的唯一方法，劫数究竟何时降下取决于人类道德改革与自我救度的成效（第 166—167 页）。[①] 文昌乩训在"精英末世论"的发展进程中起到了关键作用（第 167 页）。

宋元时期，扶乩尚处于初步流行的阶段。明、清两代则见证了扶乩的盛行与扶乩团体的蓬勃发展。第六至八章按照时间顺序分别探讨了明清扶乩的三个重要节点，即晚明、清中叶（1700—1858）和晚清太平天国时期。长期以来，学界对近代扶乩结社的宗教与社会活动已有深刻积累，考虑到这一点，本书并未专辟章节，仅在结论部分对晚清以后的情形稍加提及。

第六章探讨扶乩在晚明的进一步发展和新组织"乩坛"的出现。明代晚期的中国迎来了宗教和文化上的重大转折。以罗教为代表的秘密宗教兴起并迅速扩张；以果报思想为指导的私人慈善出现；功过格与善书在精英士人中日益流行，而这两种文本都与扶乩密切相关。扶乩也是这场文化变革的组成部分之一。首先，出现了名为"乩坛"的新式扶乩组织。尽管与宋元时期的"坛"一脉相承，但乩坛的成员更多、启示内容更公开化。其社会服务功能，如医疗、设醮等，则要少得多（第184 页）。第二，扶乩的仪式得到简化，越来越多的士人习得扶乩的技巧，法师不再是乩坛必需的人物（第 207—213 页）。最后，扶乩产生的道教经典的数量增加，也提升了吕祖等降乩神的地位（第 200 页）。

清中叶是扶乩文本"经典化"（canonization）的时间段。"经典化"原为基督教用语，意指树立经典与圣人并赋予其宗教权威的过程（第 227页）。第七章借用"经典化"的概念来总结扶乩团体为降乩神编纂《全书》的趋势。1700 年至 1858 年间，北京、江南、四川、湖北等地的扶乩团体纷纷加入这场"经典化"运动，形成数种《文帝全书》《吕祖全

---

① 又见［法］高万桑《扶乩与清代士人的救劫观》，《新史学》第 10 卷，第 66—67 页。

书》与《关帝全书》。编纂经典使扶乩正统化，也推动乩坛从注重个人修行转向更为普世的救劫观（第260页）。这一过程为19世纪下半叶扶乩文本在启示生产中的核心地位打下了基础（第269页）。

本书第八章所关注的太平天国时期，是扶乩突破道教传统、在地方士人及民间产生广泛影响力的转折点。这里作者以"太平天国时期"指代19世纪50—70年代的时段，并不限于太平天国本身。三十年间，中国各地陆续爆发包括太平天国运动、捻军起义、贵州苗民起义、广东天地会起义等在内的一连串起义事件。人们将这些战乱视作上天的警示，关于末劫的乩训大量产生，精英与民间的救世信仰随之发生融合（第291页）。其间，以先天道为代表的无生老母教派首次借助扶乩获取神谕，扶乩很快成为这些教派的核心仪式之一（第271—272页）。

值得一提的是，本章还对既有研究关于龙女寺乩训的观点提出了商榷意见。长期以来，学界普遍赞同1840年关帝降乩龙女寺宣告救世、飞鸾开化为近代"庚子救劫"与扶乩结社运动的开端。① 本书作者注意到，目前龙女寺乩坛在1840年的扶乩文本仅有一部《明圣经》注解存世，而该文本未有涉及末世与救劫的内容。19世纪中叶的其他扶乩书也曾记载关帝救劫一事，但事件发生的年份被定位至1814年或1816年，而非1840年。综上，"庚子年关帝救劫的说法很可能在太平天国时期诞生，并逐渐形成1840年关帝于龙女寺降乩，宣告末劫将近的传说"（第300—301页）。

---

① ［日］武内房司：《清末四川的宗教运动——扶鸾·宣讲型宗教结社的诞生》，颜芳姿译，王见川、蒋竹山编《明清以来民间宗教的探索：纪念戴玄之教授论文集》，台北：商鼎文化出版社，1996年，第240—265页；王见川：《台湾"关帝当玉皇"传说的由来》，高致华编《探寻民间诸神与信仰文化》，合肥：黄山书社，2006年，第261—268页；［日］志贺市子：《地方道教之形成：广东地区扶鸾结社运动之兴起与演变（1838—1953）》，《道教研究学报：宗教、历史与社会》2010年第2期，第238—240页；［法］高万桑：《扶乩与清代士人的救劫观》，《新史学》第10卷，第63—64页。

综览全书，作者试图打通各宗教（道教、佛教、民间宗教）及朝代更迭的壁垒，揭露启示生产的整体图景与历史变相，从而解读扶乩诞生与流变的过程。其中，本书对类型学方法的运用尤为突出。既有研究不乏对启示经典进行分类讨论者，[1] 但利用分类方法梳理启示生产的发展，借助启示—"神临"类启示—扶乩的类型学脉络分析扶乩诞生的前因，则为本书创举。值得注意的是，作者多次强调分类并非绝对，实际情形中常有同时利用多种方式获取启示的现象（第23、110页）。使用类型学方法并不是为了严格定义启示产生的具体方式，其目标在于辨认启示背后人与神沟通的不同模式，及其反映的人—神关系的整体趋势（第66—67页）。

厘清道教与扶乩的密切关系是本书最重要的贡献之一。本书认为，在晚清以前，扶乩基本处于道教脉络当中。依照作者的推论，法师及其发明的"神临"类启示是扶乩诞生的前提，宋代道法仪式的出现，使扶乩日益为道教所吸纳，成为道经出世的一种常见形式。到了明代，新兴乩坛的材料鲜少提及法师或道士。为探讨明清扶乩中道教及道士的位置，作者援引《穹窿山志》及施道渊之例，证明扶乩未曾退出道教的法师传统（第213页）。再者，作者参照胡劼辰等人对明代日用类书籍的研究，提出假设：至晚明，法术等原本仅限法师及其弟子掌握的神圣知识开始在世俗文本中流通，一般士人得以学习扶乩的技巧，从而推动"乩坛"的出现。上述趋势也使一些简单的符咒与道教仪式在绅士群体中得到推广。扶乩因而常常与其他的神示手段结合，形成符箓召乩等仪式。因此，扶乩确实代表了世俗道教的一支，但不可忽视道

---

[1] 谢聪辉：《新天帝之命：玉皇、梓潼与飞鸾》，第79—96页；朱明川：《"庚子川东神教出"：近代中国启示经典生产模式的形成》，《善书、经卷与文献》2020年第3期，第57—65页。

教法术的公开化进程起到的推动作用。简言之，作者有意修正过去研究将经典道教与扶乩（乩坛）及其所代表的明清世俗道教完全分割的观点，认为后者亦是道教自身变革的结果之一（第 204—213 页）。清代，扶乩道坛的"经典化"运动使降笔进一步正统化，并反过来影响了道经的编纂方式。扶乩跳出道教传统、与其他宗教（如无生老母教派）结合则是晚清太平天国以后的新动向（第 307—309 页）。

　　高万桑曾在他与宗树人（David A. Palmer）合著的《近代中国的宗教议题》（*The Religious Question in Modern China*）一书中提出宗教史研究的"生态"（ecology）意象，将中国史的宗教面向视作一个动态的有机整体，任一要素发生变动时，宗教"生态"中与其直接或间接关联的部分都会相应受到影响。[①]这一"生态史"思路，亦延续至其新著。与《近代中国的宗教议题》不同，《神其言之》较少涉及政治社会环境的外在影响，而是在启示生产的内部"生态"中探究扶乩的位置（第 158—161 页）。作者将"启示生态"定义为："即便有新的神示技艺出现，以往的启示生产仪式仍被使用。这些技巧同时存在的情形，就是我所要探讨的启示生态（revelatory ecology）。"（第 3 页）本书的章节安排与写作方式也明确体现出作者对"生态"的重视。第一章首先确认"启示"在人—神沟通的整体背景中的位置，第二章则借助五种类型的划分，构建"启示生态"的理论框架。在此基础上，第三、四章分别探讨了"神临"类启示与扶乩的诞生与发展。第五章除分析 11—15 世纪的启示内容外，还在这一时期的整个"启示生态"中，总结性地对扶乩加以定位，该章前半部分花费大量篇幅考察宋代以降各类启示的发展情形并得出结论："相较于彼此竞争，这五种类型的启示更倾向于彼此补充。"（第 157 页）

① Vincent Goossaert and David A. Palmer, *The Religious Question in Modern China*, Chicago: The University of Chicago Press, 2011, p. 6.

此后作者进一步指出，尽管宋元时期见证了扶乩的诞生与兴盛，但"在更广阔的启示生态（ecology）中，'神临'类启示仍只占据了其中相对小众的部分"（第 175 页）。至明清，上述现象发生改变，扶乩在启示中的地位日益上升，直至成为主流。这些关于"启示生态"的知识构成了今人理解扶乩所必需的整体视觉。

本书采用的"生态"视角也与作者把握整体的研究路径有关。通过对宗教文本及相关研究成果的大量解读，本书试图摒除"任何理论预设或解释框架"（第 315 页），解构以教派、教义、人物为核心线索的理论体系，从启示生产的仪式入手，建立一套全新的分析模式。[①] 因此，本书不欲深入考据人、事、时间等问题，启示的具体内容及所涉教派并非重点（第 3 页）。扶乩作为一个整体被视作启示出世的模式之一，其内部分支（如"飞鸾"）也不在讨论范围内（第 98 页）。这样的尝试无疑面临不少难点。例如，如此海量的史料可谓不胜枚举，书中所举事例是否具有足够的代表性？作者也意识到了这一问题，他尝试选取部分例证来构筑一个"大致的分析框架"（第 5 页）。不过，从读者的角度来看，可能需要对这些例证的"代表性"有所警惕。

此外，本书以启示生产为主题，具备打通不同宗教间研究壁垒的野心，对佛教与明清民间宗教的启示亦有涉及（如第二章对大乘佛教中启示的表述，以及第八章涉及民间宗教的部分），但相关论述篇幅较少，总体仍以道教为主，值得读者注意。如能相应增加对佛教乃至明清民间宗教等领域启示的分析，相信本书的讨论会更加全面和深入。

综合来看，本书不仅填补了早期扶乩研究的相对空白，其在道教脉络下对晚清以前扶乩史的长时段追溯也值得近世扶乩（结社）的研究者

---

① 值得补充的是，由作者参与建立的"中国宗教书籍规范索引"（CRTA）数据库项目为史料的整合与定位提供了技术层面的支持（原著第 2 页）。

们对比参照。作者借助类型学的分析模式将启示生产线索化、抽象化，也确为把握整体趋势的巧妙手段。总之，在选题日益个案化、精细化的当下，这样一部关于扶乩及启示出世模式的综合性研究可以说是殊为可贵的。

《明清史评论》征稿启事

　　《明清史评论》创刊于 2019 年，每年两期，由复旦大学历史学系主办，旨在推动明清史研究，促进海内外学术交流。现特向学界同仁征稿，凡有关明清史的专题论文、文献研究、读史札记、书评和学术动态等类撰述，均欢迎投稿。来稿将经匿名评审，正式刊出后赠送样刊两本，并致送稿酬。来稿要求和投稿方式如下：

　　1. 来稿要求：须未经发表的中文文章，注释格式请参照本辑；稿件请附内容摘要（300 字以内）、关键词，以及作者简介和联系方式。

　　2. 投稿方式：请将电子文本发送至编辑部邮箱 mingqingshipl@163.com；请勿一稿多投，编辑部将在收稿后两个月内给予是否刊用的回复。

　　刊物初创，敬祈各位同仁大力支持，如有任何建议，请及时和我们联络。

《明清史评论》编辑部

2019 年 5 月 1 日